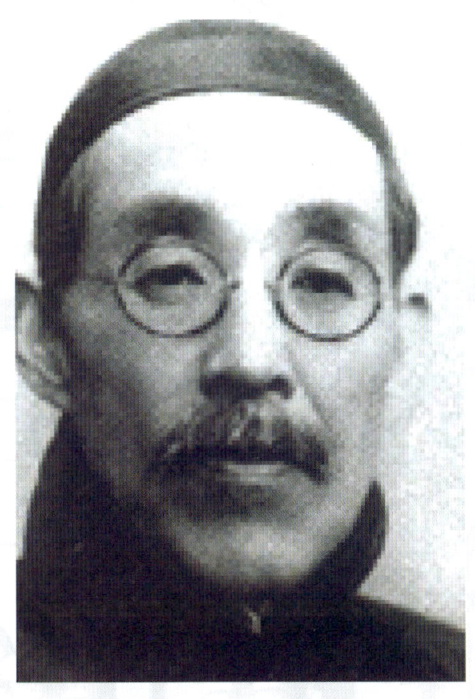

南开中学创办人严修

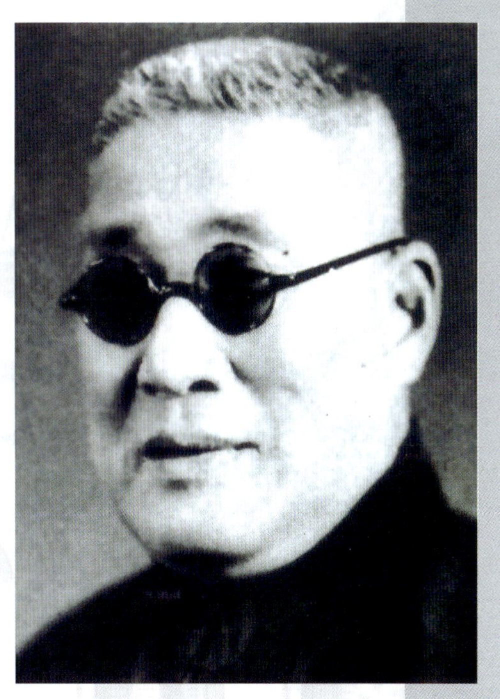

南开中学创办人张伯苓

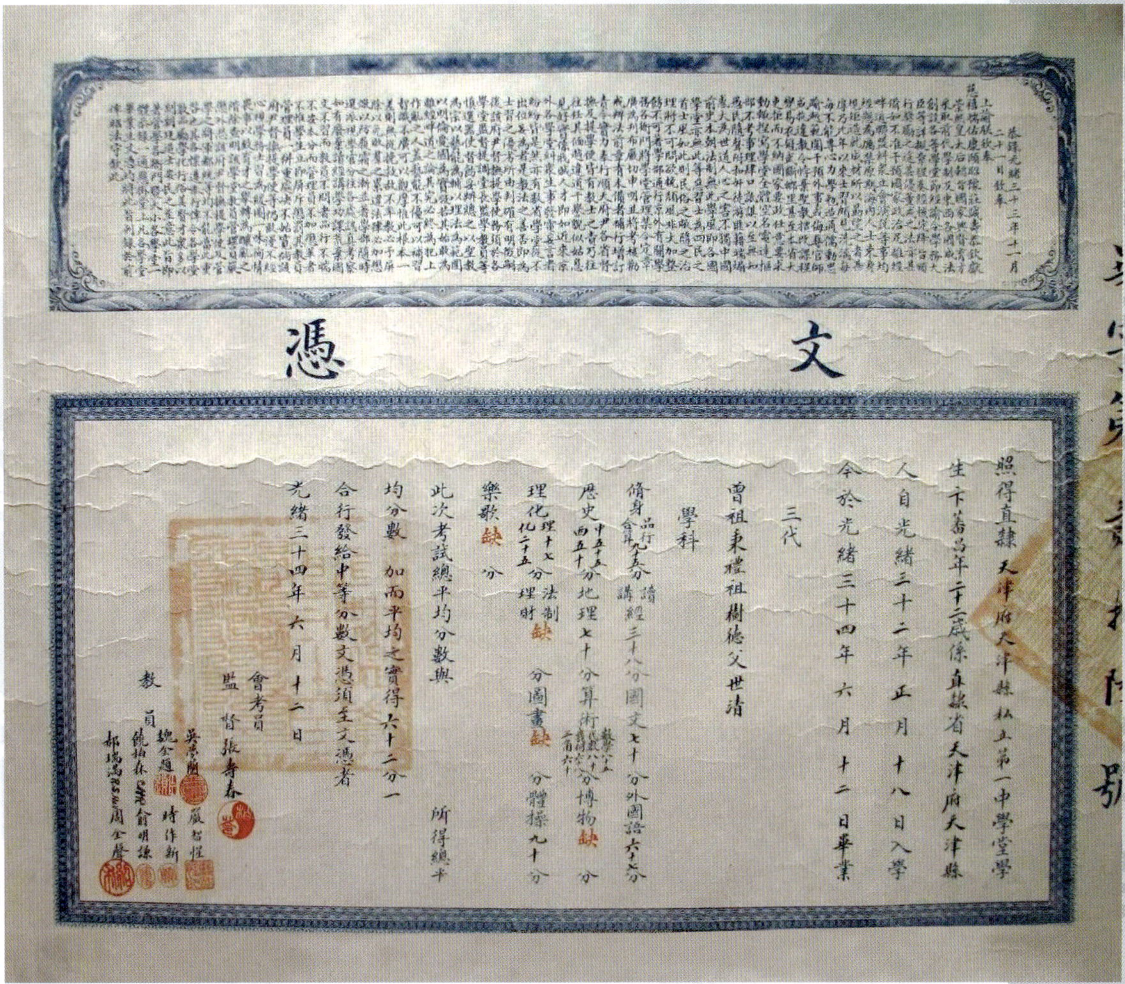

文憑

照得直隸天津府天津縣私立第一中學堂學
生卞蓄昌年二十二歲係直隸省天津府天津縣
人自光緒三十二年正月十八日入學
今於光緒三十四年六月十二日畢業

三代

曾祖秉禮祖樹德父世清

學科

脩身品行九十合算九十五分 讀講經三十八分 國文七十分 外國語六十七分
歷史中五十五西五十分 地理七十分 算術分 博物缺分
理化理十七化二十五分 法制理財缺分 圖畫缺分 體操九十分
樂歌缺分

此次考試總平均分數與所得總平
均分數加而平均之實得六十二分一
合行發給中等分數文憑須至文憑者

光緒三十四年六月十二日

會考員

監督張壽春

教員 吳[illegible] 嚴智怪 魏金題 時作新 饒柏森 俞明鍊 郝瑞滿 周金聲

清光绪三十四年（1908年）私立第一中学堂（即南开中学堂）首届毕业证书
原件由南开中学1931届校友卞慧新捐赠，现藏于天津南开中学校史馆

天津南开中学年鉴

GH SCHOOL YEARBOOK

南开最好的学生周恩来

“我是爱南开的”石碑

周恩来求学南开时上课的教室

周恩来总理铜像

伯苓楼

范孙楼

翔宇楼

公能校训石碑

北楼

西斋平房

首届毕业生纪念井

南开中学首届理事会第二次会议现场

市委常委、教育工委书记苟利军出席南开中学与浙江大学合作协议签字仪式

南开中学与哈尔滨工业大学签署合作协议

南开中学与上海交通大学签署合作协议

南开中学与中国科技大学签署合作协议

孙海麟会见西安交通大学校长郑南宁

南开中学与天津外国语大学签署合作协议

原国务委员唐家璇做客南开公能讲坛

著名经济学家吴敬琏做客南开公能讲坛

北京大学校长周其凤做客南开公能讲坛

浙江大学校长杨卫做客南开公能讲坛

清华大学副校长袁驷做客南开公能讲坛

清华大学教授廖理做客南开公能讲坛

南开大学教授龙以明做客南开公能讲坛

央视新闻主播徐俐做客南开公能讲坛

《以周恩来为人生楷模教育读本》首发式暨新闻发布会

2011年南开中学开学典礼

南开中学成人仪式暨毕业典礼

南开中学教师节表彰大会

南开中学“三五”表彰获公字奖章学生

南开中学“三五”表彰的“周恩来班”

南开中学校史馆揭幕

滨海生态城学校奠基仪式

南开中学教职员到延安参观学习

中央第五巡视组到南开中学参观

天津女排参观南开中学

南开中学学访团到人大附中学访

大港三中校长和教师到南开中学学习交流

南开中学学访团到耀华中学学访

孙海麟与北京四中校长刘长铭

孙海麟一行参观上海格致中学

南开中学学生与中国科学院院长白春礼

南开中学学生采访诺贝尔奖得主乔治·斯穆特

南开中学学生欢迎哈尔滨工业大学校长王树国

南开中学学生会成立大会

南开中学七年级少先队建队仪式

南开中学学生参加国际中学生科学大会

学习研究周恩来小组学生参观觉悟社

迎校庆演讲比赛

刘超当选第十二届天津市十佳中学生

学生杨啸宇、褚萌萌入党宣誓

饰演周恩来的特型演员刘劲参观南开中学

相声大师姜宝林莅临南开中学

“五四”表彰大会暨合唱节决赛现场

第一届校园电影节演员入场

红学社辩论赛现场

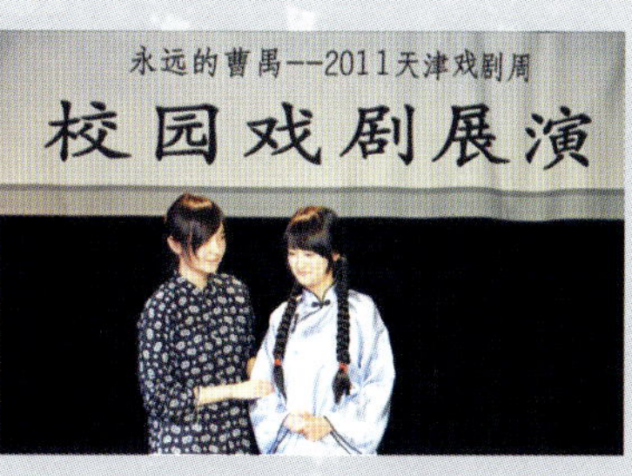

话剧社表演

中秋节住校生联欢现场

参加天津义工服务队留影

在周恩来邓颖超纪念馆做义工

在天津市规划展览馆做义工

在天津自然博物馆做义工

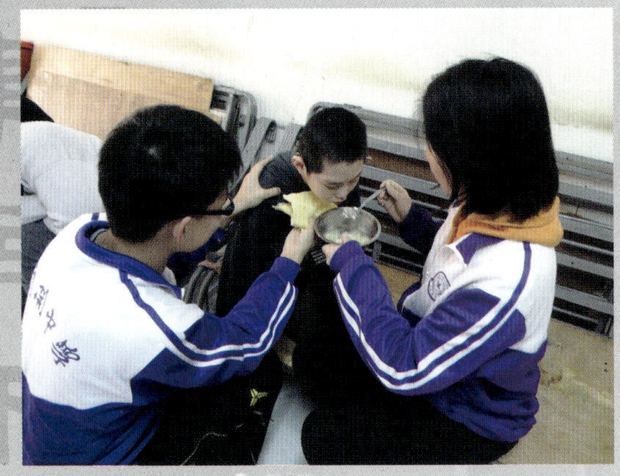

给圆梦智障中心孩子喂饭

为白血病儿童募捐

到养老院做义工

慰问孤老户

春季运动会趣味盎然

南开校园游泳好手

练习南开传统项目火棒操

七年级学生瑜伽操表演

高二年级男篮比赛夺杯

棋王争霸赛现场

高一年级女篮比赛鏖战

高一3班庆贺班级胜利

女排名将张娜(左二)梦圆南开

南开中学教师参加天津市电教馆空中课堂表彰大会

历史学科大教研活动

数学选修课

青年教师与南开中学一同成长

青年教师滑娜在主题班会上

青年教师培训现场

南开中学为教师开设基础法语课程

满怀激情庆祝建党九十周年

孙海麟主讲学校风气建设专题党课

为学生做心理咨询现场

学校领导与住校生中秋节同乐

学校领导为老教师祝寿

理事长孙海麟与法国德萨伊中学校长签署友好协议

理事长孙海麟与俄罗斯莫斯科548教育中心签署友好协议

理事长孙海麟访问俄罗斯莫斯科实验中学

南开中学代表团访问日本静冈学园

南开中学代表团访问美国休斯顿拉泼尔高中

南开中学学生访问英国唐桥中学

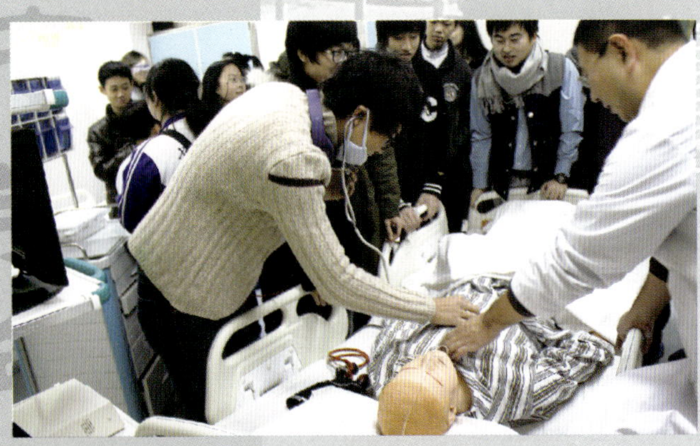
国际部学生参观天津医科大学

国际部学生参观天津美术学院

校长马跃美、副校长吕宝桐与意大利威尼斯马可·福斯卡里尼
中学师生代表团合影

校长马跃美与台北市私立复兴实验高级中学师生合影

法国巴黎德萨伊中学师生访问南开中学

加拿大萨迪斯中学师生代表团访问南开中学

澳大利亚墨尔本地区校长代表团访问南开中学

南开中学国际部举行毕业典礼

香港圣保罗男女中学代表团访问南开中学

南开中学获天津市2010年度院校外事工作优秀单位光荣称号

南开中学校友会第六届理事会第二次会议与会人员合影

南开中学领导看望老校友卞慧新先生

1956届校友返校合影

1950届校友返校合影

1951届校友返校合影

1957届校友返校合影

1960届高三1班校友返校合影

天津南开中学年鉴

2012

天津市南开中学年鉴编辑委员会　编

图书在版编目（CIP）数据

天津南开中学年鉴. 2012 / 天津市南开中学年鉴编辑委员会编. —天津:天津教育出版社,2012.6
ISBN 978-7-5309-6778-2

Ⅰ. ①天… Ⅱ. ①天… Ⅲ. ①南开中学—2012—年鉴
Ⅳ. ①G639.282.1-54

中国版本图书馆 CIP 数据核字(2012)第 124569 号

天津南开中学年鉴(2012)

出 版 人　胡振泰

编　　者　天津市南开中学年鉴编辑委员会
责任编辑　强　华
装帧设计　冯　笪

出版发行　天津教育出版社
天津市和平区西康路 35 号　邮政编码 300051
Http://www.tieph.com.cn

经　　销　新华书店
印　　刷　天津午阳印刷有限公司
版　　次　2012 年 6 月第 1 版
印　　次　2012 年 6 月第 1 次印刷
规　　格　16 开(890×1240 毫米)
字　　数　526 千字
印　　张　17.375
插　　页　16

定　　价　80.00 元

天津市南开中学年鉴编辑委员会

天津市南开中学年鉴编辑部

天津市南开中学年鉴特约编辑

编辑说明

一、《天津南开中学年鉴》是天津市南开中学主办的部门性年鉴。2011 年为创始卷。2012 年起每年上半年出版。公开发行。

二、编辑天津南开中学年鉴，坚持高举中国特色社会主义伟大旗帜，以邓小平理论和“三个代表”重要思想为指导，深入落实科学发展观，全面贯彻党的教育方针和《国家中长期教育改革和发展规划纲要》确定的“优先发展，育人为本，改革创新，促进公平，提高质量”的教育工作方针，尊重教育规律和学生身心发展规律。认真体现南开中学的办学特色和优良传统，全面、客观、鲜明地反映学校在改革创新，实施素质教育，以学生为主体，以教师为主导，培养优秀拔尖创新人才过程中，深化课程和教学改革，创新教学观念、教学内容、教学方法，着力提高学生的学习能力、实践能力、创新能力的做法和经验，为推动教育事业科学发展服务。

三、本年鉴采用分类编辑法，力求严谨合理，涵盖全面。以类目为纲，类目下设分目（副分目），分目（副分目）下设条目，以条目为主体。全部内容的记叙使用规范的语体文。为了便于读者使用，卷首设目录，卷末附有索引词。

四、本年鉴每卷所记载内容的时间断限，根据普通中学行政历特点，从上一年度的寒假（2 月 1 日）开始，至年鉴出版当年的 1 月 31 日止，包含两个学期和两个假期的事项。

五、本卷框架结构设置和装帧设计等仍处于探索阶段。组织条目编写从 2011 年 12 月开始，全书编辑工作于 2012 年 3 月中旬完成，4 月上旬发稿。难免有疏漏之处，当不断改进完善。

天津市南开中学年鉴编辑委员会

2012 年 4 月 10 日

目　　录

综　　述

校园要事

专题文稿

德　育

教学教改

体卫教育

学生自主活动

国内外交流

教师队伍

党组织建设

学校管理

校园建设

校友活动

综合统计

新增规章

媒体报道

大 事 记

附　　录

索　　引

Content

Overview

Important Events on Nankai Campus

Thematic Speeches

Moral Education

Teaching and Educational Reform

PE and Health education

Students' independent activities

International and domestic exchanges

The teaching faculty

The construction of the school CPC branch

School Management

Construction of the campus

Alumni activities

Overall statistics

New Regulations

Reports from Media

Summary of the great events in Nankai High School

Appendix

Index

综　述

2011年天津南开中学工作综述

2010年是天津南开中学教育史上具有标志性意义的一年。学校开启了管理体制改革的创新实践，经上级批准，成立南开中学理事会，实行理事会领导下的校长负责制，摸索在新形势下历史名校可持续发展的崭新管理模式。

一年来，南开中学理事会作为学校的最高行政权力机构，积极履行职责，解放思想，凝聚智慧，埋头苦干，积累经验，进行了许多开创性工作，使2011年成为南开中学历史上极不平凡的一年。这是学校不断夯实办学基础、深化常规工作的一年，是开放包容、重视交流合作、拓宽办学思路和办学渠道的一年，是全面提升、不断探索、坚持创新、锐意进取的一年。

一、发扬南开精神，探索创办具有中国特色、世界水平的优质中学教育

在南开中学理事会的规划和领导下，学校各部门通力合作，各届校友无私奉献，2011年办了几件充分体现南开精神与文化、在校内外影响较大的大事。

——继续推进与知名高校的战略合作。2011年，理事会进一步加强与重点高校的沟通和交流，并通过签署合作协议开展制度化、规范化的人才培养合作。在副理事长程津培院士的热心联系和陪同下，理事长孙海麟带队访问了北京大学、清华大学、浙江大学、南京大学、哈尔滨工业大学、中国科学技术大学、西安交通大学、上海交通大学、北京航空航天大学等九所高校。并继复旦大学之后，与南京大学、浙江大学、哈尔滨工业大学、西安交通大学、中国科学技术大学、上海交通大学、北京航空航天大学分别签署《人才培养合作协议》。此外，还同天津外国语大学签署了《国际化人才培养合作协议》。

——体验创意中心和艺术中心建成。体验创意中心的建设为培养学生创新意识和实践能力提供了强有力的支持。该中心前期由西安交大指导建设了传统工坊和现代工坊。由饶子和院士指导建设了蛋白质结晶实验室、三维干细胞实验室、分子生物学实验室、悬浮植物细胞培养实验室。由中国科技大学指导建设了量子光学和量子信息实验室、语音处理实验室。建设的实验室不仅在中学属于高端实验室，在大学也属于高端项目。目前在规划建设中的还有由北京大学校长周其凤院士、清华大学、上海交通大学、哈尔滨工业大学、北京航空航天大学、天津大学指导建设的相关实验室。艺术中心的建成解决了长期以来学生社团活动没有专用活动场地的困难，使南开中学艺术教育迈上一个新的台阶。艺术中心坐落于学校北楼，由合唱团、交响乐团、民乐团、舞蹈团、话剧社、乐群相声社、电声乐队、南熏社等艺术社团组成。艺术中心还聘请了姜宝林、李起厚、刘颖、易娟子、孟超美、董俊杰等艺术界大师、专家担任艺术总监。

——南开公能讲坛持续推进。南开公能讲坛已经成为南开中学的一个教育和文化品牌。2011年南开公能讲坛在2010年良好开局的基础上持续推进，先后请到浙江大学校长杨卫院士、全国人大常委会委员程津培院士、国际奥委会副主席于再清、北京大学哲学系教授王博、哈尔滨工业大学校长王树国、原国务委员唐家璇、著名经济学家吴敬琏、诺贝尔奖获得者乔治・斯穆特、中国科学院院长白春礼院士、北京大学校长周其凤院士、中央电视台新闻主播徐俐、清华大学经济学院院长廖理、清华大学副校长袁驷、南开大学龙以明院士、著名军事专家金一南将军等知名人士为来校做了精彩的报告,南开公能讲坛的教育效果日益凸显。

——校园文化建设大力提升。2011 年,南开中学与天津教育出版社合作,相继编辑、出版、发行了《南开校史研究丛书》第一至第四辑、《天津南开中学年鉴 2011》、《以周恩来为人生楷模教育读本》、《南开公能讲坛录(第一辑)》等七本书籍,总字数 152 万字,努力凸显和传播以爱国、公能、创新、敬业、乐群等为代表的南开核心价值,在校园文化建设方面取得重要进展,在校内和社会上引起强烈反响。

——校史馆升级改造并重新布展。2011 年暑期开始,学校对伯苓楼校史馆升级改造,在内部抗震加固和整修基础上,对校史馆重新布展,并在 10 月中旬重张开放,使学校有了一个展示南开精神和办学成果的成熟窗口。

以上大事都反映出南开文化建设取得的喜人成果,是整个南开团队动员配合、协作完成的,各届校友对母校的支持和奉献也起了重要的作用。

二、加强队伍建设,创设学校内涵发展创新驱动的良好环境

——领导班子调整。6 月底,马跃美同志调入南开中学担任校长,主持学校行政工作。原校长杨静武同志另有任用。奥运冠军获得者、原中国女排和天津女排成员张娜调入南开中学,担任校长助理。与此同时,提拔了部分中层干部,增强了整个南开团队的创造力和执行力。

——重视学校风气建设。党委书记孙海麟坚持每年上下半年各讲一次党课。2011 年 5 月 10 日 他以学校风气建设为主题讲党课;11 月 29 日,再以把学习作为共产党员的精神追求为主题,为全体党员、入党申请人、民主党派成员以及有关同志等讲专题党课。同时还组织党员参观周恩来邓颖超纪念馆,开展以“重温光辉历史,弘扬延安精神,积极创先争优,推进改革创新”为主题的学访活动。这些活动对于干部队伍和教师队伍建设起到了重要的促进作用。

——重视并加强招聘工作。2011 年,学校人事部门克服工作人员少、应聘人员多、时间短、程序复杂等困难,优先做好重点部门和学科的人员招聘,以解决部分职能处室人员老化,结构不合理问题,保障教职工队伍的可持续发展。最终完成 6 个学科 8 名教师、实验员的录用,为教师队伍补充了新鲜血液。

——教师换角色考试,促进教师专业发展。2011 年由教学处组织进行南开中学教师换角色考试。通过考试,促进教师教学基本功的夯实,同时以此作为一次教师专业技能培训,使教师的教育教学更加规范,朝着更高的水准努力。

三、推进教学改革,着力培养具有国际视野的拔尖创新型人才

——积极探索和实施“拔尖创新型人才培养”战略。南开中学围绕“拔尖创新型人才培养”战略方案的实施,以六年一贯制实验班为重点研究对象,探讨在基础教育中学阶段进行拔尖创新型人才培养的培养目标、课程建设、教学方式、评价体系等,发展学生的创新意识和实践能力,为把学生培养成拔尖创新型人才奠定基础,实现学校的特色发展。在“创新人才早期培养实验班”的基本思路、教学原则的指导下,初步规划“创新人才早期培养实验班”的课程设置,全面培养学生的各类潜在能力。课程既包括以国家课程为主的基础性课程,也包括学校课程建设提高点的拓展性课程,还包括学校课程建设发展点的研究型课程,为学生创造条件,培养学生的创造力以及跨学科知识的综合应用能力和实践能力。

——招生工作取得新的突破。一是高中外省市招生工作顺利开始,在河南郑州、山东济南和潍坊、内蒙古巴彦淖尔和呼伦贝尔共招收外省市学生 110 名。二是初中“六年一贯制”实验班面向市内六区招收学生 140 人。常规招生工作圆满完成,初升高录取分数线居全市之首,南开生源质量得以保持,为教育教学工作奠定良好基础。

——高初中毕业班加强管理,中高考成绩优异。2011 年高考南开中学继续取得佳绩。本届高中毕业生有 18 人保送全国重点大学。475 名学生参加高考,平均分全市第一。600 分以上 277 人,占全部考生 58.3%。理科生 399 人,裸分平均分 603.4 分,一本上线率 96.74%。文科生 76 人,裸分平均分 594 分,一本上线率 96.05%。2011 届高中毕业生有 16 人进入北京大学,13 人进入清华大学。

——国际交往工作有效开展。2011 年,南开中学国际部不断巩固已有校际交流项目,提高海外研修质量。2011 年 5 月下旬至 6 月上旬,学校理事会理事长、校党委书记孙海麟率团出访,与法国巴黎德萨伊高中、俄罗斯莫斯科 548 教育中心、俄罗斯莫斯科实验中学签署友好合作协议,开拓了学校对外交流的新领域。学校接待来访团组和短期交流学习的师生23次,460余人,派出8个假期海外研修团,共计18名教师和125名学生。学校还积极组织学生参加国际交流项目,拓宽学生国际视野。同时重视对外汉语推广工作,推进意大利孔子课堂的稳步发展,支持法国德萨伊中学中文国际班的建设。国际部积极聘请外籍教师,开设多种外语课程,成功地为学生开设了德、法、日、韩四种第二外语选修课。

四、坚持教育主线,把"以周恩来为人生楷模"作为德育工作特有优势

——扎实开展各项教育活动。2011年,一如既往地抓好"以周恩来为人生楷模"系列教育;编辑出版《以周恩来为人生楷模教育读本》,逐步实现"以周恩来为人生楷模"教育的课程化和常态化;做好"南开公能讲坛"的组织工作;做好新生入轨系列教育活动;成功举办成人仪式及初、高三毕业典礼;坚持高中青年党校和初中少年团校的建设;大力坚持"义工制",义工点涉及各大医院、街道社区、公益场馆、特殊机构等,共达307个;努力培育青年志愿者,经上级主管部门批准,正式成立"南开中学青年志愿者服务队";打造优秀校内学生媒体,充分发挥《新敬业》《崛起报》、"阳光驿站"广播站、学生电视台等校内学生媒体的作用;成功举办南开中学第一届校园电影节。

——重视日常管理。2011年,着力加强班主任队伍建设,重视班主任工作;坚持每4至6周班主任的月例会制度和每周的德育处处务会;对相关工作人员及时考评;坚持每日巡查制度;充分发挥"五项评比"的考核和激励作用;坚持晨会及校会讲评;严格违纪处理制度;加大对学生干部的培养和选拔;不断完善对学生社团的监管和引导;特别重视对宿舍和住宿生的管理工作,营造了安全、温馨、有序的宿舍文化。

——做好各类服务性工作。2011年,心理健康辅导工作有较大进步,德育处开展大量团体心理辅导、个别心理咨询、心理健康讲座以及心理社团活动等心理健康辅导工作,特别是全面建立了高一、初一全体学生的心理档案。顺利完成高三、初三毕业生档案、班主任工作档案和团员档案的整理、流转工作。帮助学生办理社保;协助订购校服;学生奖助学金发放及低保认证等各项工作稳步进行。

五、立足南开特色,实现学生体育活动经常化制度化

——体育教学成绩斐然。重视体育教育是南开中学的优良传统。2011年,体育学科努力做好日常体育教学的中心工作,初一学生每周五节体育课。为广大学生开设体育选修课,学生每学期可根据个人的情况进行选项,体育学科开设了足球、篮球、排球、羽毛球、乒乓球、棒垒球、火棒、瑜伽等项目。2011年初三毕业升学体育成绩满分率87%,比2010年提高了7个百分点。

——群体活动丰富多彩。2011年,群体活动常规内容有春秋两季运动会、"三六杯"男生足球赛、女生排球赛、"五虎杯"男女生篮球赛、冬季小型多样比赛、冬季长跑、班级拔河比赛、羽毛球赛、乒乓球比赛、身体素质大赛等。做到周周有活动,月月有竞赛,身体素质大赛参与率100%,运动会参与率85%,坚持开展体育艺术2+1活动,结合本校特点提出"让每一位南开中学的学生在校三年内学会游泳,并能熟练地掌握一种泳姿"。

——运动队发展良好。2011年,南开中学各运动队都在比赛中取得良好成绩,乒乓球、羽毛球、篮球、足球、游泳等项目都在本年的市级乃至全国级比赛中取得良好名次,成绩令人瞩目。

六、提高管理水平,为学校教育教学与创新发展服务

——严格财务工作。认真执行上级批复的2011财务年度预算。推行预算管理。在2011年财务工作中,学校会计室严格遵守财务制度,规范会计操作;及时组织应收财源入库工作;按政策规定上解专户资金,及时申请财政专户资金下拨返还;完成了教委、财政、统计、物价等各期、各类财务、统计报表。

——基建工作取得新进展。2011年,进一步完善校园美化绿化工作,完成翔宇楼前"我是爱南开的"景观石采购安放工程,完成含英楼、伯苓楼加固建设工程,完成范孙楼风貌整修、艺术楼(北楼)修缮装修工程,完成了对瑞廷礼堂功能的改造提升、食堂接待餐厅装修工程,整修了南院综合楼,为初中年级安装了净化直饮水的饮水台,改善了学生的生活条件。

——重视食品安全工作和校园安保工作。2011年,保障食品安全、稳定食品价格是学校食堂工作的重点。食堂采纳了学生关于环保餐具的建议,停止使用一次性筷子,压缩使用一次性餐盒。加强长效的学校食品卫生安全保障体系,保障了学校食品卫生安全,提高了膳食加工制作质量。安保工作强化了值班制度,安装了平安校园监控系统,视频监控全覆盖收到很好的效果。保卫部门每年进行安全检查,有安全隐患的立即整改,每年都对学生进行交通安全教育。

——搞好校园环境管理和基础设施养护维修。校园环境保洁管理任务主要由物业公司执行,2011年总务处通过加强对物业公司工作的管理和监督检查,实现校园环境的动态管理。逐步建立落实规范的基础设施维护保养制度,重点落实了食堂电梯的安全保障工作,按时进行了变电箱站、供配电闸箱、供暖交换成套设备、礼堂中央空调系统、电话交换接线箱设备的安全检查和维护检修。

——完成大量的接待、宣传与交流工作。2011年,由校长办公室牵头,各部门紧密配合,较好地完成了繁重的接待工作,在历次上级领导视察、南开公能讲坛、兄弟学校学访、校友回访母校、国内外人士慕名参观等接待活动中,发挥了窗口作用。完成电视宣传片《今日南开》的摄制。校园网络平台不断完善使用,内网平台发布各类信息、通知三百余条,成为学校无纸办公的典型应用。坚持校报出版,每月一期,每期4版,2011年下学期开始增设学生副刊,深受学生欢迎。为使校报工作持续发展,进行了学生记者团招聘和培训工作。

2011年,对于南开中学师生和各届校友来说,还有一件最值得欢欣鼓舞的大事,就是10月25日温家宝总理回母校南开中学视察,并与师生和校友谈心。

那天下午2时30分,温家宝总理回到母校。他先参观了伯苓楼校史馆,向周恩来总理铜像敬献鲜花并三鞠躬,之后走进含英楼视察了现代工坊、传统工坊、陶艺坊、分子生物实验室等科技新体验实验室,到西斋二排瞻仰周总理住过的寝室,回到自己住过的寝室,在翔宇楼前同历任老校长、师生和校友代表合影,最后在瑞廷礼堂为师生做了满含深情的讲话。

温总理在讲话中结合自己幼年和求学时的经历,勉励南开学子要善于独立思考,探索真知,不怕困难,勇往直前。他意味深长地说:“中国没有南开不行,南开不与时俱进不行。”“南开培养了我,南开是我心里的一块圣地,我是爱南开的。过去如此,现在依旧,而且愈发强烈。”温总理的讲话,是阐释南开精神最重要的文本之一,也是珍贵的德育教材,让全校师生倍感振奋,决心不辜负温总理的期望与嘱托,在今后的工作和学习中用实际行动传承和发扬南开精神,为南开中学的持续、和谐、快速发展贡献全部力量。

2011年南开中学的业绩是天津市委、市政府、市教委正确领导的结果,也是南开中学理事会和党委带领全校教职员工团结一心、拼搏奋斗的结果,还是广大南开校友和社会各界人士支持、爱护南开中学的结果。南开中学全校师生必将不辜负各级领导的信任,不辜负社会各界和校友的关心,在今后的发展和建设中,坚持南开道路,发扬南开精神,允公允能,日新月异,用更加积极、更加主动、更加科学的工作态度和工作方法,为中国基础教育事业作出新的贡献。

(天津市南开中学年鉴编辑部整理)

校园要事

温家宝总理回南开中学和师生交流

新华社记者 李 斌 赵 承 李 靖
天津日报记者 马 波 汪 伟

“南开培养了我，南开是我心里的一块圣地，我是爱南开的。过去如此，现在依旧，而且愈发强烈。南开精神像一盏明灯，始终照亮着每一个南开人前进的道路。我愿同师生们一起奋斗，做一个无愧于南开的南开人！”

2011 年 10 月 25 日下午 4 时 10 分许，天津南开中学古朴典雅的大礼堂里，当国务院总理温家宝铿锵有力的话音刚落，礼堂内 1500 多位南开中学师生为总理这次倾心交流热烈鼓掌。

南开中学由著名爱国教育家严修、张伯苓于 1904 年创办。一百多年来，她培养了以周恩来总理为代表的一代又一代杰出人才。1954 年至 1960 年，温家宝就读于南开中学，在这里度过了他终生难忘的六年时光。

津城秋高气爽，天气晴朗。南开中学内绿树葱郁，芳草茵茵。

“欢迎总理回母校。”下午 2 时 30 分许，当温家宝在市委书记张高丽陪同下来到南开中学校门口时，一位学生给他戴上“南开中学”的校徽，身着校服的学生们用热烈的掌声欢迎这位毕业 51 年后回母校看望的学长。温家宝微笑着向前来欢迎的师生们挥手致意。他接着来到校史馆，走进一间间展室，在早期南开中学的教学用具和一张张历史图片前，温家宝不时驻足凝视，重温百年南开走过的历程。

教学楼前，伫立着周恩来总理的全身铜像。温家宝放慢脚步来到铜像前敬献鲜花，并三鞠躬。他又走进含英楼，在现代工坊、传统工坊和陶艺坊观看学生们学习操作激光内雕机、铣床等，了解同学们的学习情况。温家宝还看望了教师和学生代表，并与他们合影留念。

学校大礼堂内早已座无虚席，过道里站满了学生。

“同学们、老师们，我是爱南开的。”回到母校，望着礼堂内一张张朝气蓬勃的脸庞，温家宝十分高兴。他说：“屈指算来，我阔别南开中学已经 51 年了。毕业以后，我曾几次悄悄地来到母校。正式和老师们、同学们见面，这还是第一次。我想借此机会同大家谈谈心。”

“我的祖父、父亲、母亲都担任过中小学教师。我出生的年月正是日本侵略者在华北大扫荡和实行‘三光’政策的时期……”

温家宝首先从自己的身世讲起，讲述了童年穷困、动荡、饥荒的往事……

人们仔细倾听，礼堂内十分安静……

“我深知，这不是我们一个家庭的苦难，也不是我出生的那个年代的苦难。”他说，“中华民族的历史就是一部苦难史。我逐渐认识到一个道理：中华民族灾难深重极了，唯有科学、求实、民主、奋斗，才能拯救中国。”

“我的中学是在南开上的。”回忆起在南开中学难忘的六个春秋，温家宝脸上露出自豪的神情：“南开六年的学习生活，对我人生观的形成有着重要影响，也给我留下了终生难忘的印象。”

“我在这所学校里学习，首先懂得的就是一个人必须有远大的理想，有崇高的志向。从小就应该立志把自己的一生献给祖国和人民。我努力学习知识，坚持锻炼身体，刻苦自励，从学习和生活的点点滴滴入手，努力把自己造就成为一个对国家和人民有用的人。”

温家宝结合自己在南开中学的学习和成长经历，告诉同学们：年轻人要善于独立思考，探索真知，不怕困难，勇往直前……

无论是战争年代，还是建设时期，南开中学都为国家输送了大批优秀人才。温家宝说：“南开校训是‘允公允能，日新月异’。这八个字就是南开的灵魂，它提倡的是为公、进步、创新和改革。南开永葆青春。我们要坚持走南开的道路，崇尚南开的风格，发扬南开的精神。”

台上，温家宝娓娓道来，言词恳切而真挚；台下，师生们凝神静听，不时报以热烈掌声。

参加工作以后，温家宝有 14 年时间是在条件极其艰苦的祁连山区和沙漠戈壁地区工作。上世纪 80 年代中期到中央工作后的最初十年间，他经常深入农村、厂矿、科研院所进行调研，广泛接触基层干部群众，与科学家交朋友。在农村调研时，他住过乡里、住过粮库，经常在一个县一待就是一个星期。

“我认为，一个领导者最重要的是要懂得民情、民心、民意。衡量政策好坏的标准只有一条，就是群众高兴不高兴、满意不满意、答应不答应……”

温家宝真挚的情感、坦诚的话语深深地打动着人们的心灵。

在回顾近年来我国发展进程中经历的种种灾害困难后，温家宝对青年学子们寄予深切的期望：“实现现代化目标，任务还十分艰巨，需要许多代人的长期艰苦奋斗。这一历史任务必将落在你们青年人肩上。青年兴则国家兴，青年强则国家强。但愿青年朋友们以青春之人生，创造青春之中国、青春之社会，实现中华民族的伟大复兴。”

礼堂内又一次响起长时间的热烈掌声。

温家宝提高声调说道：“讲到这里，我又想起了南开。中国没有南开不行！南开不与时俱进不行！这句话的意思是，中国需要教育，更需要有理想、有本领、勇于献身的青年，这是中国命脉之所在。”

“南开之所以涌现出一大批志士仁人和科技文化俊才，是因为她有自己的灵魂。让我们牢记‘允公允能，日新月异’的校训，共同努力把南开办得更好。”

温家宝发自肺腑的话语，赢得了全场师生经久不息的掌声。

随后，现场同学向温家宝提问。高二 8 班学生王雨润、高二 11 班学生赵乙潼、高三 1 班学生左振斌三位同学先后向温家宝提问。温家宝一一回答。

“渤海之滨，白河之津，巍巍我南开精神……”下午 4 时 10 分许，离别的时候到了，师生们齐声唱起南开中学校歌。温家宝和老师同学们依依惜别……

听了温家宝总理这特殊的一课，南开师生们感触良多——

“温总理结合自己的亲身经历给我们上了一堂生动的励志课，将使我受益终生。”高三 2 班学生梁思寒说，“作为新一代南开人，我们要牢记总理的谆谆教诲，接过接力棒，为中华民族的伟大复兴奉献终生。”

化学教师徐金波说，总理的报告充满了对祖国、对人民、对母校的深情，对教育工作者、对广大青年、对南开学子的期待。我们要为培养创新型拔尖人才、德智体全面发展的南开学子而努力工作，用“满枝桃李”回报社会。

市委副书记、市长黄兴国，市委常委、市委教育工委书记苟利军，市委常委、市委秘书长段春华，市人大常委会副主任张元龙，副市长张俊芳，市政协副主席何荣林、张大宁，市政府秘书长袁桐利，南开中学理事长孙海麟及市有关方面负责同志；国务院研究室主任谢伏瞻、国务院副秘书长项兆伦、国务院研究室副主任田学斌、教育部副部长杜玉波，全国人大教科文卫委员会副主任委员程津培等分别参加相关活动。

（原载 2011 年 10 月 29 日《天津日报》）

温家宝总理回母校受到师生热烈欢迎

汪 伟 马 波

连日来,南开中学师生一直沉浸在幸福和喜悦之中。2011 年 10 月 25 日,一个普通的日子。然而,对于南开中学师生来说,注定是一个终身难以忘怀的日子。难忘这个温暖秋日的下午,难忘与一位令人敬仰的学长有过一次近距离的交流……共和国总理对南开师生的真切关怀和殷切期望将深深地铭刻在南开校史之中。大家表示,一定要牢记温总理的谆谆教诲,坚持走南开的道路,崇尚南开的风格,将"南开精神"发扬光大。

南开中学理事会理事长孙海麟说,温家宝总理回母校,与南开师生亲切交流,对全校师生是巨大的鼓舞和鞭策。我们要认真学习温总理在南开所作的报告,加快推进人才培养模式改革创新,在教育部和市委、市政府的领导下,传承南开精神,与时俱进,努力将南开中学办成中国特色、世界水平的优质学校。

"那天,温家宝总理步入南开校门时,是我给温总理佩戴上'南开中学'校徽,我也是第一个和总理握手的学生。"回想起给温总理戴校徽时的情景,校学生会主席、高二 10 班李可纯同学依然激动不已,"能够代表全体南开师生给我们可敬可爱的温学长戴校徽,我感到十分的荣耀。我将把这份荣誉化作刻苦学习的动力,树立远大理想信念,努力成长为国家栋梁之才。"

高二 2 班的李鑫同学是一名实践小能手,温总理参观南开中学现代工坊时,由李鑫为总理作讲解。李鑫说:"当时,我向总理汇报了同学们实践技能操作的本领。在快速成型机前,我们展示了一件刚刚完成的'作品'——树脂扳子模型,并作为礼物现场赠送给温总理。温总理十分关心我们的实践课程,提出要我们多动手、多实践。我们一定不辜负温总理的期望,既要掌握扎实的文化理论知识,又要积极参加实践学习。"

温总理回母校与师生交流,畅谈六年的南开学习生活,这不仅给大家留下深刻印象,更成为激发同学们刻苦学习的不竭动力。在交流现场,高二 11 班赵乙潼同学非常幸运地获得了向温总理提问的机会。"我向温总理提的问题是:'您在南开六年的学习生活中印象最深的是什么?'温总理答:'印象最深的是教我的每科老师,还有文体活动、图书馆。'最让我们吃惊的是,温总理不假思索地说出了语文、数学、生物老师的名字,而且将他们称作当时的'教育界王者'。与温总理当年相比,我们今天的学习生活条件已经十分优越,更应倍加珍惜,努力钻研科学文化知识。今天我为南开而自豪,明天南开将因我而骄傲。"

温总理与南开师生的深情交流,也让教师们的心潮久久不能平静。

南开中学物理教师叶远、历史教师周晓说,温总理讲道:"南开之所以涌现出一大批志士仁人和科技文化俊才,是因为她有自己的灵魂。"作为新一代南开教师,更加感受到教书育人这份职业的神圣,倍感责任重大。一定要牢记"允公允能,日新月异"的校训,严谨笃学,淡泊名利,以高尚师德、学识风范教育和感染学生,将社会主义核心价值体系融入教育全过程,培养更多德才兼备的新一代南开学子。

南开校歌唱道:"渤海之滨,白河之津,巍巍我南开精神;汲汲駸駸,月异日新,发煌我前途无垠……"一代又一代南开人传承和弘扬的南开之魂,正是这"巍巍我南开精神"。

(原载 2011 年 10 月 30 日《天津日报》)

南开中学师生深情回忆温总理母校之行

蒋 娟　　肖 荻

连日来,南开中学师生一直沉浸在激动、喜悦之中,大家一遍遍回忆着10月25日下午,温家宝总理回到母校南开中学的情景,他对南开师生的真切关怀和殷切期望深深地铭刻在每一位师生心中。大家表示,要牢记总理的谆谆教诲,传承南开精神,为国家培养具备创新能力、扎实功底和社会责任感的拔尖人才。

建设优质学校　长成国家栋梁

南开中学理事会理事长孙海麟说,温总理话语间流露的对母校真挚的感情,让大家十分感动,对于南开师生是巨大的鼓舞和鞭策。学校要认真学习和落实总理讲话精神,以此为契机,在教育部、市委市政府的领导下,与时俱进,努力把南开中学办成中国特色、世界水平的优质学校。

南开中学学生会主席、高二10班学生李可纯,至今仍然心潮澎湃:"那天,是我给温总理佩戴上'南开中学'校徽,我也是第一个和总理握手的学生!我将把这份荣誉化作刻苦学习的动力,努力成长为国家需要的栋梁之才。"

"温总理的手很温暖,和总理握手的刹那,我感觉心里暖暖的!"高三4班学生马明说,温总理的讲话中流露出对普通民众最真挚的感情,作为新一代青年,我们要向总理学习,树立为人民服务的朴素情感和强烈的社会责任感。

总理鞠躬身影　激起尊师风尚

南开中学话剧社副社长、高二11班学生赵乙潼回忆起当天向温总理提问时的情景还很激动。她问温总理:"您在南开中学六年的学习生活中,印象最为深刻的有哪些?"温总理回答道:"印象最深的是教我的每科老师,还有文体活动、图书馆。"温总理不假思索地一口气说出语文、数学、生物老师的名字,并称他们是当时的"教育界王者"。

"温总理对老师的尊敬,值得我们好好学习!"高三2班学生梁思寒,是唯一和总理以及南开老校友合影的在校学生。他印象最深的就是总理对老师的深厚感情。合影时,温总理见到他上学时的老校长、已经90多岁高龄的杨志行,立即向老校长鞠躬行礼。杨校长想要站起来,被总理坚决拦下。

牢记总理教诲　践行南开校训

温总理与师生交流的话语,引起了南开中学广大教师深刻思索:站在新的历史时期应该如何培养人、培养什么样的人。温总理说:"中国没有南开不行,南开不与时俱进不行。这句话的意思是,中国需要教育,更需要有理想、有本领、勇于献身的青年,这是中国命脉之所在。"南开中学物理教师叶远说,作为新一代南开教师,更加感受到教书育人这份职业的神圣,我们一定牢记"允公允能,日新月异"的校训,以高尚师德、学识风范教育和感染学生,将社会主义核心价值体系融入教育全过程,为国家培养更多德才兼备的青年人才。

(原载2011年10月30日《今晚报》)

总理寄厚望　师生话温暖

朱　丹

南开中学，这所天津市最著名的中学之一，因为从这里走出了两位总理而在近代以来的中国教育史上光辉绚丽，风景独有，在全国也同样是闻名遐迩，绝无仅有。在庆祝建校107周年之际，南开中学收到了一份“厚礼”，10月25日下午，国务院总理、南开校友温家宝的到访为所有的南开师生赋予了不一样的历史使命。

2011年10月25日，作为南开校友的温家宝第一次以公开方式和学生们见面。下午2点30分，阔别母校51载的温家宝总理抵达南开中学，“第一站”是参观南开中学为校庆而建、刚刚落成不久的南开校史馆，重温百年南开的光辉岁月。在校园中央，温家宝总理向周恩来总理全身铜像鞠躬鲜花，他又走进含英楼，在现代工坊、传统工坊和陶艺坊观看学生们的动手课程。随后总理走进同样百年历史的南开中学瑞廷礼堂，向同学们讲述自己的身世、在南开的求学情景，并回答学生的提问，向南开中学和学生们提出更高要求。4点10分许，温总理在聆听了合唱班的校歌后，和南开师生依依惜别。

三次学子提问　耐心回答

温家宝在南开中学共停留了100分钟左右的时间，其中有40分钟用于总理在瑞廷礼堂的演讲和回答学生的提问，其中有三位南开学生成为当天最幸运也是最幸福的人，因为他们不仅面对面向总理提出自己的问题，更得到了温总理亲切耐心的回答。

中国还需保持自身的经济平稳

王雨润是南开中学高二8班的学生，同时也是南开中学在任的学生会副主席。王雨润告诉记者：“我当时问温总理的问题是关于经济的，目前西方经济逐渐衰退，您认为中国将采取哪些措施以保持自身经济的平稳快速发展并带动世界经济复苏？温总理停顿了几秒钟便亲切地注视我并回答道，目前世界经济不确定的因素更多了，面对近来的美债、欧债危机，中国还需要保持自身的经济平稳。最主要的是要实施积极的财政政策和稳健的货币政策，协调好经济平稳、快速发展和通胀问题。”

王雨润说，自从知道温总理要亲自与同学们见面，他就一直期望能与总理对话，没想到总理能那么细致而又高瞻远瞩地回答了他，让他收获良多，更坚定了他了解世界时事、关心国家经济的兴趣方向。

我的老师是教育界之王

高二11班的小姑娘赵乙潼是第二个被选为向总理发问的学生，她告诉记者：“我提的问题是，您是南开学子，您在南开中学学习生活了六年，请问您在这六年中留下了哪些最深刻的印象？总理不假思索地回答说，他至今难忘他的老师们，他们可以称得上是教育界之王。随后总理便说出了他的三位恩师的名字，语文教师陈东生，代数教师安同霈，生物教师孙养林。温总理还表示难忘南开中学的各种学生活动，特别是南开的话剧社，周恩来总理也曾参与演出了话剧《一元钱》。最后温家宝总理说非常怀念南开中学的图书馆，他曾经在那里长时间的读书思考，学习了很多知识。”

赵乙潼说，她特别想知道当总理在和自己同龄或者年纪相仿的时候，对学校的理解有什么不同，也希望能像总理一样，站在伟人的肩上成就自己的一番事业。

希望多培养出像钱学森这样的人才

最后一位向总理提问的学生来自于南开中学的高三1班，提问的学生叫左振斌，是南开中学周恩来班的班长，这位“出身”于南开最好班级的学生提的问题是：“当代中国的教育与人才培养、社会发展需求出现了脱节，您怎么看待这个现象？”温家宝回答说，希望我国的教育多培养出像钱学森这样的人才，希望我们的学生不仅在学业上有所成就，更要具备团队精神和社会责任感。

左振斌告诉记者：“作为周恩来班的班长，我始终有一种‘为中华之崛起而读书’的使命感，而温总理的话更寄托了对我们年轻学子非常大的希望，也激发了我对集体对社会献身的坚定信念。

在总理离开南开中学的这几天里，能明显感受到班上同学们学习气氛更加浓郁，学习劲头也更足了，总理所说的‘我是爱南开的’也更加温暖了南开学子的热忱之心。”

数次唱响校歌　深切注视

温家宝总理在瑞廷礼堂回答完学生的提问后，全体师生都起身唱起了南开校歌：“渤海之滨，白河之津，巍巍我南开精神……”总理在歌声中下台走出礼堂，但师生们都一遍又一遍唱着校歌。走出礼堂后，南开合唱班的同学们又一次唱起了校歌，总理则激动地向同学们微笑挥手。

合唱班的班主任黄小虎老师告诉记者：“那天为总理的合唱让我们终生难忘，虽然总理一直没有说话，只是深切地注视着大家，但我们能感受到总理对南开的爱和希望。合唱后，同学们都自发地向总理呼喊着他曾经说过的话‘南开永远年青’，一遍又一遍。”

两次挥手道别　依依不舍

10月25日，下午4点10分左右，欢乐的相聚总是显得那么的短暂，到了温总理和大家说再见的时候了，总理一边向校门口送行的南开师生们挥手道别一边上了车，这时候，师生们不停地呼喊着“温总理，温总理”。难舍师生们的情意，已经坐上车的总理又一次起身下车向大家挥手致意，大家则报以更热烈的掌声和呼喊声。在第二次上车后，总理又侧身向大家挥手，但是人群中“总理慢走”的呼喊声更为强烈，为了表达感谢，温总理在车上换到了离师生们更近的位置上和大家告别，师生们目送着温总理的车驶出了校门口，送别的队伍凝望了很长时间，久久不愿离去。

南开中学理事长、党委书记孙海麟说：“总理回母校，对南开中学是鼓励，作为南开中学必须要学习总理的讲话精神，像总理希望的那样使南开中学与时俱进，无论在管理体制还是教育教学上都要进行改革和创新，并培养出一支高素质的教师队伍。按照总理的要求，在市委市政府和国家教育部的领导下，我们将把南开中学办成一所具有中国特色世界水平的优质学校，培养更多的优秀学生为国家为社会服务。”

师生感想　一直在回味总理的话

据南开中学介绍，全校共有2400余名学生，当天共有一多半的学生进入了瑞廷礼堂，连走廊上都站满了人，不少在总理周围的学生也都和总理一一握手，其中坐在礼堂第一排最左面的高三4班的学生马明就是其中的一位。马明说：“在总理到学校之前我就一直期待着能见总理一面，没想到这次不但见到了还能和总理握手，当时看到总理正要往台前走，我就立即站起身来侧身面向总理，并鼓足了勇气伸出了右手，没想到温总理立即发现了我，也亲切地向我伸出手来，随后我便感受到了总理温暖而有力的手。”

南开中学的德育处主任、政治老师贺海龙在当天也经历了总理来校的整个过程，他告诉记者，温总理当天的讲话他一直在脑海中和心中回味着，特别是他提到的“中国没有南开不行，南开不与时俱进不行”，这句话里既有对南开中学的肯定，又有对南开的鞭策和期望，作为教师必须加深自身修养，培养出更多有理想有创新精神的学生，不愧总理的期许。

（原载2011年10月30日《每日新报》）

做与时俱进的南开人

赵小雅

10月25日，温总理重返母校南开中学。谈起师生们的反响时，南开中学高二11班学生赵乙潼怀着深深的感情说：“非常热烈，超出想象。”她说，那天自己聆听了温总理的讲话，放学回家看到新闻联播时才清楚地意识到：温总理来我们学校了，这是真的！晚上，她打开QQ，突然发现所有同学的签名都变成了“我爱南开，我爱总理”。而南开中学校长马跃美，作为温总理在礼堂与全校师生讲话的主持人，则深切地感受到了责任与分量。

说起那一天，南开中学的师生们都有话说，都有深深的体会。从学生到老师，从老师到学校管理者，他们把温总理的南开之行看作是一次学长的回访，把温总理情真意切的讲话看作是在与师生们聊天。在谈到感受时，师生们说得最多的词是：激动、感动、亲切、激励与责任。

"我们体会到总理对母校的深深情意"

"本来安排的时间是下午2:40到校，总理提前10分钟就到了。"马跃美告诉记者。

"老师们都说这是温总理第五次回母校。"马跃美说，"当然，以这样的方式回来是第一次。"之所以说是第五次，是因为以前曾有过三次，是温总理轻车简从，直接到传达室报到，说自己是这所学校的校友，到学校去看一看。等学校领导到了，他已经走了。还有一次，是温总理结束在天津工作以后，让司机围着校园绕了一圈。

马跃美告诉记者，这次回来，温总理到了自己当年住过的宿舍，还清楚地记得自己住在哪一间。温总理在讲话中说："从12岁到18岁是一个人成长的关键时期。因此，南开六年的学习生活，对我人生观的形成有着重要影响，也给我留下了终生难忘的印象。"马跃美说："确实，总理的每一个举动、每一句话，都渗透着对南开中学的深厚情感。"

有幸向总理提问的赵乙潼饱含深情地说："总理的脸上始终带着微笑，说了好几次'我是爱南开的'。"她说，在很多学生都举手提问的情况下，自己能有机会发问实在是太幸运了。她当时的问题是，"您在南开六年的学习生活中印象最深的是什么?"因为她很想知道总理在自己的这个年龄时，他的精神、思想境界与自己这一代有什么不同。没想到总理不假思索地说，有三件事印象最深：一是每科老师，二是学校的文体活动，三是学校的图书馆。更没有想到的是，总理在说到学科老师的时候，脱口而出地说出了六七个老师的名字。"都这么多年了，他还记得那么清楚，可以想象，总理对他的老师爱得有多深!"

高二2班学生李鑫是负责在科技楼的现代工作坊为总理做解说的。"其实，原来的解说词我都背好了，可是总理一来，我激动得全忘记了，只好临场发挥。"她说，温总理看起来是那么亲切，就像学长和爷爷。当她把自己制作的一个笔筒送给总理时，总理的脸上满是欣喜，她从中体会到了这位学长对南开中学深深的爱。

"总理教导我们做有社会责任感的人"

作为优秀教师代表，韩文霜说，温总理的三次鞠躬给自己留下了深刻印象。第一次是在校园内周恩来总理的铜像前，温总理毕恭毕敬地鞠了三个躬，表达对周总理的尊敬。第二次是在跟学校历届领导与师生代表见面时，向当年他在校时的老校长杨志行鞠了一躬，表达了对老校长的尊敬与爱戴。第三次是温总理在礼堂讲话完毕后，对全体师生鞠了一躬。"我觉得这是对我们全体南开中学师生的鞭策与鼓励。"韩文霜说。

"就像与师生们一起聊天。"教师林秋莎说，"从聊天中，我们体会到了总理忧国忧民的意识与情怀。作为一个国家领导人，他把百姓疾苦放在心中。从他身上，我们也看到了'南开精神与南开品格'。该怎样做才能成为一名'无愧于南开的南开人'，是我们这些天一直在思考和议论的话题。"

说起温总理的讲话，赵乙潼有自己的体会和理解："温总理从自己的身世谈起，让我们体会到了总理那一代人在那样艰苦的条件下仍然志存高远，今天我们有这样优越的条件，如果不努力的话就对不起自己是个南开人；总理从自己的志趣爱好讲起，教导我们做有社会责任感的人，多关注人间疾苦。听了总理的讲话，我为有总理这样的校友而自豪，我们是总理的校友，要做无愧于南开的南开人。"说到这件事对同学们的影响，她说："人心齐了，目标明确了，那就是向着总理教导的方向努力。"

作为学校学生会主席，高二10班的李可纯荣幸地为总理戴上了学校校徽。她说，总理特别提到人要有远大理想与崇高志向，这为自己的人生理想注入强大的动力。作为南开人，应该树立远大理想，把人生与国家和民族的命运联系起来，做一个对社会有用的人。

弘扬南开精神培养杰出人才

"南开中学是一所历史悠久的学校，她的建立、成长和发展始终同国家的兴衰和民族的命运联系在一起。无论是战争年代，还是建设时期，她都为国家输送了大批人才，这就是南开的道路。"温总理在讲话中这样说。

说起南开中学的历史，能够感受到每一个南开人的自豪感。马跃美说,南开中学是由我国著名爱国教育家严范孙、张伯苓于1904年创办的。学校秉承“允公允能,日新月异”的校训,以“整体高素养教育”为办学的主导思想,形成具有现代南开特色的办学理念和实践体系。学校有着明确的育人目标,即“使南开的学生具有强烈的社会责任感,具有健全的身躯及心理品质,科学素养、人文素养兼备,创新思维、实践能力两翼齐飞,为祖国的繁荣、世界的和平与发展培养创新型、拔尖型后备人才”。

正如总理所说,建校以来,学校为祖国建设培养了一大批杰出人才。南开中学先后走出了两任共和国总理,还有一大批各个领域的杰出人才。“中国没有南开不行,南开不与时俱进不行。”说起总理讲话中的这句话,马跃美说:“这句话分量好重啊!近两年,学校在办学上进行了一系列探索,但听了总理的讲话以后,我们必须进一步思考,如何继续崇尚南开风格和发扬南开精神?如何在不失传统的基础上与时俱进?”她说,学校领导班子深深地感到了责任重大。对于学校下一步发展,学校领导班子已经在谋划,提出了要探索国际化的办学品牌,为学生的成长提供良好的环境,把南开办成一个中国特色、世界水平、与时俱进的优质学校,真正做“无愧于南开的南开人”。

(原载2011年11月2日《中国教育报》)

孙海麟、程津培拜访北京大学校长周其凤院士

2011年1月7日上午,南开中学理事会理事长、校党总支书记孙海麟在全国人大常委会委员、教科文卫委员会副主任委员、中国科学院院士、南开中学理事会副理事长程津培陪同下,到北京大学拜访北京大学校长、中国科学院院士周其凤,共同讨论北京大学与南开中学开展交流合作、衔接培养拔尖创新人才的有关事宜。

会谈中,孙海麟理事长、程津培副理事长分别向周其凤校长介绍南开中学的办学历史,以及正在进行的管理体制机制改革的总体情况和取得的成绩。孙海麟表示,南开中学愿意在北京大学的指导下,积极探索创新人才培养规律,开展创新人才培养实验。邀请周其凤校长在合适的时候到南开中学访问,为全校师生作报告。周其凤对孙海麟的到访表示热烈欢迎,对盛情邀请表示衷心感谢。周其凤非常赞同孙海麟提出的中学教育的改革要与大学教育的改革衔接进行的看法,表示北京大学愿意和南开中学携手,共同为创新人才的培养积极进行探索。

(崔勇锐)

孙海麟、程津培拜访浙江大学校长杨卫院士

2011年1月23日,南开中学理事会理事长、校党总支书记孙海麟在全国人大常委会委员、教科文卫委员会副主任委员、中国科学院院士、南开中学理事会副理事长程津培陪同下,赴杭州拜访浙江大学校长、中国科学院院士杨卫,共同商议浙江大学与南开中学开展交流合作,衔接培养拔尖创新人才的有关事宜。

会谈中,孙海麟理事长介绍南开中学的历史和办学成果,提出希望浙江大学能够对南开中学开展素质教育给予强有力的指导和支持,并邀请杨卫校长年内到南开中学访问,为全校师生作报告。杨卫校长对孙海麟理事长的到访表示热烈欢迎,并愉快接受邀请。杨卫向孙海麟介绍浙江大学近年来开展的教育改革以及取得的优异成绩,并对当前中学教育和大学教育存在的一些问题发表自己的见解,认为南开中学和浙江大学的办学精神是相似的,双方加强合作将会是双赢,能够为推动中国教育改革积累有益的经验。

(崔勇锐)

南开中学与南京大学签署人才培养合作协议

2011年1月24日，南开中学理事会理事长、校党总支书记孙海麟，在全国人大常委会委员、教科文卫委员会副主任委员、中国科学院院士、南开中学理事会副理事长程津培陪同下，赴南京拜访全国人大常委会委员、南京大学校长陈骏，共同商议南京大学与南开中学开展交流合作，衔接培养拔尖创新人才的有关事宜。双方签署《南京大学与天津市南开中学人才培养合作协议书》。

陈骏校长对孙海麟理事长的到访表示热烈欢迎，介绍南京大学近年来开展的教育改革，以及取得的优异成绩，并对当前教育存在的一些问题发表见解，认为南开中学正在进行的改革意义重大，大学和中学有必要联起手来，共同开展人才培养实验，竭尽全力为国家的未来做出各自的努力。南京大学副校长闵铁军、处长陈建群、处长刘源分别发言，高度评价近五年来南开中学考入南京大学的学生的出色表现，表示愿意与南开中学共同进行人才培养合作。

会谈最后，孙海麟理事长和南京大学校长陈骏共同签署《南京大学与天津市南开中学人才培养合作协议书》，标志着南京大学与天津市南开中学结成友好学校，双方加强合作与交流，共同开展创新人才培养实验。

（崔勇锐）

纪念周恩来诞辰授予“周恩来班”光荣称号

2011年3月4日，南开中学在瑞廷礼堂隆重举行纪念周恩来诞辰暨表彰先进大会。3月5日是周恩来诞辰113周年和毛泽东题词“向雷锋同志学习”48周年纪念日，南开中学例行集会纪念。校长杨静武、副校长吕宝桐、马健等出席。大会在国歌声中开始，与会学生举行“以周恩来总理为人生楷模”的宣誓仪式。吕宝桐宣布授予高二1班“周恩来班”光荣称号，杨静武为高二1班颁发奖牌。“周恩来班”是南开中学传统的班级荣誉，每年全校评出一个班级授此称号。马健宣读表彰优秀学生名单，共有100余名学生受到表彰，高三2班杨啸宇等12名学生获得“公”字奖章，高三1班李冠儒等4名学生获得“能”字奖章。

（赵　凯）

南开中学与浙江大学签署人才培养合作协议

2011年3月14日，浙江大学校长、中国科学院院士杨卫一行访问南开中学，签署两校开展人才培养合作协议。中共天津市委常委、市委教育工委书记苟利军参加签字仪式，代表市委、市政府对协议签署表示祝贺。全国人大常委会委员程津培院士、天津市教委主任靳润成等领导同志出席签字仪式。

签字仪式在南开中学范孙楼大接待室举行。教师代表参加仪式。签字仪式上，南开中学理事会理事长、校党总支书记孙海麟致欢迎词。浙江大学校长杨卫在发言中表示，南开中学是一所享有盛誉的著名中学，浙江大学和南开中学的办学精神是相似的，两所学校有着很深厚的渊源，双方加强合作将会是双赢，浙江大学将多方面支持南开中学教育改革创新探索，共同培养高素质创新人才。苟利军书记在讲话中指出，加快转变经济发展方式，基础在教育，核心在科技，关键在人才。天津市委、市政府高度重视创新型人才的培养，深入贯彻落实中长期教育规划纲要，支持各级各类教育改革创新，把素质教育、内涵发展贯穿于学前教育、基础教育和高等教育各个阶段，体现在学习、生活、实践各个领域。浙江大学、南开中学作为两所具有百年历史的著名大学和中学，共同开展创新人才培养，具有重要的示范作用，将进一步创新人才培养理念和方式方法，更好满足经济社会发展对高素质人才的需求。

（崔勇锐）

南开中学学访团参观访问京、津部分优质中学

2011年3月21日至22日，南开中学领导干部一行20人组成学习访问团，在理事会理事长、党总支书记孙海麟和校长杨静武带领下，到北京十一学校、北京四中、人大附中等三所优质中学参观访问，学习以这三所学校为代表的北京市教改先进学校所取得的成果。天津市教委中学处副处长张弘随同考察。

3月24日，南开中学学访团继续到天津耀华中学、天津一中两所学校参观访问，与兄弟学校进行交流学习。市教委副主任黄永刚和中学处处长黄炎随同考察。耀华中学校长任奕奕、党委书记边华率学校领导班子热情接待南开中学学访团。任奕奕全面介绍耀华中学的教育理念、办学优势、培养目标和管理方法，特别介绍耀华中学加强教师队伍建设的一些做法。座谈后，任奕奕校长陪同南开中学学访团参观耀华中学的教师风采墙、校史馆、通用技术教室、中国文化元素教室、礼堂、院士铜像等教育教学设施。

在天津一中，校长李新向学访团介绍了近年来在学校特色建设方面所做的一些工作，阐述对学校特色的理解，天津一中党委书记霍晓宏介绍了该校党建工作，高一年级部主管张老师向学访团介绍了开设理科创新人才实验班的一些想法和做法。学访团一行还参观天津一中的电子阅览室和微机物理实验室，了解利用数字化资源和创新实验教学方式的做法和经验。

（崔勇锐）

化学学科开展“同课同构”教学研究

实施新课程以来，教师的教学思想、教学观念、教学行为都发生了重大的变化。南开中学化学学科共有教师20人，35岁以下青年教师占75%，各备课组都有首次担任本年级授课的教师。师资间的差距，容易造成教学上的不均衡，教师的集体研讨和共同提高比任何时期都显得必要。为此化学学科开展“同课同构”教学研究，即备课组内的教师在集体备课的基础上，对同一教学内容采用相同的教学设计、相同的课件、相同的板书进行教学，目的是要加快青年教师的成长，减少师资间的差距，提高课堂教学的效益。2010年底该学科申报南开中学小课题《集体备课的有效性——同课同构的教学研究》，2011年3月被批准立项。2011年上半年，高二年级对选修5《有机化学基础》中的四个单元及选修1《化学与生活》中的三个单元进行了“同课同构”教学研究。2011年下半年，高一备课组对化学必修1的四个章节进行了“同课同构”教学研究。通过这些教学研究，教师们在教学设计、教学能力上有了突出进步，提高了课堂教学效果。

（张洪俊）

南开中学首届理事会第二次会议举行

2011年3月30日，南开中学首届理事会第二次会议举行。会议由理事长孙海麟主持，荣誉理事申泮文、杨志行，副理事长程津培，理事张元龙、靳润成、杨静武，理事会法律顾问矫捷出席会议。会议听取南开中学校长杨静武的述职报告；审议讨论《天津市南开中学中长期教育改革和发展规划（2010－2020）》（审议稿）；孙海麟向理事会报告工作。

会议首先由杨静武代表行政领导班子向理事会汇报2010年学校工作情况，靳润成理事代表理事会评价学校工作。与会人员对新修改的《天津市南开中学中长期教育改革和发展规划（2010－2020）》（审议稿）进行审议。会议最后，孙海麟向理事会汇报一年来的工作，指出近一年来理事会作为学校的最高行政权力机构，积极履行职责，领导学校工作，完成上级宏观指挥难以落实、学校行政难以全局把握的有关工作；汇报2010年南开中学在管理体制改革、初中招生改革、高中招生改革等方面取得的突破，以及取得中新生态城和海河教育园区办学土地等具体工作。孙海麟强调指出，南开中学正在进行的以理事会领导为核心的学校管理体制改革，是带有根本性的、具有重大意义的改革，是学校教学改革、课程改革等其他改革的前提和基础，也将为学校其他方面的先行先试提供经验和保障。实行理事会的领导，就是用国际化视野，健全学校的决策层和执行层的制约监督关系，保证科学决策和监督机制的顺利进行，有利于建立现代学校制度，扩大学校的管理自主权，使原来的外控式管理变为学校自身的校本管理，给学校科学决策和自主发展带来活力。

与会成员以高度的责任感和使命感共商南开中学教育发展大计。会议强调，南开中学是敬爱的周恩来总理的母校，办好南开中学是党和国家的期望、广大人民群众的期望。会议提出，未来一段时期，理事会要加强宏观领导，按照全国教育工作会议和天津教育工作会议的精神，深入贯彻落实《国家中长期教育改革和发展规划纲要》，高举改革创新大旗，坚持育人为本，传承南开精神，遵循教育规律，创办富有中国特色、具有世界水平、符合时代要求、适合未来人才成长需要的优质中等教育。

（崔勇锐）

南开中学年鉴编辑委员会举行

2011年4月26日，天津市南开中学年鉴编辑委员会举行。会议的内容是，调整南开中学年鉴编辑委员会，讨论《天津南开中学年鉴2011》送审稿。

2010年南开中学启动办学体制改革以后，学校理事会决定创办南开中学年鉴。经过有关部门和同志的共同努力，《天津南开中学年鉴2011》送审稿问世，学校领导同志对此极为重视。他们在认真审阅书稿的同时，考虑到年鉴编纂工作的全局性、综合性，决定调整年鉴编辑委员会，将年鉴编辑机构由原来依托在德育处改为依托在校长办公室。调整后的年鉴编委会由孙海麟担任主任，编委会成员涵盖全校各个部门。编委会充分肯定了前一阶段年鉴编辑班子开拓性的工作成果，提出新的工作目标和要求，聘请从事新闻出版业多年的南开校友周鸿飞为主编，李群等同志为副主编，开始进一步完善年鉴的努力。

在这次年鉴编委会会议上，到会同志畅所欲言地发表意见，成为一次完善送审稿的研讨。大家一致认为，《天津南开中学年鉴2011》送审稿具有开创意义，是一项重要的南开校园文化建设，总体感觉送审稿基础不错，但仍有改进余地。改进的目标是，遵循年鉴功能和编纂规律，调整框架，完善文字，力图将南开中学历史上的第一本年鉴编纂成功，使之成为南开中学新的文化精品。

（周鸿飞）

国际奥委会主席罗格复信南开中学学生

2011 年 5 月 13 日 国际奥委会主席雅克·罗格复信天津南开中学学生。事情缘起于此前的“南开公能讲坛”。应邀来校的国际奥委会副主席、国家体育总局副局长于再清的激情报告，使南开中学同学们萌生给罗格主席写信的想法。这个想法得到于再清的认可，他应允把学生们的信转交给罗格主席。受到鼓舞的南开中学同学们在信中叙述了南开中学和奥林匹克运动的情缘，写道：“在南开中学，每个人都会感受到浓厚的体育文化氛围，我们愿意高举奥林匹克旗帜，继承先辈对奥林匹克的激情和信念，坚持更快、更高、更强，从我做起，从身边的小事做起，为奥林匹克事业的发扬光大作出我们的绵薄贡献。”罗格主席在回信中写道：“亲爱的同学们，非常感谢你们热情洋溢的来信，我为你们对奥林匹克运动的大力支持表示祝贺。我相信奥运价值将会在未来的人生中引领着你们前进。”最后他用“你们真诚的朋友，罗格”作为落款并亲笔签名。

（薛　紫）

南开中学与哈尔滨工业大学签署人才培养合作协议

2011 年 5 月 26 日，哈尔滨工业大学校长王树国一行访问南开中学，两校签署人才培养合作协议。根据合作协议，哈尔滨工业大学与南开中学将开展创新人才培养实验；南开中学定期邀请哈工大教授为全校师生作学术报告，并组织学生赴哈工大开展学访活动；哈工大指导南开中学建立航天、机器人两个科学实验室，由哈工大派驻教授专家指导南开中学的学生进行科学探索；在哈工大的协助下，南开中学与重点著名高校加强联系，共同推进大学和中学之间的深层次合作。

签字仪式结束后，王树国校长在瑞廷礼堂为南开中学师生作题为《科学与人生》的精彩报告，从哈工大的专业研究优势和自己丰富的人生阅历，为学生展现出一幅色彩斑斓的科学探索画卷，激发学生对科学的关注和对人类未来的关心。

（崔勇锐）

南开中学教育代表团访问法国、俄罗斯

2011 年 5 月 28 日至 6 月 8 日 南开中学理事会理事长孙海麟率南开中学教育代表团应邀赴法国、俄罗斯访问。5 月 30 日，南开中学教育代表团一行访问具有 127 年历史的法国巴黎德萨伊中学。该校校长 Anny Forestier 曾在 2010 年访问南开中学，她表示访问给她留下深刻印象。孙海麟和 Anny Forestier 校长就两校的教育交流合作进行广泛而深入的探讨，双方在学生互访、互换教材、教师交流等方面达成多项共识。访问结束时，孙海麟和 Anny Forestier 校长签署两校建立国际友好学校关系的协议。中国驻法国大使馆教育处一等秘书张为宇全程陪同代表团访问并出席签约仪式。在法国期间，南开中学代表团还在中国驻法国大使馆教育处一等秘书刘京玉陪同下，访问了巴黎路易大帝中学和亨利四世中学两所历史名校。6 月 6 日，在中国驻俄罗斯大使馆教育处一等秘书王金达的陪同下，南开中学教育代表团在俄罗斯访问了莫斯科市最大的学校查理茨诺 548 教育中心，受到该校校长 Rachevskiy Efim 的热烈欢迎。双方会谈结束后，孙海麟与 Rachevskiy Efim 校长签署两校建立国际友好学校关系的协议。同日，代表团还访问了莫斯科市立实验中学，孙海麟与该校校长签署两校友好协议。代表团此行得到中国驻俄罗斯大使馆公使张海舟等官员的大力支持。

（张庆民）

生物学科组织学习孙养林教育教学思想

2011年6月15日，南开中学生物学科以学习孙养林教育教学思想为内容开展大教研活动。孙养林先生是享有盛誉的生物特级教师，生前教学成绩斐然，深受师生敬重。高级教师封毓中介绍自己参加工作初期与孙养林先生共事的经历，追思孙养林先生的生平业绩，并将学校编印的《孙养林先生谈教育》一书赠送给参加教研的生物学科教师。封毓中认为，孙养林先生给人留下最深的印象，就是他高尚的人品和精湛的业务水平，南开中学应该传承像孙先生这样的造诣和人格，将其贯彻到日常教育教学工作中，南开精神也就体现其中了。他希望生物学科教师首先学习孙先生的治学精神，让教育教学水平更上一层楼。学科组长王健为教研活动做总结发言。生物学科教师感到，通过座谈交流深受教育和鼓舞。

（王　健）

南开中学与西安交通大学签署人才培养合作协议

2011年6月23日，西安交通大学副校长程光旭一行访问南开中学，两校签署人才培养合作协议。签字仪式在范孙楼大接待室举行。西安交通大学教学处处长刘进军，管理学院院长、天津招生组组长苏秦，管理学院教务中心主任、天津招生组副组长刘海城，管理学院教改秘书、天津招生组联系人陈宁，南开中学领导干部和教师代表参加签字仪式。

根据合作协议，南开中学和西安交通大学将充分发挥各自办学理念和经验，共同探讨理科创新人才培养的改革措施，致力于培养学生“高尚的品德、健康的身心、出色的能力、服务的精神”，倡导自主学习，探索培养创新人才的途径，全面提高学生综合素质，促进学生全面而有个性的发展。对进入西安交通大学就读的南开中学学生，南开中学将对其成长进行跟踪。双方将及时总结和分析学生成长情况，不断探索和完善理科创新人才培养模式。双方将在师资培养、学生管理等方面互相借鉴经验，适时组织师生互访。此外，双方还将共同促进国内著名大学与中学间的深层次合作。

签字仪式后，程光旭副校长在孙海麟理事长陪同下参观南开中学校园，并就双方合作进行深入的探讨。双方约定，今后两校的人才培养合作由西安交通大学教学处处长刘进军和南开中学副校长马健负责；南开中学将积极为西安交通大学推荐优秀生源；西安交通大学指导南开中学建设适合中学生要求的“中学生工程坊”，为学生提供科技创新的平台，增加学生对科学探索的兴趣。孙海麟还邀请程光旭副校长在适当时候做客“南开公能讲坛”，为南开中学师生作报告；程光旭副校长也热情邀请孙海麟理事长访问西安交通大学。

（崔勇锐）

马跃美任南开中学校长

2011年6月28日，天津市教委决定马跃美任南开中学校长，原校长杨静武另有任用。马跃美，女，1962年10月出生，南开中学1980届校友，此前任天津医科大学继续教育学院院长、党总支书记，教授职称。

（校长办公室）

南开中学与中国科学技术大学签署人才培养合作协议

2011年7月18日，南开中学理事会理事长、校党委书记孙海麟、校长马跃美等一行四人赴中国科学技术大学进行访问，与中国科学技术大学校长、中国科学院院士侯建国座谈，并签署两校人才培养合作协议。

孙海麟理事长、马跃美校长一行抵达中国科技大学后，首先与学校领导同志举行会谈。会谈中，侯建国校长介绍中国科学技术大学的办学历史、学校文化和学校发展的特色与成就，并重点介绍中科大在培养拔尖创新人才方面所开展的工作。中国科学技术大学招生就业处处长蒋一介绍近十年考入中科大的南开中学毕业生的表现，详细说明对南开中学毕业生的情况所进行的数据统计，对南开中学的毕业生给予高度评价。

会谈中，孙海麟理事长向侯建国校长介绍南开中学进行教育管理改革的有关情况和取得的成绩，同时与侯校长探讨如何在推进素质教育过程中实现中学和大学的良好衔接。孙海麟表示，南开中学希望和中国科学技术大学这所著名学府加强人才培养合作，共同探索人才培养模式，分阶段完成各自的人才培养任务，并希望中科大协助南开中学建设有关科学实验室，增加学生对科学探索的兴趣。孙海麟理事长还邀请侯建国校长到南开中学进行访问指导。

会谈最后，侯建国校长和孙海麟理事长分别代表两校签署《中国科学技术大学与天津市南开中学人才培养合作协议书》。座谈结束后，孙海麟理事长和马跃美校长一行参观中科大的量子信息重点实验室、微尺度物质科学国家实验室和中国科学技术大学校史馆。

（崔勇锐）

卞慧新校友捐赠南开中学首届毕业证书

2011年8月24日，南开中学1931届校友、99岁高龄的卞慧新先生在亲属陪同下来到南开中学，将其父、南开中学首届（1908届）毕业生卞藩昌的毕业证书捐赠给母校南开中学。南开中学在范孙楼延宾室举行捐赠仪式，南开中学理事会理事长孙海麟、校长马跃美、副校长吕宝桐、马健、校友会副理事长周鸿飞、秘书长乔慕英出席捐赠仪式。卞藩昌先生是南开中学首届33名毕业生之一，当年与张彭春、梅贻琦、喻传鉴等同窗学习，他的毕业证书是研究南开校史和清朝末期教育的极其珍贵的实物，堪称重量级的历史文物，南开中学校史馆和档案馆由此增添一件“镇馆之宝”。

（乔慕英　张　楠）

原国务委员唐家璇到南开中学指导工作

2011 年 9 月 2 日，原国务委员唐家璇专程来到南开中学指导工作。在南开中学理事会理事长、校党委书记孙海麟、校长马跃美的陪同下，唐家璇参观了校史馆、纪念井，瞻仰了两位总理宿舍，在周总理铜像前与学校师生合影留念，并为学校题词："百年名校，人才辈出。传承创新，培养更多的国家栋梁。"唐家璇还应邀到南开公能讲坛作报告，以"周恩来的外交思想"为主题展开演讲，重点阐释了周恩来外交思想中的独立自主、平等相待、求同存异、和平共处四个核心内容，概括了周总理对于中国外交的贡献。唐家璇还热情解答了学生的现场提问，他所表现出的温文尔雅的气质深深感染了听众。

（林爱娟）

著名经济学家吴敬琏访问南开中学

2011 年 9 月 15 日，著名经济学家、重庆南开中学校友吴敬琏访问南开中学。吴敬琏先生参观了校史馆、两位总理宿舍和范孙楼，并在周恩来铜像前与学生合影留念。参观后，吴敬琏先生在南开公能讲坛以"和同学谈谈通货膨胀"为主题为师生做了经济学讲座，并现场回答学生的提问。吴先生的讲座激发起学生对经济学的兴趣，启发学生关注国家和社会的发展，让在场学生感受到大家风范。吴敬琏先生还为学校题词："遵循公能校训，服务人类社会。"

（崔勇锐）

诺贝尔奖获得者乔治·斯穆特访问南开中学

2011 年 9 月 21 日，诺贝尔奖获得者、美国物理学家乔治·斯穆特教授应邀来到南开中学参观访问。乔治·斯穆特在副校长吕宝桐陪同下参观南开中学纪念井、校史馆和两位总理宿舍，并在周恩来铜像前与学生合影留念。他还为南开中学题词，对学校的发展表示赞叹。随后，他以"宇宙的诞生及其演变"为主题在公能讲坛发表演讲，并认真解答学生在现场的提问。

（林爱娟）

孙海麟一行访问西安交通大学

2011 年 9 月 19 日至 20 日，南开中学理事会理事长孙海麟、副校长马健、理事会办公室副主任崔勇锐、物理学科组长叶远一行四人赴西安交通大学访问，拜访西安交大校长、中国工程院院士郑南宁，并就两校合作培养人才等具体事宜与西安交大有关部门进行协商。

为推动学校教育教学改革，摸索创新人才培养模式，南开中学于2011年6月23日与西安交通大学签署人才培养合作协议。该次访问目的是就协议的有关内容进行落实，进一步推动两校的交流合作。访问中，孙海麟与郑南宁校长会面，探讨人才培养的有关问题。郑南宁校长充分肯定南开中学的办学成绩，表示将全力支持南开中学的教育改革，加强两校的交流合作。访问事项之一是考察西安交大的“工程坊”。孙海麟一行在工程坊主任王晶教授陪同下细致地参观考察，并就西安交大指导南开中学建立科学实验室交换意见。孙海麟一行还参观西安交大快速制造国家工程研究中心、西迁纪念馆、管理学院等。还就西安交大提出的在南开中学建立少年班培养基地的意向进行初步研讨。

（崔勇锐）

南开中学校史馆重张开馆仪式举行

2011年10月17日，是南开中学建校107周年纪念日，南开中学校史馆举行重张开馆仪式。校史馆坐落于1907年建造的东楼，今名伯苓楼，是南开中学迄今建设时间最早的建筑物，为两层砖木结构建筑。2011年初伯苓楼修缮加固工程动工，随后校史馆在此重新布展。重张后的校史馆共有九个展室，包括复原的张伯苓校长办公室、周恩来在南开中学学习时的教室等。各个展室用大量珍贵的照片、文字和实物等历史资料，真实地反映了南开中学百年的发展历程。南开中学理事会理事长、校党委书记孙海麟、校长马跃美，以及高一1班、高一2班的学生参加开馆仪式。开馆仪式由副校长吕宝桐主持，校史馆馆长张德林、校长马跃美、学生会主席李可纯分别发言，祝贺校史馆全新开馆。南开中学校史馆的全新开馆，为南开学子了解校史、继承传统提供了条件。校史馆将成为沟通南开历史、现在和未来的平台，也成为每一届南开学子南开情缘的新起点。

（赵　凯）

南开中学建成科技新体验示范实验室

2011年10月24日，位于南开中学含英楼的科技新体验示范实验室落成并投入使用。该实验室建设以展示科技内容、传递科学思维为手段，以使学生掌握科学方法、培养科学精神，促成学生更加全面的发展为主旨。其中，由西安交通大学原创的工程坊，分设为传统工坊和现代工坊。量子信息实验室的建立，填补国家在高中阶段和普通高校物理教学中量子光学与量子信息实验方面的空白，成为重点中学物理实验教学的一个标杆。由天津国际生物医药联合研究院原创、饶子和院士总体设计的科技创新生物实验室，分设分子生物学和细胞生物学实验室、蛋白质结晶和三维干细胞培养实验室。科技新体验示范实验室的建立，有利于学生开阔眼界，增长见识，增强动手和实践能力，提高理论联系实际的水平，为学生的健全发展创造必要的条件。

（叶　远　唐延雅　尤智杰　杨　振　纪志娜）

孙海麟一行参观北京大学化学实验室

2011年11月9日，南开中学理事会理事长孙海麟率领副校长马健、理事会办公室副主任崔勇锐、教科研中心主任王文昌、化学学科主管张洪俊、化学教师何文等到北京大学参观化学实验室，会见北京大学教务长吴宝科，并就北京大学指导南开中学建设科学新体验示范实验室的有关事宜进行协商。

北京大学校长周其凤于2011年10月21日做客南开公能讲坛，参观了南开中学新建设的科技楼实验室，给予充分肯定，并表示将指导学校建设一间化学实验室。周其凤校长回校后，迅速指派北京大学化学与分子工程学院段连运教授负责此事。段教授作为中国化学会科普部主任、教育部教学指导委员会副主任委员、国际化学奥林匹克竞赛中国赛区总教练，对于南开中学建设科学实验室给予高度评价，陪同孙海麟一行细致参观北大的化学实验室，介绍北大化学教育的一些思路，并与南开中学化学教师就化学竞赛等方面的问题进行深入交流，表示将来南开中学实地考察，加快推进创新人才培养的合作。

（崔勇锐）

天津女排参观访问南开中学

2011年11月10日，在天津市体育局副局长黄维勉带领下，天津体育战线的一面旗帜——天津女子排球队的教练员和队员们，莅临南开中学参观访问。南开中学理事会理事长、校党委书记孙海麟，校长马跃美，副校长李宝贵和有关同志热情接待了来访的客人。

天津女排用青春和汗水铸就了“锐意进取、迎难而上、顽强拼搏、争创第一”的天津女排精神，深受全市人民喜爱。这次前来参访的有天津市体工大队副大队长王宝泉，天津女排主教练刘晓明，教练常良才、胡剑钊，助理教练李珊，队员李娟、殷娜、王茜、张晓婷、李莹、刘亚、张晓宇、孙铭健、王宁、姚迪、孙妍等。在交织着古朴和现代气息的南开校园里，天津女排客人参观了校史馆和创新科技实验楼的实验室，瞻仰了周总理铜像和周总理、温总理曾经住过的宿舍。

在南开中学南院排球场，天津女排参访活动出现高潮。正在排球场参加训练和闻讯而来的同学们聚集在活动场地，分批与女排教练和队员们合影留念，同学们纷纷请教练和队员签名，询问关心的问题。在活动现场，孙海麟向天津女排客人一行介绍了南开中学重视体育和课外活动的优良传统。

（张　娜）

南开中学与上海交通大学签署创新人才培养合作协议

2011年11月14日至16日，南开中学理事会理事长孙海麟、校长马跃美等一行六人赴上海交通大学参观访问，签署创新人才培养合作协议。这是南开中学与第七所全国重点高校签署的人才培养合作协议。

孙海麟、马跃美一行在全国人大常委会委员、教科文卫委员会副主任委员、南开中学理事会副理事长程津培院士陪同下，与上海交大党委书记马德秀、校长张杰、副书记徐飞等校领导会面。会谈中，双方就各自的人才培养理念和经验进行交流。孙海麟理事长表示，南开中学非常注重与大学的合作，这样的合作对开拓学生视野、启发学生科技创新兴趣有很大的帮助；南开中学非常希望能够与上海交大这样一所历史悠久、成绩卓越的高等学府有良好的合作，希望上海交大指导南开中学科技新体验示范实验室的建设，并邀请张杰校长做客南开公能讲坛。张杰校长表示，交大一直致力于拔尖创新人才的选拔和培养，特别希望将创新意识和创新能力的培养向中学延伸，让大学的思考方式在中学扎根，这是大学走进中学的真正目标。南开中学英才辈出，与上海交大有着极为契合的价值理念，希望南开中学也能为上海交大输送更多最优秀的人才，共同为国家发展作出贡献。此前，孙海麟、马跃美一行还与上海交大相关领导举行座谈。上海交大副校长黄震介绍学校的总体情况，陪同客人参观上海交大海洋工程国家重点实验室；教学处处长汪志斌介绍上海交大在创新人才培养方面开展的工作；双方就两校人才培养合作协议的有关内容进行了讨论。会谈结束后，双方签署创新人才培养合作协议。根据协议，双方将在拔尖创新人才培养、实验室建设等方面展开合作，共同为基础教育与高等教育的衔接、为顶尖人才培养探索新路。

（崔勇锐）

孙海麟一行参观访问上海知名中学

2011 年 11 月 15 日，南开中学理事会理事长孙海麟、校长马跃美等一行在上海市教委领导的陪同下，到上海中学和格致中学两所知名中学参观访问。在上海中学，校长唐盛昌介绍了上海中学的办学情况，并陪同参观教育教学设施。马跃美校长与唐盛昌校长就学校管理、教师队伍建设等进行细致的探讨。在格致中学，校长张志敏介绍了学校的总体情况，并由该校相关领导介绍在创新人才培养和学校全面质量评价与保障体系方面所开展的工作。

（崔勇锐）

孙海麟一行拜访清华大学校长顾秉林院士

2011 年 11 月 21 日，南开中学理事会理事长孙海麟、校长马跃美、理事会办公室副主任崔勇锐、信息技术学科主管马艳等一行四人赴北京拜访清华大学校长、中国科学院院士顾秉林，并在清华大学参观学习。

孙海麟与顾秉林院士进行了会谈，他介绍了南开中学与全国重点高校加强交流合作，共同培养拔尖创新人才所开展的有关工作，希望清华大学对南开中学的教育改革创新给予更多的有力支持，密切两校合作，并希望清华大学能够参与南开中学科技新体验示范实验室的建设，指导南开中学建设信息科学实验室。他还邀请顾秉林院士到南开中学指导工作，做客南开公能讲坛。顾秉林表示，清华大学与南开中学有着深厚的渊源，清华大学愿意与南开中学一道共同探索拔尖创新人才的培养规律，支持帮助南开中学的工作。顾秉林还对南开中学实验室的建设提出建议，并接受访问南开中学的邀请。

会谈结束后，孙海麟一行参观了清华大学下一代互联网示范工程实验室、美术学院、生物标本馆，并与清华大学副校长袁驷进行深入交流。

（崔勇锐）

《以周恩来为人生楷模教育读本》首发式举行

2011年11月25日,《以周恩来为人生楷模教育读本》首发式暨新闻发布会在南开中学翔宇楼报告厅隆重举行。全国政协常委、外事委员会主任赵启正发来贺信。中共天津市委常委、宣传部长成其圣出席并作重要讲话。南开中学师生和校友代表、有关单位代表和新闻媒体记者近三百人出席。会议由南开中学理事会理事长、党委书记孙海麟主持。

《以周恩来为人生楷模教育读本》由南开中学编写组编著、天津教育出版社出版。该书既是南开中学成立学习研究周恩来小组之后进行周恩来研究的最新成果,也是迄今为止介绍周恩来求学南开中学经历的最权威的文本。2010年暑期以来,南开中学六位教师和八位校友先后参加编写组担当撰稿工作。

在首发式上,该书编写组代表周鸿飞、教师代表姚卫盛、学生代表李可纯、副校长吕宝桐、天津教育出版社代表沈舰相继发言。南开中学终身名誉校长、91岁高龄的杨志行先生发表了即席讲话。理事长孙海麟代表学校向应邀参加首发式的第二南开中学、南开大学附属中学和周恩来邓颖超纪念馆负责同志赠送了该教育读本。

中共天津市委常委、宣传部长成其圣讲话,对该教育读本的成功出版表示祝贺,盛赞周总理的历史功绩,肯定南开中学学习研究周恩来活动以及该教育读本出版的重大意义。他说,该教育读本经国家新闻出版总署和中央文献研究室审查后同意出版,表明其文化品位和教育价值,其意义超出南开中学校园范围,不仅将惠及南开学生,还将对天津市乃至全国的青少年产生重大的教育意义。他号召广大学生进一步确立以周恩来为人生楷模的信念,做有理想、有本领、勇于献身的青年,为实现中华民族的伟大复兴贡献力量。

(贺海龙)

天津市教委直属中学互访交流组莅临南开中学指导工作

2011年12月5日上午,天津市教委副主任黄永刚带领市教委直属中学互访交流组莅临南开中学指导。该互访交流组成员有市教委中学处处长黄炎,市教委各直属中学的校长,包括天津一中校长李新、耀华中学校长任奕奕、实验中学校长张红、新华中学校长于异、天津外国语大学附属外国语学校校长刁雅俊、天津中学校长国赫孚、复兴中学校长刘浩、瑞景中学校长杨建等。南开中学理事会理事长、校党委书记孙海麟,校长马跃美,副校长吕宝桐、李宝贵、马健,校长助理张娜,办公室副主任李德志,教学处主任潘印溪,总务处副主任魏长童等参加相关活动。在交流会议上,校长马跃美根据市教委提出的“转变教学方式,实现优质轻负”的活动主题,结合南开中学自身特色,就“创新人才早期培养实验班”的近期工作和基本思路进行汇报。汇报结束后,互访交流组一行参观南开中学校史馆和科学新体验创新实验室中的生物实验室、陶艺坊、工程坊,瞻仰周恩来铜像并合影留念,其后随机听取了英语学科教师李健、化学学科教师张洪俊、政治学科教师王志辉、生物学科教师乐建峰和语文学科教师程滨的授课。

(张　娜)

南开中学与北京航空航天大学签署人才培养合作协议

2011 年 12 月 13 日，南开中学理事会理事长孙海麟在全国人大常委会委员、教科文卫委员会副主任委员、南开中学理事会副理事长程津培陪同下，率领副校长马健、理事会办公室副主任崔勇锐、物理学科组长叶远一行，到北京航空航天大学参观访问，并与北京航空航天大学签署人才培养合作协议。

孙海麟一行参观了航空科学与工程学院学生实习创新实践基地、惯性技术国防科技重点实验室、国家空管新航行系统技术重点实验室。参观后，与北京航空航天大学的有关领导举行创新人才培养合作座谈会，商讨相关合作事宜。北京航空航天大学校长怀进鹏院士，副校长王建中教授，以及党政办公室、教学处、招生就业处、团委、航空科学与工程学院、科学技术研究院、北航附中等相关部门负责人参加座谈。座谈会上，程津培副理事长介绍了南开中学创新人才培养项目的背景，以及学校与重点大学合作培养人才所开展的各项工作。孙海麟理事长从办学模式、人才培养目标及双方合作模式和途径等方面做了阐述，希望北航指导南开中学建设一个激发学生对航空科学浓厚兴趣的实验室，并邀请怀进鹏校长访问南开中学，为师生作报告。怀进鹏校长充分肯定南开中学的办学成绩，介绍了北航的办学优势，提出双方具体合作方式，表示未来双方可以拓展合作领域，实现基础教育和素质教育的对接。他愉快地接受孙海麟理事长的邀请，表示将全力支持南开中学，希望成为与南开中学合作的重点高校中最好的合作者。

座谈结束后，怀进鹏校长和孙海麟理事长代表双方共同签署《北京航空航天大学与天津市南开中学创新人才培养合作协议书》，双方将在创新人才培养上加强大学与中学的衔接，共同探索高素质人才的培养。

（崔勇锐）

南开中学艺术团成立大会暨电影节颁奖典礼举行

2011 年 12 月 16 日，南开中学艺术团成立大会暨电影节颁奖典礼隆重举行。大会由理事长、校党委书记孙海麟主持。中共天津市委常委、教育工委书记苟利军为南开中学艺术中心揭牌并授旗。南开中学艺术中心坐落于学校北楼，由合唱团、交响乐团、民乐团、舞蹈团、话剧社、京剧相声社、电声乐队、陶艺坊等艺术社团组成，聘请姜宝林、李起厚、刘颖、易娟子、孟超美、董俊杰等表演家和艺术专家作为艺术总监。南开中学艺术中心的匾牌由著名书法家邵华泽题写。

成立大会后，南开中学第一届电影节颁奖典礼举行。该电影节由校学生会主办，校学生会文艺部承办。电影节历时两个月，从搜集脚本到拍摄，从排练表演到后期剪辑，全部由学生自编自导自演。经过评比，各班电影作品集体奖获奖班级是：高二 8 班《梦醒时分》获得最佳影片奖；高一 7 班《青春通告》、高二 6 班《白杨树下》、高二 7 班《下一罐可乐》获得优秀影片奖；高一 2 班《漂流瓶的梦想》、高一 5 班《年华是无效信》、高一 11 班《新唐伯虎点秋香》、高二 1 班《死亡诗社》、高二 4 班《重返十七岁》、高二 11 班《那年青春其实我们还记得》获得最具潜质影片奖。单项奖获奖情况是：最佳制作影片为高二 8 班《梦醒时分》；最佳艺术影片为高一 7 班《青春通告》；最佳创意影片为高二 6 班《白杨树下》；最佳导演为高二 8 班《梦醒时分》导演初明钰；最佳音乐为高二 7 班《下一罐可乐》、高一 3 班《未命名的未命名》。南开中学第一届电影节最佳男主角为高一 7 班郑力铭；最佳女主角为高二 6 班葛岱；最佳男配角为高一 2 班刘帆；最佳女配角为高二 7 班刘桐。南开中学第一届电影节丰富了校园文化，开拓了学生眼界，提高了学生审美情趣，使学生在互相配合过程中体验成长的快乐。

（赵　凯）

孙海麟检查西斋二排平房各机构工作

2011年12月20日，南开中学理事会理事长、校党委书记孙海麟检查西斋二排平房各机构工作。坐落在西斋二排平房的南开中学校史资料征集办公室、南开中学理事会、南开中学校友会、南开中学教育基金会、学习研究周恩来小组、南开校史研究中心、南开中学校史馆办公室和南开教育教学经验研究小组办公室，都是以南开校友志愿者为主组成的工作机构。2010年以来，这些机构在南开中学办学体制改革的框架内，各尽其能，各司其职，做了大量的工作，成为南开中学教职员团队的“编外成员”，受到师生员工的普遍尊敬。孙海麟逐一了解各机构的工作情况，与校友们亲切交谈，对于各位校友发扬南开精神，辛勤耕耘，默默奉献和认真负责的工作态度给予充分肯定，同时提出新的工作要求和希望。副校长吕宝桐、校长助理张娜、理事会办公室副主任崔勇锐等参加检查。

（张　娜）

南开中学滨海生态城学校工程奠基仪式举行

2011年12月28日，南开中学滨海生态城学校工程奠基仪式在中新生态城校址举行。中共天津市委副书记、滨海新区区委书记何立峰出席并剪彩。南开中学理事会理事长、校党委书记孙海麟主持工程奠基仪式。滨海新区区委常委、常务副区长刘子利致辞。滨海新区区委常委、秘书长李伟成、副区长郑伟铭，市、区有关部门以及中新天津生态城有关领导，南开中学教师和校友代表出席工程奠基仪式。新建的南开中学滨海生态城学校占地310亩，规划总建筑面积16.32万平方米，学生规模3000人，分两期建设。学校将复原建设伯苓楼、范孙楼和中楼等历史建筑物，保持原有的建筑风格。滨海生态城学校将是一座全方位体现南开中学悠久办学历史和现代办学理念、绿色、生态、环保、节能，让学生和社会满意的一流学校。

（杨　弘）

南开中学与天津外国语大学签署国际化人才培养合作协议

2012年1月4日，南开中学和天津外国语大学签署了国际化人才培养合作协议。按照合作协议，双方同意加强合作与交流，充分发挥各自的办学特色和优势，加强大学与中学的衔接，共同探讨国际化人才培养模式，共同开展教育教学课题研究。具体包括天津外国语大学支持南开中学进行国际化人才培养及开展国际理解教育，协助南开中学聘请小语种兼职外籍教师，南开中学定期邀请天津外国语大学教授对外语教师进行专业培训，每年选派一名外语教师到该校进修等。

（李德志）

专题文稿

探索建立理事会为领导的现代学校管理制度

孙海麟

2010年是南开中学教育史上具有标志性意义的一年。学校开启了管理体制改革的创新实践，经上级批准，成立南开中学理事会，实行理事会领导下的校长负责制，摸索在新形势下历史名校可持续发展的崭新管理模式。

近一年来，南开中学理事会作为学校的最高行政权力机构，积极履行职责，解放思想，凝聚智慧，埋头苦干，积累经验，进行了许多开创性工作。

一、南开中学理事会积极履行职责，代表国家领导学校工作，规划学校建设，监督学校事务，研究和解决学校发展的重大问题。

南开中学成立理事会不是偶然的，这是天津市委、市政府根据教育改革发展的需要，根据南开中学自身发展的实际作出的一项战略决策。这也是贯彻落实《国家中长期教育改革和发展规划纲要》和《国家中长期人才发展规划纲要》的具体措施，是适应国家行政管理体制改革要求，创新教育发展模式的积极探索。

2010年6月，天津市教委批准南开中学成立理事会。首届理事会会议于7月2日隆重举行。9月3日，理事会成员与全校师生见面。南开中学理事会的成立得到各级领导的关心和支持。温家宝总理两次在天津工作期间听取理事长工作汇报。教育部袁贵仁部长为理事会工作提出要求。市委书记张高丽会见了首届理事会成员，他希望理事会认真学习贯彻《国家中长期教育改革和发展规划纲要》，把南开中学办成全国教育改革创新的实验校、示范校。同时，天津市委、市政府批准南开中学作为基础教育改革实验基地，教育部教育改革领导小组批准南开中学作为国家教育改革项目“探索建立拔尖创新人才培养基地”试点单位。

南开中学首届理事会由十九位热爱国家、精通教育、熟悉南开的各界人士组成，是一支专家型决策团队，实行集体领导。一年来，理事会根据国家对人才培养的需求，按照上级主管部门对南开工作的要求，结合南开中学的教育实际，对学校工作实行了强有力的领导：进行了校长、副校长的聘任；对学校行政领导班子进行考核；授予杨志行同志为南开中学终身名誉校长；指导制定《南开中学中长期教育改革和发展规划》。学校行政领导班子积极接受理事会的领导，根据理事会的建议和要求，学校有关部门完成了平安校园建设和校园景观改造提升、假期教师封闭培训、提高教工食堂饭菜质量、加强学生晚自习管理、规范教师队伍建设等工作。

二、南开中学理事会明确自身定位，在学校上级领导和学校内部行政领导之间开拓工作范围，完成上级宏观指挥难以落实、学校行政难以全局把握的有关工作。

当前，我国学校管理改革的趋势是实行校本管理，建立现代学校管理制度。传统的学校管理属于外控式管理模式，学校依附于教育行政部门，人、财、物一切由上级行政部门控制，校长只需执行上级部门的决策即可。南开中学理事会借鉴国外基础教育一些公办学校的管理体制，同时赋予自身鲜明的特色，探索理事会为领导的校本管理模式，从而增添学校的办学活力。理事会作为学校的最高行政权力机构，要为学校的长远发展进行规划和论证，同时通过协调各方面关系，为学校的发展赢得社会各方面支持，创造最好的发展环境。

一年来，理事会以维护南开中学的核心利益为本。根据有关部署，南开中学未来将在中新生态城和海河教育园区扩大办学，充分发挥优质教育资源的辐射作用。为了保证南开中学扩大办学的领先优势，同时保证南开中学资产的保值增值，2010 年，理事会经过艰苦努力，获得了中新生态城 310 亩办学土地和海河教育园区 60 亩办学土地，比最初划拨土地面积大大增加。其中，中新生态城 310 亩土地已取得土地证，并开始前期的建校准备；海河教育园区 60 亩土地证正在办理。与此同时，还稳妥地解决了收回部分外用校舍的问题。

三、南开中学理事会遵循教育规律，努力寻求突破，着眼于培养拔尖创新人才，加快学校教育改革步伐。

2010 年，南开中学的教育改革稳步推进，市教委领导评价南开中学的教改取得三大突破。其一，管理体制改革取得突破，实行理事会领导下的校长负责制；其二，初中招生改革取得突破，由之前完全由南开区推荐生源转变为部分生源由学校自主面向全市招生；其三，高中招生改革取得突破，由之前只面向天津市招生转变为面向全国部分省市自主进行招生。上述突破，为南开中学的教育改革创新创造了良好的政策支持，为提高南开中学的办学质量奠定了良好基础。

为了贯彻落实《国家中长期教育改革和发展规划纲要》中提出的“探索高中、高等学校拔尖学生培养模式”，根据教育部袁贵仁部长提出的“中学教育改革要跟随大学教育改革的步伐”的建议，理事会加强与著名高校的沟通和交流。在副理事长程津培院士的热心联系和陪同下，孙海麟理事长先后拜访了复旦大学校长杨玉良、中国科技大学校长侯建国、上海交通大学校长张杰、清华大学校长顾秉林、北京大学校长周其凤、浙江大学校长杨卫、南京大学校长陈骏等，并与复旦大学、浙江大学、南京大学分别签署了《人才培养合作协议书》，成为天津市第一家与大学签署合作协议的中学。其中，复旦大学杨玉良校长、浙江大学杨卫校长已应邀访问南开中学，为师生作了精彩报告。理事会将进一步推动南开中学与重点高校的联系，共同开展创新人才培养实验，探索中学教育与大学教育的合理衔接，共育人才。

为了更科学地确定学校的改革思路，理事会还带领学校行政领导深入到中学教改先进校考察访问，先后拜访了重庆南开中学、北京十一学校、北京四中、人大附中、天津耀华中学、天津一中。通过了解兄弟学校的教改经验和成果，也为南开中学进一步加快改革步伐提供了可资借鉴的经验。

四、南开中学理事会注重历史传统，立足南开特色，整合教育资源，探索管理和教育的新形式。

为了更好地推动南开中学教育改革创新，在理事会的指导下，建立并完善相关组织机构，积极开展工作。2010 年 7 月 27 日，天津市南开中学教育基金会成立，市委副书记、市长黄兴国会见了基金会全体理事。学校教育基金目前已经募集到社会善款 5000 余万元。8 月 25 日，南开中学学习研究周恩来小组成立，全国政协常委、全国政协外事委员会主任、1958 届校友赵启正任荣誉组长，并为全校师生做了极其精彩的报告，同时还邀请周恩来亲属以及周总理生前身边的工作人员担任顾问。10 月 15 日，天津南开校史研究中心成立，天津市政协副主席、1968 届校友何荣林担任理事长，已经出版《南开校史研究丛书（第一辑）》。10 月 16 日，南开中学第六届校友会理事会举行，会议完成了新一届理事会换届选举工作，全国工商联副主席、全国侨联副主席、天津市人大常委会副主任、1967 届校友张元龙当选为新一届理事长。

为继承南开传统，开拓师生视野，经多方联系组织，于 2010 年开设“南开公能讲坛”。“公能讲坛”取自南开中学校训“允公允能，日新月异”，反映南开中学的“公”、“能”教育方向，寓意南开学子具有报效国家之志向与服务社会之能力。到目前为止，“南开公能讲坛”已邀请到中国教育学会会长顾明远教授，清华大学原校长王大中院士，中央电视台节目主持人白岩松、敬一丹，周恩来邓颖超研究中心顾问纪东将军，未来学家奈斯比特夫妇，复旦大学校长杨玉良院士，国防大学金一南将军、浙江大学校长杨卫院士等知名人士来校，举办了九场精彩生动的报告，受到师生的热烈欢迎。

理事会所开展的上述工作和取得的成绩，离不开国家优先发展教育的战略决策，离不开各级领导对南开中学的厚爱，更离不开大家的智慧凝聚。

面对取得的成绩，我们还要努力寻找不足，并要积极面对改革所带来的新情况和新问题。未来一段时期，是南开中学教育改革的攻坚阶段，也是学校办学水平迈向更高层次的关键时期。我们要在已取得成绩的基础上再接再厉,深化改革创新,坚持把提高育人质量作为南开教育改革的根本出发点和落脚点;坚持把弘扬南开传统作为南开教育改革的重要支撑;坚持把转变管理体制作为南开教育改革的强大动力,积极发挥理事会的作用,更加奋发有为地推进南开教育事业的发展。

经过一年的紧张工作,南开中学理事会从无到有,一步一个脚印,积极开展了许多富有成效的工作,在学校改革过程中的地位和作用愈加凸显。我们深深地感觉到,南开中学正在进行的以理事会领导为核心的学校管理体制改革,是推动南开中学教育发展的一场深刻变革,也是为基础教育历史名校改革的破冰之旅。这是新中国公办学校从未有过的改革实践,是天津基础教育的原始创新,是南开教育的自主创新。

我们认为,在教育改革创新中,管理体制改革是带有根本性的、具有顶层意义的改革,它是学校教学改革、课程改革等其他改革的前提和基础,它的改革成功也将为学校其他方面的先行先试提供经验和保障。实行理事会的领导,就是用国际化视野,健全学校的决策层和执行层的制约监督关系,保证科学决策和监督机制的顺利进行。它有利于建立现代学校制度,扩大学校的管理自主权,使原来的外控式管理变为学校自己的校本管理,给学校科学决策和自主发展带来活力。

未来一段时期,理事会将进一步完善工作机制,努力加强自身建设。理事会的工作目标是:按照全国教育工作会议和天津教育工作会议的精神,深入贯彻落实《国家中长期教育改革和发展规划纲要》,高举改革创新大旗,坚持育人为本,传承南开精神,总结新中国教育经验和成果,遵循教育规律,创办富有中国特色、具有世界水平、符合时代要求、适合未来人才成长需要的优质中等教育。

未来一段时期,理事会要继续加强对学校的宏观领导,进一步理顺理事会与学校行政系统的工作关系。在理事会的领导下,学校行政领导班子要按照育人规律,立足南开传统,体现时代精神,突出办学特色;要科学确定新时期南开中学的育人目标和培养模式,提升学校核心竞争力;要加强教师队伍建设,提高教师素质,提升教师幸福感;要关注每一个学生的发展,为每一个学生提供适合的教育;要重视艺术教育,加强与世界一流学校交流,在课程多样化、班级小班化、教室功能化、教学手段现代化、评价科学化等方面深入研究,增大投入,尽快达到国内先进水平。

教育振兴是中国振兴的重要标志。南开中学是敬爱的周恩来总理的母校,是中国基础教育的一面旗帜。办好南开中学是党和国家的期望、广大人民群众的期望。南开教育的改革创新必将为中国基础教育事业的发展积累经验、作出贡献。我们正站在新的历史起点,肩负神圣的使命。让我们一同努力奋斗,执著坚守教育理想,弘扬南开精神,坚定南开道路,开创南开教育事业的崭新篇章!

(作者系天津南开中学理事会理事长,本文系作者2011年3月30日在南开中学首届理事会第二次会议上的讲话)

大力加强学校党风校风教风和学风建设
创设学校内涵发展、创新驱动的良好软环境

孙海麟

2010年5月11日和11月2日,我曾经分别以党员的党性修养和领导班子建设为主题,讲了两次党课。作为党的总支书记,通过讲专题党课的形式,同全体党员、入党申请人和广大的教师沟通思想,交流认识,谋划未来,是一种很好的党内生活形式。我认为,应当把它作为南开中学党的工作的一种传统,同时也作为一项制度,长期坚持下去。

今天,我们召开全体党员、入党申请人和广大教

师参加的大会,再进行一次集体党课学习,中心内容是讲一讲学校的风气建设。我这里所说的风气建设主要有四个方面,即党风、校风、教风和学风。因此,把这次党课的主题定位为“大力加强学校党风、校风、教风和学风建设,创设学校内涵发展、创新驱动的良好软环境”。我主要讲三个方面的问题:一是从理论的视角,讲一讲学校风气建设的重要意义、紧迫性,谈一谈风气建设的内涵和要求;二是从现实的视角,对学校当前的风气建设情况,特别是在党风、校风、教风和学风上亟待加强的方面,做一个初步的梳理,谈一点看法;三是从学校未来改革和发展的视角,提出学校风气建设的一些想法和措施。

一、由党风、校风、教风和学风所构成的学校风气,是办学的软环境,是学校发展的“气场”。一个好的办学软环境,好的“气场”,要提供凝聚人心的向心力和推动学校前进的发展力。学校的风气建设是党的重点工作,是重要的办学环境建设,必须大力加强。

我从四个方面谈这个问题。

第一,风气建设是党中央、国务院高度关注并反复强调的一个重大问题,事关党和国家的未来和人心向背。党的三代领导集体和以胡锦涛为总书记的党中央,在风气建设上提出了一系列重要的思想和论述,这是我们搞好风气建设的理论指导和工作方针。

今年正值建党九十周年。在我们回顾党的九十年光辉历史的时候,我们应当认真总结和弘扬党在建设和发展中所形成的优良传统和和作风,并将它在我们的工作实践中加以发扬光大。

毛泽东同志对中国共产党的优良传统和作风做出过精辟的概括,还提出了“两个务必”的要求。

1945 年 4 月 24 日在《论联合政府》一文中,毛泽东同志把党的优良传统和做法概括为“理论和实践相结合的作风,和人民群众紧密地联系在一起的作风以及自我批评的作风”,还有谦虚谨慎、艰苦奋斗等优良传统和作风。这些优良传统和作风体现了中国工人阶级先锋队特有的革命性质和战斗风格,是无产阶级世界观和方法论在党的政治生活上和党群关系上的生动表现,是我们克敌制胜、勇往直前的法宝。

1949 年 3 月 5 日,毛泽东同志《在中国共产党第七届中央委员会第二次全体会议上的报告》上还鲜明地指出,“可能有这样一些共产党人,他们是不曾被拿枪的敌人征服过的,他们在这些敌人面前不愧英雄的称号;但是经不起人们用糖衣裹着的炮弹的攻击,他们在糖弹面前要打败仗。我们必须预防这种情况。夺取全国胜利,这只是万里长征走完了第一步。如果这一步也值得骄傲,那是比较渺小的,更值得骄傲的还在后头。在过了几十年之后来看中国人民民主革命的胜利,就会使人们感觉那好像只是一出长剧的一个短小的序幕。剧是必须从序幕开始的,但序幕还不是高潮。中国的革命是伟大的,但革命以后的路程更长,工作更伟大,更艰苦。这一点现在就必须向党内讲明白,务必使同志们继续地保持谦虚、谨慎、不骄、不躁的作风,务必使同志们继续地保持艰苦奋斗的作风。我们有批评和自我批评这个马克思列宁主义的武器。我们能够去掉不良作风,保持优良作风。”

改革开放后,邓小平同志在新的复杂的形势下,特别是伴随改革开放,各种思潮的涌入和影响,鲜明地提出要继续发扬党的优良传统和作风,并提出要做老实人,说老实话,办老实事。

1977 年 8 月 18 日,邓小平同志在《中国共产党第十一次全国代表大会闭幕词》中号召全党,“我们一定要恢复和发扬毛主席为我们党树立的群众路线的优良传统和作风,真正相信和依靠群众,细心倾听群众呼声,关心群众疾苦,一刻也不脱离群众。我们一定要恢复和发扬毛主席为我们党树立的实事求是的优良传统和作风,做老实人,说老实话,办老实事,这是一个共产党员的起码标准。我们一定要恢复和发扬毛主席为我们党树立的批评和自我批评的优良传统和作风,在党内和整个人民内部,认真实行‘知无不言,言无不尽’,‘言者无罪,闻者足戒’的原则,实行团结—批评—团结的方针。我们一定要恢复和发扬毛主席为我们党树立的谦虚谨慎、戒骄戒躁、艰苦奋斗的优良传统和作风,全心全意地为中国人民和世界人民服务。我们一定要恢复和发扬毛主席为我们党树立的民主集中制的优良传统和作风,在全党、全军、全国努力造成一个又有集中又有民主,又有纪律又有自由,又有统一意志,又有个人心情舒畅、生动活泼,那样一种政治局面。”

江泽民同志坚持和发扬了毛泽东、邓小平关于党的风气建设的思想,特别强调党的作风关系党和国家的前途和命运,并提倡几种精神。

江泽民同志 2001 年 7 月 1 日《在庆祝中国共产党成立八十周年大会上的讲话》中强调,“党的作风，关系党的形象，关系人心向背，关系党的生命。要全面加强党的思想作风、学风、工作作风、领导作风和干部生活作风建设。要结合新的实际，努力发扬党的理论联系实际、密切联系群众、批评和自我批评的优良作风，同时要总结新的实践经验努力培育新的作风。一切不符合党的事业发展要求、不符合人民利益的不良风气，都应坚决克服。当前，特别要注意克服不思进取、无所作为的思想状况，克服种种严重脱离群众的现象，坚决反对形式主义和官僚主义的歪风。各级干部必须时时处处重实际、求实效，创造性地开展工作，想群众之所想，急群众之所急，忠诚地为群众谋利益。”

江泽民同志1990年1月在山西考察工作时还强调，“在作风建设上，要提倡几种精神。一是要坚定信念。二是要临难不惧，知难而进，不能让困难吓倒，要克服困难。三是要一心为公，勇于奉献。四是要顾全大局，团结协作。”

1993年3月31日，在八届全国人大一次会议解放军代表团讨论时，江泽民同志指出，“我们的社会主义现代化建设还处在艰巨的创业时期。伟大的创业实践，需要有伟大的创业精神来支持和鼓舞。解放思想、实事求是，积极探索、勇于创新，艰苦奋斗、知难而进，学习外国、自强不息，谦虚谨慎、不骄不躁，同心同德、顾全大局，勤俭节约、清正廉洁，励精图治、无私奉献，这些都应该成为新时期我们推进现代化建设，所要大加倡导和发扬的创业精神。这些精神的核心和精髓，就是邓小平同志所一再倡导和论述的解放思想，实事求是。”

党的十六大建立了以胡锦涛同志为总书记的党中央领导集体。成立伊始，胡锦涛同志带领全体政治局常委重上西柏坡，重温“两个务必”，为全党弘扬党的优良作风做出了表率。

胡锦涛同志在中央纪委第七次全体会议上发表重要讲话，着重强调全面加强新形势下的领导干部作风建设，在工作中要大力倡导八个方面的良好风气。这就是：要勤奋好学、学以致用；要心系群众、服务人民；要真抓实干、务求实效；要艰苦奋斗、勤俭节约；要顾全大局、令行禁止；要发扬民主、团结共事；要秉公用权、廉洁从政；要生活正派、情趣健康。胡锦涛同志所提倡的这八个方面的良好风气，是我们加强领导干部作风建设的基本内容，也是实现领导干部作风进一步转变的鲜明标志。

2008年3月，胡锦涛同志在全国人大会议解放军代表团讨论时发表重要讲话，强调要教育引导党员领导干部讲党性、重品行、作表率。身体力行这一要求，培养一个单位的好风气，也是领导的政绩。

2010年，胡锦涛总书记在全党深入学习实践科学发展观活动总结大会上还强调：“进一步加强党的作风建设，努力营造深入贯彻落实科学发展观的风清气正环境。”

从上面的论述我们不难看出，党的三代领导集体和以胡锦涛同志为总书记的党中央，深刻论述了风气建设的重要意义和必要性，也提出了风气建设的一系列目标、要求和实践途径。这是我们搞好风气建设的指导思想和方针。

第二，改革开放三十多年来，社会环境和风气变化中的某些消极因素，污化了有些人的思想认识，给教育和学校带来了一些负面影响。要充分认识各种不良风气对学校改革和发展的冲击，增强学校风气建设的紧迫感。

改革开放三十多年来，伴随着我国经济和社会的快速发展，物质世界极大丰富的同时，精神世界暴露的问题越来越多，也越来越复杂。

随着国际政治全球化、经济一体化的深入发展，各种思想和文化日益交融和相互影响，一些错误的价值观念和不良文化乘虚而入，对人们的思想和生活方式带来侵蚀和影响。同时，功利化思想和倾向渗透社会生活的方方面面，人们在各种诱惑和矛盾面前，出现了一些非主流思想和文化的作为，表现出来拜金主义、享乐主义和一些庸俗、低俗、媚俗的现象。这些情况的出现和蔓延，又对人们的人生观、世界观、价值观产生深刻影响，道德滑坡、行为失范现象并不鲜见，见利忘义、损人利己、违法乱纪等问题时有发生。

学校是社会的一个有机组成部分，并非生活在真空里，也受到整个社会大环境的影响，风气也必然随之出现一系列新情况和新问题。我们要随时警醒自己。譬如：我们的党员是否还坚定地秉持着入党誓词，立志为共产主义奋斗终生？我们的老师是否还恪守着教师的职业操守，全身心地爱每一个孩子？我们的全体教职工是否在当前国家面临一系列难题时保持着对国家、对未来的金子一样珍贵的信心？学校和教师承担的教育责任感是否强烈？在有着百余年历史的南开中学的当下发展中，干部教师的进取心和作为是否足够？改革创新动力是否强大？凡此种种，在社会价值取向和评价标准趋于功利化、世俗化和多元化的情况下,如果我们的理想信念淡化了,思想道德滑坡了,责任意识缺失了,浮躁心理滋生了,诱惑挡不住了,底线守不住了,我们的风气就会每况愈下,我们所从事的事业就没有办法发展下去。这也从另一方面告诫我们,要大力加强学校的风气建设,使我们的学校风清气正,让南开的教育事业蒸蒸日上。

第三,学校风气提供办学的软环境,是学校发展的“气场”。学校风气是历史的积淀,更需要弘扬和发展。学校风气是学校的软实力和发展力。

风气,要简单地说,就是风尚习气,是社会上或某个集体中流行的爱好或习惯。要再大一点说,风气是思想道德、价值观念、认识水平和精神状态等方面综合起来的一种表现。风气一旦形成,就会具有比较持久和深远的影响力。

人们常说,“苦不怕累不怕,就怕单位风气差”。一个单位,建设的环境和条件可能会差一些,但只要风气好,在这里工作的人就会感到心情舒畅,就会焕发工作热情,就能弥补建设条件的“先天不足”,同心同德地使自己所热爱的单位健康快速地发展。相反,风不正则理不公,理不公则气不顺,气不顺则劲不足,劲不足则事不成,环境条件再好也无济于事,即使有点进步也很难保持和进一步发展。

实践证明,风气是一种软环境,是一个“气场”。它的作用不软,而是很强,是一种发展力。一个单位如果风气好,就会出人才、出业绩,就会人人受益;相反,一个单位如果风气不好,就会出歪风、出邪气,就会人人受害。风气关乎一个单位的兴衰成败。

就学校而言,根据所面对的群体不同,我们所说的风气建设涉及四个方面:即学校的党风、校风、教风和学风。

党风涉及三个层次:一是学校领导班子的作风,主要体现在领导理念、领导方式和领导能力上;二是中层干部的作风,主要是工作的执行力;三是党员作风,主要是模范作用和带头作用。学校的党风应当是其他风气,如校风、教风和学风的引领。党领导下的有中国特色社会主义的学校,它的风气好不好,首先看学校的党风正不正。

校风即学校的风气。它体现在学校各类人员的精神面貌上,体现在学生的学风、教师的教风、学校干部的作风、各班级的班风上,还存在于学校的各种事物和环境之中。优良的校风是学校办学指导思想和培养目标的集中体现,是培育优良学风、教风的根本保证,它全面地反映出一个学校的精神面貌和办学水平。良好的校风既是教育和管理的成果之一,又在教育和管理上具有特殊的作用,它有一股巨大的同化力、促进力和约束力,是一种精神力量和优良传统。校风是历史的,有着办学历程的痕迹;校风也是现实的,因为它同样需要与时俱进。

教风针对教师而言,讲的是执教之风,主要是指教师的思想作风和工作作风,它涉及教师的政治觉悟、思想道德、精神风貌、教育观念、知识水平、治学态度、科研能力和育人方法等。教师是育人工作的主体和龙头,教育教学改革的主力军。教师的一言一行无不在影响和感染着学生。教师不仅要给学生传授专业知识,而且在培养学生良好道德和包括创造力、开发力在内的综合素质等方面,起着重要作用。因此,教师不仅要精通业务,还要自觉加强马克思列宁主义和邓小平理论的学习,提高自身的政治觉悟和理论素养,增强自己的责任感和事业心,全身心投入到教书育人、管理育人、服务育人活动中,不断提高教育质量,承担起培养创新型拔尖人才的任务。

学风从广义上说,包括所有人,党员、干部、教师和学生,都有树立正确学风的问题。这里,在学校的这个特殊环境,我主要还是谈学生的学习风气。学生的学风,是学生在学校培养、教育下养成的心理和生理品质,是学生成长状态的内在和外在表现。学风也是学生世界观、人生观、意志观和政治思想品德的综合反映。它涉及学生的精神风貌、学习志向、学习热情、学习动机和学习方法等。在整个教学活动中,学生处于主体地位,学生通过学习,不仅要获取一定的知识,同时还要在思想、道德和身体、心理诸方面全面发展,成为德智体全面发展的社会主义事业建设者和接班人。当前,学风建设必须以培养学生综合素质为核心,知识学习、技能训练、品行培养诸方面并重,从思想道德、人文教育、科学知识、身心素质、个人修养等方面入手,强化学生的综合素质教育。

第四,学校的风气建设要先党后群,自上而下,四方联动,统筹设计,共同培育出具有南开特色的良好风气。

刚才,我讲到了一个观点,就是在学校的党风、校风、教风和学风建设中,党风建设是有引领作用的。因此,学校风气建设首先要抓党风建设,而党风建设首先要抓好领导班子和领导干部的作风建设。

“源澄而流清，源浑而流浊”。风气建设必须从“头”抓起。

2010年，在领导班子和领导干部队伍建设主题党课上，我提出了“建设一支敢于担当，善于思考，忠于实践，勇于创新，奉献南开，团结协作的高素质学习型领导班子”的工作目标。同时，也提出了对于班子和校级干部工作作风的要求。把对班子的作风概括为：干事业，讲团结，做表率。对领导干部的作风概括为：敢担当，善创新，乐奉献。党课中还分析了目前班子建设上存在的一些“短板”。一是学风上面，学习的主动性和自觉性有欠缺，思考问题的深度不够，认识问题的高度不够，工作思路还没有完全打开。二是工作作风方面，主要问题是不够深入，回答和解决当前突出问题的能力不强。三是领导作风方面，主要是管理稍软。

学校的校风、教风和学风存在的问题，教师和学生存在的自身要求不严、有些松懈的问题，首先不能从教师和学生身上找责任。教师和学生出现的问题，首先要查看领导有没有问题，干部管理有没有问题，党员模范作用是否出现问题。要形成学校良好的风气，首先要从全党建立一股正气，形成一个向上力，推动教育创造力。没有党风的带动，没有党风的引领，就缺乏榜样，缺乏示范，缺乏凝聚。因此，从风气建设的工作要求上说，先在党内搞，先从干部做起。

另一方面，风气建设也不能等待党风形成了、党风好了再说其他方面。党风、校风、教风和学风要一起抓，哪一个都不能落下，要四个方面联动，相互促进，共同提高。这也就涉及了风气建设的整体设计。学校的党政工团盟要联起手来，一同参与。从发现问题入手，通过树立典型，制度约束，强化监督，共同使学校的风气建设见实效，出成果。

二、珍惜、维护并提升百余年办学历程所形成的南开优良的党风、校风、教风和学风，使南开中学的风气建设成为学校突出的办学特色之一，并发挥风气推动改革和创新的积极作用。

在南开中学长期的办学实践中，学校的领导者都高度重视在学校形成一股奋发向上的力量，创造一种凝聚和谐的氛围，使学校的全体教职工在南开公能的大旗下，日新月异，大步前进。

解放后，亚太地区教育专家、南开中学终身名誉校长杨志行老校长在南开中学以“两全一高、一主三自、三个建设、四个培养、一个形成”的办学思路，推进南开中学的建设与发展，使学校形成了鲜明的办学特色，取得了突出的育人成绩。

“两全”即全面贯彻党的教育方针，面向全体学生；“三高”是要求学校的教育教学工作起点高，效率高，培育的学生要高质量；“一主三自”是指充分发挥教师的主导作用，培养学生自觉、自学、自治。“三个建设”是学校领导班子的建设、教师队伍的建设、物质设备的建设。“四个培养”是指要培养良好的校风、领导作风、教风和学风。“一个形成”是指要形成本校的优良传统和办学特色。

杨志行老校长曾经总结了南开的党风、校风、教风和学风，我们一起来重温：

领导干部的作风——方向（政治方向）、全局（胸有全局）、苦干（踏实肯干）、效率（讲究效率）、表率（起表率作用）；

校风——坚定正确的政治方向，高（高标准）严（严格训练）细（深入细致）实（讲求实效）新（不断创新）的工作要求，艰苦朴素的工作作风；

教风——敬业、爱生、钻研、协作；

学风——勤学、好问、理解、会用、创见。

学校的风气建设是历史的，也是发展的。在目前的形势下，学校风气可能还需要增添新的内涵，比如：领导干部的作风和教风都需要增加“创新”的要求等等。今天，我想先不谈如何去丰富和发展我们的学校风气，我们首先需要潜下心来，心平气和地看看，我们目前的风气状况和我们已有的学校的风气要求有什么差距，想一想我们需要如何恢复和发扬我们历史上形成的好的学校风气。我想提出几条供大家共同思考。

一是，干部的全局意识和工作效率。

我这里所说的干部的全局意识有两个含义，一是工作上不能讲本位主义，既要在全校工作的视野下讲本职工作，又要干好本职工作来服务全校整体工作。因此，不能单打独斗，不能自顾自；二是荣誉和机会面前要有姿态，要有他人，要从学校整体的背景下考虑个人。这就是干部与普通教师、党员要有的一个不同，一个要求。做干部要有吃苦的准备，有奉献的准备，甚至有放弃个人既得利益的准备，这样才能赢得人心，凝聚人心。这一条特别要与我们的年轻干部共勉，希望我们的干部要做到心中有他人，心中想他人，心中为他人，这样才能更好、更快地成为学校的真正骨干和核心，真正把党员教师凝聚在自己的工作职责中。

干部必须会干工作，而且能干好工作。但光是这两条还不够，还要讲究工作效率，要又好又快地干好工作。学校目前改革和发展的工作，是新鲜事物，有很多新的课题。干部要有时不我待的意识，不等、不靠、不拖拉，高效率地完成改革的谋划和实施。我们的中层干部，学校的年级组长、学科组长和支部书记也都需要增强工作的执行力，创造性地把党总支和学校行政的想法和措施落实到位。

二是，学校管理的严谨、细致和高标准。

一个学校的风气好不好，靠干部、教师和职工的觉悟，靠自觉性，但是也要有好的管理做保证。风气的形成最终还是靠制度固化下来，并借由制度成为大家的自觉习惯。南开中学的校风讲求严、讲求细、讲求高。但我看，目前我们的风气现状与这些要求还有差距。去年在党课上我讲过，感觉学校的队伍状况有些散，这与管理的软有关。我们讲严，并不是严厉，不近人情；相反，我们应当坚持以人为本，从调动教职工的积极性和创造性出发来管理队伍。我们讲细，是强调细致周到，精细有序。我们讲高，也是指要站在南开历史的高度，站在党和国家要求的高度，高标准、高要求地搞好学校的各项工作。在南开中学搞教育承担着更大的责任：一是我们的学生相对来说是有较高起点和能力的学生，国家、社会和家庭对他们在南开中学接受的中等教育寄予了更大的希望；二是我们的同行是用审视的眼光来看待我们的教育成果，我们应当使我们的教育让所有的教育同行信服；三是学生的高起点也提升了我们教育的起点，这对我们教育者自身也提出了挑战。南开中学要让优秀的学生接受适合他们的优秀的教育，取得优秀的教育成果。没有高标准、高要求，就实现不了高质量。

三是，教师的钻研、协作和创新。

来学校一年多的时间，通过大面积听课，感受了整个南开教师队伍的教学情况、教育情况，对学校的教风有了比较多的感受和了解。我感觉，教师教学水平有差别是正常的，但是，就我们的教师队伍而言，如何发挥好教风的作用和影响，是一个课题。我们完全可以使绝大部分教师成为优秀的教师，成为学生信服的教师。方法上，对教师个人而言，加强钻研；对学科、集体而言，加强协作。去年，在支部开展创先争优活动时，化学学科开展了教学上的同课同构实验，目的是教学准备时共享资源，集中全体任课教师的智慧，共享一个高质量的教学设计，让不同班级的同学都能享受一节高质量的教学。当然，同课同构可能会有争议，也会有一些需要解决好的问题，但是，我们要弘扬教学中的这种分工协作和智慧共享的做法，鼓励团结协作、共同前进的合作精神。对于学校的青年教师队伍建设来说，在这样的协作中会成长得更快、成长得更好。历史上，我们学校曾涌现了数学、体育、化学和生物等在市区获得劳模集体、文明学科组称号的教学集体，他们的共性就是风清气正，团结互助。希望我们更多的学科集体，都要通过钻研和协作，建设各具特色的优秀学科集体。

在教师的教风中，我希望再加上“创新”一条。没有教师的创新，就没有创新人才的成长，学校的创新型教育就缺乏了活力。2010 年年底，各个支部的党员和申请人以“教育创新大家谈”的形式，进行了一次讨论和交流，对教育创新的重要性、方法和途径有了一定的共识。现在，我们需要在思想统一的基础上，大步推进创新实验。希望老师们能够结合自己的教育教学，不断推陈出新，在天津市乃至在全国推出有影响的教育教学范例、做法和经验。如果我们不具备在教育教学上有较大影响的领军人物，那么南开中学就很难出大师，就会辜负南开的历史和南开的责任。

四是，“一主三自”和学生的创见。

人们谈论一个学校，除了谈它的历史，还自然会谈及学校的学风。对于学生来说，一个学校的学风是他们求学最核心的一个问题。学风作为外显的“风气”，表现在学习的自觉性、主动性高不高，学习的情绪饱满不饱满，学习的劲头大不大，学习的毅力顽强不顽强，学习的态度认真不认真，学习的兴趣浓厚不浓厚，学习的作为踏实不踏实，学习的人气旺盛不旺盛，等等。这些有关学习精神方面的表现，一旦蔚然成风，形成具有一定群体性、一贯性和稳定性的良好学习风气，就常常会产生良好的学习效果，就能学有所得，得有所用，用有所获。

过去，南开中学为社会所称道的，是培养的学生品德上自觉，学业上有自学能力，有发展潜质，同时能够自我管理。杨志行老校长更是倡导发扬“一主三自”精神：充分发挥教师的主导作用，培养学生自觉、自学、自治。很多老师反映，现在的学生与过去大不相同，其中最重要的一条，就是学习能力和自学能力大不如前，立德修身和看似小节上的修养不比从前，处理问题的能力也有欠缺。因此，有必要更好地弘扬“一主三自”的精神。中学阶段有良好的自我修养，善于管理自己和形成比较强的自学能力，对一个人来说，是受益终生的。

改进学风还要鼓励创见，这也是当前培养创新型人才非常重要的一个方面。要引导学生在学业上，无论是人文科学还是自然科学的学习，丰富自己的思想内涵，做到思想有高度，思维有宽度，思考有深度。要做到不人云亦云，不随波逐流，要增强判断力。学校的“南开公能讲坛”给学生搭建了这样的平台，学生敢于发表观点，敢于质疑，这都值得肯定。但是，这样的培养教育还要延伸到每一节课，每一个培养创见的机会中。

三、抓好三个结合，创新实践载体，注重工作实效，推进学校风气建设再上新水平。

学校的风气建设既面临新的问题，同时也有新的工作契机。当前，学校的风气建设要抓好三个结合：

其一，学校风气建设紧密结合党史教育，开展好党的优良传统和作风的主题实践教育。

今年正值纪念建党九十周年，中央和市、区党委号召全党重温党的光辉历史，从历史中汲取营养，从历史中激发动力。党总支决定，今年高考后到放假前，将分批组织党员、入党申请人和民主党派成员赴革命圣地延安进行党的优良传统和作风的专题教育，通过实地感受和学习“延安精神”，增强广大党员、教师搞好学校党风、校风、教风和学风建设的紧迫感，责任感。

延安是举世闻名的中国革命圣地，从1935年到1948年，中共中央和毛泽东同志在这里领导、指挥了抗日战争和解放战争，奠定了中华人民共和国的基石，谱写了可歌可泣的历史篇章。也就是在这一特殊的历史时期，在延安，孕育形成了光照千秋的延安精神。延安精神是以抗大精神、延安整风精神、南泥湾精神、延安县同志们的精神和白求恩、张思德精神为原生态总结概括出来的，其科学内涵主要是坚定正确的政治方向、解放思想实事求是的思想路线、全心全意为人民服务的根本宗旨、独立自主自力更生艰苦奋斗的创业精神和爱国主义的优良传统，基本特征是时代性、民族性、开放性和科学性。延安精神在中国的革命和建设中发挥了巨大的精神动力作用。延安精神是我们党、也是中华民族的宝贵精神财富，对中国历史发展进程产生着巨大和深远的影响。

党总支希望，通过开展延安精神的学习，在党内、在教职工中进行一次深刻的革命传统和作风的教育，使大家认识到风气建设的作用，增强投身学校良好风气建设中的主动性和自觉性。

其二，学校风气建设紧密结合学校改革发展规划，开展好风气建设的制度设计，形成工作规范。

学校的风气建设是学校一项重大的工作，也是办学特色的重要表征。现在，学校正在加紧制定和完成中长期发展规划，风气建设也要有机地纳入规划当中，重点是梳理已经形成的有关风气建设的规章和制度。譬如，南开中学教师职业道德规范，学科组、年级组建设的措施，等等。通过制度设计，要将风气建设的目标、内容、要求和检查监督落实到位。各个部门都要为围绕学校的风气建设，集思广益，出实招、出新招，把学校的风气建设设计好，规划好和建设好。

其三，学校风气建设紧密结合干部、教师个人的未来发展规划，做到风气建设全员参与，共同实践。

发扬学校良好的风气不仅仅是党总支、校行政班子的事情。风气建设涉及每一个教职工，也会影响到每一个人。希望干部、党员和教师，都要结合个人的专业发展，把树立南开中学教师良好的形象纳入自己的发展规划中。最重要的是，每一个党员和教师都要身体力行，带头弘扬良好党风、校风、教风和学风。

我相信，只要大家群策群力，共同努力，胸怀一种信念、一种责任，一份热情，尽一份力，就一定能使我们学校的风气建设做得更实、更有效，为学校的改革发展提供良好的软环境和“气场”。

（本文系作者2011年5月9日在南开中学讲党课上的讲稿）

期望南开学子为母校创造新的辉煌

孙海麟

今天对于有着107年悠久办学历史的南开中学来说,又将是一个值得珍藏的日子。在学校全面实施素质教育的实践中,全体南开同仁共同奋斗,各位家长大力支持,同学们拼搏努力,今天在座的各位同学已经顺利完成高中学业,即将从南开中学出发,走上人生的新征程。看到同学们的成长,看到同学们取得的成绩,看到同学们值得憧憬的远大前途,我由衷地感到高兴。在此,我首先代表学校领导向同学们表示热烈的祝贺,向为同学们的成长付出辛勤劳动的班主任老师和任课教师表示崇高的敬意,向协助学校做了大量工作的家长朋友们表示衷心感谢!

同学们是幸运的。因为你们能够在人生的黄金岁月接受到南开中学的优质教育,而国家的盛世如此集中相伴在你们高中生活的记忆中。你们是伴随北京奥运会的圆满成功走入南开中学的。三年中,我们一起感受了建国六十周年大阅兵的雄壮,一同见证了上海世博会的隆重举行;我们为中国人实现太空漫步而兴奋,为战胜玉树地震、舟曲泥石流等灾害而鼓舞;我们为中国经济总量跃居世界第二而更加自信,我们为"十二五"规划制定的宏伟蓝图而更加坚定!这些时代的记忆,让我们一起经受了大爱的洗礼,同时更加印证了中华的崛起!

留在大家记忆中的还应该有学校的变化。2010年南开中学开启了管理体制改革的创新实践,经上级批准,成立南开中学理事会,实行理事会领导下的校长负责制,摸索在新形势下历史名校可持续发展的崭新管理模式。这是新中国公办学校从未有过的改革实践,是天津基础教育的原始创新,是南开教育的自主创新。在理事会的领导下,学校在管理体制改革、初中招生改革、高中招生改革等方面取得重大突破;与复旦大学、浙江大学、南京大学,本周四还将与哈尔滨工业大学签署《人才培养合作协议书》;成立南开中学教育基金会、学习研究周恩来小组、南开校史研究中心等组织机构,并进行校友会换届;完成了平安校园建设和校园景观改造提升等工程;开设"南开公能讲坛",让同学们有机会与名师大家面对面交流。

在南开的高中生活中,每一位同学都踊跃参加以周恩来为人生楷模的教育活动,参加了学工、学农、义工等具有南开特色的德育活动;同学们在话剧社、京剧社等学生社团中展现才华,增长才干;学习之余,通过五虎杯篮球赛、三六杯足排球赛等体育活动锻炼身体,增强团队意识……南开丰富多彩的校园生活是许多南开学子一生宝贵的回忆。翔宇楼前、藤萝架下、运动场上、图书馆中,南开园处处都留下了同学们奋力拼搏的足迹和激扬奋发的青春豪情!令人欣慰的是,经过在南开中学三年的高中学习,同学们不负众望,都在知识上和全面素养的提升方面取得了喜人的成绩。在座的同学,有清华、北大等全国著名学府的保送生,也有在各类竞赛中获得良好名次的优胜者,还有具有体育、艺术方面专长的特长生。同学们的知识、技能在这三年获得了显著地提高,思想也更加成熟而富有创见,综合素质成为同龄人中的佼佼者。我相信,在座的各位同学一定会成为未来中国最有影响力的一群人,你们中一定会有未来中国最杰出的科学家、最成功的企业家、最优秀的政治家、教育家、文学家、外交家。我一定不会失望!

即将离开南开中学,我能够异常深刻地感受到同学们对母校的眷恋。这几天,我看见好多同学在校园的各个角落里拍照留念,恨不得把每一位师长、同窗,乃至校园中的一草一木都拍入画面。在离开南开中学的日子里,你们能带走的也许就是这些曾经的影像,你们无法带走母校的一草一木,但我相信,南开给予你的与众不同的教育,百年传承下来的"公、能、群、新"的南开精神,你即使身在千里之外,仍然可以在心灵深处无限次地追忆。在此,我要衷心地感谢大家,感谢你们对母校的包容与热爱,感谢你们伴随南开一起成长。相信在这里留下的所有幸福或苦涩、进步或彷徨、成功或遗憾,都会化为属于你们每个人的终生难忘的南开记忆!

再过十四天,同学们就将面临人生一次重大考验,参加全国统一高考。这个考验不仅仅是检验你们每一个人,它还将检验我校教育的整体状况。在考场上，你不是一个人在战斗，在你们身后，有学校、有老师、有学友、有家长，你们身后有一个集体，这个集体将是你们坚强的后盾。过去的历届毕业生凭借着这样强大集体的支持，已经用他们的表现为南开创造了一次又一次的辉煌。我相信，在座的南开学子也会再接再厉，以你们最良好的状态、优异的表现为南开再创辉煌，南开将为你们骄傲！

同学们，毕业的钟声为你们祝贺，也为你们送行，预示你们将要打开人生新篇章。你们年满十八岁，迈入成人的行列，从此将全面享有宪法所赋予你们的权利，作为中华人民共和国的合格公民，你也将独立承担起对国家和社会应尽的义务。希望大家从今天开始，以诚心对他人，以孝心对父母，以热心对社会，以忠心对国家！面对当前社会生活中还存在的种种不足，我们要时时树报国之志，增效国之能，自觉锤炼品德、提高素养、强健体魄、锻炼能力，做一个端正、淡定、优雅、坦荡的南开人，在各个领域为他人树榜样，为社会做栋梁，为南开中学再增添无上的荣光。

同学们，在你们的高中生活中，一大批德高业精的老师与你们相伴，他们用自己独具匠心的教学方法引导你们学会知识、学会学习。南开中学的老师倾注了爱心与热情、心血与智慧。为了同学们的学习，他们可以全然不顾自己的身体，牺牲与家人的欢聚；为了同学们的进步，他们克服种种困难，给同学们创造成长的条件。不管今后你们成了多么显赫的人，成就了多么了不起的事，不要忘记你们的老师，老师们会在你们的一句简单的问候中，感到职业的幸福。在这里我提议，让我们以热烈的掌声向三年来所有给予大家帮助和指导的老师们表示敬意和感谢！

今天在座的，还有同学们的父母，自从同学们进入学校的第一天，家长们也成为南开大家庭中重要的一员，家长们与各位老师成为很好的朋友，为南开中学的发展提供了最有效、最宝贵的支持，在此，我代表学校向各位家长朋友表示真诚的谢意！

从今天开始，南开将成为同学们的历史，而我更希望你们为南开创造新的历史。南开是你们生命历程里的一部分，南开也是你们的“家”，是你们的精神家园。希望你们毕业后常回家看看，把你们对学校的关注留给我们，把你们对学校发展的希望留给我们，让我们共同努力，创办富有中国特色、具有世界水平、符合时代要求、适合未来人才成长需要的优质中等教育，愿我们共同的南开永远青春勃发！

同学们即将启程远航，在这个离别的时刻，我们心中涌起太多的感动，太多的留恋，或许还有些许的遗憾。但我希望你们把沉重留下，让心情放飞，轻装起航，快乐出发！我衷心地祝愿每一位同学都健康、幸福、成功、好运！

（本文系作者2011年5月23日在南开中学高三学生毕业典礼上的讲话）

《南开公能讲坛录》序

孙海麟

《南开公能讲坛录》是一套反映南开中学公能讲坛成果的丛书，这套丛书的第一辑编辑就绪即将付梓，读后让我感到兴奋，可喜可贺。

本辑收录有2010年8月25日赵启正同志在南开中学学习研究周恩来小组成立大会上的讲话，以及自2010年9月至2011年5月南开中学公能讲坛的十三篇报告稿。从广义上讲，都是南开中学进行公能教育的新锐教材。

这些报告，我在南开中学瑞廷礼堂现场都聆听过，但是当其汇编成书的时候，仍然感到一股思想和文化的冲击力扑面而来。报告稿的作者，怀着对敬爱的周恩来总理母校的深厚感情，将自己对于南开精神的认知，对于新知识新思想的研究和对于人生的感悟带到南开中学，为南开中学师生送来了精神营养。我代表南开中学理事会和学校党委，向各位报告人表示真诚的敬意和感谢！

“公能讲坛”的“公能”二字，取自南开中学校训“允公允能，日新月异”。南开中学1904年创办于风雨如磐的旧中国。南开校训是经南开中学校董严修和校长张伯苓共同探索和酝酿，于20世纪30年代形成、制定的。按照严修、张伯苓的教育思想，他们办教育的宗旨是要为中华民族的救亡图存培养人才，要求学生既要有为国家谋富强、为公众谋福利之公心，也要有服务于国家、服务于人民之能力。南开校训就是由此出发而制定的南开系列学校的教育方针。

为着培养具有公能禀赋的优秀人才，南开中学从建校初期开始，就采取了许多不同于旧学校的办学方式，邀请社会知名人士到校演说就是其中之一。不但校方这样做，而且学生社团也受此风熏陶。据南开校史资料记载，1917年2月28日，学校曾邀请梁启超先生到校演说，记录者就是其时求学南开的周恩来，他为此整理了《梁任公先生演说词志》。随后的1917年5月30日，周恩来又为蔡元培先生演说做记录，写出《蔡孑民先生在南开学校欢迎会上演说词志》。

不仅如此，在周恩来与同班同学张瑞峰、常策欧发起成立的学生社团“敬业乐群会”里，周恩来担任部长的智育部，利用每周课余时间开展各种活动，除组织同学们自己学习讨论外，经常请老师作专题报告或辅导，有时还请校外知名人士来讲，比如曾经请吴玉章、黄炎培等先生到校演说，并与“敬业乐群会”会员座谈。南开校史资料写道：“这些活动，有助于会员开阔眼界，增强学习兴趣，培养爱好特长，起到了‘补教科之不及’的作用。”

由此可见，邀请社会知名人士到校演说或座谈，在南开中学是有历史传统的。我们传承和发展南开中学的办学经验，这一条值得借鉴。2010年，在南开中学教育体制机制的改革进程中，我们着手进行这方面的探索。形式还是邀请社会知名人士，活动名称定为“公能讲坛”，而报告内容却有了质的飞跃。就是说，报告范畴还是进行公能教育，而公能教育的内涵则日新月异，与时俱进。

2010年8月，由南开中学知名校友、全国政协常委、全国政协外事委员会主任赵启正率先开篇，以《追寻南开精神的DNA》为题的报告受到全校师生的热烈欢迎。赵启正同志在报告结尾安排的现场提问，更将讲听互动推向新的高潮。此后，南开中学继续邀请社会知名人士到校作报告，他们是（以报告时间为序）：顾明远、王大中、敬一丹、白岩松、纪东、约翰·奈斯比特和多丽丝·奈斯比特、金一南、杨玉良、杨卫、程津培、于再清、王博、王树国。

这些报告，表达了国内处于领先水平的思想、知识、学术、价值观等研究和认识成果，在全校学生包括教师面前，呈现了一个精彩的世界，极大地拓宽了大家的文化视野，增强了求知欲和进取心，是对课堂教学和课外教育的强力补充，激起师生们的热烈反响，也受到学生家长的由衷欢迎。有些学生家长说，孩子在南开中学听到这样高水平的报告，是他们成长中的幸运，我们家长也跟着沾光，报告不但调动了孩子们求知的兴趣，就是对成年人也很有吸引力。

这些反响充分证明了南开中学公能讲坛的生存价值。我们正处在一个新知密集、思想活跃、文化交融、发展迅速的信息时代。实现中华民族伟大复兴的历史使命，比以往任何时候更需要加快培养德智体全面发展的优秀人才。当今世界的一切竞争，都归结为人才的竞争。强国必先强教，强教应当创新。为着有效地培养全面发展的优秀人才，中学教育理应探索和拓展促进学生成长的路径，南开中学公能讲坛就属于这种探索和拓展的题中应有之义。

20世纪60年代我在南开中学求学的时候，共青团组织推荐我们读过列宁的《青年团的任务》。在那篇著作里，列宁有句名言：“只有用人类创造的全部知识财富来丰富自己的头脑，才能成为共产主义者。”他还认为：“学习、教育和训练如果只限于学校以内，而与沸腾的实际生活脱离，那我们是不会信赖的。”事实证明，这些论断至今依然有着持续的生命力。

南开中学公能讲坛，无论在南开教育还是素质教育中，都有着不可或缺的作用，它链接起学校教育与时代脉搏，为德育教育注入富有时代特征的爱国主义血脉，让教育的内容更加鲜活，让教育的形式更加灵动，让教育者的新知传播更加前端，让受教育者的成长历程更加充盈。每逢公能讲坛的结尾，当我听到在校学生向报告人提出闪现成熟色泽的问题，都十分欣喜地感到，公能教育已经渗入了学生的心田，开设公能讲坛的预期凸显了。

为着弘扬南开中学公能讲坛的文化成果，使本校师生得到回味和消化报告内容的文本，使外校师生弥补无缘现场聆听的缺憾，南开中学负责德育教育的同志们将2010年8月迄今的十四篇报告稿整理成文，编辑出版《南开公能讲坛录》第一辑，实现了报告内容的二次传播，办了一件践行社会责任、有益于教育、有益于国家的好事和实事，我向他们表示祝贺。

《南开公能讲坛录》起步伊始，就显示了高水准、高密度的文化蕴涵，具有“凸显南开教育特色，富有资源共享价值”的鲜明特征。本书收录的报告稿，分则独立成篇，合则形成气场，这是展现中国和人类发展大趋势的气场。徜徉在这样的气场，鞭策青年学子闻鸡起舞，自强不息，督促成年朋友追随时代，继续学习。总之，不同的读者群通过阅读本书，都能各有所获，开卷有益。

本书编者打算，《南开公能讲坛录》今后将继续编辑出版下去，因为新的公能讲坛报告人的人选和内容已经筹划并在安排之中，这就有了编辑出版新的《南开公能讲坛录》的工作基础。由此，我们有理由期待，日后编辑出版的《南开公能讲坛录》当会百尺竿头更进一步。借此机会，我们衷心祝愿中国特色社会主义教育改革事业取得新的进展！

以上感受，权当作序。

（本文系作者2011年6月30日为《南开公能讲坛录（第一辑）》撰写的序言）

做无愧于南开的新一代南开学子

马跃美

在新一届学生以优异成绩考入南开中学之际，我代表学校全体师生对你们表示最热烈的祝贺和诚挚的欢迎！向所有为孩子成长倾注全部心血日夜操劳的家长朋友表示崇高的敬意和由衷的感谢！向外省市不远千里来南开求学的学子以及家长朋友道一声辛苦！感谢你们对南开的支持和信任！

今天我的心情无比激动。因为今天的南开园绿树成荫、彩旗飘扬，到处弥漫着节日的气氛；因为今天的南开园欢声笑语、掌声雷动，到处洋溢着青春的气息。同学们，从你们年轻的面庞上，我看到的是一双双澄澈的眼睛，那里面有着对知识的渴望，有着对南开、对未来美好学习生活的憧憬，有着对实现自己人生理想的坚定信念和不懈坚持。这些都是那样的让人震撼、让人感动！我也是南开中学的毕业生，我也经历过你们现在所经历的这一发展过程，我非常能理解你们的感受，进而跟你们的心灵产生共鸣！

从同学们报到时开始，“允公允能、日新月异”就是我们共同的信念，青莲紫就是我们最爱的颜色，南开人就是我们不变的称呼。南开，这个古老而年轻的学校正张开臂膀，拥抱每一位同学。

说南开古老，是因为她的源远流长、饱经沧桑、峥嵘岁月。岁月的流逝，褪不去南开校史的年轮。一座座校园建筑，像饱经沧桑的智者，用各自的目光见证着发生在这里的故事。再有一个多月，我们将迎来南开中学107年校庆。107年前，著名爱国教育家严修先生和张伯苓先生创办了南开学校，从此一个近现代教育史上的神话屹立起来。历代先贤筚路蓝缕，殚精竭虑，艰难办学，矢志不渝。

说南开年轻，是因为，南开作为一所学校，她的生命力就体现在一代又一代、一批又一批的学子身上。温家宝总理说：南开永远年青。现在，你们的加入又为南开注入的新的活力，你们因南开而更显睿智与沉稳，南开因你们而更显年轻，更加富有朝气和活力。

“今日我以南开为荣，明日南开以我为荣！”同学们，成为一名南开人，是一件十分光荣的事情。

首先，我们有大批值得我们引以为荣的校友。“春华起南开，秋实献九州。”在南开精神的感召下，南开中学一百多年来桃李广植。以杰出校友周恩来总理为代表的一大批党和国家的领导人从南开校园走出，他们全心全意地为人民为服务；以马骏、吴祖贻等为代表的革命英烈从南开校园走出，他们为民族解放和国家富强英勇捐躯；以获得国家最高科学技术奖的叶笃正、刘东生为代表的60余位院士从南开校园走出，他们用知识服务于祖国；以梅贻琦、金邦正、王大中三位清华大学校长为代表的教育家从南开校园走出，他们诲人不倦、育才万千；以曹禺、周汝昌、端木蕻良、黄宗江、沈湘等为代表的文化艺术巨匠从南开校园走出，他们用文化引领时代的进步；以无数普通劳动者为代表的合格公民从南开校园走出,他们在各个岗位默默无闻地贡献自己的聪明才智。

其次,我们有许多值得我们引以为荣的业绩。南开中学优质教育硕果累累,南开学子在学期间全面发展,毕业后有自学、自治、自律的意识,有学习能力、组织能力和发展潜能。学生优良与特长并举,多名学生曾在国际中学生学科奥林匹克竞赛中摘金夺银,一大批学生在学科竞赛中获得国家级奖励及天津市一等奖;每年均有数十名优秀毕业生被保送清华、北大等著名高校。高中毕业生考入一本重点院校上线率达到98%,连续多年重点院校上线率和600分以上考生占本校考生总数比率一直居于天津市首位。

成绩和荣耀毕竟属于过往,未来由我们自己开创。我们站在无数前人和巨人的肩膀上,我们没有理由不看得更远,没有理由不做得更好。同学们是南开的新生,我过去在高校工作,在阔别母校31年后回到母校工作,既熟悉又陌生,从某种意义上来说,我也是一名基础教育工作战线上的新兵。我们不管作为新生还是新校长,都面临着未知的挑战,可能在学习和工作的过程中会遇到这样那样的问题。但是,我们不会畏惧,因为我们是南开人;我们不会懈怠,因为我们是南开人!南开是一所学校,南开是一个名字,南开更是一种精神、一种信念,一种担当、一种责任。作为南开人,我们可以普通,但我们注定无法平庸,因为我们将我们的学习、我们的发展、我们的人生同国家、民族的兴盛,同社会的民主和发展紧密联系在了一起。

传承、求新、笃实、发展,我相信,我们通过自己的努力和奋斗,一定会开创无愧于前人、无愧于时代的新的事业,一定会为南开书写更加绚丽的崭新篇章!我们要让我们的后人以我们为荣,我们要让南开以我们为荣!

同学们,大家报考南开,尤其是外省市的同学,克服各种困难来到南开,都是为了更好地成长和发展,这是同学们、家长朋友们和我们学校全体教职员工共同的一致的目标。学生是学校教育教学活动的主体,学生的健康全面的发展是学校一切工作的出发点和归宿。"一切为了学生,为了学生的一切"在南开中学不是一句空洞的口号,而是南开全体教育工作者的理念和发自内心的工作动力。在这里,我想对家长朋友说几句话:各位家长朋友,你们帮助孩子选择了南开,我可以肯定地告诉你们,你们的选择是正确的。这份选择对我们来说是一份责任,一份信任;我们绝不会辜负你们的选择。只要对学生成长成才有利的事情,我们都会竭尽全力用心去做,做到最好。也请家长更好地相信学校、配合学校,家校紧密合作,共育英才。再一次感谢家长朋友们对学校一直以来的关注和支持!

同学们就要开始新的学习生活了。我想对新同学提出如下几点希望和建议。

一、努力培养自己的社会责任感和使命感

我们每一名南开学子都有弘扬南开精神,秉承允公允能校训的义务和责任。南开精神的核心是爱国主义精神。校训也着重提倡我们培养爱国爱群之公德,将公字放在首位。张伯苓校长曾说过:"德为万事之本。"周恩来总理在少年时期就发出"为中华之崛起而读书"振聋发聩的心声。这几天大家应该都看到含英楼后的南开校友英烈纪念碑,上面镌刻着42位烈士校友的英名,他们有的牺牲时才20多岁,比同学们大不了几岁,他们为了民族的独立和人民的解放,燃烧了自己宝贵的青春。历史学家何炳棣先生评价说:"南开中学是世界近现代史上笃笃实实最爱国的学校。"同学们,这一切的一切,不断地告诉我们,我们到底应该为了什么而学习?答案有且只有一个,为了祖国的繁荣昌盛和人民的幸福安康!南开人将一如既往,前赴后继,为了实现这一目标不懈奋斗!

二、尽快适应南开的学习生活

同学们,初中跟小学、高中跟初中阶段学习的知识内容和方法规律有着比较明显的差别,南开的学习生活跟别的学校更不尽相同,这些都需要同学们尽快地适应周边的学习环境,调整好自己的学习状态,不断改进自己的学习方法,在老师的指导和同学的帮助下踏实细致地完成好各项学习任务。提倡同学之间特别是天津和外省市的同学之间在学习和生活上要互帮互助,团结友爱,亲如一家。

三、着力培养创新精神

现代社会是信息化的社会,社会发展一日千里,这就要求我们要具备创新精神,积极探索和研究,不断提高自己适应社会,适应变化的能力。这种创新精神的培养不可能一蹴而就,需要贯穿在日常学习生活的各个方面。希望同学们保持对知识最纯真的渴望,保持一颗谦虚但热烈的心,保持一种不断成长并享受这样成长的心态。学如逆水行舟,不进则退。未来社会人的发展也是如此,创造性地学习,协作学习，终身学习，应该成为我们的生活习惯。

四、全面发展自己的综合素质

我们一直坚持，人的发展应该是全方位的发展，是思想道德素质、科学文化素质和身体素质的全面发展和完美结合。片面地追求高成绩、忽视学生综合素质的教育绝对不是南开的教育。学校有着优良的德育传统，一直坚持“以周恩来总理为人生楷模”的教育主线，创办南开公能讲坛，不断完善创新德育实施网络。学校的艺术教育形式丰富多彩，民乐队、合唱团在全国中小学文艺展演比赛中取得桂冠。学生会和社团活动丰富多彩，为学有余力的同学提供众多展示自己才华、发展自己特长的平台。同时，学校历来重视体育锻炼，有着优良的体育传统。张伯苓校长是中国奥运第一人，首倡中国举办奥运会。当年的南开五虎学生篮球队，征战东亚、东南亚，所向披靡。现在，学校每年举办的五虎杯篮球赛、三六杯男足女排比赛，深受广大同学喜爱。所以希望同学们在学期间，在完成好学科学习任务的同时，充分利用好各种资源，来促进自己的成长，不断提升自己的综合素质，打造完满人格。

五、努力开阔自己的国际视野

中国现在正在以更加开放、更加积极的姿态融入国际社会，将自己的发展和世界的和平稳定紧密联系在了一起。中国离不开世界，世界需要中国。这就意味着在未来很长一段时间，具备国际视野的综合型、创新型人才将会担当起振兴民族、建设国家、发展社会的重任。学校顺应时代发展趋势，已同法国巴黎德萨伊中学、新加坡华侨中学、香港圣保罗男女中学等20多个国家和地区的中学建立了友好交流关系，为同学们提供大量学访交流的机会。同时不断探索国际部和双语教学的新发展，为同学们开设多门第二外语选修课。所以希望广大同学充分利用各种机会，以求同存异、兼收并蓄的态度来开阔自己的国际视野，锻炼自己的国际交往能力，为将来的发展打下坚实的基础。

为了帮助和促进同学们成长成才，学校也将从如下几个方面不断努力地改善和提升：

——学校将不断改革完善管理和教育教学机制，改善办学条件，增强服务意识，为同学们营造良好的学习氛围和优越便利的学习条件。

——学校将不断加强教师队伍建设，进一步提高教师的专业技能、敬业精神，打造一支让同学满意、让家长满意的高素质优秀教师团队。

——学校将在近期开始将北楼打造成为艺术楼，将含英楼一、二层改建为科技楼，翻修体育场，完善体育馆各项设施和功能，打造活力四射的南开校园和丰富多彩的活动，促进同学们的全面发展。

——学校将不断加大对外交流的规模，提高交流的层次，更多更好地引入其他国家和地区优秀的教育教学经验，为同学们开拓国际视野、锻炼国际交往能力提供优秀的平台。

三年后的6月，同学们将完成自己的学业，走向中考或高考的考场，为本阶段的学业交上一份答卷。三年后的10月，我们将迎来南开中学110年校庆。我相信这三年必将是你们全面发展、不断成长的三年；这三年必将是学校稳步提升、不断壮大的三年。如何走好三年的道路，如何用自己的实际行动为学校延续辉煌？这是我需要思考的问题，是我们的老师需要思考的问题，更是我们每一位同学需要思考的问题。因为，南开的希望，在于你们。对母校110年校庆最好的献礼就是你们健康全面的成长，就是你们为国家富强和社会进步所作出的每一点贡献。不要辜负家长和老师对你们的期望，不要辜负南开对你们的期望。

“渤海之滨，白河之津，巍巍我南开精神。”

一个走过百余春秋的南开中学，一个永远年青的南开中学，一个现代化国际化的南开中学，正在张开臂膀拥抱伟大的时代。

南开中学师生将坚持南开道路，发扬南开品格，弘扬南开精神，坚持育人为本，为创办富有中国特色、具有世界水平、符合时代要求、适合未来人才成长需要的优质中等教育而努力奋斗！

祝愿同学们未来三年的学习生活快乐、充实，祝家长朋友们身体健康、事业顺利，祝福我们的南开，明天会更美好！

（作者系天津南开中学校长，本文系作者2011年8月27日在南开中学新生开学典礼上的讲话）

新的学期　新的超越

孙海麟

新的学年已经悄然而至，新的学习和生活将承载着我们对未来的追求翻开新的一页，开启新的航程。今天是开学第一天，看到大家充满活力的状态和快乐自信的神情，我相信我们将迎来更有收获的一年！

走入新学期的校园，同学们一定会发现学校又有了许多新的变化。假期中，学校对校舍的使用进行了重新布局，同时对含英楼和伯苓楼进行了全面的加固和整修。为加强教师队伍建设，学校利用假期举行中青年教师暑期培训，通过集中学习，丰富教育教学理论，反思教育教学实践。假期中，我校还与中国科学技术大学签署人才培养合作协议，中科大将协助我校建立量子信息和语音处理两个科学实验室，两校共同探索中学教育与大学教育的合理衔接，共育拔尖人才。

学校的这些变化，都是在为同学们提供更优质的教育资源，创造更好的学习环境。所以，我发自内心地期待，新学年中，学校最大的变化是从同学们身上表现出来。

初一、高一的同学，你们踌躇满志走入向往已久的南开园，昨日的梦想今天已经变为现实，那么今天的梦想又在哪里？初二、高二的同学，你们已经熟悉了南开的生活，面对已经失去新鲜感的环境，你如何克服可能已经出现的懈怠？初三、高三的同学，你们可能将是这一年中最受关注的群体，你应该如何努力才能在明年6月的考场上用实力说话？

这些问题，希望同学用你们的变化来为我们作答。你们的变化就是要超越自己，超越自己已有的目标，超越自己狭窄的视野，超越自己的意志，超越自己的能力。希望在新的学期里，各位同学都能够有新的超越，都能够收获属于自己的成功！

同学们，作为学校的管理者，我憧憬着在为大家真诚服务的同时，和我们学校每一个人一起奋斗，一起超越。期待大家超越出你们人生的灿烂，超越出南开的新辉煌！

（本文系作者在2011年8月29日新学年第一次升旗仪式上的讲话）

坚定信念把南开中学建设得更加美好

马跃美

今年的9月10日是第27个教师节。1985年是我国确立教师节的第一年，也是我大学毕业的那一年。我虽然经历了教师节确立以来所有的教师节，但今年是我第一次以一名基础教育工作者的身份来经历第27个教师节，心情很是激动。我想借此机会，向大家汇报我回母校工作的感受，共同畅想南开的美好未来，以此次坦诚交流和美好祝愿作为教师节的礼物奉献给在座的各位同仁！

这一段时间以来我内心很复杂，有感动、有忐忑，但更多的是一种坚定的一往无前的信念。先说我心中的感动，主要有这样几点。

一是感动于大家对我的关爱和支持。我自6月28日到任以来，得到了海麟书记、学校各位领导以及众多老师的支持和帮助，使我得以较好地了解学校的情况并初步顺利地开展工作。一些老校友、退休老教师也都十分关注学校的发展，给予我鼓励和支持。这些都让我感受到了回到阔别31年的母校的那份温暖。

二是感动于南开的历史和传统。过去在学校上学的时候，对学校是有一些了解的，但了解得不很全面,不很深刻。这次回到母校工作,我认真研读和学习了校史等诸多材料,对南开有了更多的更加明晰的了解。我深深地被南开厚重的历史文化底蕴和优良的传统所震撼。岁月的流逝,褪不去南开校史的年轮。107年前,严修先生和张伯苓先生创办了南开学校,从此一个近现代教育史上的神话屹立起来。历代先贤筚路蓝缕,殚精竭虑,艰难办学,矢志不渝,一百多年来弦歌不辍,广育贤才。我为自己是南开的毕业生而感到骄傲,我为能回到南开中学工作而感到由衷的高兴。

三是感动于南开的老师。这两个多月我一次次地被你们骄人的业绩、你们的敬业精神、你们对学生无私的爱所震撼、所感动。据我了解,我校优质教育硕果累累,学科竞赛、高考中考、艺术教育、体育竞赛等方面都有着骄人的业绩。而这份骄人业绩的创造者就是你们,我亲爱的同仁们!我深知,这份成绩的背后凝聚了多少艰辛的付出,凝聚了多少心血和汗水!

再说说我心中的忐忑。在回到南开中学工作以前,我就在想,对于一个在高等院校工作多年、没有基础教育工作经历的我,我应该如何做好这份工作?如何为母校的发展做出更多的贡献?各位先贤前辈和各位同仁创造了南开的辉煌,我如何续写这份辉煌?如何传承南开的精神?这些问题和思考不断在我的脑海中浮现。因为南开的历史太厚重了,南开这本大书值得我用一生去研读,去膜拜。说实话,对于能否做好这份工作,我有过担心,担心会辜负党组织和各级领导以及各位同仁对我的信任和帮助。但很快的,这种担心和忐忑在我正式开始到校工作后不久便荡然无存了。

至于这种心境改变的原因,就要说说我的第三种心情,就是坚定的一往无前的信念,这种信念就是把南开中学建设得更加美好的信念。我坚信我能做好自己的本职工作,我坚信南开的明天越来越好。我的这种信念来源于这样几个方面:

一是来自于先贤前辈给我们留下的宝贵精神财富。南开精神是取之不竭的精神宝库,是我们不断前行的精神动力。我们学校有着其他学校无可比拟的历史资源,有着优良的教育传统。我们站在前人和巨人的肩膀上,我们没有理由不看得更远,没有理由不做得更好。

二是来自于市委教育工委、市教委党组和校理事会的正确领导和政策支持。市委、市政府一直以来高度重视南开的发展,在学校体制机制改革、创新人才培养等一系列重大问题上给予我们亲切的关怀和巨大的支持。有党和政府的领导和支持,我们有信心把南开中学办好。

三是来自于高素质的师资队伍和全体同仁的共同努力。学校的科学发展、长足发展,从最根本上来说,靠的就是我们在座的各位老师。没有优秀的教师,如何培养优秀的学生,教师是学校开展教育教学工作和不断发展壮大的最主要的智力支持。让我感到振奋和欣慰的是,我们南开的教师是一流的,我们的教师队伍是经受得住考验的队伍、是团结奋进的队伍。有了大家的拼搏进取,有了大家的扎实工作,有了大家的支持和帮助,南开中学一定会越来越好。

四是来自于优秀的学生。学生也是教育教学活动的主体,我们的学生也是一流的,既有天津市最优秀的学生群体,又有河南、山东、内蒙古等地的精英人才,我相信只要我们正确地加以引导和管理,我们的学生无论是在学习上还是在其他方面,都不会让我们失望。

五是来自于众多优秀校友的支持。我们的校友特别是以海麟书记为代表的一大批优秀校友对学校十分关心、热爱,都有着奉献南开的精神,曾经为学校的发展作出了巨大的贡献,今后也必将是南开中学发展的不可缺少的中坚力量。

六是来自于我个人的经历和特点。之前我一直在高校工作,在作为教师从事一线教学工作的同时,作为管理干部从事过大学的教学处长、继续教育学院院长等多个管理岗位的工作,高等教育和基础教育有不尽相同的地方,但在很大程度上具有相同的教育规律。我本身有着对母校的爱、有一定的管理经验、有较强的学习能力、有求真务实的作风。我一定会克服主客观困难,尽快适应南开的工作和生活。我相信我有做好这份工作的能力。目前,我还不是合格的校长,但我会尽快完成角色转换,争取早日成为一名合格的南开中学的校长。

回到南开工作也已经有两个多月的时间,很多人非常关心我,问了我许多问题,大家问的比较集中的主要是三个问题:一,"两个多月你都做了哪些工作?"二,"对南开总体的感觉怎么样?"三,"对今后学校发展有哪些思考?"

首先回答第一个问题"这两个月我都做了哪些工作"。这两个多月,我一直在为成为一名合格的校长而努力,为尽快熟悉南开而工作,除了日常的事务性工作，我与三十位教师和管理干部进行了谈话交流、学习了学校教育教学、行政管理、南开校史等资料，走访了历届校领导和部分教师，并开始走进课堂听课。

关于第二个问题“我对南开的总体感觉”。我通常简单回答是：我们南开中学历史底蕴丰厚，优秀人才辈出，教师学生一流、校友资源丰富、管理水平尚有提升空间。

关于第三个问题“对学校今后工作的思考”。我将两个多月的工作思考总结为“明确一个目标，打造两支队伍”。“明确一个目标”，就是明确学校发展的基本目标为：提高教学质量，突出南开特色，确保我校的综合实力天津第一，国内领先，国际知名。“打造两支队伍”，一是要打造一支高素质的师资队伍，二是要打造一支务实高效的管理队伍。师资队伍的建设要通过校园文化建设，强化终身学习理念，完善制度建设，提高教师待遇，营造良好氛围提高教师队伍的凝聚力来实现。而管理队伍的建设主要以建设团结务实勤政高效的领导班子为目标，强化管理队伍的服务意识、提高工作效率，为广大师生服好务。所以，提高教学质量，突出办学特色，改善教师待遇、增强服务意识、提高管理水平，保证学校健康、和谐可持续发展就是我们今后努力工作的方向。

学校更好的发展需要各位同仁共同的努力和奉献，在这里我提四点希望：

一是希望大家要有危机意识。学校的发展，如逆水行舟，不进则退。我们不能沉溺于以往的成绩，我们没有躺在荣誉和业绩上休息的时间。很多兄弟学校已然迎头赶上，一些发达地区的同类学校近几年发展得也很快，有的方面已经走在了我们的前面。这些情况是压力，也是动力；是挑战，更是机遇。把压力转化为动力，把挑战转化为机遇的前提就是我们应该有强烈的危机意识。

二是希望我们的教师更加聚精会神地教书育人。当下，我们很多教师尤其是年轻教师要面对社会生活的压力、家庭方面的压力，想使我们的生活更好也是人之常情。但是，一些做法会牵扯我们过多的精力，使我们分心，我们的社会角色首先是一名教师，是一名南开中学的教师，这是一份责任、一份使命。我们应该将我们的全部精力奉献给学校和学生，奉献给我们钟爱的教育事业。

三是希望我们的管理干部和工作人员要强化服务意识，为营造学校良好的育人环境尽力。学校的中心工作是教书育人，培养合格人才是学校各项工作的出发点和落脚点，因此，我们每一位管理干部和工作人员，都要以服务广大师生为己任，做好本职工作，提高工作效率。

四是希望大家为学校的发展献计献策。学校的各项工作要想顺利开展，需要依靠我们大家的集体智慧。所以，只要是对学校发展有利的建议和意见，我们都愿意听；只要是对学校发展有利的事，我们都会努力做到最好。

在这里，我愿将我的办学理念，与各位同仁分享和共勉：

秉承允公允能，育具有国际视野，德才兼备全面发展的高素质创新型人才。

追求日新月异，建富含历史底蕴，传统文化现代气息兼备的世界一流名校。

坚持一主三自，和谐师生关系，自学自觉自治，笃实求是真干。

汇聚南开学子，奉献聪明才智，弘扬南开精神，科学民主发展。

各位同仁，三年后的10月，我们将迎来南开中学110年校庆。我相信这三年必将是南开全面发展、不断成长壮大的三年。如何走好三年的道路，把握好学校发展的关键期？如何用自己的实际行动为学校延续辉煌？这是我一直在思考的问题，也是我们每一位老师需要思考的问题。对学校110年校庆最好的献礼就是我们的敬业，我们的奉献，我们为学生成长、社会进步和国家富强所做出的每一点贡献。我们绝不辜负党和政府对我们的期望，绝不辜负南开和历史对我们的期望，绝不辜负学生和家长对我们的期望。

我愿意和全体南开同仁一道，携手并肩，一心一意谋南开发展，聚精会神搞南开建设，坚持南开道路，发扬南开品格，弘扬南开精神，坚持育人为本，为创办富有中国特色具有世界水平的优质中等教育而努力奋斗！

祝福我们的南开，明天会更美好！

（本文系作者2011年9月9日在南开中学庆祝教师节大会上的讲话）

继承和发扬南开的优良体育传统

马跃美

今天天气晴朗，是一个普通的秋日，但对于南开中学师生来说，是一个重大的节日，我们在此隆重举行一年一度的秋季田径运动会。请允许我代表校领导和全体教师预祝本次大会取得圆满成功！

今年的秋季田径运动会是我校近年来规模最大的一次运动会，共有来自高初中51个班级的同学参与到运动会的入场式和比赛中。本次运动会也是今年校庆的庆祝活动之一，两天后，也就是10月17日，南开中学即将迎来第107个生日，每一个南开人都应该为此感到光荣和骄傲。希望同学们积极认真地做好本次运动会的各项工作，用一个团结、胜利、富有意义的运动会向校庆献礼。

南开中学有着悠久并且优良的体育传统，建校之初即以"强国必先强种，强种必先强身"的理念重视和提倡体育。老校长张伯苓是我国最早的奥林匹克运动的倡导者和奥林匹克精神的传播人，被誉为"中国奥运第一人"。早期南开学生的田径、足球、棒球、排球、网球项目运动队，水平很高，尤以篮球最为突出。20世纪二三十年代，由董守义任教练的南开中学篮球队称雄篮坛，素有"南开五虎将"之称。学校毕业生郭毓彬在1915年第二届远东运动会上先后获得半英里、一英里跑比赛两个第一名，这是中国人首次在国际赛事夺金。南开学生在华北、全国以及远东运动会屡创佳绩。近年来我校不断加强体育基础设施建设，各体育运动队比赛成果喜人，阳光体育运动不断深入，大部分同学都养成了良好的体育锻炼习惯。希望广大同学以本次运动会为契机，加强体育锻炼，积极参与各项体育活动，进一步继承和发扬我们南开的优良体育传统，在全校形成良好的体育文化氛围。

运动会是体现和增强班级荣誉感和凝聚力的重要途径，希望同学们珍视和其他同学在一个班级学习成长的机会，也希望你们通过自己的努力收获属于班级的荣誉和属于自己的友谊，增强班级凝聚力。并将本次运动会中拼搏、团结、进取的精神延续到今后的学习和工作中，创造更多更好的业绩，为个人的成长、班级的建设和学校的发展贡献自己的智慧和力量。

本届田径运动会应该成为一次高质量、高水平的体育盛会。希望运动员同学认真参赛，严格遵守比赛的各项规章制度，赛出水平、赛出友谊；希望裁判员同学文明裁判、公平裁判；希望其他岗位的同学恪尽职守，各司其职；希望观众同学文明观赛。我相信，通过大家共同的努力，一定能够完成本次运动会的各项既定目标，展示出南开学子的青春风采和蓬勃朝气。

（本文系作者2011年10月15日在南开中学秋季田径运动会上的讲话）

坚定走南开道路，创办富有中国特色、具有世界水平的优质中学教育

孙海麟

在这金色的十月，我们迎来了南开中学建校107周年。每年到这个时刻，我们总会有许多感动：一批批老校友重聚母校，回忆南开岁月；远在外地的年轻校友穿上校服、唱起校歌，感恩南开对自己的影响……10月17日，这样一个平凡的日子在南开人的心中变得不再普通！

今天，修葺一新的校史馆正式开放，徜徉在校史馆中，我们可以感受到秉持“爱国爱群之公德，服务社会之能力”的南开人，一个多世纪以来与中华民族兴衰和国家兴亡共命运的孜孜以求、艰辛探索的奋斗足迹。此时此刻，我们要感念严修、张伯苓先生“育才救国”的深谋远虑和博大情怀；我们要感激杨坚白、杨志行、赵干等老校长、老书记为南开事业尽心尽力的操劳；我们要感恩一代代名师在南开讲坛上默默奉献而洒下的汗水；我们要感谢一辈辈南开校友和现在在校学习的同学为母校争得的耀眼荣光……

一百多年的教育积淀，对于我们，不仅是赠予，更意味着继承和超越的使命。回顾办学历程，我们深切地感到，南开中学的蓬勃发展，离不开允公允能、爱国报国的远大志向；离不开追求卓越、日新月异的进取精神；离不开自强不息、弦歌不辍的执著追求；离不开同心同德、乐群和谐的凝聚力量。展望未来南开发展，我们要高举改革创新大旗，坚持育人为本，传承南开精神，坚持南开风格，遵循教育规律，坚定走南开道路，创办富有中国特色、具有世界水平的优质中学教育。

我希望，南开学子要心怀祖国，全面发展，学会学习和思考，掌握在未来社会成功的素质；南开教师要不辱使命，力戒浮躁，加强师德修养，钻研教学业务，不断开拓创新，在南开的沃土上孕育桃李芬芳。

我期待，到 2014 年建校 110 周年的时候，南开中学要基本建成为一个现代化、国际化的和谐校园，办学特色更加突出，培养模式更加清晰，学校管理更加规范，育人成果更加显著，继续引领中国基础教育的发展。

我倡议，全体南开人共同面对机遇与挑战，让我们以只争朝夕的激情和脚踏实地的态度，共同创造南开更加辉煌的明天！

（本文系作者 2011 年 10 月 17 日在建校 107 周年升旗仪式上的讲话）

学习周恩来 传承南开“精神的 DNA”

赵启正

获悉南开中学编写的《以周恩来为人生楷模教育读本》已由天津教育出版社出版，这不仅在南开校史上是一件值得庆贺的大事，还有重大的社会意义。

在母校组织学习杰出校友周恩来的活动，也是我一贯的愿望。现在母校不仅有了学习研究周恩来小组，而且编辑、出版了校本教材，得到国家新闻出版总署和中央文献研究室的审定认可。这是学习研究周恩来的创新成果之一，功德无量，可喜可贺！

翻开这个读本，就好像看到周总理当年在南开中学学习成长的生动画卷，我感到非常亲切，有许多新的启发和思考。去年我在南开中学学习研究周恩来小组成立大会上讲过，南开精神的具体形象就是周恩来总理，想到他，想到他的人格、他的贡献和他的伟大，就会知道，拥有这样“精神的 DNA”，将使我们能够为国家、为人类做更多的事情，这是南开人与别人不同的资源。我希望南开学子以及更多的青年学生，认真阅读和学习这个读本，传承和发扬周恩来精神，从一点一滴做起，努力成为一个对国家和人民有用的人。

（作者系全国政协常委、全国政协外事委员会主任、天津南开中学 1958 届校友，本文系作者 2011 年 11 月 24 日写给《以周恩来为人生楷模教育读本》首发式暨新闻发布会的贺信）

祝贺与希望

成其圣

今天,由南开中学组织编写、天津教育出版社出版的《以周恩来为人生楷模教育读本》同大家见面了。首先,我对该教育读本的成功出版表示祝贺!

周恩来同志是伟大的马克思主义者,伟大的无产阶级革命家、政治家、军事家、外交家,党和国家主要领导人之一,中国人民解放军主要创建人之一,中华人民共和国的开国元勋,是以毛泽东同志为核心的党的第一代中央领导集体的重要成员。他毫无保留地把全部精力奉献给了党和人民,直到生命的最后一息。他身上集中体现了中国共产党人的高风亮节,在中国人民心中矗立起一座不朽的丰碑。周恩来总理人格伟大、品德崇高、功勋卓著,值得我们不断学习、永远铭记。

南开中学作为周恩来总理的母校,长期坚持"以周恩来为人生楷模"的教育主线,开展了大量形式多样、内容丰富的德育活动,取得了丰硕的教育成果。为把学习周恩来精神的活动提升到新的水平,在赵启正和孙海麟同志提议下,2010 年 8 月南开中学成立了学习研究周恩来小组,专门搜集、整理、研究、宣传有关周恩来成长轨迹的史料,把周恩来研究不断引向深入,使之更富于南开特色,为宣传和弘扬周恩来精神、加强社会主义核心价值体系建设作出了贡献。

这次编写、出版的教育读本,既是南开中学进行周恩来研究的最新成果,也是迄今为止介绍周总理求学南开中学经历的最权威的文本。该教育读本经国家新闻出版总署和中央文献研究室审查后同意出版,表明了它的文化品位和教育价值,其意义超越了南开中学校园,不仅将惠及南开学生,还将对天津市乃至全国的青少年产生重大的教育意义。相信通过阅读和学习教育读本,广大青少年能够从周总理求学南开中学的成长经历中受到教育和启示,认识到周总理之所以成为伟人不是偶然的,是他从青少年时期就自觉磨砺、自强不息、不断进取的结果。这启示同学们,要珍惜中学时光,从眼前的事情做起,从一点一滴做起,朝着美好的未来进发。

前不久,党的十七届六中全会审议通过了《中共中央关于深化文化体制改革、推动社会主义文化大发展大繁荣若干重大问题的决定》,市委九届十一次全体会议也提出,要深入开展社会主义核心价值体系学习教育,把社会主义核心价值体系融入国民教育、精神文明建设和党的建设全过程,贯穿改革开放和社会主义现代化建设各领域,体现到精神文化产品创作生产传播各方面。要组织出版优秀理论通俗读物,进一步加强和改进学校思想政治教育,推动中国特色社会主义理论体系进教材、进课堂、进头脑。应该说,此次教育读本的编写、出版恰逢其时,具有很强的时效性、针对性和示范性。

借此机会,我向所有参与该教育读本策划、组织、编写和出版的同志表示感谢。希望所有的同学,都进一步确立以周恩来为人生楷模的信念,牢记温总理前不久视察南开中学时的嘱托,做有理想、有本领、勇于献身的青年,创造青春之中国、青春之社会,实现中华民族的伟大复兴!

(作者系中共天津市委常委、宣传部长,本文系作者在《以周恩来为人生楷模教育读本》首发式暨新闻发布会上的讲话)

《以周恩来为人生楷模教育读本》编撰汇报

周鸿飞

今天,《以周恩来为人生楷模教育读本》首发式暨新闻发布会隆重举行,这在南开中学的校史上,是一件值得庆贺的大事。

我代表本书编写组,从三个方面向到会同志做一汇报:

一、成书历程

南开中学作为周恩来总理的母校,多年来始终坚持"以周恩来为人生楷模"的教育主线。2010年8月,在赵启正校友和孙海麟理事长提议下,南开中学成立学习研究周恩来小组,开启了《以周恩来为人生楷模教育读本》的成书历程。

学习研究周恩来小组成立伊始,即与德育处组建周恩来教育读本编写组,组织六位教师利用暑假完成撰稿工作,全面介绍了周恩来的光辉一生。天津教育出版社审阅书稿后认为,应该突出周恩来青少年时期成长经历,以更适应中学生的学习需求。这让我们面临两个选择:要么维持现状,书稿仅在校内印发,不再正式出版;要么迎难而上,对书稿做重大修订,让书稿的南开味更浓。

在这关键时刻,理事会主要领导做出明确指示:接受出版社意见,凸显南开特色,对书稿做重大修订,不可走自行印刷、内部发行的捷径,也不可无限期拖延。修订不是做简单的文字增删,而是在原有基础上重搞一个结构。修订稿要具体反映周恩来的中学生活。写革命家周恩来,专家有权威,写中学生周恩来,我们有条件。

根据这些意见,编写组迅即组织落实。因为原撰稿的六位教师有教学任务,编写组改请八位校友担当撰稿,同时邀请部分教师和校友参与研讨。经过辛勤笔耕,八位校友克服各种困难,按期完成撰稿和统稿。最后,由孙海麟理事长终审书稿并撰写了序言。

2011年7月,周恩来教育读本修订稿完成,得到出版社和有关方面认可,准予出版发行,进入正式出版程序。11月中旬,历经十五个月辛勤耕耘的周恩来教育读本终于问世。

经过这个历程,周恩来教育读本在南开校史上书写了四个"第一次":南开中学第一次有了学习周恩来的校本教材,这个读本是第一次经中央文献部门审查通过的介绍周恩来求学南开的权威文本,是第一次经国家出版机构规范出版的介绍周恩来成长足迹的正式图书,是第一次由南开教师和校友整合资源、合作完成的校园文化工程。

总之,周恩来教育读本是南开人集体奋斗的结晶,我们从中得到两点启示,一是编撰、出版周恩来教育读本的困难再多,只要大家都怀着崇敬和热爱周总理的感情,弘扬南开精神,就一定谋事必成。二是愈是南开的,愈是民族的;愈是民族的,愈是世界的。以这个读本为起点,我们要更好地学习和宣传周恩来精神。

二、人文诉求

一本新书问世,读者总会关注它的人文诉求或看点是什么?我们说,周恩来教育读本的诉求或看点可以归纳为两个字:"准备"。

大家知道,中学阶段是人生形成价值观和创造力的关键时段。根据突出周恩来中学生活的构思,我们将周恩来教育读本修订稿设计为三章,第一章写周恩来人生起步,即他出生的时代和身世等基本元素;第三章写周恩来人生格局,即他成为伟大的马克思主义者和无产阶级革命家的终极境界。两章之间的第二章,就是写他在南开中学的成长,这是他生命中的成长期,关键词就是准备,是从人生起步走向人生格局的准备。那么,周恩来在成长期进行了哪些准备呢?本书展示了他在知识、身体、价值观、能力、社会和人格等方面进行的准备。由于优质地完成了上述准备,求学南开四年就成为周恩来的成长加速期,他的思想和才干都发生了飞跃。这也是周恩来爱南开的根本原因。

在书稿修订过程中,有同志提出写中学生周恩来要"接地气",这成为修订的指导思想。所谓"接地气",不是生存环境的简单复制,而是要揭示生命历程的成长真实。修订稿中的周恩来,并非生而知之的"天才",而是有着与今天中学生相似的成长困惑,像一个邻家青年:他曾因学英语吃力备觉苦闷,曾因写作文欠佳自愧自责，曾因家境拮据饱尝艰辛，曾因接触社会感知时弊。可贵的是，中学生周恩来没有止步于困惑，而是自强不息，全面发展，他的求索努力与素质教育，是他成长加速的内因与外因。

实践证明，成功的素质教育就是优化配置各种教育资源，高效激发成长主体活力，其结果必然是加快受教育者的发育进程。周恩来在南开中学完成的各项人生准备，不但成为人才成长加速的典型个案，也反映了实施素质教育的普世价值，值得今天思考和借鉴。

三、传播预期

通过学习和传播周恩来教育读本，我们希望所有的中学生，都确立以周恩来为人生楷模、可望而又可即的思想和信念。

温总理和众多事业有成的南开校友是学习周总理可望又可即的鲜活榜样。他们入学后，都热爱和学习周总理。他们从南开中学毕业后，都以实际行动实践了报效祖国的志愿。由此我们看到，在中学时期的这些校友的心中，周恩来是可望的，通过自己脚踏实地的努力，实现以周恩来为人生楷模，书写精彩人生的目标又是可即的。

可见，周总理之所以成为伟人，温总理和众多事业有成的南开校友之所以能够书写精彩人生，都不是偶然的，而是他们从青少年时期就自觉磨砺的结果。本书启发中学生读者，千里之行，始于足下。每个有志气的南开学子都要珍惜中学时光，从眼前的事情做起，做一个对国家和人民有用的人，做一个无愧于南开的南开人。

2010 年南开中学改革办学体制以来，高度重视文化软实力建设。周恩来教育读本就是选项之一。此外，还编辑出版了《天津南开中学年鉴 2011》、《南开校史研究丛书》，即将出版《南开公能讲坛录》（第一辑）。这些文化产品，立足天津南开中学，面向南开系列学校和全社会，为传播南开教育理念提供了文化载体和交流平台。借此机会，我们向热诚支持南开品牌图书的各位领导和各界人士表示由衷的感谢！

正如温总理视察南开中学时谈到的，南开是我们心里的一块圣地，南开精神像一盏明灯，始终照亮着每一个南开人前进的道路。周恩来教育读本的出版，是我们接受南开教育、发扬南开精神的成果。我们在庆贺这个读本出版的时候，衷心感谢南开母校的教育和培养。实现中华民族的伟大复兴需要不竭的精神动力，担当精神生产是一项崇高的事业，让我们为之继续努力！

（作者系南开校史研究中心副理事长、天津南开中学 1966 届校友，本文系作者在《以周恩来为人生楷模教育读本》首发式暨新闻发布会上的发言）

《以周恩来为人生楷模教育读本》出版意义

吕宝桐

今天是一个值得纪念的日子，因为，今天由我们南开中学编写的《以周恩来为人生楷模教育读本》正式出版发行。我认为这至少有三方面的意义：

第一，作为南开人都有一个愿望，特别想了解周恩来在南开中学读书时的学习和生活的状况，而过去这方面的书较少。“教育读本”为我们翔实地描述了一个风华正茂的周恩来是怎样在南开中学学习和生活的，是怎样成长起来的，是怎样度过他的中学时代的。

第二，“教育读本”的出版，为南开中学以周恩来为人生楷模的教育活动进入课程化奠定了基础。课程有几大要素，其中最重要的是要有教材，没有教材很难形成课程。一位教育家说过：看一个学校教育的核心，首先要看它的课程设置，课程是教育的心脏。只有实现课程化，才能使学习周恩来的活动深入持久地发展，才能更有生命力。

第三，“教育读本”的发行，对全国青少年都是一个喜讯，据我所知这是全国第一本全面介绍周恩来中学时代的书，使青少年学有榜样。

青少年都有一个心理特点：好模仿，好追星。模仿谁，追捧谁，对他们价值观的形成起着重要的作用。我们要向南开学生说，对广大的青少年说，模仿就模仿周恩来，追星就追周恩来。我们的学长赵启正说，南开精神的DNA是什么？是周恩来。

南开中学的学生离周恩来很近，同学们每天在学校要从周总理的铜像前走过，周总理的目光在凝视着同学们，同学们可以经常到周总理当年上课的教室，周总理住过的宿舍参观。

同学们演出的话剧《一元钱》是周总理当年在南开中学演出的话剧，同学们在办的《新敬业》最早是由周恩来创办的刊物。“教育读本”中再现了周恩来怎样刻苦学习，品学兼优；介绍了他兴趣广泛，四年参加了十几个社团，锻炼了能力；介绍了他中学立下的志向就是使中华腾飞世界。

《以周恩来为人生楷模教育读本》是一本好教材，贴近学生，贴近生活，贴近实际。希望我们的系列学校和更多的学校，共同享受南开中学的教育资源，为加强和改进青少年思想道德建设，建立社会主义主流价值观作出贡献。

（作者系天津南开中学副校长，本文系作者在《以周恩来为人生楷模教育读本》首发式暨新闻发布会上的发言）

《以周恩来为人生楷模教育读本》学习规划

姚卫盛

初冬时节，天气已渐渐转凉，但今天，怀着对周总理的敬仰、对南开的热忱，我们的相聚早已驱散了初冬的阵阵寒意。

我叫姚卫盛，是南开中学教师和“周恩来班”的班主任。2010年8月，南开中学学习研究周恩来小组成立，我有幸和我班三位同学一起成为小组成员，师生一堂共同学习周总理学生时代的文章，收获颇丰。

为了能更好地学习周总理，我班以参与小组学习为契机，成立了班级中心组，制定了规划，布置了任务，进行了中期小结和阶段点评，并将学习成果汇集成册。在班级学习过程中，遇到的最大问题就是——介绍周总理的书籍很多，但适合南开中学学生学习的校本教材是没有的。《以周总理为人生楷模教育读本》的出版发行，为一线教师深入贯彻并指导学生学习周总理提供了宝贵的资源。周总理是伟大的，“教育读本”以朴实的语言、全景地再现了周总理波澜壮阔的一生，重点突出了周总理在南开中学求学阶段的学习和生活，用真实、可感的形象激励学生，有助于学生走近周总理，帮助学生在心目中树立榜样形象。

纵观世界上的伟大人物，可以发现，他们的成功轨迹中都有形无形地刻印着榜样影响的痕迹，所以我决心充分利用该“教育读本”，在帮助学生将周总理作为自己成长的榜样的同时，学习和研究周总理的精神和品格，找差距，促进步，超自我，争一流。

对未来的工作，我认为结合“教育读本”，要着力解决在以周总理为人生楷模学习活动中“学什么”和“怎样学”两个问题，“学什么”要解决“目标和内容”；“怎样学”要解决“过程和方法”，为此我做了以下三点规划：

一、在指导学生学习周总理的过程中，科学合理设置循序渐进的目标，针对青少年成长成才的需要，有针对性地组织学习，找准切入点和突破口，使其兼有现实性和理想性的双维视角，形成层次递进、不断完善的目标体系。

二、注重将学习周总理和学生的生活世界相整合。在引导学生走近周总理的同时，要将学习周总理引进学生的生活。既要联系学生的现实生活，也要构建学生的可能生活。联系学生的现实生活，要求学生在现实生活中体验、理解和感悟。构建学生的可能生活，就要发挥教育的指导意义，通过学生学习周总理，完善学生生活，使学生在体验、感悟的基础上达到人格的自我建构。

三、注重过程和方法，实现学习方式多样化。以“教育读本”为载体，将参观纪念馆、观影、诗歌诵读、参演话剧、知识竞赛、参与社会活动等整合起来，调动学生学习的积极性、主动性。

张伯苓校长告诫我们：“南开的目标，不是满足，而是长进，不是成功，而是奋斗，正是凭借这种精神，去创造一切，解决一切。”我决心带着真情、饱含深情、充满激情地把周总理精神深深融入对每位学生的教育中，利用“教育读本”出版发行的契机，踏实工作，促进学生发展，帮助学生成长，为南开学子成为像周总理那样的人而做创造性的工作。

最后，谨向为此书成功出版付出努力的各位校友和老师表示敬意和谢意！

（作者系天津南开中学教师，本文系作者在《以周恩来为人生楷模教育读本》首发式暨新闻发布会上的发言）

我们有周总理那样的决心

张晶雷

刚刚拿到《以周恩来为人生楷模教育读本》，同学们心情差不多——可能是一本“政治书”，马上装进书包里，好像不急着阅读。

在回家的地铁上，我拿出这本书，阅读起来。我立刻发现，这不是一本食之无味的“政治书”，而是一本研究周恩来精神、传播周总理思想，召唤我们以周总理为人生楷模的好书。

周总理的一生，是艰苦而又充满激情的一生。周恩来的两个母亲在他十岁时都去世了，周恩来一个人担当起了家庭重任，顽强地养活自己和两个弟弟。周恩来在青少年时期，就立志为中华之崛起努力读书。以后，也是为了中华之崛起，他忘我地工作，鞠躬尽瘁，死而后已，无私地奉献了毕生精力。

周恩来青年时期，曾去日本、欧洲留学，在这个时期，他看到的是他国的繁荣，想到的是中国的羸弱。而也是在那里，他找到了拯救中国的道路，能让他坚持一生的道路——共产主义。

从欧洲回到中国，周恩来一直奋斗在中国政治舞台的前沿。在随后的工作中，有顺利，也有逆境，但是他不埋怨，不气馁，默默地努力工作，因为他比别人想得更深，看得更远。同样，我们面对生活中出现的阻碍，也要抱定理想，以长远的眼光看待问题，才能为实现自己的目标打好基础。

在筹备建设新中国时，周恩来充分展现了卓越的社交能力，联合民主党派，调动一切积极因素。这种社交能力，与在南开中学的锻炼是分不开的。现在，我们同当时的周总理一样，身处南开园，更有良好的社会环境做支撑，更应该多参与、组织各类活动，培养自己为同学、为组织、为学校，进而为人民服务的能力。

十年浩劫期间，周总理顶着巨大的压力，坚持着国家的经济建设，用他的特殊威望和地位，保护了许多国家领导人和民主人士。虽然时代不同，但我们仍应学习周总理这种为国家、为人民谋福利，而不计代价的精神。

周总理走了，他最终没能看到浩劫的结束。“鞠躬尽瘁死而后已”都不足以形容这位人民的好总理。也许，我们没有周总理那样的能力，没有周总理那样的魄力，但是，我们有周总理那样的决心，决心为社会和平和国家强大而奋斗。

合上了书，心中久久不能平静，周君之后，可能再无周君。但时代的脚步不会停下，我们的人生路一样前行。这条路，一定会是以成为周总理那样的人，以“生而不有，为而不恃，长而不宰”为目标的人生之路。

想到这里，我脑海中仿佛听到青年周恩来那坚定的声音：

“起，起，起，我们的朋友！”

“坐着谈，何如起来行？”

（作者系天津南开中学高二10班学生，本文系作者阅读《以周恩来为人生楷模教育读本》写的读后感）

创新管理体制机制 培养拔尖创新型人才

马跃美

2010年是我国教育工作和人才工作具有划时代意义的一年。为贯彻落实《纲要》关于“探索发现和培养创新人才的途径”的规划要求，在市委、市政府的关心支持下，南开中学结合已有的自身特色和办学实际，2010年向国家教育体制改革领导小组办公室申报了“创新管理体制机制，培养拔尖创新型人才”项目，并通过审查，同意备案。学校对此高度重视，初步制订了《天津市南开中学“拔尖创新人才”培养实施方案》。

一、确立“全周期”培养质量观

培养拔尖创新人才应该确立“全周期”培养质量观。即注重三个质量：一是注意招生的生源质量；二是学生在学期间的培养质量；三是学生毕业之后的发展质量。我们不仅要重视前两个方面的质量，还要重视第三个方面的质量，做好学生毕业以后的跟踪调查，评估其发展潜能，以调整教育教学方案。

二、培养方向

百年来，南开中学始终发扬优良传统，传承南开精神，取得了丰硕的办学成果。这些成绩是镜子，也是鞭子，时刻鞭策南开中学的广大教育工作者，要搞好教育，办好学校，多出人才，出好人才。南开中学在“公能教育”的指引下，以德立教、育人为本、全面发展、学有所长、锐意创新，使学生继承和发扬南开中学的优良传统，使其具有优秀的中华传统文化底蕴，特长突出、胸怀远大；使其具有良好的科学素养和人文素养，具有强烈的社会责任感、开阔的国际视野和卓越的发展潜能，为将来成为各个领域拔尖创新人才打下坚定宽广的基础。

三、稳步积极地进行学校管理体制改革，形成富有南开要素、具有南开特色的学校管理架构

2010年3月，天津市委、市政府决定将南开中学作为开展基础教育学校管理体制机制改革的试点，为创办世界一流学校进行积极的探索。孙海麟同志被任命为南开中学理事会筹备组组长并兼任学校党总支书记，领导学校开展管理体制改革。

（一）建立南开中学理事会，实行理事会领导下的校长负责制，进行学校管理体制重大改革。

2010年7月2日，举行了天津市南开中学首届理事会第一次会议，选举产生了理事会理事，聘任了荣誉理事、顾问；审议并原则通过了理事会章程。会后市委书记张高丽同志在迎宾馆接见了理事会全体成员并作了讲话，支持南开中学进行学校管理体制改革。9月3日，召开了天津市南开中学理事会成立大会。

（二）成立南开中学教育基金会，调动社会力量支持教育事业发展，建立健全奖励和激励机制。

2010年7月27日，天津市南开中学教育基金会成立。会后黄兴国市长会见了基金会全体成员，高度赞扬南开中学教育基金会的各位理事深明大义，克服困难，全力支持南开中学的发展的行为。目前，已到位捐赠资金近七千万元。

（三）成立南开校史研究中心，挖掘和整理南开中学宝贵的历史资源和思想财富，探索和总结南开教育发展规律。

四、创新育人机制，培养高素质创新型拔尖人才

（一）成立学习研究周恩来小组，把“以周恩来为人生楷模”作为学校育人工作的主线，形成和发展南开独有的育人特色。

南开中学作为周恩来总理的母校，长期以来坚持把“以周恩来总理为人生楷模”作为育人工作的主线，初步形成了一整套的做法。为进一步深化这个主线教育，挖掘、搜集和整合教育资源，丰富教育方式，2010年8月25日，学校成立学习研究周恩来小组，举行了“学习研究周恩来小组成立暨以周恩来为人生楷模主题教育”活动。为使“以周恩来为人生楷模”的主线教育更加地深入，学校于2010年12月16日与周恩来邓颖超纪念馆签署“学习周恩来实践基地”协议，注重学生干部能力的培养。学校还编辑出版15万字的校本教材《以周恩来为人生楷模教育读本》，使学习周恩来总理的活动课程化、制度化。

（二）开设“南开公能讲坛”，开阔学生知识视野，增长见识。

学校2010年设立“南开公能讲坛”，至今已进行17讲，先后邀请到中国教育学会会长顾明远，原清华大学校长王大中院士，中央电视台著名主持人敬一丹、白岩松，周总理的秘书纪东将军，世界著名未来学家、《大趋势》的作者奈斯比特夫妇，复旦大学校长杨玉良院士，国防大学金一南少将，浙江大学校长杨卫院士，全国人大常委会委员程津培院士，国际奥委会副主席于再清，北京大学哲学系教授王博、哈尔滨工业大学校长王树国，原国务委员唐家璇，经济学家吴敬琏，诺贝尔奖获得者、美国物理学家乔治·斯穆特，中国科学院院长白春礼院士在“公能讲坛”作报告，受到了师生的欢迎。使南开学子站在名师大家身边，近距离地沟通交流，开阔学生的视野，为学生的创新发展提供持久的动力。

（三）牵手国内知名高等学校，深入开展教学改革，积极探索拔尖创新型人才的培养途径，培养具有国际视野的拔尖创新性人才。

南开中学与国内知名高校分别签署“人才培养合作协议”。2010年12月22日至2011年6月22日，南开中学分别与复旦大学、南京大学、浙江大学、哈尔滨工业大学、西安交通大学、中国科技大学等六所国内知名高校签署“人才培养合作协议”。双方结为友好学校，将在落实教育改革试点方案、培养创新型人才等方面开展交流合作。

（四）创办南开中学早期创新人才培养实验班，深化课程改革。

在市教委的大力支持下，南开中学今年设立早期创新人才培养实验班，面向市内六区招收140名具有发展潜能的小学优秀毕业生，进行六年一贯制培养。

针对实验班学校专题研究课程设置，深化课程改革。从基础性课程、拓展性课程、研究性课程三个层次进行课程设置。特别是在拓展性课程、研究性课程的开发上下功夫，增加学校课程的可选择性，学生进入高中阶段，将进一步参与研究性课程的学习。学校将与高校合作共建科技创新实验室、实验基地，联合高校开设研究性课程，聘请高校专家作为导师，与高校联合培养拔尖创新人才。

学校将强化实验班的英语教学，加强第一外语—英语的教学，整合资源，进行英语教材的二次开发，使其校本化。同时，要求学生必须选择一门第二外语，本学期学校开设了德语、法语第二外语，下学期还将开设韩语、日语、俄语等第二外语供学生选择。

实施“拔尖创新型人才”培养是天津南开中学在长期办学过程中，在教育课程改革新形势下的必然产物，是落实《国家中长期教育改革和发展规划纲要》的具体举措，是以教育创新的意识培养“拔尖创新型人才”的新的探索和尝试。天津南开中学决心以创新的精神、科学的态度、笃实的步伐、求实的举措，为基础教育初步探索出一条“拔尖创新型人才”的培养之路。

（本文写于2011年12月5日）

创建特色独具的南开中学科技新体验实验室

马　健

南开中学体验创意中心已经挂牌成立。中心的第一批八间科技新体验实验室于2011年10月基本建成，开始逐步投入使用。已建成的实验室包括天津国际生物医药联合研究院院长饶子和院士总体设计的涉及分子生物学领域的实验室两间、西安交通大学副校长程光旭总体设计的传统工坊和现代工坊两间、中国科学技术大学侯建国校长设计的量子光学与量子信息实验室一间、语音处理实验室两间。陶艺坊一间。

一、创建科技新体验实验室的工作思路

建立科技新体验实验室是南开中学与全国重点高校联合培养拔尖创新型人才、共同探讨培养拔尖创新人才的新途径、新模式的一项具体举措，具有长远的、战略性的意义。建立实验室的目的是希望学生能够在高中阶段接触到某一科学领域的前沿，激发学生的科学兴趣，让学生在实验室参与和体验的实践中，培养创新思维和创新意识。白春礼院士来我校作公能讲坛报告时，特别提到“科学传播价值

链和人才引导价值链”,培养科技领军人才,分为学前儿童、小学、中学、大学四个阶段,结合不同年龄阶段的思维认知水平,应该具有不同的培养方式。在中学阶段,重点是科学技能与兴趣训练,至于具体的方式,明确指出要“走进实验室”。可见,中学与重点高校合作建立科技新体验实验室,是符合拔尖创新人才培养规律的。

二、科技新体验实验室建设的特点

一是整体布局,目标明确,起点高。建立科技新体验实验室的工作,是在学校理事会的直接支持和带领下,整体规划、积极推进的。理事长孙海麟、副理事长程津培等都做了大量的工作。特别是孙海麟投入了大量的精力,整体规划,具体指导,挂帅亲征。2011 年 5 月 16 日,孙海麟带队去哈尔滨工业大学谈合作,主要是签订合作协议、邀请哈工大王树国校长到南开中学作报告、帮助南开中学设计建立实验室。这是第一次提出由大学帮助南开中学建立实验室。6 月 23 日,西安交大程光旭副校长来校签订合作协议,谈到帮助南开中学建立工程坊。7 月 18 日,孙海麟去中国科技大学,谈建立语音处理和量子信息实验室。8 月初,孙海麟去滨海新区拜访饶子和院士,谈建立生物实验室。9 月 19 日,孙海麟去西安交大落实工程坊建立。10 月 12 日,孙海麟召集会议布置建成生物和工程坊 4 间实验室的工作,到 10 月 23 日如期建成。这段时间,很多同志都做了大量具体的工作,特别是叶远、王健、魏长童三位教师非常辛苦,关键时刻能顶得上去。

此后,理事长孙海麟继续挂帅,多次外出商谈建立实验室:11 月 9 日,去北京大学谈建立化学实验室;11 月 14 日去上海交大谈建立海洋工程与舰船实验室;11 月 21 日、12 月 2 日去清华大学谈建立计算机科学实验室;12 月 13 日去北京航空航天大学谈建立航空实验室;2012 年 1 月 4 日去天津大学建筑设计院谈建立建筑设计实验室。可以说,孙海麟是建立南开中学体验创意中心实验室的总设计师。我们建立的这些实验室,都是全国重点高校的精华,集中到了南开中学,应该说起点高,是站在全国重点高校的肩膀上。我们是在重点高校的引领下建设实验室、共同搭建拔尖创新人才培养的平台,成为共同探讨培养拔尖创新人才规律、模式的阵地。

二是各高校招办、特别是天津招生组协调和推进实验室建设中发挥了重要的作用。他们在支持南开中学创建特色独具的科技新体验实验室方面是有积极性的。

三是高校的设计方案与南开中学的实际紧密结合。设计和建设的过程集中了双方的智慧,既体现当今科技发展的前沿水平,又确实能够在中学教育中发挥作用。通过实验室的建设密切了和高校的联系,将中学与大学的合作,联合培养人才的工作具体化了,落到了实处。而且通过建立第一期实验室,我校也积累了经验、锻炼了队伍,为进一步建立实验室的工作奠定了基础。

三、2012 年工作的安排

2012 年南开中学建立科技新体验实验室的工作重点有两个:

第一,上半年的工作重点是建设工作进入具体实施阶段。从高校布局来看,重点是清华、北大的计算机科学实验室、化学实验室,从我校的布局来看,重点在体验创意中心的一楼。准备将天津大学的建筑设计实验室放在一楼。这四间实验室在 2012 年上半年要建成,时间很紧。同时,中心二楼要建立哈工大的航天体验馆和机器人设计实验室、北航的航空实验室共三间。这三间也争取上半年建成。这样中心的一楼八间实验室全部建成,二楼实验室建成六间,其余的两间准备一间建上海交大的海洋工程与舰船实验室,一间建地理学科的实验室。

第二,要完善体验创意中心的运行机制,建立明确的管理制度,要确实成为培养人才的阵地。已建成的七间实验室本学期都要投入使用,开选修课,或者是社团活动。力争覆盖初高中所有的非毕业年级。要形成“南开中学体验创意中心系列教程”,成为南开中学的特色教材。

总之,2012 年的工作时间紧、任务重。南开中学的教学工作突出的两个重点是质量和特色,我们要共同努力建好科技新体验实验室,为学校的建设发展添上浓墨重彩的一笔,在南开校史、年鉴中留下我们今天工作的痕迹。

(作者系天津南开中学副校长)

把滨海生态城学校项目建设成为优质工程

杨　弘

天津市南开中学(滨海生态城学校)工程奠基仪式今天举行,请允许我代表南开中学向参加我们仪式的领导、嘉宾表示衷心的感谢!

天津市南开中学(滨海生态城学校)工程是市委、市政府主要领导决策,在滨海新区、市教委、中新生态城领导的直接关心下,走到今天的。2010年6月4日,市委副书记、滨海新区区委书记何立峰同志与市委常委、教育工委书记苟利军同志召集会议,专题研究决定南开中学(滨海生态城学校)落户中新生态城,选址于04片区,占地面积约20万平方米,土地行政划拨给南开中学;决定成立学校项目建设领导小组,孙海麟同志任组长。自此,天津市南开中学(滨海生态城学校)项目的具体实施,在滨海新区、市教委等有关部门和生态城领导的支持下走上新的阶段。2011年5月22日,市委常委、教育工委书记苟利军,以及市教委、滨海新区、生态城管委会领导同志深入南开中学,专门就学校规模、设计要求、建设资金等问题听取汇报,达成了一致的意见。

新建的天津市南开中学(滨海生态城学校)占地310亩,规划总建筑面积16.32万平方米,本期实施总建筑面积14.1万平方米,其中地上12万平方米,地下2.1万平方米。学校学生规模3000人,其中高中36个班,初中24个班;国际部300人。学校教学区设有教学楼、实验楼、科技中心、艺术中心、图书馆和报告厅。生活区除学生宿舍楼、教工宿舍楼、食堂之外,还设有地下车库;活动区设有室外运动场,体育馆、网球馆等。学校复原建设伯苓楼、范孙楼和中楼;保持原有建筑风格不变,单体体量略有增大。天津市南开中学(滨海生态城学校)将是一座全方位体现南开中学悠久办学历史和现代办学理念的一流学校;将是一座绿色、生态、环保、节能,让学生和社会满意的一流学校。

建设天津市南开中学(滨海生态城学校)是南开中学办学历史上的一件大事。工程预计2013年年底建成。我们决心精心组织,精心施工,确保把该工程项目建成优质工程、安全工程和廉洁工程,尽全力按期完成这一光荣的使命。

(作者系天津南开中学滨海生态城学校建校办公室主任、南开中学1965届校友,本文系作者在南开中学滨海生态城学校工程奠基仪式上的发言)

南开校史研究需要注意的若干问题

——访天津南开中学终身名誉校长杨志行

冯　笪

天津南开中学作为百年名校,有着悠久、丰厚的校史资源。如何开发校史资源,为现实的教育事业服务?开展南开校史研究应该注意什么问题?日前,围绕这些话题,我们访问了南开中学终身名誉校长杨志行先生。

杨志行先生出生于旧中国的一个农民家庭,1948年经著名学者朱自清先生介绍,到天津南开中学任教。新中国成立后,杨志行成为中国共产党在南开中学的第一任党支部书记。他从教六十年,三度担任南开中学校长,主政学校工作二十六年,坚定不移地坚持贯彻党的教育方针,坚持教书育人,坚持素质教育,坚持探索推进中国特色社会主义教育事业,为普教事业作出了重要贡献。他曾任天津市教育局副局长、国家教委兼职督学,1983年被联合国教科文组织亚太办事处认定为中国普教专家。2010年9月,杨志行被推选为南开中学理事会荣誉理事,并获终身名誉校长荣誉证书。如今,年已九旬的老校长,思路清晰,表达精准,就南开校史研究问题畅谈了指导性意见。

杨志行先生说,教育属于上层建筑,随着时代的不同,每个时代因为经济和政治制度的不同,教育的表现形式也不一样。校史研究离不开时代大背景,南开中学建校将近110年了,解放前只有45年,解放后要长得多。所以,解放前的校史要研究,解放后的校史更要研究,特别要突出解放后的时代特点。这是一个指导原则,非常重要。

杨志行先生强调,上世纪60年代在他担任南开中学校长期间,不是恢复老南开,而是吸收了解放前南开中学办学的成功经验,跟上社会的发展,遵照党的方针、路线办教育。作为解放后的南开中学的校长,忠诚于党的领导,忠诚于党的教育事业,这一点是非常重要的,这也是校史研究需要把握的一个重要问题。

杨志行先生指出,解放前的南开中学有两股推动当时学校事业发展的力量,一是南开中学的行政力量,是以严修和张伯苓为代表的。现在谈张伯苓较多,谈严修不多,分量不够。我认为,严修的教育思想对早期南开办学有很大的影响。进行校史研究,这是一个不可忽视的方面。现在出版的严修日记、年谱,都是很好的研究资料。二是进步的知识分子和地下党领导的学生运动,也是推动南开发展的重要力量。其表现形式包括青年学生追求思想进步、社团活动和社会实践等,从五四时期周恩来领导的学生运动到一二·九运动,到地下党领导的社团活动、各种学生运动和校内活动,再到迎接解放,建立新中国,这条主线也同样体现了南开特色。研究解放前的南开教育,这一部分也应特别重视。

谈到解放后南开中学的校史研究问题,杨志行先生强调:

首先,在办学过程中虽然吸收了张伯苓的办学思想,而且吸收得很多,但绝不是完全照搬恢复老南开。时代不同了,要与时俱进,解放后的南开中学是共产党领导办学,这是一个必须突出的特点。依靠党的领导,全面贯彻执行国家教育的方针政策,注重发挥学校党支部的核心力量,注重发挥党员师生的模范带头作用,是学校成功开展工作的保证。南开中学很注重在马列主义理论指导下进行教育实践,注重学习贯彻落实毛泽东、周恩来、邓小平有关教育的论述,特别是学习周恩来关于教育的有关指示。周恩来是南开的毕业生,是南开的宝贵财富,也是南开教育的一大特色,学校党支部曾专门作过决议,采取一系列的措施学习贯彻落实。此为,在继承传统的基础上,南开中学还注重学习借鉴国外的教育理论,从中国古代的孔子、朱熹,到现代的陶行知、徐特立,以及前苏联的凯洛夫、赞可夫、美国的杜威、布鲁纳、德国的根瑟因等教育理论。对这些教育理论的借鉴吸收,对形成南开的教育特色与有重要的指导意义。

第二,解放后南开中学教育的成功,关键是全面落实党的教育方针和相关政策,把党的方针政策与南开的实际情况相结合,形成了自己的办学特色,概括起来可以归纳为"两全三高、一主三自、三个建设、四个培养、一个形成"。"两全"是全面贯彻党的教育方针,德智体不能偏颇;面向全体学生,对学生不分好坏,不分毕业班和非毕业班,都要使其在原来的基础上得到发展,获得各自的进步。"三高"是高标准、高效率、高质量。"一主"是充分发挥教师的主导作用;"三自"是提高学生政治进步的自觉性,培养学生的自学能力和自治能力。"三个建设"是加强领导班子建设,加强教师队伍建设,加强学校软硬件建设,即物质条件的建设和管理规章制度建设。"四个培养"是学校的好校风、领导的好作风、教师的好教风、学生的好学风。"一个形成"是形成面向现代化,面向未来,面向世界一流的本校传统和特色,通过几代人的不懈努力,形成南开中学的教育传统。

第三,校史研究要注意到南开中学的集体力量,没有全体教职员的努力,单靠一两个校长、书记,就没有今天的南开中学。南开中学有许多教学能人,像顾子范、孙养林、余瑞徵、王荫槐、焦骊珍、安同霈、陈东生、郗昌盛、谷明杰等等,他们的教育实践都是研究的重点。

第四,南开中学善于向兄弟学校学习,学他们的先进教学经验,学他们的管理方法。在杨志行先生主政时期,除了西藏、青海和海南,他曾带队走访过全国各省教育厅直接领导的几十所重点中学,学习那里的好经验、好方法。还成立了教育教改研究会,每年活动一两次。博采众长,兼收并蓄,是解放后南开中学教育的鲜明特点。

杨志行先生最后一再叮嘱,南开中学的历史较长,经历了中国近代现代史上的许多时期和重大事件。因此,搞南开校史研究,一定要联系历史的大背景,要具有历史的高度,要反映出时代的特征。解放后的南开中学教育要突出社会主义教育特色,这一点至关重要。

(作者系天津南开中学 1967 届校友)

南开中学校史研究的教育启示

李 晖

2010 年起,南开中学集中校友和社会力量,开展校史研究活动,收获了一系列成果。学校先后成立了学习研究周恩来小组、南开校史研究中心、南开中学年鉴编辑部等机构,迄今编撰、出版了《南开校史研究丛书》第一至四辑、《以周恩来为人生楷模教育读本》、《天津南开中学年鉴 2011》,在社会上引起较大反响,受到较为广泛的关注。

中学治史,是个很有特色的教育现象,从目前来看,开展一定规模的规范化的治史修鉴工作,南开中学在国内应属开了先河。对此现象,有些人可能不以为然,认为中学的工作中心是教学和考试,升学率才是评判一个学校办学成绩的主要体现。这种看法在当前具有一定的代表性,但从长远来看,从教育学的学科发展的规律来看,却并非如此。理论来源于实践,并总是对实践有着指导意义。对校史的整理和研究是理论发展和创新的源头,教育学科也好,教育改革发展也好,概莫能外,所以有“治学先治史”之说。

教育的发展有着自身的规律,这是不以人的主观意识和意识形态为转移的。研究并认识这些规律,对于发展和改革教育有着重要的价值,教育史研究的意义正在于此。南开中学创于清末、兴于民国、随着新中国与时俱进,并且一直秉承着创办者所倡导的“允公允能,日新月异”的校训和“爱国、敬业、乐群”的文化精神。作为教育史上的一个成功案例,其历史经验中一定蕴含着宝贵的教育规律,对其整理和研究一定会对教育学科的理论创新,教育的改革和发展,至少对一校之兴衰有着十分重要的意义。这是一个宏大的主题,本文旨在思考南开校史阶段性研究对教育发展可能产生的几方面启示。

笔者作为《南开校史研究丛书》编委会和编辑部成员,有幸参与校史研究丛书的编辑工作,我把南开中学这一阶段的研究概括为如下几个方面:

一是回顾办学历史,概括南开特色。

通过整合校史资料,重新梳理了南开中学百余年来的办学历程,概括了南开办学的鲜明特色。南开中学在创办之初,就确立了爱国主旨。新中国成立后,南开中学传承历史传统,适应时代特点,有了新的发展。我们走访了南开中学老校长杨志行先生。他谈到,解放后南开中学既吸收了南开办学思想的精华,又没有照搬旧南开,而是全面落实党的教育方针和相关政策,把党的方针政策和南开中学的实际情况结合起来,依靠师生集体力量,借鉴兄弟学校经验,逐步形成了“两全三高,一主三自,三个建设,四个培养”的办学特色。

二是收集文献史料,反映真实南开。

在校史研究的过程中,挖掘整理了一些非常有意义的历史资料。这些史料在很细节、很琐碎的地方,描述了当年的南开中学,反映了特定历史时期南开中学的真实面貌,很多文章不仅细致描述了南开学生真实的学习和生活,连校舍的样子也有详细描述。有的文章描述了抗日战争时期南开中学的办学情况、南开中学地下党活动的情况;还有文章回忆了南开名师的言行风范和课堂教学,其中包括周恩来的授业老师。校史研究充分再现了历史上南开中学的“育人环境”。

三是走访南开老人,发掘口述史料。

针对一些具体问题,我们走访南开师生,做了一些口述史研究。口述史的发掘工作是如今非常有学术价值的一项工作,主要就是针对近代史的研究。南开中学的历史有百余年,正好属于这个范畴之内,有些历史事件的当事人如今还健在,他们的亲身经历和感受,是宝贵的财富。南开校史一向伴随着中华民族的苦难历史,由于历史条件所限,很多史料没有得到妥善的保存，所以活着的老南开人是南开校史研究的宝贵财富，要抓紧时间挖掘整理，记录南开人的活动。

四是研究历史人物，树立南开楷模。

周恩来总理的一生集中地体现了南开精神。根据孙海麟书记的指示，南开中学编撰周恩来教育读本确立了写中学时代的周恩来的指导思想。南开中学编写组编著的《以周恩来为人生楷模教育读本》得到中央权威部门的认可，获得正式出版资格。该书突出、全面、细致地表现了周总理在南开中学的学习生活，由点到面，对于研究南开学子的成才之路无疑有着重要的典范价值。目前对于周恩来的研究只是个开始，更加深入的挖掘和研究工作还在后面。

五是开展修鉴用鉴，积累史志资料。

南开中学启动编纂年鉴的工作，这在国内中等教育领域中也是走在前面的。《天津南开中学年鉴2011》系统介绍了南开中学的现实情况，既有南开中学百余年校史的概括性介绍，更从校园要事、德育、教学教改、学生自主活动等十三个方面全方位地记载了一年的学校工作和办学情况，是记载南开中学发展足迹的权威性文献资料。以后逐年编纂下去，将会形成一部翔实厚重的南开中学办学史，也为日后的史志编修打下了良好基础。

以史为鉴，可知兴废。上述工作的核心价值，就在于通过校史研究，为研究南开中学的办学经验和教育规律提供依据。因此，这些校史研究必须有一个落脚点，即在教育理论和实践方面为今天办好中学凸显参考价值。我们认为，上述南开校史研究，至少在如下几个方面给我们的教育改革和发展有益的启示。

一、南开办学史研究对教育的政策性启示：南开中学的办学史研究对于如何贯彻党和国家的教育方针政策提供了宝贵经验和实践成果。

《国家教育中长期发展规划纲要》指出，我们教育的战略目标是实现教育现代化，形成学习型社会，进入人力资源强国行列，坚持德育为先，能力为重，高中教育要注重综合能力和素质的培养，为培养创新型人才打好基础。通过对南开办学史的回顾，我们看到南开校训“允公允能，日新月异”反映的实质性内容就是培养德才兼备、勇于创新的优秀人才。尽管旧时代提倡的“德”和我们今天强调的社会主义核心价值观体系不尽相同，但作为树立爱国精神和服务社会能力的价值取向来说，南开中学是始终如一的。在应试教育比较盛行的环境，南开中学坚持实行素质教育。南开校史研究丛书记载的南开中学丰富的社团活动、体育比赛，以及今天举办的公能讲坛，都充分说明了南开中学在素质教育方面的努力和成绩。在如何培养新时代的教育对象的问题上，在品德养成和综合素质的培养上，南开校史上所做的探索值得深思和借鉴。一句话，当下《纲要》提倡、强调的教育的发展方向和工作重点，有很多是南开中学一直在探索，而且探索得很有成效的事情，把这些历史记载下来，对教育的改革发展必然有深刻启示。

二、南开办学理念的探寻对构建学校文化的启示：南开中学办学理念对坚持发扬南开精神，构建学校文化体系，办世界一流中学有重要启示。

一段时间，国内学者借鉴企业管理领域的企业文化理念问题来研究办学问题，提出了学校文化的概念，学校文化落地的问题被列为办学中的一个重要问题。一流的学校必定是有特色的学校，也是学校文化落地成功的学校。清华、北大、南开莫不如此。学校文化的概念十分复杂，包括信念、价值、理解、态度、仪式、典礼等，学校文化反映着学校群体成员的做事方式，正如爵兹所说，文化“代表着意义形式的历史传承”。南开中学的学校文化，早在创办初期就落地了。从文化标识上看，南开中学校训、校徽、校色、容止格言等都反映出学校文化的鲜明特色，形成了系统完整的学校文化体系。从组织成员行动的统一性上看，一代代南开学子身上具有深深的南开印记，南开人的爱国、敬业、严谨、踏实、品学兼优、勇于负责等优秀品质都是在校园生活中潜移默化养成的。在南开先贤真实细腻的描述中，我们看到南开人学习生活的方方面面，对南开的校风学风感同身受。南开学校文化的落地还体现在南开人都心系母校，从周总理的不忘母校，到今天南开中学理事会、基金会、校史研究中心、年鉴、校史馆等岗位上活跃着的南开校友的身影，南开人对母校的拳拳之心本身就是学校文化瓜熟蒂落的注脚，南开学子的荣誉感、自豪感、责任感就是他们对学校文化的认同。南开人热心为母校服务也是南开中学特有的文化现象。总之，组织成员对组织文化的认同感和个体行为的统一性，是组织文化落地的关键，南开中学在这方面无疑是成功的案例。南开的学校文化从产生到渗透于南开师生言行的整个过程，贯穿着南开的办学理念，线索清晰，有章可循，确有很可贵的研究价值。

三、榜样教学史料对于育人模式探索的启示：编写《以周恩来为人生楷模教育读本》作为一种榜样教学模式对“育人模式”的探究有深刻启示。

对周恩来的研究是南开校史研究的重头内容。一个人的成就包括内因和外因，周总理一生的辉煌成就当然取决于自身的内在因素。但是在人生成长的关键时期，周总理是在南开中学接受教育的。从教育规律上看，南开中学的环境对他的成长历程会有不容忽视的作用。周恩来被张伯苓称为“南开最好的学生”，这就可以认为，周恩来比较全面、出色地体现了南开中学的育人目标，为南开精神留下宝贵的精神财富。南开中学有很多以周恩来为人生楷模的特色教育，编写中学时代的周恩来教育读本就是南开中学特色的榜样教育。编写校本教材以及学习周恩来的三五表彰会、周恩来班的评选、校本课程的学习等一系列努力，整体展现出南开中学的榜样教学体系。以周恩来为人生楷模的教育，为南开精神和南开文化树立了直观的、具体的榜样形象。如何把榜样作为一种教育的力量在学生的养成教育过程中发挥重要作用，这对于“育人模式”的探究有深刻启示。

四、课堂教学史料对于课堂教学改革的启示：对南开中学过去和现在的教学特色的研究和实录，对于教学改革和教学研究有着重要启示。

在南开校史研究丛书中，记录了南开教师的课堂教学，为南开教学史的研究和课堂教学的改革探索提供了素材。我们看到，黄钰生先生的《早期的南开中学》，反映了民国时期的南开教学情况，一些老师课堂教学的内容和特点，乃至一些作业和考试的情况。陈东生先生的《解放初期至“文革”前的语文教学》阐述了其时南开中学语文教学的特点。傅越秋先生的《养而弗填引而弗握》反映了其语文教学有着启发兴趣、拓宽思路、打牢基础、符合大纲的鲜明特色。杨志行先生的《培养学生自学能力的做法》，看出启发、引导教学方式的运用在当时的南开中学不是个例。这些都与21世纪提出的“学会生存、学会学习”的先进教育理念相符合。郗昌盛老师的《我教数学、文学、哲学、美学》则体现了改革开放以后南开中学在数学教学中寓文于理、藏诗于数、把文学和美学融进数学，充分发挥了课堂教学“润物细无声”的潜能。韩文霜老师的《从语文教学的弊端确定语文课改走向》反映出当代教师对语文教学的思考和前瞻性理念。青年教师张扬撰写的《利用文本空白确定探究主题》更在天津市教研教改成果中获一等奖。这些文章都被收入南开校史研究丛书，记录了几代南开人对课堂教学的探索和思考，清晰地反映出南开中学课堂教学的共性特征和改革发展路线。其教学理念无论在当时还是现在都是领先于时代的，这些史料无疑都具备借鉴价值。

五、南开管理史料对教育管理和教育体制改革的启示：南开的改革和探索在为我国的教育改革和办学模式、管理模式的探索以有益启示。

教育体制的改革是发展教育事业的重大问题，《国家教育中长期发展规划纲要》指出，要建立现代学校制度，推进校政分开，管办分离，构建政府、学校、社会之间的新型关系。南开中学在管理体制和社会力量参与办学方面都做出了探索性的改革。2010年7月，天津市南开中学理事会成立，建立了理事会领导下的校长负责制的行政管理模式，对学校领导实行由理事会聘任、对理事会负责的制度。随后，南开中学教育基金会成立，向社会募集办学基金。南开中学的日常工作，体现南开中学的办学和管理特色，一所成功的学校的管理经验是值得借鉴和研究的。南开中学年鉴对学校管理制度改革的实践做了历史性的记载，全面反映了2010年南开中学的学校管理、教学教改等状况。修鉴就是修史，用鉴就是以史为鉴，南开中学的学校管理和教学教改在年鉴上的体现，既可以为本校、也可以为其他学校参考，必定给教育的改革和发展带来有益启示。

南开精神是一种提倡大爱、大公的精神，这种精神注定南开中学不会单纯为了一校的发展，或者仅仅为升学率去衡量自身的工作得失，它必然会勇于承担更大的社会责任和教育责任，会担当中国教育改革的探索使命，会秉承国家的教育方针政策，根据国际化的人才战略、时代要求去探索教育改革之路。这是南开校史研究的真正意义所在。南开中学才堪称南开中学。南开中学校史研究与教育改革同步推进，在创新中前进。

（作者系天津南开中学教师）

关于一次性餐具问题的建议书

学校领导：

您好！我们是南开中学高二 3 班和高二 11 班的学生。首先感谢您能在繁忙的工作时间阅读这份建议书。

南开校园环境优美，设备齐全，然而在这里我们想指出一个美中不足的问题，希望能得到您的重视。据我们观察，学校的两个食堂在餐具选择上不够环保。一直以来，南开中学的食堂使用的都是一次性的餐具，包括一次性饭盒、一次性塑料勺和一次性筷子。

据我们了解，南开中学的很多同学都具有十分强烈的环保意识，有些同学在私下里也曾围在一起讨论过食堂一次性餐具的话题。然而，在学校坚持使用一次性餐具的大环境下，具有环保意识的同学们想要解决此问题只能感到力不从心，进而同学们只好选择顺从学校的安排，或者个别同学开始自带饭盒。

这样仅存的小范围的环保行动我们认为是远远不够的。我们认为南开中学作为百年名校，一直以立足于培养学生社会责任意识而闻名。然而，在一次性饭盒的问题上，我们却发现，学校并没有为同学们真正地创造一个能将环保意识转变为环保行动的实践机会。这不仅影响了学校的声誉，同样使同学失去了一次良好的培养社会责任感的机会。

因此，不仅从环保角度出发，也从树立同学们的环保意识出发，我们希望能改善这种状况，让学校食堂减少使用或不使用一次性餐具。我们打算一方面在同学中提倡自带餐具，并广泛宣传；另一方面希望您与食堂协商，将一次性餐具全部更换成可循环使用的餐具。

下面是我们已经做的工作和一些具体的想法，请您过目。

首先，我们查阅了一次性餐具的危害，并对解决这个问题有了更强烈的愿望。对于前面提到的影响学校声誉自然不必说，更严重的是对资源的浪费、对环境的污染以及对人体健康的危害。

为了给我们的行动奠定基础，我们于 2011 年 6 月 1 日和 6 月 3 日中午组成调查小组到南院和北院食堂分别进行了问卷调查。根据我们得到的数据可知，学校食堂仅一次性木筷一项，每年就要用掉42.5 棵树。而一棵 50 年树龄的树，以累计计算，产生氧气的价值约31 200美元；吸收有毒气体、防止大气污染价值约 62 500 美元；增加土壤肥力价值约 31 200 美元；涵养水源价值 37 500 美元；为鸟类及其他动物提供繁衍场所价值 31 250 美元；产生蛋白质价值 2 500 美元。除去花、果实和木材价值，总计创值约 196 000 美元（信息来自南方网）。也就是说，学校每年要从生态系统中消耗 $196000/50 \times 42.5 = 166600$ 美元，折合约 106.6 万元人民币。这些惊人的数字告诉我们，此次行动非常有必要。另外，超过半数的被采访者支持我们的想法。但仍然有部分同学希望继续使用一次性餐具，原因有：可以将一次性餐具带出食堂、对食堂刷饭盒是否干净有顾虑，等等。为此，我们考虑，能否以额外收费的方式保留部分一次性餐具以供不时之需。

在宣传方面，我们已经开展了两种方式的宣传工作。第一个途径，是制作了一份关于呼吁减少食堂一次性餐具使用的倡议书，之后与学校的生物社联系，由生物社向各班收集倡议书的签名。第二个途径，是我们在外教老师的指导下，在班里进行了一次全英文的配合着幻灯片的环保宣传。得益于外教老师的支持，我们又利用自习课的时间在原初二 3 班进行了一次英文宣传。课上，我们向同学们提出了我们解决这个问题的方案，征求了大家的意见，也征集了倡议书的签名。尽管我们的宣传范围有限，但已经有很多同学知道了我们的行动并形成了自带餐具就餐的意识。接下来我们计划通过诸如广播站、公告栏等各种方式，提醒同学们注意养成环保习惯。

我们已落实的更重要的工作，是为学校计算出一份食堂餐具改革前后成本比较的数据。

首先是显性的经济成本。我们利用课余时间分别采访了南院和北院的食堂经理，具体询问了他们对于我们活动的看法，以及目前使用的一次性餐具的成本价格；然后又上网查询更换餐具的相关数据，如设备价格、使用年限、使用量等，制成数学模型，与更换之前做比较。经过计算发现：更换饭盒前，北院食堂年支出约 10.13 万元，南院食堂年支出 6.4 万元;而若全部改用不锈钢餐盒,则合计成本 y(万元)与时间 x(年)关系为 $y=1.23x+9$。囿于我们的数学应用水平及数据的不准确性等因素,经济成本会与实际情况有差异,但应该能较为正确地反映真实情况。我们最后得出的结论是:在更换餐具约一年半以后,食堂的经济成本将会低于更换前的成本,并且随着时间的推移,成本优势会愈加明显。

其次是隐性的社会成本及生态成本。关于这一点,政治老师的点拨和地理课上学习到的有关内容使我们深受启发。我们知道了,从传统的发展观出发,自然环境的价值往往被人们忽略。自然界是人类社会存在和发展的基础,自然界对人类的价值不仅体现在我们所熟知的煤、石油、铁等自然资源的价值上,更体现在自然界为人类提供的适合人类生存的自然环境上,自然环境具有不可估量的价值。而资源的价格只是反映了人们对这种资源开发利用所耗费的劳动,但资源本身的价值并没有计算在内。因此,我们应该重新认识和评价自然界对人类的价值,并在经济核算系统中加以考虑。

除此之外,倡议环保为学校和社会所带来的人们心理与行动上的价值也不容忽视。环境保护心理学研究者徐峰和申荷永在《环境保护心理学:环保行为与环境价值》一文中提道,环境的价值和心理学意义表现在以下层面:(1)身心的治疗与治愈:人的身心疾病,具有源自环境失调的起因,包括居住和构建环境、自然环境以及社会环境,而同样,和谐自然的环境本身,也具有对人类身心疾病的医疗和治愈的作用。(2)心理的满足与和谐:环境价值中包含着对人类心灵的慰藉,“原野、森林、草场、河流、蓝天”……这些象征人与自然和谐的意象,实际上也是人的内在和谐不可或缺的重要元素。(3)心性的需要与发展:环境价值与传统的伦理价值和社会价值同样重要,并且将人的道德思考提升于生态和自然的层面,这是人类心性的一种新的境界,这本身便意味着人类心性的发展。

根据这个思路,我们又思考隐性的价值。上文在调查问卷一项中,提到了学校每年消耗的一次性筷子的生态价值总计达 106.6 万元人民币,这还不含一次性餐盒的生态价值。此外,如果我们的宣传能够得到同学们的响应,那么大家就会对“允公允能,日新月异”的校训理解得更加实际、深刻,同学们就可以知道,如何从身边的小事做起,爱护我们学校的一点一滴,进而为社会贡献力量。而在这样倡导环保的积极向上的氛围中,同学们也会收获阳光的心态和愉悦的心情。另外,我们的行动还可能在一定程度上影响社会。明显的改变就是垃圾站需要处理的垃圾会减少,从而减少污染;一次性餐具的购置也会减少,从而减少资源的浪费。还有,知道这次行动的人们(比如食堂工作人员、学生、教师、宾客等)可能会通过人际关系口口相传,将一些理念和好的经验告诉其他人,其他人再影响另外一些人,如此便可以间接地改善其他地区的状况。

我们所做的一切,只是希望能够尽最大的努力让南开校园变得更加美好,这源于我们对南开中学这个大家庭深深的热爱。因此,我们建议食堂将一次性餐具更换成不锈钢等可循环使用的餐具。我们恳切地希望您能够理解我们的呼唤,能够感受到我们对母校热忱的爱戴之情。我们期待南开校园美好的未来,我们愿为此而努力。

再次感谢您百忙之中抽出时间倾听我们的心声。

高二3班　于晓云　高二11班　申　畅

2011年9月1日

我们都一样

李可纯

我想,很多人应当同我一样。当听到“世界粮食日”的时候,会有那么一瞬时的惊愕。对于高中生,它既不像春节那样带来热闹悠闲的假期,也不像教师节那样洋溢鲜花和温馨。的确,这会是一个略显沉重和遥远的主题,然而不可否认,“民以食为天”是亘古不变的真理。

我想,很多人应当同我一样。从小就熟记“谁知盘中餐,粒粒皆辛苦”的诗句,也曾在地理课上学过中国的基本国情：有限的耕地上，养育着十三亿的子民。可是，当西南大旱颗粒无收的场景日日出现在新闻里，我们依旧“淡定”，食堂里，依旧是几大袋的饭菜垃圾。

我想，很多人应当同我一样。我们知道节约粮食其实只是举手之劳。不挑食、不偏食，将自己碗里的饭菜吃干净；不攀比，不虚荣，用简单可口代替奢华靡费。可是太多时候，我们常说，这些事情不重要，吃饱穿暖已经不是难事，我们要追求的是更加重要的事情。

可是，又有什么事情的重要性能与“粮食”抗衡？

人类每一项的日常活动，社会每一天的日常发展，都是金字塔的上层建筑。而位于最底层的粮食，却是任何事物替代不了的根基。古书讲“其本乱而末治者否矣”。当我们把上层建筑建设得愈来愈精准和完美，却一次又一次破坏着根基，终有一日，这座金字塔的倒塌会让我们追悔莫及。

我们都是一样的生命。当我们面对一碗可口的米饭，我们是否真正体会过“粒粒皆辛苦”的含义？每一粒粮食，背后都将是中国十多亿农民的血汗，都将是他们一辈子“面朝黄土背朝天”的命运。

我们都是一样的生命。面对食堂里大袋的剩饭，我们又是否想过他们对于生命的意义。九百六十万平方公里的土地上，有多少学生一周的午饭仅仅是干冷的馒头；遥远的异国大地上，又有多少孩子“吃饱每一顿饭”是一个可望而不可即的梦想？

一粒粮食，背后牵挂着的不仅仅是他人的劳动和付出，而是，生命。

想到这些，我们还怎会忍心浪费那一粒粮食？

我们都一样，我们都是一样的生命，拥有同等的权利。

我们都一样，我们都曾经忽略过，我们都曾经遗忘过，但是，从现在开始觉醒并付出努力，所有的一切都将变得不一样。

（作者系南开中学学生会主席、高二10班学生，本文荣获联合国粮农组织“爱粮节粮”征文二等奖）

与《我们都一样》作者的对话

王雨润

2011年10月16日是“世界粮食日”，在联合国粮农组织举办的中小学生“爱粮节粮”征文活动中，南开中学学生会主席、高二10班李可纯同学的征文《我们都一样》荣获二等奖。日前，我带着一份祝贺和敬意，与这位作者做了交谈。

王雨润：很高兴今天能和你聊一聊你的征文《我们都一样》，你能介绍一下撰写这篇文章时的情况吗？

李可纯：我是在下午大课间的时候得知有这项活动，期限比较短，我就立刻投入到撰稿。在后面的自习课上，用了大概两个小时完成这篇征文，感觉还不错。

王雨润：确实不错！你是如何在这么短时间内迅速构思的，有什么灵感吗？

李可纯：有啊。刚听到粮食这个话题时确实一片雾水，它离我们生活如此之近，以至于我们经常忽略它而没有认真地思考过。当时头脑中闪过各方面的信息，很难确定从何下笔。后来我想起媒体上登载过的一张非洲贫穷儿童的照片，那嶙峋的瘦骨、饥饿的面孔和茫然的眼神激发了我的灵感，我想到了我的文章的主题，那就是“平等”和“珍惜”。

王雨润：也就是说，你把目光投向了全球，对于这样一片广阔的视野和这个比较深刻的主题，你又是如何在文章中进行阐述的呢？

李可纯：这样的主题很容易写得空泛，所以我开篇时从自身出发，紧扣“都一样”的中心，连用三段排比，逐步递进地写了在实际生活中我们对于粮食问题的漠视，这是对我也是对每个人的扪心自问。然后再提出粮食问题的重要性和严峻性，最后强调文章的重点：我们是一样的生命，拥有同等的权利，需要去珍惜！

王雨润：新颖的构思，合理的安排，让这篇文章成为一篇成功之作。我想，你对于粮食的态度和认识，应该和你的家庭影响离不开吧？

李可纯：当然，家庭教育对于一个孩子的成长尤为重要。我的父母是经过自身的努力才拥有现在的幸福的，所以我们很珍惜。爸爸由于工作不经常回家，妈妈和我的饭菜都是适量的，不会造成浪费，我一直很注意节约。

王雨润：这从你的文章中能够看得出来，但是，我们在食堂里还是看到不少浪费粮食的现象，你对大家有什么忠告吗？

李可纯：这确实让人痛心，咱们学校有几千名学生，即便是每人浪费几粒米，加起来也是不小的数字。我有时看到几乎剩下一半的饭菜被倒掉，这真是让人痛心的浪费！我开篇就提到了这一点，我希望我们的南开学子们珍惜所拥有的，适量打饭，崇尚节俭。

王雨润：没错，我们也呼吁同学们要“言必信，行必果”。通过参加这次活动，从构思到撰稿再到修改，你自己收获到了什么？

李可纯：的确，这篇文章让我对粮食问题的认识更加深刻。当你真正把自己所想的落实到纸面上，你会发现，入木三分的不只是字迹，更是思想！

王雨润：那就让我们将这种思想宣传出去，让更多的人加入到“节粮爱粮”的队伍中。很感谢你接受我们的采访，衷心地祝贺你的成功。加油！

与李可纯的交谈也引发我们的思考，生活中随意的浪费让人感到痛心，一种危机感和忧患意识促使我们更珍惜碗中的每一粒米。我想，《我们都一样》会引起更广泛的共鸣！

（作者系南开中学学生会副主席、高二8班学生）

这一抹青莲紫　这一份南开情

王泽菲

当我踏入这所有着光辉历史和文化积淀的南开校园的那一刻，无限的激动之情立刻涌上心头；当我瞻仰着校园内古朴雅致的各式建筑的那一刻，我深深地陶醉其中流连忘返；当我穿上素净美观的校服的那一刻，喜悦之情在胸中回荡。初入南开，我们接受了入轨教育，当我听到领导、老师对南开文化和南开精神的解读时，一种敬畏、震撼、自豪的情感在我心中播下了热爱南开与努力学习的种子。它们让我爱上了这一抹青莲紫、更萌发了这一份南开情。

在南开，我们有最高尚的创办人和校长。

严范孙先生和张伯苓校长忧国忧民，一心为“教育救国”，一心为拯救苦难中的中国人民。他们崇高的爱国思想使南开成为了天津学生爱国运动的中心。此外，他们主张教育改革，引进西学，因此，南开的学生在不同领域都是精英翘楚。

在南开，我们有最富内涵的校训、校歌、校色、校徽。

“允公允能，日新月异”教导我们既要有爱国爱群之功德，又要有服务社会之能力，不断发展不断创新；青莲紫色寓意着南开学子“出淤泥而不染”的高尚真纯；“行方智圆”和“四面八方”更阐明了来自四面八方的南开学子汇集一堂的强大凝聚力和行为方正规矩、智慧变通灵活的特点；“巍巍我南开精神”则是对南开的崇高礼赞！在我看来，它们已不仅仅是校训、校歌、校色、校徽，更是南开的精神与传统，是南开人所独有的崇高的思想境界和人格魅力，是南开人的DNA！

在南开，我们有最珍贵的容止格言。

容止格言是我南开一宝。它不仅是对学生的外形的要求，它更在无形中影响着南开学子的习惯和气质，它已成为了一种人生态度，已融入南开人的血液，已刻入南开人的灵魂。

在南开，我们有最优秀的校友。

南开向来人才辈出，而最杰出的则是周恩来总理。我们要以周总理为人生楷模，学习他“为中华之崛起而读书”的爱国之心；学习他“大江歌罢掉头东，邃密群科济世穷，面壁十年图破壁，难酬蹈海亦英雄”的报国之志；学习他的勤奋刻苦、积极乐观、正直真诚、热爱集体……周恩来总理字“翔宇”，寓意着如大鹏鸟一般，鹏程万里，搏击长空。在周总理光辉的照耀下，我们也要用自己的真才实学、优良品德作羽翼，如大鹏鸟般振翅翱翔！

南开的精神、南开的历史，无一不深深触动着我们的心弦！我们怎能不崇敬它呢？我们怎能不热爱它呢？我们愿意投入全部精力与热情在此学习与生活！

在严范孙先生与张伯苓校长倡导的爱国情怀、创新理念的指引下，在周总理、温总理等无数杰出校友的精神鼓舞下，在“允公允能，日新月异”美好校训的激励下，在巍巍南开精神的引领下，我们将如一只只凌云的鸿鹄，在这理想之地，在这可供我们休憩并砥砺的沃土上，丰满羽毛锤炼身心，最终振翅翱翔在广阔的蓝天上！

新的学期脚步临近，我们满怀着美好的希冀。我们要磨砺自己、提升自己、完善自己。同学们，愿这抹淡雅的青莲紫永远在我们心中飘散芬芳，愿南开精神的光辉永远照耀着我们！让我们共同努力，坚守南开道路，继承南开传统，发扬南开精神，今天我以南开为荣，明天南开以我为傲，“发煌我前途无垠”！

（作者系南开中学七年1班学生，本文系作者在南开中学开学典礼上的发言）

德　育

学习研究周恩来小组

【《以周恩来为人生楷模教育读本》编撰完成】 2010年9月，德育处本着学习研究周恩来活动课程化、系统化、常态化的原则，组织教师李德志、杨晓坤、徐广玉、杨倩、高原、于宁等进行周恩来生平材料汇编，后由学习研究周恩来小组秘书长李群进行审核和编撰。此后，又请南开校史研究中心副理事长、校友周鸿飞总其成，担当全书统稿。2011年5月，为凸显南开特色，南开中学理事会理事长、学习研究周恩来小组组长孙海麟在征询各方面意见的基础上，决定对全书体例进行重大调整：由原来全面介绍周恩来的一生业绩改为以周恩来在南开中学活动为主体内容的文本，以进一步增强该教材的针对性和实效性。德育处和学习研究周恩来小组迅速重新组织编写组人员，聘请校友周鸿飞、李群、杨玉鹏、程新建、曹庆果、孙岩、姚珪、刘佳担当执笔，对原书进行较大修订和补充。书稿完成后由孙海麟为该书撰写序言。该书经中央有关部门审查同意，由天津教育出版社出版，作为学校的校本教材供师生长期深入学习和研究。

（赵　凯）

【著名特型演员刘劲来学校参观座谈】 2011年9月27日，饰演周恩来的著名特型演员刘劲来到学校参观座谈。副校长吕宝桐、校长办公室副主任李德志、学习研究周恩来小组和校学生会外联部的十六位学生陪同刘劲参观校史馆、总理宿舍等，并召开学习研究周恩来座谈会。在与师生的交流中，刘劲深情介绍自己多年饰演周恩来总理的经历和心得体会。当学生问“您认为周恩来总理一生中最重要的转折是什么，您怎样评价周总理”时，刘劲回答说：“周恩来最重要的人生转折就是在南开中学，这是他人生起航的地方；对于周恩来可以用一个字概括，那就是爱——大爱无边。总理将一生的爱都献给人民、献给党、献给祖国。”刘劲鼓励南开学生要发扬和光大周恩来精神，做社会栋梁之才。

（赵　凯）

【《以周恩来为人生楷模教育读本》首发式暨新闻发布会】 2011年11月25日，《以周恩来为人生楷模教育读本》首发式暨新闻发布会在南开中学翔宇楼报告厅隆重举行。全国政协常委、外事委员会主任、南开中学学习研究周恩来小组名誉组长赵启正发来贺信。中共天津市委常委、宣传部长成其圣出席并作重要讲话。南开中学师生和校友代表、有关单位代表和新闻媒体记者出席该活动。首发式由南开中学理事会理事长、校党委书记、学习研究周恩来小组组长孙海麟主持。该书编写组代表周鸿飞、教师代表姚卫盛、学生代表李可纯、副校长吕宝桐、天津教育出版社代表沈舰相继发言。南开中学终身名誉校长杨志行先生发表即席讲话。孙海麟代表学校向应邀参加首发式的第二南开中学、南开大学附属中学和周恩来邓颖超纪念馆负责同志赠送该教育读本。市委常委、宣传部长成其圣在讲话中，对该教育读本的成功出版表示祝贺，盛赞周总理的历史功绩，肯定南开中学学习研究周恩来活动以及该教育读本出版的重大意义，认为该教育读本经国家新闻出版总署和中央文献研究室审查后出版，体现其文化品位和教育价值。成其圣号召广大青年学生进一步确立以周恩来为人生楷模的信念，做有理想、有本领、勇于献身的青年，为实现中华民族的伟大复兴贡献力量。

（贺海龙）

【学习研究周恩来小组举行年度工作会议】 2011年12月29日，学习研究周恩来小组年度工作会议在学校范孙楼会议室举行。学习研究周恩来小组组长孙海麟，副组长吕宝桐，秘书长李群、贺海龙以及部分成员代表参加会议。会议的中心议题是，总结2011年学习研究周恩来小组活动情况，展望小组的未来发展。会议由秘书长李群主持，共有五项议程。副组长吕宝桐汇报2011年小组活动情况以及取得的成绩；学生成员代表高二1班左振斌、高二4班王子亦结合本班实践学习研究周恩来的活动作典型发言；秘书长贺海龙汇报2012年小组的活动计划以及未来规划；参加会议的小组成员对2012年小组活动计划和未来发展各抒己见，提出建议；组长孙海麟做总结性发言，对小组未来的学习和发展提出建议，希望小组成员深度挖掘校本资源，拓宽研究范围，将学习研究周恩来小组的活动扎扎实实做下去。会议的成功举行，为2012年开展好学习研究周恩来小组各项工作和活动打下坚实基础。

（赵 凯）

【纪念周恩来逝世36周年暨参观天津觉悟社纪念馆活动】 2012年1月8日，南开中学学习研究周恩来小组组织成员到天津觉悟社纪念馆参观，以纪念杰出校友周恩来逝世36周年。副校长吕宝桐、校长助理张娜、德育处主任贺海龙，教师代表、学生会主要干部、学习研究周恩来小组部分成员和高一年级各班班长参加活动。参观和纪念活动由校学生会副主席王雨润主持。参加活动人员向先烈默哀一分钟；学生会外联部部长宁雪向烈士雕像敬献鲜花；学生会主席李可纯代表学习研究周恩来小组发言；在场馆工作人员的引领下进行参观。师生表示，从《觉悟的宣言》中领略到周总理杰出的组织才能，从《觉悟》杂志里感受到周总理刚健的行文风格，也感受到烈士马骏校友为革命舍生忘死、威武不屈的浩然正气，我们将牢记伟人和先烈为探求救国真理作出的卓越贡献，继承和发扬爱国爱民的精神，为中华民族的伟大复兴贡献自己的力量。学习研究周恩来小组以该活动为契机，推进丰富多彩、形式多样学习研究周恩来的活动。

（赵 凯）

南开公能讲坛

【杨卫做客南开公能讲坛】 2011年3月14日，浙江大学校长、中国科学院院士杨卫应邀访问南开中学，代表浙江大学与南开中学签署人才培养合作协议。签字仪式结束后，杨卫以“践行中国特色的教育理念——兼述浙江大学的历史、现状与未来”为题为南开中学师生作报告，是本学期第一位做客公能讲坛的著名学者。报告结束后，现场学生思想活跃，围绕培养拔尖创新人才和建设创新型国家、传统文化的传承和发展、理性与人文的关系、专业对口与压抑爱好等问题热烈提问，杨卫耐心而细致地逐一做了回答。

（赵 凯）

【程津培做客南开公能讲坛】 2011年3月30日，全国人大常委会委员、教科文卫委员会副主任委员、中国科学院院士、南开中学理事会副理事长程津培应邀做客南开公能讲坛，就当今世界热点话题——全球气候变化及其对人类的影响，为南开中学师生作精彩的报告。程津培从气候变化问题的主流理论、气候变化的科学问题、气候变化问题的非主流意见等三个方面进行系统的科学的阐释。在与学生进行精彩的互动问答过程中，他鼓励南开中学学生积极关注社会的发展，不断培养和锻炼自己从社会现象中概括正确观点的能力。报告激起南开中学师生对人类共同面临问题的关注与思考。

（赵 凯）

【于再清做客南开公能讲坛】 2011年5月2日，国际奥委会副主席、国家体育总局副局长于再清应邀到南开公能讲坛作报告。他就国际体育活动为政治和外交服务为主题展开演讲，重点阐释国际重大体育活动与国际关系的内在联系，以及中国体育运动发展与中国对外关系政策等方面的问题。讲座使南开师生深入了解到体育活动在国家开拓各项事业中所起的作用，政治视野拓宽，政治意识增强。报告结束后，学生代表路絮宣读南开中学全体学生写给国际奥委会主席罗格先生的信，在信中向罗格先生表达南开学子对国际奥林匹克事业的热爱，谈到南开学校首任校长张伯苓与奥林匹克事业的不解之缘，介绍南开浓厚的体育文化氛围，并热情邀请罗格主席来学校访问。

（赵　凯）

【王博做客南开公能讲坛作专题报告】 2011 年 5 月 19 日，北京大学哲学系主任、南开中学理事会理事王博教授应邀以“中国式心灵：爱与宽容”为题到南开公能讲坛作报告。报告围绕着“心灵”的温度，将儒家、道家与春、秋两季对应起来，阐述“儒家好比是春天，那是一个充满阳光的有关理想和爱的季节；道家则好比是秋天，能够让人体会到生命与世界的矛盾，那种成功与无奈同在的感觉伴随人的一生”，鼓励学生要用“爱”和“宽容”去重新诠释自己生命的价值。报告的语言形象生动，内容丰富充实，让南开师生对“爱”与“宽容”的内涵有新的认识，也激发学生对人类永恒话题——“爱”的思考和探究。王博教授还现场回答学生的提问。

（赵　凯）

【王树国做客南开公能讲坛】 2011 年 5 月 26 日，哈尔滨工业大学校长王树国应邀到南开公能讲坛作报告，以“科学与人生”为主题为南开师生做了一场精彩的报告。他讲述了当今科学发展的前沿问题，并结合哈工大的专业研究优势和自己丰富的人生阅历，为学生讲述追求探索科学的乐趣和意义。学生就感兴趣的科学问题提问，王树国校长解答详细，语言生动形象，他对科学孜孜不倦的追求精神激发学生对科学的关注和对人类未来发展的关心。

（赵　凯）

【唐家璇做客南开公能讲坛】 2011 年 9 月 2 日，原国务委员唐家璇应邀到南开公能讲坛作报告。报告会由南开中学理事会理事长、校党委书记孙海麟主持。市教委领导出席报告会。唐家璇以“周恩来的外交思想”为主题展开演讲，重点阐释周恩来外交思想中的独立自主、平等相待、求同存异、和平共处四个核心内容，概括周恩来对于中国外交的独立自主、和平发展、公平公正、原则的坚定性和策略的灵活性等所作的贡献，令人信服地使在场师生理解周恩来外交思想的核心，领略周恩来的外交风采，感受到中国在建设现代化国家中所坚持的外交思想是对周恩来外交思想的传承。唐家璇还解答了学生的现场提问。报告不仅令南开中学师生开拓国际视野，也激励师生学习周恩来的精神，努力成为拔尖创新型人才。

（林爱娟）

【吴敬琏做客南开公能讲坛】 2011 年 9 月 15 日，著名经济学家吴敬琏访问南开中学。吴敬琏先生是重庆南开中学校友，对南开系列学校具有很深的情结。到校后，他怀着浓厚的兴致参观了校史馆、两位总理宿舍和范孙楼，并在周恩来铜像前与学生合影留念。参观后，吴敬琏先生在南开公能讲坛以“和同学谈谈通货膨胀”为主题为师生做了经济学讲座，并现场回答学生的提问。吴先生的讲座让在场学生感受到大家风范，激起大家对于宏观经济环境和社会、民生问题的关注。吴敬琏先生还为学校题词：“遵循公能校训，服务人类社会”。

（赵　凯）

【乔治·斯穆特做客南开公能讲坛】 2011 年 9 月 21 日，诺贝尔奖得主乔治·斯穆特教授应邀来到南开中学参观交流。乔治·斯穆特教授在副校长吕宝桐陪同下参观南开中学纪念井、校史馆和总理宿舍，并在周恩来铜像前与学生合影留念。他还为南开中学题词，对学校的发展表示赞叹。随后，他以“宇宙的诞生与演变”为主题在公能讲坛发表演讲，通过大量视频和图片论述宇宙的诞生与演变，表示希望有一颗新的行星，这样科学发展就可以有更大的进步。他还认真解答学生在现场的提问。报告会由校长马跃美主持。乔治·斯穆特教授的报告使南开师生开拓科学的眼界，增加宇宙学和物理学的知识，激发对科学研究与探索的兴趣；他所表现出的对于科学的严谨态度也给师生们树立起学习的榜样。

（林爱娟）

【白春礼做客南开公能讲坛】 2011 年 10 月 11 日，中国科学院院长白春礼院士应邀做客南开公能讲坛，以“科技发展态势与未来展望”为主题给师生作报告。报告会由理事长、党委书记孙海麟主持。白春礼详细论述国内外科学技术的发展历程，从宇宙、空间科技、生命科学与生命技术、信息科技、物质科学、高能物理等多角度阐释21世纪中国科学发展状况。他还总结中国科技的发展成果,列举中国科技发展所面临的问题与挑战,反思中国的教育和人才事业发展,得出培养科技领军人才要从娃娃抓起的理念。白春礼院士还认真解答在场学生的提问。学生被白春礼院士扎实的理论根底、缜密的思维方式、严谨的科学精神所感染,表示要把这种精神用于今后的学习和生活中。

(林爱娟)

【周其凤做客南开公能讲坛】 2011年10月21日,中国科学院院士、北京大学校长周其凤应邀到南开公能讲坛作报告。报告会由理事长、党委书记孙海麟主持。周其凤院士就北京大学当前发展状况向南开中学师生做详细的介绍,对南开中学为北京大学乃至为社会培养大量栋梁之才表示感谢。他认为,北京大学和南开中学同样肩负着时代赋予的巨大责任,任重而道远,需要好好规划。他联系自己的亲身经历,表示人生要做好任何准备,尤其是受挫的准备,激励南开中学的学生要为理想和成功不断努力。周其凤院士还详细解答学生的提问。

(林爱娟)

【徐俐做客南开公能讲坛】 2011年10月28日,中央电视台国际频道新闻主播徐俐女士应邀做客南开公能讲坛,为师生做一场精彩的报告。徐俐以轻松幽默的语言讲述从事的主播工作,用"刺激,玩的就是心跳"来形容自己的主播生活。她通过自己的经历生动形象地告诉学生,人在面对苦难时要将心态平稳下来,从容面对,坚持下去,才能站得住、站得稳。她还表示在退休前十年,仍然会以饱满的状态充实地过好主播生活的每一天,鼓励南开的学生以饱满的精神投入到自己的人生奋斗之中。最后,徐俐与学生进行精彩的互动问答。

(林爱娟)

【廖理做客南开公能讲坛】 2011年11月22日,清华大学经济管理学院副院长、教授廖理做客南开公能讲坛,为南开师生做关于教育发展与创业人生的报告,并现场回答学生的提问。廖理教授以菲利普斯埃克塞特学院为例,生动形象地阐述一所学校的建设和发展要有好的教师团队、先进的教学条件和支撑学校发展的资源,强调这是培养优秀学生、保证学校可持续发展的基础条件。他还阐释如何创业的社会热点话题,认为创业是报效国家和实现人生理想的最佳方式,鼓励南开学生努力学习、将来积极创业,在奉献社会中达到个人价值与社会价值的统一。

(赵 凯)

【袁驷做客南开公能讲坛】 2011年12月12日,清华大学副校长、教务长袁驷教授应邀做客南开公能讲坛,为南开中学师生做题为"自强不息,修琢人生"的报告。袁驷教授结合自己的人生经历,分别从"文革断学,边疆锻炼"、"清华工农兵学员"、"毕业分配,读研考博"、"出国深造"、"回国工作"等方面与在场师生分享自己的精彩人生,通过上山下乡、做赤脚医生、做木匠的经历告诉学生,只有深入实践才能磨炼意志、提高能力、增长才干,报告内容翔实、语言丰富。袁驷教授还现场解答学生的提问。

(赵 凯)

【龙以明做客南开公能讲坛】 2011年12月22日,南开大学陈省身数学研究所所长、南开中学1967届校友龙以明院士应邀做客南开公能讲坛。报告主题是"从哥白尼的日心说谈起"。他从15世纪古希腊的托勒密地心体系、中国古代的地心说(盖天说与浑天说)、哥白尼的日心说等几个方面,全面阐述人类对天体天文现象观测与探究的科学方法,鼓励学生学好数学,无论将来是否从事数学研究,数学都会帮助学生在所从事的事业中取得成就。报告不仅开拓南开师生的视野,而且激发学生努力探究科学的兴趣。

(赵 凯)

【金一南再次做客南开公能讲坛】 2011年12月27日,国防大学战略研究所所长金一南将军应邀再次光临南开公能讲坛做报告。该次报告会是南开公能讲坛第二十四讲。金一南报告的主题是"对国家和民族命运的思索"。他从中国共产党诞生谈到中国人民的历史抉择——相信马克思主义,坚持走社会主义道路;从中国红色政权长期存在并蓬勃发展谈到中华民族百年救亡、百年复兴的艰难历程。他结合亲身经历,回顾典型人物事例,报告内容翔实、语言生动。他说,从1840年到1949年是拯救中国的百年,从1949年到2050年是发展中国的百年,真正认识这一惊天动地的伟大实践，才能使我们站在前人的肩膀之上，避免幼稚、浮躁与浅薄，走向沉稳、厚重与成熟。获得这样的基础，未来去完成的才是真正意义上的中华民族的伟大复兴。报告多次博得在场师生的热烈掌声。在互动环节，金将军精彩地回答学生的提问，鼓励南开的学生要做社会健康的力量。

（赵　凯）

【《南开公能讲坛录（第一辑）》出版发行】 2011 年岁末，由天津南开中学编写组编、天津教育出版社出版的《南开公能讲坛录（第一辑）》出版发行。孙海麟为本书作序。这是展示南开校园文化的又一载体，也是南开中学增强文化软实力的成果之一。南开中学素有聘请知名人士到校演讲的历史传统。据校史资料记载，1917 年 2 月 28 日、5 月 30 日，学校曾分别邀请梁启超、蔡元培先生到校演讲，记录者之一就是其时求学南开的周恩来。2010 年南开中学改革办学体制机制以来，在传承优良传统的同时有所创新，将邀请知名人士到校作报告规范化、制度化，并依据南开校训将其命名为“南开公能讲坛”，引起全校师生的热烈反响和各界人士的关注，人们期盼有一种形式共享这些资源。在这种情况下，南开中学理事会决定编辑出版“南开公能讲坛录丛书”。《南开公能讲坛录（第一辑）》收录了全国政协常委、外事委员会主任赵启正 2010 年 8 月 25 日在南开中学学习研究周恩来小组成立大会上的演讲，以及其后“南开公能讲坛”聘请知名人士到校所作的十三篇报告稿，报告人分别是（以报告时间为序）：赵启正、顾明远、王大中、敬一丹、白岩松、纪东、约翰·奈斯比特和多丽丝·奈斯比特、金一南、杨玉良、杨卫、程津培、于再清、王博、王树国。2011 年 9 月新学年开学至 2011 年末，南开中学继续邀请社会知名人士到“南开公能讲坛”作报告，按照报告的时间顺序，又有唐家璇、吴敬琏、乔治·斯穆特、白春礼、周其凤、徐俐、廖理、袁驷、龙以明、金一南十位人士作了报告。“南开公能讲坛录丛书”原来是按教学年度收录编辑的，考虑到与南开中学年鉴时间断限的衔接，决定从 2012 年起，将这套丛书也按自然年度编辑。这样，以上十位人士的报告稿将收录为《南开公能讲坛录（第二辑）》，计划在 2012 年上半年出版，该项工作正在有序运行。

（周鸿飞）

教育活动

【纪念周恩来诞辰暨表彰先进大会】 2011 年 3 月 4 日，南开中学纪念周恩来诞辰暨表彰先进大会在瑞廷礼堂隆重举行。3 月 5 日是周恩来诞辰 113 周年和毛泽东题词“向雷锋同志学习”48 周年纪念日，南开中学例行集会纪念。大会由德育处主任贺海龙主持，校长杨静武、副校长吕宝桐、马健等出席。大会在嘹亮的国歌声中拉开序幕。与会学生在校团委教师李德志带领下进行“以周恩来总理为人生楷模”的宣誓仪式。吕宝桐宣布授予高二 1 班“周恩来班”的光荣称号。杨静武为高二 1 班颁发奖牌。马健宣读表彰优秀学生名单。共有 100 余名学生受到表彰，高三 2 班杨啸宇等十二名学生获得“公”字奖章，“能”字奖章授予高三 1 班李冠儒等四名学生。“周恩来班”班长左振斌、获奖学生代表姚远（保送清华大学）分别代表获奖集体和个人在表彰大会上发表获奖感言。杨静武在讲话中对获奖的学生和集体表示祝贺，对全体学生提出殷切的希望。

（赵　凯）

【“公能”奖章获奖者】 “允公允能，日新月异”是南开校训。20 世纪 40 年代，为了奖励南开优秀学子，张伯苓校长确立颁发“公能奖章”以示嘉奖。在南开老校友的大力倡议下，2010 年南开中学恢复颁发“公能”奖章，对公德心强、操行出众和具有突出专业才能的学生进行表彰。2011 年南开中学“公”字奖章奖给天津市十佳中学生、市级优秀学生干部、市级三好学生获得者，他们是：杨啸宇、凌菲彤、马明、石添硕、路絮、左振斌、高鸿、王逊、姜文凯、杨新宇、褚萌萌、段宜辰。“能”字奖章奖给在全国性青少年或中学生竞赛中的获奖者，他们是：李冠儒、黎静北、王宏达、钱桥。

（赵　凯）

【周恩来纪念浮雕揭幕仪式】 2011年3月4日，南开中学举行周恩来纪念浮雕揭幕仪式以纪念杰出校友周恩来诞辰113周年。校长杨静武、副校长吕宝桐为周恩来纪念浮雕揭幕。高二1班学生刘超代表“周恩来班”发言，表示决心始终以周恩来为人生楷模，切实发扬周恩来精神，履行“周恩来班”的职责，为南开中学全体师生树立榜样。

（赵 凯）

【学生清明祭扫活动】 2011年4月1日，南开中学高一年级和初一年级全体学生到周恩来邓颖超纪念馆开展清明祭扫活动。这是南开中学坚持多年的传统活动。祭扫活动在纪念馆中的“高山仰止”雕像下进行，由高一2班学生周小洲主持。学生代表向周恩来邓颖超雕像敬献自制花圈，全体师生默哀致敬，高一10班李可纯作为学生代表发言，表达南开师生对周恩来和邓颖超的深切怀念。仪式后，学生有序地参观纪念馆。记载周恩来和邓颖超光辉历程的展板和生动感人的讲解，以及周恩来发表的诗文、使用过的铜笔架等一件件展品，帮助学生回顾周总理在南开中学读书时期的成长印记，两位伟人全心全意为人民服务的高尚情操深深感染着南开学生。

（赵 凯）

【初一初二及高一年级学生学军学农活动】 2011年4月11日，南开中学初一年级、初二年级及高一年级共19个班级900余名学生在西青区中小学社会劳动实践基地进行为期五天的学军学农社会实践活动。学军活动主要进行队列行进和内务整理的军事训练。初二年级学生还参加拔草和平整土地等农业劳动。13日，组织学生徒步到西青区水高庄农业示范园区参观。14日，全体学生进行蔬菜采摘农业实践活动，亲自体验收获的辛苦和喜悦。党总支书记孙海麟专程赶到基地慰问参与社会实践的师生，检查军训和学农工作。全体参训学生进行军事训练汇报表演，动作整齐划一，斗志昂扬，体现良好的精神风貌。15日，参加实践活动的学生和教师举行简短的毕营式。该项社会实践活动给学生提供体验农村生活的机会，有利于磨炼学生意志品质，培养学生团队精神。

（赵 凯）

【纪念五四运动92周年表彰先进大会】 2011年5月6日，南开中学德育处、团委在礼堂隆重举行纪念五四运动92周年表彰先进大会暨合唱节决赛。党总支书记孙海麟、校长杨静武、副校长吕宝桐、李宝贵等出席大会。共青团南开区委书记李强、南开区教育局党委副书记兰锋、区教育局团委书记刘洋应邀出席会议。高一、初一、初二年级全体学生和部分教师参加大会。大会由校团委教师李德志主持。在唱国歌和背诵容止格言后，副校长吕宝桐宣读表彰决定和表彰名单。共有14个集体和288人次的团员受到表彰。随后，与会领导为获奖集体和个人代表颁发奖状和证书。荣获“南开区优秀共青团员”的高二12班学生穆唯雅代表获奖同学发言，表示广大团员青年将珍惜荣誉，不辜负团组织和学校的希望，在学习生活中创造更多更好的业绩。大会上还举行两项仪式。一是“南开中学青年志愿者服务队”授旗仪式，由团区委书记李强授旗，校学生会副主席、生活部部长刘超接旗。二是八年级新团员入团宣誓仪式，15名新团员在团旗下庄严宣誓，领誓人为学生高二1班路絮。

（李德志）

【初三年级毕业典礼】 2011年6月17日，南开中学举行2011届初三学生毕业典礼。毕业典礼由德育处副主任张国发主持。校党委书记孙海麟、校长杨静武、副校长吕宝桐、李宝贵等校领导出席。典礼伊始，播放全体毕业生在校三年来的照片集锦。毕业生代表、学生代表、教师代表和毕业生家长代表陆续发言，表达对毕业学生的美好祝愿，感谢老师的培养，以及对南开的美好祝福。杨静武校长讲话对毕业生致以良好祝愿，提出殷切的希望。与会的毕业生备受鼓舞，决心努力拼搏迎接中考，争取最好的成绩。

（杨晓坤）

【南开特色的新生入轨教育】 2011年8月23日至8月26日，南开中学对高一和初一年级新生进行具有南开特色的入轨教育。该次入轨教育中，2011年新生在班主任和学生辅导员的带领下，对南开中学历史与现实的各个方面进行全面学习和深入了解。副校长吕宝桐向新生介绍学校概况、校训、校徽，德育处主任贺海龙介绍学校的校规校纪。各个班级召开第一次主题班会，促使班主任与学生、学生与学生彼此了解和熟知。学校还安排新生素质拓展训练，以增强班级的凝聚力。各班学生在辅导员的带领下参观提升改造后更具特色的南开校园，熟悉新的学习环境。党委书记孙海麟做关于南开中学校史的专题讲座，令学生精神振奋，备受鼓舞，对南开的道路、品格和精神有了更深的理解，增强作为南开人的荣誉感和使命感。吕宝桐还对新生进行心理健康教育，部分优秀毕业生代表和资深教师对新生也进行有针对性的指导，帮助新生尽快适应南开的学习生活。经过四天的入轨教育，该届新生对南开中学有比较系统的全新的认识，为即将开始的新的学习生活做好充分准备。学生辅导员的组织协调能力也得到锻炼和提升。

（李晓利）

【新学年开学典礼】 2011 年 8 月 27 日，南开中学在瑞廷礼堂隆重举行新学年开学典礼。开学典礼分为上下午两次。上午为高一新生开学典礼，由副校长吕宝桐主持；下午为初一新生开学典礼，由德育处副主任张国发主持。校党委书记孙海麟、校长马跃美、副校长李宝贵、马健等出席开学典礼。典礼伊始，首先播放《今日南开》宣传片，通过该片形象生动、简明扼要地介绍南开中学的杰出成就和发展现状。86 岁高龄的老校友罗明锜教授带领全体学生和家长表演南开中学的啦啦词，充分体现南开人的爱国精神。全体师生齐唱校歌后，各个班级进行各具特色、精彩纷呈的班级风采展示活动，充分体现蓬勃进取的精神面貌。在校学生代表、新生代表、毕业生代表、教师代表、新生家长代表分别发言，纷纷表达对新生考入南开中学的祝贺，以及对于南开中学发展的美好祝福。最后，校长马跃美讲话，对新生和家长的到来表示热烈的欢迎，鼓励新生努力做一名真正的南开人，为南开的再发展拼搏奋斗。开学典礼结束后，安排了丰富多彩的文艺演出，使新生和家长耳目一新，被南开深厚的文化底蕴和独特的精神魅力所震撼。

（李晓利）

【学生参加成人宣誓仪式】 2011 年 9 月 25 日，南开中学高一和高二年级 110 名学生参加在周恩来邓颖超纪念馆举行的“我与祖国共奋进，我与滨海同成长”十八岁成人宣誓仪式。该项活动由共青团天津市委、市文明办、市委政法委、市关心下一代工作委员会、市学联主办，团市委学校部、天津青年宫、南开团区委承办。来自全市 1000 余名即将年满十八周岁的青少年代表参加宣誓活动。参加成人宣誓仪式的南开中学学生感到非常荣幸。大会结束后，他们在老师的带领下参观周恩来邓颖超纪念馆，通过了解周总理一生的奋斗历程，最好地诠释南开精神，坚定“为中华之崛起而读书”的信念。

（王　立）

【高二初二年级学生学军学农活动】 2011 年 9 月 27 日至 9 月 30 日，南开中学高二年级和初二年级 700 余名学生在天津市西青区中小学社会实践基地参加学军学农社会实践活动。该次活动包括军事训练和农业劳动两部分。9 月 26 日上午学生抵达基地，在五天四夜集体生活中，学生先后学习收玉米、搓玉米、采摘蔬菜、做豆腐、炒菜等农活和家务活，体会粮食来之不易和劳动的艰辛。9 月 28 日中午，校长马跃美和校长助理张娜赶到基地看望学生和教师，表达学校对师生的关心和慰问，希望学生在实践活动中有新的收获。9 月 29 日晚，全体学生和教师进行大联欢。9 月 30 日上午，该次学军学农活动举行结业仪式后，师生顺利返回学校，学军学农活动圆满结束。该项社会实践活动充实而丰富，既增强学生的爱国热情，又培养学生勤俭节约的品格和集体主义意识。

（李晓利）

【“爱，在路上”主题校会】 2011 年 9 月 30 日，学校德育处组织“爱，在路上”主题校会，运用广播的形式对高一年级学生进行有关南开中学义工制的宣讲。校会上，爱心联盟小分队队长李可纯、高三 12 班田米豆、高三 1 班沈超洋、高二 4 班王子亦、高二 12 班杨晓晴等五位学生代表宣讲各自所进行的义工活动，分别介绍在天津市血液中心、曹禺故居、天津市规划展览馆、周恩来邓颖超纪念馆等义工实践基地，从联系基地到人员安排，从组织实施到总结收获一一进行详细的解说。2011 年是南开中学实施“义工制”的第十一年，学生义工实践基地多达 300 余个，在义工实践中学生增长才干，锻炼能力，提升价值，也受到家长普遍欢迎和社会的广泛好评。该次校会使高一年级学生理解乃至熟知义工制活动，有利于学生将义工传承下去。

（赵　凯）

【迎校庆演讲比赛】 2011年10月14日，南开中学迎校庆演讲比赛在学校瑞廷礼堂举行。理事会理事长、校党委书记孙海麟、校长马跃美、副校长吕宝桐、德育处主任贺海龙，以及高一年级全体师生参加该项活动。孙海麟为演讲比赛获奖学生颁发荣誉证书。比赛由学校德育处主办，校学生会学习部承办，是学校师生庆祝建校107周年组织的系列活动之一。比赛主题为“坚持走南开道路，坚持发扬南开品格，坚持光大南开精神”，比赛设一、二、三等奖，每人演讲限时3分钟，共有十四位学生上台演讲。校学生会副主席王雨润致辞。贺海龙和学生会主席李可纯分别在比赛过程中进行点评。经过激烈角逐，最终六位学生脱颖而出。高一10班陈燕获得比赛一等奖，高一2班石添硕、高一9班肖云兮获得二等奖，高一1班张洪堃、高一13班孙明赫、高一14班刘明辰获得三等奖。

（赵 凯）

【参观三星企业集团】 2012年1月10日，德育处组织20名获得“三星奖学金”的学生前往西青开发区参观天津三星电子有限公司和天津三星通讯技术有限公司。吴建民副总经理致欢迎词表示，三星公司取得优异成绩后不忘回报社会，在全国资助10所重点学校，其中南开中学是天津唯一受到资助的重点学校，希望学生取得更好成绩，并表示会继续支持南开中学的教育事业。成银花次长详细介绍三星公司致力于做中国人民喜爱、贡献于中国社会的企业的现状。学生在工作人员引导下参观显示器和电视生产车间的机械化和自动化，参观高科技手机产品，以及会议室、工会办公室、员工图书室、员工休息区和员工食堂等，观看三星公司致力于社会公益事业的图片和相关资料，领略三星的高科技、现代化和企业文化，体会三星公司为社会公益事业作贡献的精神。

（林爱娟）

【爱心公益捐助活动】 2012年1月，南开中学30余名在校学生积极参与“给困难学生捐书包”公益活动。学生把过春节存下的“压岁钱”主动捐出来，用于采购爱心百包箱，包括书包、文具、图书等。参加捐献的学生表示，要尽自己力量帮助同龄的困难学生完成学业，是“90后”对天津精神最好的诠释和理解。该项活动经《渤海早报》报道后，得到社会各界爱心人士支持，纷纷拨打热线电话，也为困难学生捐赠爱心书包。学生在参与活动中充分感受到服务社会的意义。

（赵 凯）

义工制

【学生到曹禺故居和养老院做义工】 2011年，南开中学高二10班分别在区县的养老院和曹禺故居以及社区进行义工实践活动。国庆节假期期间，学生分组轮流去曹禺故居担任讲解工作，大家怀着对南开著名校友的崇敬之情，详细地介绍每一件展品和图片，在每日客流量很大的情况下，坚持认真对待每一位访客。学生利用周末休息时间到晟世养老院、康寿园养老院、长虹养老院等看望老人，通过陪老人聊天，打扫卫生，帮助收拾房间，与老人一同唱革命歌曲等方式给老人的送去温暖。学生还在元旦、新春等节日到养老院联欢，为老人送上月饼、粽子等温馨的礼品。学生在义工活动中有幸结识90高龄的老校友，聆听解放前的南开故事，并为老人讲述今日南开。义工活动使学生的社会责任感得到增强。

（李可纯）

【学生到天津市血液中心做义工】 2011年，南开中学爱心联盟小分队继续组织第二批队员到天津市血液中心做义工。李可纯、胡浩东、韩民欣、张宏堃、周小洲、黄启望、尹小艾、崔昊、鲁莹、张彤十名学生利用周末和假期进行实践活动，在血液中心采血科为献血者引路、拍摄和冲洗相片，为献血者送食品和红糖水、传送化验单，策划血液中心联欢会、宣讲献血常识等。丰富的实践活动提高学生服务他人和社会的本领，积累社会经验，提升个人的综合素养。

（赵 凯）

【学生到听力康复中心做义工】 2011年，南开中学高二9班学生选择到北京漂亮妈妈听力康复中心做义工。这是一个特殊的幼儿园，里面都是患听觉障碍的儿童。经专业培训，学生陪伴儿童做游戏、照看儿童、帮助进行康复训练。学生在实践中磨炼自己的意志，培养责任心，感受到帮助社会弱势群体的同时实现自我价值。

（赵　凯）

【学生到周恩来邓颖超纪念馆做义工】 2011年，南开中学高二4班学生利用课余时间和暑假期间到周恩来邓颖超纪念馆做义工。该纪念馆是南开中学学习研究周恩来活动的基地，学生长期在此做社会实践活动。讲解词60余多页，4万多字，需要逐字逐句地背稿，每天要完成十余次讲解任务，使学生不仅学到很多历史知识，更能够提高语言表达能力和人际交往能力，接受正确的人生观价值观和为人民服务思想的熏陶。

（赵　凯）

【学生到郑州市博物馆做义工】 2011年暑期，南开中学部分河南省籍贯的学生选择到郑州市博物馆做义工。经简单培训，学生进行义务讲解、疏导游客、检票等活动，不仅学到很多平时在课堂无法涉及的知识，还锻炼语言表达能力、与人沟通的能力、组织协调的能力，磨炼自己的意志品质，为走向社会打下坚实基础。

（赵　凯）

【学生到华夏未来艺术中心做义工】 2011年暑期，南开中学高二7班部分学生来到天津市华夏未来艺术中心做义工。学生帮助进行检票、儿童拓展训练、指导儿童制作手工沙画、组织儿童观看影片等。通过暑期的实践活动，学生培养动手动脑的能力、增强责任心和组织管理能力，深切体会到父母和老师对自己付出的心血之多，学会了感恩，决心以实际行动报答社会。

（赵　凯）

【学生到郑州市图书馆做义工】 2011年暑期，南开中学高二年级部分河南籍贯学生到郑州图书馆做义工。经专业人员培训后，学生进行图书整理、图书借阅、卫生清扫、图书名目输机等工作，频繁枯燥的工作磨炼了学生办事的耐性、提高了人际交往的能力，学生在为图书借阅者服务中收获成长的快乐，为深入社会打下良好的基础。

（赵　凯）

【学生到天拖南公交车站做义工】 2011年暑期，南开中学高二2班部分学生到天拖南公交车站做义工。学生在天气炎热等不利条件下，对公交车站内的护栏、站牌、候车亭、公交车的车内外等卫生死角一一进行清扫和擦拭，还协助公交站工作人员完成导乘、公交线路咨询等任务，在奉献中体验成长的快乐和服务社会的意义。

（赵　凯）

【学生到天拖南养老院做义工】 2011年暑期，南开中学高三10班部分学生到天拖南养老院做义工。通过打扫庭院、铲除杂草、清擦玻璃、收拾房间、与老人话家常等活动，学生充分体会“老吾老以及人之老”的内涵，锻炼自己的动手能力，深切感受到参加社会实践活动的快乐和成长的意义。

（赵　凯）

【学生到天津市太阳村做义工】 2011年暑期，南开中学“向日葵”义工小组到天津市太阳村做义工。太阳村位于天津市北辰区韩家墅永明里20号，系非政府的慈善组织，以无偿代养代教服刑人员未成年子女为己任，对服刑人员无人抚养的未成年子女开展特殊教育、心理辅导、权益保护及职业培训服务，以使他们像其他孩子一样健康快乐地成长。学生给孩子们送去图书，和他们一起做游戏、聊天，感到这些孩子应该和自己一样，在人格上平等，享有同等的权利，希望社会都来关心这一群体，帮助他们走出阴影，远离流浪、失学、饥饿、疾病和歧视。学生在活动中体会到勇敢面对生活、面对现实，健康快乐成长的意义。

（赵　凯）

【学生到天津市规划展览馆做义工】 2011年10月1日，南开中学学生会宣传部高一年级新成员第一次到天津市规划展览馆做义工。工作人员热情地接待南开师生，仔细讲解天津市的建设规划，对学生进行简单的业务培训，包括礼仪规范、展区布局、岗位职责等。之后，学生作为义务讲解员被分到各个展区，为前来参观的市民进行讲解。南开中学学生认真负责的态度，受到广泛称赞。学生通过参加义工活动，切实感受到为人民服务的快乐，在服务社会中提升自身能力。学生在现场接受天津电视台记者的采访，在《都市报道60分》中予以报道。

（李晓利）

【学生到天津自然博物馆做义工】 2011年10月1日至5日，南开中学高一13班学生分组到天津市自然博物馆开展义工实践活动。学生在这里主要从事检票、核对进馆人数、帮助游客妥善处理随身携带的物品、在服务台提供电话答疑等工作。学生细致认真的工作得到博物馆负责人的肯定和认可。学生通过从事简单平凡的小事领会到作为成人工作的辛苦，锻炼自己的交往与沟通能力，丰富课外知识，表示要把个人所学用于服务社会，才能实现个人价值，承担社会责任。

（王琨宇）

【学生到天津医科大学总医院做义工】 2011年，南开中学高二3班部分学生到天津医科大学总医院做义工。在第二住院楼的干部体检中心，经医院专业人员的简单培训，学生协助医护人员为患者帮扶指路，量身高，测体重，测血压等，还体验整理档案、整理药箱等工作。通过亲身实践，学生提高动手动脑的能力，在义工活动中磨炼自己的意志品质。

（赵　凯）

【学生到天津圆梦特教中心做义工】 2011年，南开中学高三1班部分学生到天津圆梦特教中心做义工。天津圆梦特教中心坐落在南开区瑞丽园小区，是对智障儿童学前教育、训练、康复为一体的园所。学生利用休息时间给这里的智障和残障孩子送去衣物和食品，与他们一起做游戏，带他们到室外锻炼，帮助他们康复，在给这些不幸儿童带去快乐的同时，也深感自己有一份责任关心关爱社会上诸如此类的弱势群体，在为人民服务中实现个人价值与社会价值的统一。

（赵　凯）

【学生在济南市公共场所做义工】 2011年寒假，南开中学高一8班山东省籍贯学生到济南市博物馆、趵突泉等地做义工。从古文字到古字画，从趵突泉灯会到趵突泉菊展，均留下学生作为义务讲解员的身影。帮助参观老人和小孩指路、搀扶老人上卫生间，简单的工作使学生体验到为别人服务带给自己内心的满足感和责任感。学生在服务群众、丰富个人知识的同时，锻炼自己语言表达能力和与人沟通的能力，表示要拓展更多实践基地，尝试不同形式的义工活动来丰富人生阅历。

（赵欣煜）

【学生到天津邮政博物馆做义工】 2011年，高二7班部分学生到天津邮政博物馆做义工。经工作人员培训，学生开始在“序厅”、“邮驿与其他通信组织厅”、“邮政厅”和“集邮厅”等四大展厅进行解说、游客导引、门票检验等工作。通过解说和学习邮政博物馆的相关文字、实物、照片、塑像等，学生了解天津邮政百余年历史变迁，感受到邮政行业独特的文化魅力，在语言表达、人际交往、组织协调能力方面得到锻炼和提高，希望能多到社会公益场所去实践，以实现自我价值。

（赵　凯）

【学生在滨江道做募捐活动】 2011年12月11日，南开中学高二11班17位学生到和平区滨江道国际大厦门口做义务募捐活动。该次活动系与天津义工服务队合作，一起帮助15户人家过一个“好年”，其中有收养弃婴30多年的张阿姨、收养弃婴23年的王慧芳阿姨、照顾脑瘫孩子的妈妈王阿姨、收养流浪残疾人的韩淑芳老人、撑起家庭的11岁女孩、照顾养母的13岁男孩牛牛等。学生佩戴着志愿者绶带，向行人宣传此次活动的目的和被捐助人的基本情况。共募得善款2516.6元，全部用于购买米、面、油等生活必需品。从制作募捐箱到向行人讲解，从筹集善款到采购生活物品，学生在活动中磨炼个人意志、体验团队协作、收获成长经验，希望多参加更有意义、更加丰富多彩、更具社会影响力的义工活动。

（赵　凯）

【部分学生参加天津义工服务队活动】 2012年1月寒假，高二12班部分学生随天津义工服务队投入到各类社会公益活动之中。专程到天津美福养老院慰问老人，表演节目，与老人话家常，打扫卫生等。天津义工服务队反映，南开中学的高中学生寒假期间参加多项这样的活动，尤其是高二年级学生李洋，坚持参加公益活动半年之久，寒假里几乎天天都在忙碌,每周都要去中心妇产科医院义务导诊,到圆梦特教中心看望脑瘫患儿,到自闭症儿童治疗中心帮助孩子,到养老院慰问老人,还给包括血液病研究所的患儿在内的困难儿童实现梦想的“圆梦行动”,节日期间参加“关爱身边的空巢老人”活动等,从腊月忙到正月,几乎没有休息。天津生活广播《公益先锋》栏目对李洋等学生给予特别报道。李洋在接受天津日报记者采访时坦言:“开始时,觉得参加公益活动能让生活‘充实’,现在是感到‘踏实’。”该义工活动被中国青年网、北方网、人民网等新闻媒体报道和转载。

(赵　凯)

【学生到川府社区老人院做义工】 2012 年 1 月 13 日,南开中学高一 7 班苗雨阳、苗露阳、朴廷珉、邓晓萌、张玮玥、刘博韬、杨爽、张洪儒、宋国钰、徐铭堃、刘宇梦、穆祎等学生来到南开区川府社区德利得鹤童老人院做义工。义工活动的主题是“孝、笑、效”, 即在 2012 年春节来临之际,为失能失智的老人送温馨送祝福,建立和谐美好的社会氛围。学生带着节日礼品慰问老人,给老人的房间贴红福、挂吊钱,与老人一起画图画,陪老人聊天。学生苗雨阳、苗露阳这对双胞胎还为老人演唱《外婆的澎湖湾》,美妙的歌声带给老人无尽的温馨和祝福。学生的义工活动不仅给老人带来很多欢乐,也使自己的寒假生活过得充实而有意义。该次活动被人民网等新闻媒体报道。

(赵　凯)

【学生到周恩来邓颖超纪念馆做义务讲解员】 2012 年 1 月 20 日,南开中学学生会外联部宁雪、石添硕、刘晓晗、王子文、张馨予五位学生干部到周恩来邓颖超纪念馆做义务讲解员。正值春节来临,学生饱满的热情、精确的解说得到参观游客的好评。天津电视台对学生寒假担任义务讲解员工作专门进行报道。宁雪在接受采访时表示,能够到南开中学学习研究周恩来实践基地——周恩来邓颖超纪念馆做义工意义非凡,收获颇丰,不仅更加深入了解伟大校友周恩来总理的光辉事迹,也锻炼语言表达和人际交往能力,增强社会责任感。其余四位学生也表示,要多参加此类社会实践活动,充实假期生活,全面提升个人素质。

(赵　凯)

【学生到天津市血液病医院做义工】 2012 年 1 月 21 日,南开中学高二 10 班 10 名学生到天津市血液病医院做义工。义工活动的主题是“大手拉小手,一起过新年”。学生精心策划一场文艺表演,演出舞蹈《喜羊羊与灰太狼》,手偶剧《三个小宝宝和大灰狼的故事》,魔术表演《纸牌与读心术》,吉他伴唱《大海啊我的故乡》,小合唱《雪绒花》等,与医院的患病儿童一起分享,让不能回家过年的孩子们体验新年的快乐。学生通过活动锻炼组织策划能力、现场应变能力等,在带给别人快乐的同时快乐自己。该次活动的报道被刊登在《今晚报》学生栏目。

(李可纯)

【保护湿地志愿者义工队】 2012 年 1 月,南开中学与天津自然博物馆联合举行“保护生态,可持续发展,走进湿地”活动。2012 年是第十六个世界湿地日。该项活动主题是“负责任的旅游有益于湿地和人类”,也是环保系列活动之一。副校长吕宝桐,天津市自然博物馆、天津市海洋局、天津市林业局相关领导,天津人民广播电台著名播音员丁函等出席。活动现场,自然博物馆的专家及讲解员通过幻灯片,以图文并茂的方式,向师生介绍何为湿地、湿地对地球的作用等知识。由南开中学高一 11 班组成的学生志愿者义工队现场宣誓,加入到湿地保护的队伍中。学生表示要发扬南开精神,多参与这样的活动来锻炼和培养实践能力,提高自身的综合素质和服务社会的本领,增强参与生态环境保护的意识。

(陈勃羽)

【学生到社区与孤寡空巢老人和儿童联谊】 2012 年 1 月,高一 2 班部分学生来到南开区兴南街源德里社区与孤寡空巢老人和儿童联谊一起过春节。有趣的猜灯谜、动人的歌曲、精彩的相声表演让老人和孩子们笑声不断,带给他们无限欢乐。学生在带给老人和儿童快乐的同时,也快乐自己,深切感受到“老吾老以及人之老,幼吾幼及人之幼”的内涵。该次活动被天津电视台予以报道。

(赵　凯)

班主任工作

【高二1班获“市级三好班集体”称号】 2011年3月29日，南开中学姚卫盛老师作为班主任代表其所带的高二1班参加南开区范围内的“市级三好班集体”竞评活动。经过演讲事迹和不记名投票，南开中学高二1班在全区参评的八个班级中脱颖而出，被评为2010－2011学年度“天津市三好班集体”。德育处主任贺海龙和大港三中学访教师叶罗娜观摩该次活动。高二1班在日常班级建设中，认真落实学校的各项要求，取得可喜的成绩：在2010－2011学年度高二年级第一学期“五项评比”中，获总分全校第一名；班级建立三个义工活动基地，累计进行义工活动70小时；班级学生学习成绩总分始终名列年级第一名，有29人次获全国和市级学科竞赛各级奖项；积极参加学校各项体育活动，囊括学校秋季运动会、“三六杯”男子足球和“五虎杯”男子篮球三项冠军。

（贺海龙）

【高三1班创建周恩来班取得新成绩】 2011年12月，高三1班作为理科实验一班，在班主任的带领下，以“学习周总理”为教育主线，在2011年3月成功创建“周恩来班”，摘得市级三好班集体荣誉称号之后，积极参加学校各项活动并自主开展各种班级特色活动，继续取得新成绩。在班主任的指导下，德育方面，自高一年级起，班委会每周召开例会，保证每周都有班级小结，并制定出《2009届一班评优流程》以规范每一位学生的日常行为。该班学生自觉坚持每天早晨7点20分到校，鲜有迟到现象。早自习在班委会坚持不懈的自我管理和班主任的监督下，一直保持着良好的纪律，培养学生的自觉意识。学生自觉遵守学校关于着装、发式、课间操和宿舍的规定，以南开人的标准严格要求自己，因此从未被减分。在平时的值日中，学生能够做到自觉主动，生活干事和生活委员加以组织和监督，每次卫生清扫彻底到位，保证整洁舒适的学习生活环境。自习时间学生自觉保持安静，由班委会进行纪律管理由于学生的自觉意识、严格的制度管理和班委会认真负责的工作，该班各次五项评比均在全校前三名，在2010－2011学年度第一学期总评中获得全校第一名。学习方面，该班在高一和高二年级各次大考中，文理科目总分数均保持年级第一；高二学年共有24人在各科竞赛中获国家或市级各级奖项；高三上学期有16人次获省级竞赛一等奖，其中，物理竞赛天津赛区的第一、二、八名皆出自该班，分别获全国比赛金牌、铜牌和银牌。在班主任的带领下，该班在校内校外积极组织开展各种义工活动。学生在市规划展览馆多次参加中英文讲解工作。学生志愿者对参观者进行环保宣传，分发由该班团支部编写的带有理科特色的环保宣传单，发起“低碳生活，从我做起”的签名活动，激发市民对城市的热爱，关注绿色环保。该班还开辟圆梦智障儿童启蒙中心和康泰老年公寓两个新的义工基地，学生在每一次温馨而令人感动的义工活动中，深刻地体会到奉献的美好。该班在校内曾三次利用课余时间开展校园日活动，对周总理铜像和宿舍、展厅进行清扫，并向全校学生发出维护校园环境的倡议。通过服务社会的过程，学习周总理为人民服务的高尚品质，收获成长道路上的人生感悟。在班级特色活动方面，该班在高二学年组建学习研究周恩来小组之后，在学生中开展学习研究周恩来活动，旨在使学生继承周总理的宝贵精神财富。由团支部组织筹办的团日活动别具特色，在使学生受到教育的同时，增进团结和友谊，缓解学习压力，增强班级的凝聚力，联欢活动让大家一起在教室里度过开心愉悦的时光。团支部共出版班级简报十二期，记下每个月学生参与的活动、学校的大事，以及学长的经验之谈和学生的生动随笔，用杰出校友的励志故事引导学生奋发向上，有效促进良好班风的建设。

（姚卫盛）

【注重班级环境建设打造不一样的毕业班】 2011届九年3班学风浓厚，班风正气，环境和谐。班主任严格要求，致力于创建良好的环境。无论是上课还是放学，要求学生每天把桌椅摆放整齐，地面干净无纸屑，墙面洁白无球印。教室里处处体现班级文化氛围，除板报外，还设立宣传栏，将班规、日常管理条例、学生硬笔书法作品、获奖奖状、名言警句等贴在相应位置并定期更换，以约束学生的言行，激励学生积极进取。以《中学生守则》和学校《五项评比》制度为依据，制定《班级成员公约》、《日常管理条例》和《奖惩制度》，做到有章可循。利用晨会、班会、校会等时间，对班里的情况进行讲评，表扬好人好事，及时纠正不良现象，通过讨论引导使学生树立正确的是非观。注重抓细节，作为管理班级的关键。考试前对于学生进行放松训练，缓解考试带来的压力，考试后进行一对一心理疏导。教师努力拉近与学生的距离，让学生亲近教师，从而愿意接受教育。真正关心学生，学生生病时一句问候的话语，学生过生日时一条短信祝福，逢年过节给住校学生送水果和礼品等。培养学生的集体观念和爱心，积极鼓励学生参加社会义工活动；在父亲节、母亲节等特殊节日，提醒学生对父母的问候等，使学生懂得关心他人是一种责任。教师从事平凡琐碎的重要的班主任工作，需要细致和耐心，因为面对的是成长和发展中的人，对于学生的教育不具备可逆性，所以要求教师讲求策略和方法，学会换位思考，不断反思和总结。不能急于求成，因为教育不是一下子就能看到结果的。

（王大治）

【高二 10 班班级口号和优异成绩】 高二 10 班 2010 年 9 月建班之初，班主任注重引导和培养学生形成“一主三自”的学习意识，将学习目标与为国家作贡献紧密联系。开学之初，该班提出“铮铮十班铁骨，巍巍南开精神”的口号。学生以“红日初升”为背景自行设计班徽，自行填词创作班歌《梦想圆舞曲》。经过民主选举，学生选出能力较高、责任心较强的十位学生组成班委会和团支部。在班主任的指导下，班委会每周一定期召开例会，总结上一周的成果和不足，并制定本周班级工作计划。在学习上，班主任指导学生结成“学习互助小组”，班委统一协调安排早自习、自习课等时间，在学生中形成“发现问题，立即解决”的良好学习风气，课堂气氛活跃，学习成绩在普通班中名列前茅。在五项评比方面，班委会建立每天轮流执勤制度，每日记录、责任到人，同时细化卫生管理条例，为保证班级在五项评比中取得优异成绩打下基础。在 2011 年下学期的五项评比总评中，高二 10 班取得全校第六名、年级第二名的成绩。每周五的班会课由学生自主设计主持，为全班点评一周的国内外时事，使学生开阔眼界，培养关注社会、关注生活的良好习惯。学生还在班委会的组织下积极参加义工活动，先后在平津战役纪念馆、曹禺故居、康寿园养老院等多个义工基地参加社会实践活动，增长为社会服务的本领。学生还积极参加学校组织的各类体育过活动，通过平时刻苦训练，赛场上顽强拼搏，先后蝉联南开中学 2010、2011 年田径运动会、“三六杯”男足、女排冠军，既增强学生的体质，也增强班集体的凝聚力。

（刘秋昭）

【培养八年 4 班优良的班风】 八年 4 班 2010 年 9 月建立时共有 39 人，男生 30 人，女生 9 人。八年级学生的最大特点是独立性、逆反性表现得更强，自律性较差。面对这样的特点，班主任对学生进行积极的教育，开学之初通过各种方式调动学生各方面的积极因素。初二年级是学生容易分化、缺乏目标的一年，也是最易掉队的一年，同时也是学生形成良好的生活学习习惯，形成积极向上的班级面貌的最关键的一年。班主任抓住这一时机，根据实际情况制定、调整班级奋斗目标、班规、班训，将“诚实、勤奋、宽容、自信”作为八年 4 班班级格言，以此督促学生形成好的习惯。具体措施：(1)抓常规管理规范学生的行为习惯。对于课间操、打扫教室卫生、课堂纪律、学校各项活动的参加都认真组织，严格要求，决不马虎，让学生感到做人、做事都要严谨认真、一丝不苟。(2)发挥班干部的作用 。在班级管理上，通过班级民主选举本学期班干部，并逐步完善班级管理机制，培养学生的自我管理能力。班主任有意识地通过开展各种活动，观察分析和挑选一些关心集体，团结同学，作风正派，有一定组织能力，有开创和奉献精神的学生来担任班干部。班级采用值日班长制，由常务班长总负责，五名班委轮流每周值日一天，负责自习课、卫生值日等日常班务工作。(3)营造良好的学习环境。班主任在班级反复强调学生的天职是学习，培养学生学习的紧迫感。每次考试都要自己总结，找出差距，认真总结，尤其是期中和期末，两次让学生把自己的成绩与原先的成绩相比，在比较中找差距，确立新的奋斗目标，激励学生不断超越自己取得新进步。(4)个别教育与表扬相结合。班级中思想基础和学习都比较差的学生，通常表现为精力旺盛而又学不进去，思想活跃而又任性好动，对班集体正常的学习生活秩序有一定影响。在教育转化这部分学生时，班主任从建立和培养感情入手，亲近学生、关心学生、了解形式，努力发现学生身上的闪光点。诸如在班级活动中，学生积极打扫卫生、参加年级系列体育活动，都能及时得到表扬，使那些过去无论在家里，还是在学校，极少获得表扬，久而久之失去上进心和自我认同感、缺乏自信心的学生，重拾自信，让他们在获得班主任充分理解和信任的基础上，使性格和人格回到正确的轨道上来。(5)开展丰富多彩的第二课堂活动和社会实践活动。2011年下学期成功地组织学生参加学校校运会，配合各科开展多项小型即兴式比赛，寓教于乐。采用“走出去”、“请进来”的方式开展第二课堂活动。通过这些活动丰富学生的课余生活，使学生开阔眼界，学以致用，同时受到爱国主义、集体主义教育、劳动教育以及科学的世界观、人生观教育，取得良好的效果。

（杜江龙）

【用爱构建和谐的高二12班班集体】　2011年9月建立的高二12班，全班共有51名学生。班主任力求用爱的理念打造充满暖意的班级，构建“和谐、民主、向上”的班集体，培养学生以周恩来总理为人生楷模，以“允公允能，日新月异”的校训为指导，以“仰望天空，脚踏实地”的班训为意志，立志做德智体全面发展的优秀人才。为激发学生主人翁意识，全面贯彻南开中学“一主三自”的教育理念。该班级在开学两个月内未组建班委会，但各项工作有条不紊。开学伊始，首先积极打造班级文化，创建温暖和谐的集体。班级教室墙壁上的世界地图、中国地图，卫生角中的抹布和脸盆，墙上的钟表，窗台上的盆栽、药箱，都是学生自觉捐献用来装饰班级、服务班级的。每天黑板上会出现励志名言，会有对过生日学生的祝福，放学后椅子会整齐地摆在桌子上。班主任善于利用班会和集体活动建立班级认同感、激发班级自豪感、增强班级凝聚力。开学后，该班相继组织召开“我亲爱的十二班”、“感恩父母”、“最初的梦想”等主题班会活动，学农劳动期间还自发组织“感谢教官”联欢会。通过这些活动增强班集体凝聚力和集体荣誉感，激发学生的梦想、点燃学生学习的热情。该班级还积极参与学校组织的各项活动，学生团结协作，努力拼搏，充分发挥集体的凝聚力：在三六杯比赛中，作为新组建的排球队，队员积极训练，发扬“迎难而上、顽强拼搏”的天津女排精神，最终闯入四强；该班克服文科班男生少的劣势，在足球比赛中以顽强拼搏的进取精神，以未丢一球的战绩最终获得三六杯足球赛的亚军。学生还积极参与义工活动。参与天津市义工队组织的为脑瘫痪儿捐款活动，到圣心养老院进行慰问演出，在文庙博物馆担任义务讲解工作等，服务社会，奉献爱心。班主任将爱心教育贯穿班级工作各个方面，让学生在一次次的集体活动中感悟生命中的爱与感动。高二12班学生的辛勤努力换来可喜的成绩：在学校五项评比中多次获得学校前十名，在学校运动会上获得精神文明班集体的荣誉称号。“我们不仅是在组建一个优秀的班集体，更是在组建一个温暖的家”成为学生共同的心声。

（马丽坤）

主题班会

【高一10班聚焦“两会”热点班会】　2011年3月11日，高一10班组织召开“聚焦两会热点”主题班会。班会第一环节是观看全国人大和全国政协会议开幕式的精选片段，感受“两会”的热烈氛围。第二环节是主持人以知识问答的形式为学生讲解“两会”的基本知识，生动趣味，现场气氛活跃。第三环节也是班会的高潮部分，利用幻灯片展示该届“两会”热点话题的关键词，以学生“呼声高低”依次进行相关提案的介绍；学生在小组讨论的基础上选出代表，从“房价”、“医改”、“幸福”等热点关键词切入，各抒己见，精辟的论述博得热烈的掌声，充分体现南开学子对于时事的关注及深刻的见地。最后，班主任刘秋昭老师做总结，充分肯定学生对“两会”的热情和关注，同时也对学生提出“关注国家大事，牢记南开学生使命”的殷切希望。该次班会促进学生提高对时事热点的关注度，深刻体会身为南开人承担的“复兴中华”之责任。

（张晶雷）

【九年级备战中考主题班会】　2011年3月17日，2011届初三年级三个教学班在距中考倒计时100

天之际举办“鼓舞士气，备战中考”主题班会。班会上，学生纷纷发言，表达自己脚踏实地的决心和冲刺中考的勇气。学生还在现场读各自家长的寄语。整个班会的氛围充满激励与感动。

（杨晓坤）

【高一3班新老学子话成长主题班会】 2011年8月，高一3班在南开入轨教育期间，举行“新老学子话成长”主题班会。2011届合唱班毕业生代表杨轶晶、史达文、周冠男、杨之洵四位学生走进高一3班教室，与学生进行互动交流。杨轶晶结合自己担任班干部的经历，讲述如何协助班主任进行班级建设和管理。史达文通过魔方表演，讲述如何锻炼空间思维以学好数学。周冠男通过吉他伴唱自创的英文歌曲，讲述如何丰富课余生活。杨之洵结合自己从年级300余名的成绩提高到高考的48名，讲述如何树立信念和实现目标。四位学生结合自身经历侃侃而谈，形象生动，语言风趣。该次班会有利于新生更好地适应南开的学习生活环境，确立正确的方向和目标。

（林秋莎）

【高一14班理想与目标主题班会】 2011年8月24日，高一14班召开“扎根南开，展望希冀”主题班会。在两名主持人的引导下，班会以“答记者问”的形式拉开序幕。每位参与学生都诚恳地回答新学生的提问，问题主要涉及性格、兴趣爱好、个人理想、对南开的认知以及未来在南开生活的构想。然后，全班以组为单位就本组成员的个人理想、学习方法、学习目标进行交流。最后，班主任做总结性发言，并带领学生进行班内宣誓。班会尾声，学生徐可将书法作品“天之骄子”四个大字张贴在教室后墙，作为学生壮志宣言的纪念和象征。该次班会让学生互相了解彼此的优缺点，增进新同学之间的友谊，鼓舞学生的斗志，为构建和谐、团结而有凝聚力的班集体打下良好的基础。11月5日，高一14班召开题为“当理想清晰可见，梦已不远”主题班会。学生观看学习委员刘晓晗编辑整理的幻灯片，听有关美国哈佛大学、耶鲁大学，英国剑桥大学，中国清华大学、北京大学等国内外知名高校的介绍。介绍的方面涉及各大院校的历史、文化、人文环境、影响力及突出的专业教育领域，让学生对这些高等学府有更明确的认识。学生就自己的未来目标展开积极而热烈的讨论，部分学生即兴发表对人生道路规划的感想。班主任张继红老师总结发言，鼓励学生脚踏实地、一步一个脚印地实现自己的梦想。班会在学生杨叶琪朗诵一篇精美的励志散文后圆满结束。该次班会使学生的奋斗目标更加明确，令每位学生都受益匪浅。

（刘明辰）

【高二5班同舟共济主题班会】 2011年9月16日，高二5班举行“同舟共济，水涨船高”主题班会。该次班会是团队户外训练的形式，项目有烽火轮、团坐、贴人等。学生分成小组进行比赛，获胜者有奖励，失败者要表演节目。通过团队户外训练，培养学生的领导才能、决策能力和团结协作意识，学生在互相配合中逐步熟知，班级凝聚力得到增强

（张光玲）

【八年1班庆祝建校107周年主题班会】 2011年10月14日，八年1班举行“庆祝南开中学建校107周年”主题班会。班会由团支部书记石祺主持。首先播放南开中学发展史的纪录片，形象生动、简明扼要地介绍学校的杰出成就和发展状况。之后，各小组学生就查找的资料进行交流与共享，并选出代表进行介绍。第一小组学生常婉娉介绍南开的创始人、校训、容止格言；第二小组学生李啸宇介绍南开的校色、校徽、校服；第三小组学生石祺介绍南开的校歌；第四小组学生张博轩和刘淑言分别介绍南开中学的杰出校友；第五小组学生殷梓培介绍南开的文体活动；第六小组学生周卓介绍南开的校园设施的变化。接着，进行校史知识竞赛，以巩固学生了解到的关于南开中学的知识。比赛采取抢答方式，分小组累计分数，最后优胜组获得奖励。该环节充分调动起全班学生的积极性，现场气氛活跃。该次班会使学生在了解南开悠久历史的同时，激发对母校的热爱，为继承和弘扬南开精神打下良好基础。

（焦　鹏）

【高二10班“中欧青年交流年会”主题班会】 2011年10月21日，高二10班组织召开“中欧青年交流年会”主题班会。班会第一阶段，学生丁卓钰、曹戈、王珂妍放映中欧交流年的官方宣传视频，以生动的动画形式就年会的召开、宗旨、活动事项进行全面而具体的介绍。第二阶段，学生徐纯如、阎晓辉放映年会中方和欧方的开幕式，重点展示温总理的题词

等图片资料，认真学习温总理在开幕式上的发言，学生小组讨论并发表对于中欧青年交流会的认识。第三阶段是互动问答环节，由在座学生就自己想了解的事项向主讲的学生发问，由主讲的学生做出认真答复。一番积极踊跃的提问与解答后，学生就当代青年在全球化背景下的青春价值等问题进行讨论，交流心得，为班会画下完美句号。该主题班会普及有关中欧青年交流年会内容，号召学生投身建设国际和谐社会，提升学生参与当代国际友好交流活动的热情。

（徐纯如）

【高一2班合作奋进主题班会】 2011年11月18日，高一2班举行"精诚合作，携手奋进"主题班会。班会围绕着班级建设，通过新班委会选举、班级成绩回顾、班级发展展望等环节展开。学生轮流上台，各抒己见，表达自己对班级建设的想法和建议。新一届班委会成员朗诵诗歌《相信未来》，以表达对建设好班级的信心和希望。班委会制作的上半学期各项活动的照片集，以及参加学校电影节拍摄电影的花絮，将班会推向高潮。最后，全班学生齐唱班歌《仰望星空》，班会在学生的欢呼与掌声中圆满结束。班会对于增强班级凝聚力和学生团结合作的意识，鼓励学生为班集体建设贡献个人力量具有积极意义。

（孙 超）

【高一9班"模拟联合国"主题班会】 2011年11月18日，高一9班举行"模拟联合国"主题班会。班会就是否同意向伊朗出兵问题展开讨论。全班共分为八个小组，分别扮演中、美、俄、英、法、伊朗、阿拉伯国家、巴勒斯坦和以色列代表。各方代表唇枪舌剑，展开激烈的讨论；经过观点陈述、拉帮结派、自由辩论、达成协议、各国投票五个环节，最终代表伊朗的一方获胜，"联合国"没有通过"美国"提出的对"伊朗"出兵的行动。学生通过该次班会，不仅学习很多关于政治、经济、国际关系方面的知识，而且锻炼组织协调能力、提高语言表达能力，增强关注时事政治热点的意识。

（王浩安）

【高二8班"八班人"主题班会】 2011年11月25日，高二8班举行"八班人"主题班会。班会伊始，通过大屏幕播放军训学农、五虎杯三六杯比赛、入学拓展训练等照片，回忆一年来八班学生的学习生活。而后，分小组讨论对于"八班人"的理解。责任、自信、荣誉、团结、齐心、努力、拼搏等，成为学生谈论的重点，也被认可为"八班人"的精神。接下来，学生用荧光棒拼接成"齐眉棍"，再次体验合作的快乐。该次班会旨在激励学生在争做优秀南开人的同时，努力成为一个名副其实的"八班人"，增强班级责任感与凝聚力。

（孙立鑫）

【高二12班"激情三六，你是我的英雄"主题班会】

2011年12月2日，高二12班组织举办"激情三六，你是我的英雄"主题班会。班会第一阶段，由学生代表播放"三六杯"训练与比赛过程中撷取的精彩视频片段，展示不同时刻抓拍的精彩瞬间。在此过程中，穿插男足、女排队员的感人经历与语录，使整个班集体拥有一种蓬勃向上、勇于拼搏的昂扬斗志。第二阶段，由学生代表为在"三六"赛事中做出积极贡献的队员和学生颁发奖状，以此表达高二12班对英雄们的感激和敬意。在颁奖的末尾，由班主任马丽坤老师为高二12班全体学生颁发最佳团结贡献奖，全班合唱 *We are the Champion*。通过该次主题班会，全体师生共同见证一个多月的努力，共同分享竞争中的友谊与快乐，增强集体的凝聚力，在班会过程中体验集体荣誉感与顽强拼搏的品质。

（马丽坤）

【高一4班学习经验交流主题班会】 2011年12月2日，高一4班召开"学习经验交流会"主题班会。班会采取学生自由发言的方式，分别就学习方法、学习习惯等介绍自己的心得。学生提出"读、听、记、练、背"等自己独到的方法与技巧。班主任王向群老师最后进行总结。该次学习经验交流主题班会，不仅帮助学生解决学习上的困惑，也提供多种有效的学习方法，以利于学生学习效率和学习成绩的共同提高。

（周子璇）

【高二12班"最初的梦想"主题班会】 2011年12月9日，高二12班召开"最初的梦想"主题班会，其目的在于让学生在期末之际明确理想与目标，坚定信念，坚持走好自己的人生道路。会上，学生代表通过丰富多彩的幻灯片展示，从多个角度描摹梦想，鼓舞人心。学生踊跃发言，从不同的视角畅想未来的生活，表达自己对于理想与明天的态度和计划。班会的末尾，学生主持人组织同学亲手写下自己“最初的梦想”，并在《最初的梦想》的歌声中一同制作“理想墙”，共同见证高二12班每个人的梦想与对未来的展望。该主题班会拥有很大的鼓舞激励作用，动员学生共同为理想拼搏，为未来不懈努力、奋斗不息。

（马丽坤）

【高三1班总结表彰班会】 2011年12月31日，高三1班在辞旧迎新的时刻召开“长风破浪会有时，直挂云帆济沧海——高三1班中期总结暨表彰大会”。班会首先全面分析高三第二次月考的有关情况，对过去一段时间学生的学习情况和下一阶段班级奋斗目标进行总结和展望。然后，对在第二次月考中取得年级前八名优异成绩的学生、取得较大进步的学生、在全国高中数学、物理、化学、信息学竞赛中一等奖获得者以及天津市十佳中学生进行表彰，颁发奖状、赠送由校党委书记孙海麟亲自题写寄语并签名的书籍。班会上学生还进行“齐搭合力塔”的游戏。游戏中，学生要利用有限的报纸和胶带，通过集体构思，共同操作搭出又高又稳的“合力塔”。第一轮游戏中，学生经过讨论很快找到方法，共同搭起凝聚着集体智慧的“合力塔”。第二轮游戏难度加大，在搭建过程中不能用语言交流，但所有组都完成任务。该次班会以“激励”为主题，对高考复习过半，需强化目标、增强信心的学生起到导向作用。

（姚卫盛）

【学生会学习部承办“执紫之手，情系母校”宣讲会】 2012年1月13日，由南开中学学生会学习部承办的“执紫之手，情系母校”主题宣讲会在高一1班举行。宣讲人是聘请就读于清华大学的南开中学2011届毕业生。他们向南开学生介绍著名学府清华大学的基本情况和未来发展，通过视频、幻灯片等方式介绍中学与大学的衔接，以及如何适应大学生活、个人的学习经验等。从清华环境到专业选择，再到课余活动，宣讲人两个小时的轻松畅谈，多方面多角度地展现清华大学的精神风貌，让南开的学生对清华大学的文、理、工科及校园生活都有更深层次和多方面的了解，也激起更多南开学生对这座有着深厚历史底蕴的高等学府的强烈憧憬与向往。许多学生表示，要向学长学习，努力拼搏考入清华大学。

（尹小艾）

心理健康

【简况】 南开中学重视对学生的心理健康教育，关注学生的心理素质培养。通过建立学生心理档案，建立心理谈心室，开展丰富的团体辅导活动，建立和完善学校的心理健康教育工作方式，取得显著成效。处于青春期阶段的中学生正是生理心理发育的关键时期，学习的压力大，心里的困惑多，加之自我认识的逐渐发展，对自我的要求有所提高，内心反叛，喜欢标新立异，这个时期他们更多的是体会到个体的矛盾与冲突，如果不加以正确的引导，极易诱发不同程度的心理问题。国内外的大量研究表明，在初高中阶段，最容易出现的问题，大部分表现在人际交往（师生关系，亲子关系，伙伴关系）、情绪（考试焦虑，学习压力，自卑心态）、学习障碍（厌学，逃学）、社会适应等问题上。而学生出现的心理困惑大多是可以经过疏导解决的，所以心理健康教育在学校整体教育中就显得格外重要。截至2011年底，全校学生心理健康状况良好，没有发生严重偏差行为。

（穆玉凤）

【学生心理档案】 2011年，南开中学全面建立高一年级和初一年级全体学生的心理档案。建立心理档案突破以往教师和家长仅凭主观意识来评价学生的做法，不仅为开发学生潜能、为学生心理素质的提高与培养提供条件，同时也为教师进行心理辅导提供帮助。建立心理档案是系统地收集资料的过程，是对学生心理进行描述和分类的过程。其中，进行心理档案测量问卷，主要包括学生的个人状况、自我评价、家庭状况和人际交往情况等内容。学校力求从这些内容中,获得有关学生个性特征、自我意识、家庭环境等相关信息,更准确地了解学生的心理状态,向各项学生管理工作提供依据。学生心理健康档案的建立,在南开中学尚属首次,为深入开展心理教育工作奠定基础。

（穆玉凤）

【心理健康宣传报纸《心桥》】 2011 年,南开中学通过定期制作出版报纸《心桥》普及心理健康知识,营造良好的校园心理氛围。《心桥》报通过向全校学生征稿的方式,将学生的心理故事,心灵感悟,以及个人体会等与其他同学分享,为全校学生提供心灵栖息地,在学生与心理健康教育工作之间架起一座桥梁。在心理学知识的宣传中,学生根据自身的实际需要,选择不同的心理知识和心理技巧进行自我调节,消除自身的焦虑、无助、失望,痛苦等负性情绪,使学生心情愉快,精神振奋,激发起奋发向上的斗志。

（穆玉凤）

【心情热线广播】 南开中学通过每周五中午的校园广播《心情热线》节目向学生介绍心理知识、心理故事和心灵感悟。《心情热线》不同于以往的校园广播,更多的是关注学生的内心世界,通过舒缓安静的背景音乐,让学生在午休时间感受到一份安静与轻松的氛围。同时,《心情热线》更以其新颖的形式吸引广大学生主动分享心理感受,为学生提供倾诉的渠道。经常性的心理健康宣传达到陶冶学生的情操,丰富学生课余生活的目的,让学生懂得遇到挫折和困难该如何应对,如何去调节,达到“助人自助”的目的。

（穆玉凤）

【阳光谈心室】 南开中学 2004 年成立心理辅导专业机构——阳光谈心室,由专职心理教师对在校学生进行专业的心理辅导和咨询。阳光谈心室每周一至周五中午 12 时 30 分至 1 时 30 分面向学生开放,有需求的学生通过信件、电话、电子邮箱以及聊天软件与心理老师进行沟通、交流和预约。个别心理咨询能够有针对性地解决学生的问题与困惑,尤其对于性格内向、不善于言表的学生有很大的帮助,避免在团体咨询中的尴尬和自卑。在心理咨询过程中,心理教师能够及时帮助有需要的学生调整心态,解决问题,使学生以平和的心态面对问题,促进学生形成健全的人格,保证其身心的和谐发展。

（穆玉凤）

【心理健康教育】 南开中学结合新生入轨教育、班会、课外活动以及学军学农活动开展心理辅导,达到促进学生身心素质全面发展的目的。在新生入轨教育阶段,为学生进行拓展训练,让学生通过合作、互帮互助共同完成任务。拓展训练中学生感受到团结的重要性,体会到自己在班级中的作用,有利于增强班集体的凝聚力和向心力。该拓展训练较好地将心理辅导与班级、团队活动结合在一起,体现心理健康教育的有效性。

（穆玉凤）

【专题心理辅导活动】 南开中学每学期通过心理知识讲座和专题心理辅导活动两大途径对在校学生进行心理健康辅导。2011 年下学期,以高三年级学生月考后学习状态的调整为目的,开展以“自信的力量”为主题的小型团体心理辅导活动。在团体辅导中,通过头脑风暴、放松游戏等活动减轻学生的压力,增强学生自信。该次团体辅导活动的开展取得成效,达到活动的目的。

（穆玉凤）

【学生心理健康辅导团】 南开中学心理健康辅导团 2006 年成立。辅导团有 24 位心理辅导员组成,由高一和高二年级各班班主任挑选一名对心理学感兴趣、对班级工作有热情的学生担任。心理教师通过培训的方式向各班的心理辅导员介绍心理小常识和简单的心理技术,让他们了解心理辅导员应该具备的素质,从而更好地服务于每一位学生。心理辅导员在平时可以帮助心理辅导老师发现身边有心理困惑的学生,并及时与心理辅导老师取得联系,以便能够在第一时间帮助这些学生使问题得到解决。

（穆玉凤）

艺术教育

【陶艺坊与造型艺术教学】 2011 年 10 月,南开中学新建陶艺坊,将含英楼二楼 211 室辟为工作室,为热爱陶艺的学生提供一个造型艺术的创造空间。工作室内内有八台拉坯机以及一些传统的陶艺设备等,供陶艺制作使用。通过陶艺坊学生活动与造型艺术教学,使学生了解到,陶艺是中国传统文化形式之一,是一种人工形态,陶瓷形态的基本材料是土、水、火。瓷器是中国古代的一项伟大发明,世界各国的制瓷技术多是从中国传入的。随着朝代及制陶技术的演进,陶瓷品在人类生活中不再具有实用的价值,渐渐成为一项重要的艺术文化。陶艺多样化的风格及不同的形态用途,所代表的是人类审美观及生活品质的改变。现代陶艺是表现造型结构与思想理念的创作,与其他艺术形态的结合,使得陶瓷艺术不再是单纯的拘泥于土与釉的结合,融合更多的人文与空间因素,从而更有内涵。由于现代对于化工原料知识的进步,与釉烧技术的发展,加上工业化后机器的制造与发明,陶瓷艺术渐渐分家,实用陶瓷与艺术陶瓷各有不同的发展空间。南开中学许多热爱陶艺的学生,凭借浓厚的兴趣和创造力,在陶艺工作室成果创作出形态各异的陶艺坯体,从中体验创造的艰辛和成功的愉悦。

（回向崑）

【陶艺课教会学生动脑和动手能力】 南开中学开设陶艺课以来,吸引了很多学生的关注。无论从泥条成型到拉坯成型还是从泥板成型到手捏成型,学生们都从亲自动手动脑中体验到陶艺美:简单中不失细致,朴素中不失灵气。学生享受做陶艺的过程,享受将一块块冰冷的泥巴变成一件件有故事有灵魂的作品的过程。陶艺教师回向崑教给学生,做陶艺需要的不是速度,而是慢下来用心去雕琢。每次的陶艺选修课,学生们和老师一起和泥、盘泥条、玩泥巴,一起边做陶艺边聊天。或许每次都会弄得全身脏兮兮,甚至拉坯时遭到一次又一次失败,但学生们看到自己创作的作品感到很满足:亲手做出来,倾注想象能力,培养动手能力,提高审美能力。学生们的相互合作更给这项本来就趣味横生的艺术增添了更多快乐。个人灵感的不断涌现,两个人思想的不断碰撞、融合,不仅提升彼此的默契,培养合作精神,更让作品的细节处理得更加完美,在整体的构思和意义的表达上更加立体和深入。在学生们一次次默契的配合下,作品的质量越来越高,学生们也更加自信,更加享受制作陶艺的过程。回向崑总结多年教学经验说,陶艺是一种文化,一种既年轻又古老的艺术。年轻是因为现代陶艺的独立和发展,古老是因为它伴随着人类文明史,透着原始的魅力。陶是土的艺术,火的艺术,其实更是人生艺术。陶艺课从真正意义上教会学生动脑和动手能力。

（张泽艺　刘冰彦）

教学教改

科技新体验示范实验室

【传统工坊和现代工坊】 传统工坊以传统的车床、铣床、钻床及钳工设备为主，是为锻炼学生实际动手能力和课外开展科技创新实践活动而建设的机加工实践训练基地，也为教师提供教具设计和制作平台。在传统工坊里，学生可以进行各种机加工实践活动，通过手脑并用，自己动手设计制作。学校鼓励学生积极动手、勇于实践，着意培养学生理论联系实际的能力，促成学生更加全面的发展。现代工坊基于现代机加工理念而创建，具有高端加工水平的新型科学实验室，拥有数控车床、数控铣床、激光雕刻机、数控雕铣机、三维扫描相机、快速成型机、激光内雕机等先进的现代机加工设备，将机械、计算机、信息、材料、自动化等学科有机结合起来，使学生在实践中锻炼知识的综合运用能力，使其创意有实现的平台。学校倡导学生在创意中体味快乐，在创新中形成自我，在创造中实现价值，强调“学中做，做中学”，在学习实践中领略现代加工技术的飞速发展。

（叶　远）

【量子信息与量子光学实验室】 充分体现作为新兴的前沿科学，其在理论和实验上所取得的重大突破，紧随量子信息学与量子光学的发展动向，激发学生学习研究物理的兴趣，培养学生的创新思维、创新意识，发掘、培养量子信息尖子人才，使学生熟悉量子信息科研实验的设备、方法、过程，为进一步投入科研工作打下良好基础。实验室的教学设计新颖独特，能让学生通过实验直观地感受光子的波粒二象性、量子随机性、量子不确定性、量子态不可克隆、量子纠缠、量子密钥分发、量子退相干等，使量子物理、量子信息教学更生动更形象；所有实验项目均选自量子信息和量子光学科研的最新成果，与科研前沿紧密结合，量子密钥分发、量子纠缠、自由空间量子保密通信等均为实验重点内容；实验贴近产业应用，鉴于量子保密通信技术进入产业化阶段，很多公司正在研制商用量子通信设备，因而量子密钥分发实验系统可直接为其培养技术人才。

（叶　远）

【生物学和细胞生物学实验室】 展示分子生物学技术可以通过检测分子水平的线性结构，横向比较不同物种、同物种不同个体、同个体不同细胞或不同生理（病理）状态的差异，为生物学和医学的各个领域提供强有力的技术平台。分子生物学技术可应用于遗传性疾病的研究、病原体的检测及肿瘤的病因学、发病学、诊断和治疗等方面，并使其研究提高到基因分子水平。分子生物学实验可涉及的实验项目有，细菌培养、基因组 DNA 提取、酶切，质粒 DNA 提取，紫外吸收法测定核酸浓度与纯度，水平式琼脂糖凝胶电泳法测定 DNA，垂直式聚丙烯酰胺凝胶电泳法测定蛋白质，聚合酶链式反应（PCR）技术体外扩增 DNA，质粒载体和外源 DNA 的连接反应等。基因工程技术是分子生物学与现代工程学的完美结合，该技术使珍贵药品的大规模工业化生产、培育优良新品种动物及农作物等成为可能。

（唐廷稚　尤智杰　杨　振　纪志娜）

【蛋白质结晶和三维干细胞培养实验室】 利用三维细胞培养仪，旨在使学生了解三维干细胞培养过程。研究蛋白质结晶，可以更好分析蛋白质的结构，从而进行更深入的生命活动研究。在细胞生物学实验中，主要是进行植物组织培养和相关其他技术的研究。植物组织培养是在无菌条件下，将离体的植物器官、组织、细胞以及原生质体，培养在人工配制的培养基上，并给予合适的培养条件，以达到植物细胞、组织、器官分化和增殖的目的。研究目的包括快速繁殖、脱毒繁殖、新种培育等不同方面。三维细胞培养(three - dimensional cell culture，TDCC)自21世纪初开始已广泛运用到生物医学研究的各个领域。TDCC作为体外无细胞系统及单层细胞系统的研究与组织器官及整体研究的桥梁，显示其既能保留体内细胞微环境的物质及结构基础，又能展现细胞培养的直观性及条件可控制性的优势。其在研究到体内基因表达和剪切的模拟、实验组织建模、人工器官形成、胚胎发育成器官的过程到胚胎整体的培育方面，均取得飞速发展。科技创新生物实验室的建立，既能让对生物领域尤其是实验方面感兴趣的学生及早接触生物学领域的先进技术，在激发学习兴趣的同时掌握相关的实验技能；也能促使生物教师不断钻研了解生物学领域的新技术和相关知识，提高专业知识和实验技术水平。

(唐延稚　尤智杰　杨　振　纪志娜)

课堂教学与新课改

【语文学科大教研活动】　2011年，语文学科坚持每月开展大教研活动并努力搞出特色。通过大教研活动，一是廓清教学中的疑难问题，提高教师的业务水平。3月1日，学习天津师范大学温锁林教授《修辞手法、表现手法及其他》文章，就艺术手法、写作手法、表现方法、修辞手法、创作手法、创作风格和创作原则等日常教学中屡屡错用的专业知识内容，辨清知识的分野，把握具体内涵，将其正确地运用到教学、答疑之中，在平时命题中更正确严格地使用其中的概念。二是分析重要反馈数据，总结经验，研讨对策。4月12日，组织教师分析两年高中学业水平考试评价内容，制定措施，提出教学策略。决定在考试复习中增加审慎、细心、周密的设计和复习安排，针对薄弱题增加复习力度和深度；复习时备课组全体成员群策群力，靠大家出主意、想办法，改变由备课组长一人出篇子、设计复习内容的状况；毕业班教师对学习困难学生格外注意，做到心中对其薄弱点有数、板块学情变化有数和应对措施有数，复习中重点盯防，多投力量，有的放矢，快出成效。三是继承学科优良传统，树立爱岗敬业的精神品质。10月11日，请语文学科老组长、83岁的特级教师王致中先生讲几十年前南开中学教师爱岗敬业的优良教风、学风，以及青年教师成才成长经历，鼓舞语文学科教师“让我们拥抱在语言文字照亮的世界里”。四是学习先进，发挥优势，保持语文学科在学校教研中的先进位置。11月15日，组织教师就如何写作高水平的教研论文进行专题研讨，交流介绍有关经验体会。

(韩文霜)

【化学教师徐宝华教学研究课】　2011年1月，化学学科教师徐宝华在南开区高三化学网上教研活动中做“月考试卷分析及复习策略”的交流。4月15日，徐宝华在含英楼五楼实验室做“高三化学复习专题实验综合设计”区级教学研究课，课堂设计新颖，教学效果好，得到南开区教研员和教师的好评。

(张洪俊)

【语文学科3月1日大教研活动】　2011年3月1日，语文学科组织学期第一次学科大教研活动。初高中语文教师齐聚一堂，就语文教学中亟待解决的相关概念问题进行研讨。学科组长韩文霜推荐天津师范大学文学院温锁林教授的一篇文章，就如何辨析修辞手法、表现手法以及其他语文教学常用概念进行探讨和学习。学科教师纷纷表示，这样的学习研讨氛围浓郁，收获颇丰。研讨活动不仅使教师能够清楚辨析常用概念，而且能够更为准确地把握命题，对于规范中考和高考阶段的教学有很大的意义。

(张　扬)

【生物学科讨论小课题研究项目】　2011年3月9日，生物学科在翔宇楼三楼会议室举行教研活动。全体教师就生物学科在学校“小课题研究”中立项两个课题展开讨论。教师唐延稚就《南开中学学生人际交往方式的调查研究》的课题立项过程发言，明确课题研究的方式方法，时间进度安排等；教师杨振就《南开中学生物学科课程资源的开发与利用》的课题立项、研究范围、方式等发言。两个科研小组的成员也发言谈自己对研究项目的看法和建议。生物学科在讨论后初步分配研究任务，要求要高质量完成课题。

（王　健）

【历史学科研讨课堂教学模式】 2011 年 3 月 30 日，历史学科与大港三中在翔宇楼三楼会议室举行新课改课堂教学模式研讨会。学科组长万庆刚在研讨会上做主题发言，讲述在加拿大萨迪斯中学、香港圣保罗中学和上海复旦中学学习交流的体会，重点介绍国外中学生的历史学习方式。讲授法是常用的方法，但是通过讨论、辩论、模拟、角色扮演、史料研习、独立研究历史问题等方式丰富历史教学。大港三中的教师介绍教学状况和学生学习情况。与会历史学科教师发言，介绍历史教学的做法和体会，就课堂教学模式提出自己的思考与见解。通过交流，对新课改下的教学模式有新的认识和提高，增进与大港三中教师的友谊。

（万庆刚）

【优秀课例交流教研活动】 2011 年 3 月，政治学科开展优秀课例交流活动，以推动教师积极开展教学反思、提升认识、积累经验。每位教师在总结 2010 年各自教学活动基础上，经过认真准备，精选出自己颇为满意的一节课，并介绍该节课的教学思路以及自己选择该课的理由。有六位教师借助多媒体课件进行介绍，整个活动历时两个小时，取得很好的效果。在交流活动进行总结，教师发言时普遍感到：“政治课教学虽有政治会考开卷等应试方面客观不利因素的影响，但教师更下功夫，想尽办法吸引学生。课上准备东西很多，大量的工作在课外。”“课堂拓展很多，时事材料能做到精心筛选、有思路地让学生了解。”“初、高中课程有较大差异，但都能根据学生的特点精心准备，不失为一节好课。”“青年教师很下功夫，课堂形式生动，很抓人。”教师希望互相多听课、多交流。

（王志辉）

【化学教师汪斌做化学教学研究展示课】 2011 年 4 月 2 日，教师汪斌在校内做化学教学研究展示课。课后教师进行讨论，充分肯定该节课的设计思路，认为能够使学生依据研究物质的一般步骤和方法进行有机化合物的学习，基于学生化学必修 2 学过乙醇的结构和性质，因此教学重点是以小组讨论形式复习乙醇的化学性质，在此基础上深入研究乙醇与氢卤酸的取代反应、消去、氧化反应的基本规律，并将乙醇的结构和性质迁移到醇类化合物。课上设计教师演示“魔棒点灯”的实验，即在高锰酸钾固体中滴加浓硫酸充分搅拌形成糊状，用玻璃棒蘸取轻触酒精灯灯芯，酒精灯立即被点着；其原理是高锰酸钾在浓硫酸作用下产生氧化性极强的物质，将酒精氧化而放出大量的热，从而引燃酒精。该实验的目的是激发学生的学习兴趣。课上还设计学生动手做重铬酸钾氧化乙醇的实验，溶液由橙红变绿色，从而揭示“酒驾”检测原理；设计利用重铬酸钾溶液检测化妆品中的酒精含量多少，使学生感受化学就在身边，激发学生学好化学的情感。听课教师也提出改进意见，建议学生的复习交流时间可缩短些，以使学生的实验活动更充分。

（张洪俊）

【化学教师陶颖教学研究课】 2011 年 4 月 7 日，化学学科教师陶颖在化学实验一室做“酸碱盐专题复习二”区级教学研究课，从学生熟悉的厨房里的“白酒和白醋的鉴别”入手，引出物质鉴别的一般思路和方法。通过精心设计的两组试剂的鉴别，使学生对于只加一种试剂一次鉴别与不加任何试剂的鉴别思路和试剂选择原则更加明确。“活动 1”请六位学生分别佩戴六瓶未知试剂的标签进行角色扮演，再请一位“专家级”的学生说出实验方法；六位学生按“专家”所说进行实验，根据现象得出结论，将六种试剂逐一鉴别出来；再请有变化的试剂扮演者写出所发生反应的化学方程式。“活动 2”请每组学生先自行设计实验方案，然后通过交流优化方案，再实施方案检验废液中的成分。“活动 3”设计几个实际应用事例，一位学生已知答案，请另一学生自主设计问题，通过问、答环节，得出正确结论。听课的教师充分肯定该节教学研究课，一致认为，对于学生活动环节的设计新颖，学生参与和学习的积极性高，动手动脑和语言表述能力得到提高。

（张洪俊）

【高考数学教学与成绩分析】 2011年4月12日，高中数学组全体教师在翔宇楼三楼会议室举行教研会议。会议主题为《南开中学高考数学教学与成绩分析》，由数学学科组长侯卫平主持，教学处副主任王文昌与内蒙古来校交流教师一起参与研讨。会上，侯卫平结合图表数据细致分析近八年南开中学学生高考数学成绩特点，并通过与同类学校的横向比较，不同年份本校成绩的纵向比较，指出本校高三数学教学的优点与不足，同时重点结合2010届高三学生的高考情况，对复习工作提出具体的改进意见。与会教师纷纷献言献策，提出不少有针对性的建议。之后，分别由2010届、2011届高三备课组组长曹宝树和康玥发言，总结高三复习工作，既回顾一些具体的做法和经验，还提出夯实基础、狠抓学生运算能力、提高答题技巧及规范性等诸多有针对性的建议。发言引起很多教师共鸣，也就本校学生数学学习特点和应试特点提出建设性的改进措施和手段。最后，侯卫平做会议小结，并对未来的高三复习工作进行展望。数学学科大教研活动在严谨务实而活跃的气氛中圆满结束。

（侯卫平）

【语文学科4月12日大教研活动】 2011年4月12日，语文学科全体教师在高二10班教室举行“2007级高中学业水平考试评价，2006级、2007级高考语文分数分析”大教研活动。会上教师们踊跃发言，献计献策，总结行之有效的经验。在考试复习中增加审慎、细心、周密的设计和复习安排，针对薄弱题有机地增加复习力度和深度；复习时备课组全体成员共同商讨，群策群力，靠大家出主意、想办法搞好复习，克服由备课组长一人出篇子、设计复习内容的情况；高三年级教师对学习困难学生要格外注意，力争做到学情有数、变化有数、薄弱点有数，复习中重点盯防，多放力量，做到有的放矢，目标集中，力争出成效。

（韩文霜）

【历史学科大教研活动】 2011年4月13日，历史学科在图书馆二楼阅览室开展大教研活动，分析高考成绩，研究教学改进措施。学科组长万庆刚对学生近几年高考成绩进行分析，教师马丽坤、于宁对第五次月考和南开区一模成绩进行汇总分析，认为南开中学历史课成绩总体上保持在市区前列，学生学习总体情况符合育人目标，但在一些方面存在问题，部分基础知识有漏点，对于古代史部分内容的掌握、文言文试题解读有缺陷，对于灵活的题目不适应，文字表达不准确等。与会教师经过研讨，对学生存在的问题和解决方法达成共识。针对基础不扎实，不能有效地提取平时积累的知识解答问题，应对措施是指导学生掌握记忆规律，用图示法、连带法记忆知识，使知识成为体系，加深理解知识之间的内在联系。针对运用能力差，迁移知识和提取有效信息存在缺陷，应对措施是教师通过范例指导学生解读材料，并定时进行反馈。针对审题能力差，缺少解答问题的一些方法和技巧，对材料和教材相结合的问题缺乏有机联系，应对措施是教师范例讲解，学生每日训练一题，学会审题的步骤和提取题眼。针对学生表达能力差，答题格式不规范，词不达意，应对措施是对已做过的试题进行分析，找出问题所在，对高考试题的答案进行模写。针对学习困难学生，教师要给予重点关注，提高他们的自信心，并随时对其问题进行解答，以期较大幅度地提高其应试的成绩。

（万庆刚）

【体育学科大教研活动】 2011年4月18日，体育学科大教研活动具体研究安排学校春季各项比赛工作。春季趣味运动会，确定联席会人员、时间、裁判培训、确定预演时间、早晨辅导、划场地、器械准备。体育中考，准备最后一次模拟测试、适应器械、考前年级大会，以及考前、考中、考后注意事项。羽毛球比赛，制定比赛规程、组织报名工作、抽签编排、裁判员培训、赛前辅导、组织比赛、公布成绩。五虎杯比赛，制定比赛规程、组织报名工作、抽签编排、裁判员培训、赛前辅导、组织比赛、公布成绩。

（王肇敏）

【生物学科大教研活动】 2011年4月20日，生物学科全体教师在生物阶梯教室举行学科大教研活动。高三年级备课组长王健做高考“近三年考试大纲、天津卷说明的比较”分析，对历年全国考试大纲变化的知识点，以及天津卷考试说明与考试大纲中的区别进行比对，要求教师们充分利用考纲，定位题目难度，并在日常命题练习中，预估每道题的难度系数，做到科学命题，提高日常联系对学生学习的指导作用。高二年级备课组长吕成就学业水平考试准备情况进行说明，分析高二年级学生的学习水平，以及近年南开中学学业水平考试的情况，对后期学业水平考试的准备工作进行布置。

（王　健）

【化学教师谭旭说课交流】 2011年5月13日，化学学科教师谭旭在南开区教育中心进行“南开区高三年级第一次模拟试卷的讲评课”的说课交流，就命题分析、学情分析、教学目标、教学方法、教学过程、教学反思等进行阐释。根据学生集中错点的分析，确立教学目标为：了解常见有机物的空间结构特征，了解原电池和电解池的工作原理，掌握化学实验的基本操作和对常见物质的检验方法。掌握常见气体的实验室制法，通过对实验装置的分析，最终掌握顺利解决综合实验问题的一般方法。鉴于有机物的空间结构特征的错误率很高，特意制作空间结构模型的教学课件，以帮助学生了解一些有机物分子的空间结构。针对原电池和电解池的工作原理出现的一些问题，制作原电池和电解池的工作原理的电子流动的动态变化课件，以利于学生加深理解。针对学生“化学实验的基本操作”出错率较高，制作气体制备和反应装置的课件，包括制取气体装置的选择、除杂净化装置的选择、干燥装置的选择、主体反应装置的选择、尾气处理装置的选择、每种功能装置的类型等，通过对实验装置的分析，引导学生从熟悉的局部装置入手，利用分割法，在目的统领全局的思想指导下，能够顺利解决综合实验问题，掌握解答综合实验问题的一般思维过程。参加交流活动的教师认为，该试卷讲评课的设计思路很好，能够较好地解决学生普遍出现的一些问题，通过实践确实收到很好的教学效果。区教研员也给予很高的评价。

（张洪俊）

【化学教师曹喆教学研究展示课】 2011年5月27日，化学学科教师曹喆在化学实验四室进行“选修5第四章第三节蛋白质”南开区教学研究展示课。课后进行说课、评课，得到高度评价。9月23日，教师曹喆在北院阶梯教室，面向南开区45岁以下的青年教师作参加2010年天津市双优课比赛的汇报展示课，交流参加比赛的体会，参赛课题“氧化还原反应”。该节课讲授内容属于化学基本概念的教学，比较抽象。教师根据学生实际情况，设计实验以导入新课：铜与稀硫酸不反应，但加入一种无色溶液后，铜不断溶解，溶液变成蓝色。教师给出反应方程式：$Cu + H_2SO_4 + H_2O_2 = CuSO_4 + 2H_2O$。根据初中所学的四种基本反应类型，对该反应进行归类，而归类无果，造成学生认知上的冲突。于是请学生回顾另一种分类标准：氧化反应和还原反应，明确氧化反应和还原反应是同时发生的。进而引导学生从“得氧、失氧”的角度分析该反应，得出H_2O_2“失氧”被还原，但又遇到谁“得氧”的问题。教师引导学生分析，可将上述反应过程看成发生如下反应：$Cu + H_2O_2 = CuO + H_2O$，$CuO + H_2SO_4 = CuSO_4 + H_2O$，引出利用“得氧失氧”来判断氧化还原反应的局限性。进一步引导学生分析上述反应还有什么特点？学生发现，元素化合价发生变化，并得出氧化还原反应的特征。教师请学生角色扮演下述两个氧化还原反应 2Na + Cl2 = 2NaCl；$H_2 + Cl_2 = 2HCl$ 中化合价变化的本质原因是电子的转移，得出氧化还原反应的本质。请学生思考如何设计实验检验加碘盐中碘元素？根据KIO_3中碘元素的化合价分析出将其转化为I2，再用淀粉做指示剂就可检验，并请学生自己动手实验。学生体验到运用所学氧化还原反应理论解决实际问题的成功喜悦。最后播放运用新课导入的实验反应原理腐蚀电路板的视频，体现氧化还原反应在生产生活中的广泛应用。以分析氧化还原反应与四种基本反应类型的关系作为小结。该节课实验成为一条线索，贯穿课堂的始终，较好地突破教学的难点，突出重点，激发学生的学习兴趣，调动学习的积极性，帮助学生自主构建以氧化剂、还原剂为核心、电子得失、化合价升降为判断依据的氧化还原反应的知识网络结构。

（张洪俊）

【化学教师麻亚宁和邢亚孟教学展示交流】 2011年5月27日，化学学科教师麻亚宁在化学实验一室面向南开区教师进行“选修5第四章第三节蛋白质”该课的展示。11月18日，麻亚宁在南开区高一化学网上教研活动中做《期中考试试卷分析及教学反思》的交流。11月25日，邢亚孟老师在南开区教育中心210教室做必修1第四章第四节氨、硝酸、硫酸一个单元的教学设计交流，得到教师的好评。

（张洪俊）

【高中生物教师新课程实验技能培训】 2011年6月22日，生物学科以高中生物教师新课程实验技能培训为内容在生物实验室举行大教研活动。新课改以后，生物课教学中对于实验课程的要求有所增加，因而对生物教师实验技能提出更高的要求。生物学科与时俱进，努力促成该次针对新课程实验技能的培训。大教研活动于上午 8 点 30 分开始，分为上下午两个时段进行。上午，进行微量可调移液器的使用、菜花 DNA 的粗提取、分子生物学基础知识、DNA 体外扩增（PCR）及琼脂糖凝胶电泳及凝胶图谱观察的培训；下午，进行植物组织培养技术、微生物的实验室培养、植物芳香油的提取的培训。经过一天紧张而充实的学习，教师的实验技能有很大的提高，对先进的实验方法、仪器的使用等也有更深的了解，培训取得圆满成功。

（王　健）

【总结高三数学教学】　2011 年 7 月，数学学科教师就 2011 届高三数学教学工作进行总结。在 2011 届高三年级一年的数学教学工作中，整个高三数学学科组教师第一次在高三全年级实行学案导学，在学生每周进行一次统练的基础上，还安排学生每周有一份学案用作复习资料，使课堂效率大大提高，也满足不同层次的学生对于知识的把握。高三下学期，在传统的补课基础上第一次增加一个培优的训练，将四个班的学习优等生集中在一起进行培优训练，以进一步提高学生的能力。该项试验也为将来系统地对学优生和学习困难学生进行分层辅导提供经验。在 2011 届高一年级中，数学学科开设两门选修课和一门竞赛课，让学生在平常课上学到的书本知识以外，还能学到一些平常学不到的数学实践的知识，对于学生的全面发展很有好处。

（康　玥）

【高三历史复习指导】　2011 年 7 月，历史学科教师万庆刚应《城市快报》之邀，撰文分析 2011 年天津文科综合卷历史部分考纲新变化，为高三文科考生高考复习提出建议。分析指出，过去两年文科综合能力测试历史部分的试卷，命题稳健且有新的变化。试卷严格遵循天津考试说明的命题原则，命题范围不超纲，并适度关照考试说明中新增内容的考查，在考查学生基本学识的同时，体现新课改的理念及探究和解决历史问题的能力。三本必修和两本选修所涉及的内容上有新的变化，在“试卷结构”上有较大的变化，在“典型题示例”上有新的突破。重大的变动是试卷结构的变化，Ⅱ卷为非选择题，由两道题共 56 分，改为三道题，总分仍为 56 分。Ⅱ卷题目数量的变化，预示着命题灵活度的提高，命题的视角在扩大，可以更大限度地对考生的学业知识与能力进行考查，值得考生注意。对必修模块与选修模块的连带关系的考查，有利于命题者引用新的材料（这两年非选择题的命题基本上是采用文字材料进行命题，随着三道题命题方案的出台，命题材料还可增加图片、图表、地图等多种材料进行命题）。因此，必须加强模块与选修模块知识的联系，按时间顺序和因果关系对知识进行重新整合，形成适合自己记忆和分析的知识网状结构，体现历史发展的基本过程中重要现象及历史人物与事件的地位。必须关注现实生活中的热点焦点问题及周年纪念，对与此相关的材料能准确写出关键词。鉴于非选择题增加为三道，考生应对做题的时间有统筹安排，并加强适应性的练习，在备考中要加强材料的识读及答案编写的训练。

（万庆刚）

【教师张扬“空中课堂”《新闻采访与写作》课程】
2011 年 9 月，在天津市普通高中选修课程“空中课堂”总结推动暨表彰大会上，教师张扬、高原作为语言与文学领域教师代表受到表彰，同时，张扬主讲的课程入选云南省“普通高中选修课网络课堂”。张扬 2005 年开设《新闻采访与写作》校本选修课程，至 2009 年共开设七个学期。2009 年承担天津市“普通高中选修课程空中课堂”项目中的校本选修课程的主讲工作，共录制《新闻采访与写作》课程 16 节，每节 30 分钟，并配有练习题和考试题。2009 年至 2010 年，对课程开发、教学方式以及评价方式重新整合，完成 10 万字的教材编写工作，以此为内容的学术论文分别获得天津市基础教育 2009 年“教育创新”论文评选二等奖、中国教育学会第二十二次学术年会优秀论文二等奖、2010 年度中国中学语文教学论文（设计）大赛一等奖。

（韩文霜）

【英语及有关小语种第二课堂】　2011 年 9 月，英语学科开办关于英语及各小语种的语言入门与文化交流的第二课堂。通过开办第二课堂，以一系列丰富多彩的外语活动为载体，激发学生的学习兴趣，营造良好的语言学习氛围，提高学生的语言水平和熟练运用语言的能力，领悟语言运用的技巧，在增强与国际友人沟通能力同时带动英语成绩的提高，以使外语的学习运用与交流能力成为创新型人才必备的基本要素。第二课堂内容丰富多样，主要有英国概况（高二年级）、法语（高一、高二年级）、德语（初二、高一、高二年级）、日语（初一、高一、高二年级）、模拟联合国（高二年级）、英文话剧（高一年级）和口语（高一年级）。

（李惠燕）

【实验班新增英语教程《展望未来》】 2011 年 9 月，鉴于南开中学“创新人才早期培养实验班”首次采取“六年一贯制”的培养模式，在外语教学上，英语学科李惠燕带领实验班教师组成备课组，采用通识课程与特色课程相结合的课程设置模式，除开设天津市统一的外研版英语必修课程外，还新增英语教程《展望未来》和具有南开特色的校本选修课程。考虑到实验班学生的英语整体能力高于同年级的普通学生，备课组打破原先以周课时为单位的教学进度，安排每周 2 课时教授外研版必修课，其中 1 课时用于英语模块话题导入和听说练习，第 2 课时用于本模块知识点的讲解和重点难点的操练。英语教程《展望未来》是南开中学实验班学生英语学习的重点，该教材注重培养学生的英语听说能力，符合 Task - based Language Teaching（TBLT）和 Communicative Language Teaching（CLT）的新课程标准英语教学理念。在课堂教学上，该教材的每个模块用 3 课时完成：其中第 1 课时用于词汇和话题导入，要求学生提前做好相应的话题预习和网上查询资料；第 2 课时主要开展多种课堂活动来学习语言知识，采取讨论、对话和游戏的方式，让学生进一步熟悉语言在不同情境的运用；第 3 课时主要用于练习的讲解和语言知识的消化。南开中学实验班的英语教学在初中阶段主要偏重训练学生的听说能力和词汇的积累，训练学生养成良好的阅读习惯。到高中阶段，学生除继续增强英语听说能力外，实验班教师教学重点转向阅读和写作，且把写作能力的提高作为实验班学生能力展示的重点。在实验班的初一阶段，多种形式的英语活动陆续展开，英语阅读能力展示、英语演讲风采大赛，英语百词大赛等等。此外，实验班外语老师还把中学阶段的英语语法知识进行整合，分别渗透在各个模块的活动中，使学生初中毕业进入高中后能基本掌握重点语法知识，为高中阶段的阅读和写作提高打下坚实基础。

（冯　铊）

【高三年级数学备考】 2011 年 9 月，2012 届高三年级数学三个阶段复习开始进行。2011 年第一学期至 2012 年 3 月为第一阶段，主要是加强课本基础知识和基本技能的复习，不留死角、盲点，落实好每一个知识点；加强章、节知识点过关，训练以基础题、中档题为主；加强数学思想、方法复习；注重训练的规范性，思考的严密性。适当提升学生综合运用能力，适度提高一轮复习要求。计划 2012 年 3 月至 5 月进行第二轮复习，主要以学科主干知识为重点，组织十个左右专题进行复习，要求专题选取综合性强，有代表性；加强针对性训练，选择、填空题注重速度和基础训练，以中档题为主的分块训练突出中档题准确性；每周进行一套综合训练，旨在提高学生运用所学知识解决问题的能力，提升学生综合运用能力。计划 2012 年 5 月至 6 月进行第三轮复习，主要是查漏补缺和模拟训练，突出适应性训练、应试技巧；梳理试卷，回归课本；加强信息的收集与整理。复习中依据《课程标准》和考试说明，准确把握复习方向；巩固双基，突出能力；针对不同层次的学生进行复习指导和辅导，确保复习的有效性。

（安大源）

【政治公开课】 2011 年 12 月 15 日，教师刘凤立代表政治学科在高一 6 班做一节题为“社会主义市场经济”的区级公开课。该课是在政治学科学习研讨参与式教学理论的基础上开展的课堂教学实践课。课上教师注重学生主体作用的发挥，同时又大胆进行知识的重组，围绕 2011 年国家调控物价的一系列内容，引导学生学习宏观调控和社会主义市场经济基本特征的知识。由于刘凤立全力投入、精心准备，学科教师积极参与、共同研讨，使该课程取得理想的效果，得到区教研员和外校听课老师的一致好评。

（王志辉）

【学生数学探究活动】 2011 年，数学学科尝试组织学生开展数学探究活动以培养学生的探究意识和科研意识。教师张广民组织学生以三至五人为一个小组，设立研究课题，指导学生搜集和查阅相关资料，辅导学生书写论文或报告、制作幻灯片，并在班级内宣讲成果，受到学生的好评。涉及的内容与方向有：第一次数学危机与数系扩充，分形，集合论与康托尔，拉丁方阵，数学与音乐，拓扑简介与结绳艺术，悖论,概率及条件概率,模糊数学,商场的阴谋,错觉,斐波那契数列与黄金分割,概率与时空,超立方体等。

(曹宝树)

【注重化学实验教学】 2011年,化学学科以改革实验教学为突破口,培养学生的创新精神和实践能力。化学实验是化学教学的重要环节,是培养学生创新和实践能力的重要途径。在学科组长的主持下,一方面,对部分演示实验进行改进。实验员王海毅查阅大量资料,对于 $Fe(OH)_3$ 胶体的电泳实验、钠与水反应的实验、焰色反应实验、氯气的制备和性质实验、二氧化硫的性质实验、硝酸与铜的反应、浓硫酸将蔗糖脱水的实验等进行录像。改进后的实验现象明显,利于学生观察,微量、环保污染小,操作简单,便于学生分组实验。另一方面,改演示实验为探索性的学生随堂实验,增加学生在实验中进行创造性探究的机会。教学过程中,以启发方式引导学生主动去探求知识的形成过程,追溯知识的动态演变。在教师的启发、点拨下,让学生自己像科学家那样去发现、探索和研究事物的本质,在满足好奇心的同时,强化学生的探索意识、培养学生的创新精神和创造实践能力,取得良好的教学效果。改进的"铜与稀硝酸反应"实验:(1)拔下注射器活塞,轻轻放入两小块铜片,再将活塞推入,检查注射器的气密性。(2)用注射器抽取稀硝酸后,针头向上排净其中的空气,用橡胶塞封住针孔后反应开始。(3)将小矿泉水瓶挤扁后塞上橡胶塞。当反应进行到注射器的活塞移到容积一半左右时,将矿泉水瓶倒置,瓶口橡胶塞对准针头扎入,使上下两部分联通。向上缓缓推动活塞,将气体推入矿泉水瓶中,可观察到瓶中的无色气体变为红棕色。(4)将注射器和矿泉水瓶倒转,使反应后的蓝色溶液流入矿泉水瓶中,硝酸与铜片脱离接触,反应终止。(5)用另一支注射器抽取碱液,从瓶塞处扎入并注入矿泉水瓶中,用来处理实验尾气及废液。该项实验改进后,达到绿色环保,实验现象明显。

(张洪俊　王海毅)

【编写完善化学课堂导学学案】 2011年上半年,化学学科初三年级备课组教师王大治、陶颖改进完善《九年级下册化学课堂导学学案》。高一年级备课组教师何文、李娜、王平、伊颖、高志伶、王浩安、张冠仁等改进完善《必修Ⅱ化学课堂导学学案》。高二年级备课组教师张洪俊、曹喆、麻亚宁、汪斌等完成"选修5有机化学基础课堂导学学案"和选修1"化学与生活课堂导学学案"的编写。2011年下半年,初三年级备课组教师王大治、陶颖进一步改进完善《九年级上册化学课堂导学学案》。高一年级备课组教师张洪俊、马红艳、邢亚孟、麻亚宁、谭旭、王浩安等对"必修Ⅰ化学课堂导学学案"进行改进和完善。高二年级备课组教师何文、王平、李娜、高志伶、伊颖、王文昌对"选修4化学反应原理课堂导学学案"改进和完善。

(张洪俊)

【化学课"同课同构"教学研究】 2011上半年,化学学科在高二年级就"选修5有机化学基础"中的"醇 酚"、"醛"、"羧酸 酯"、"蛋白质"四个单元及"选修1化学与生活"中的"维生素与微量元素"、"改善大气质量"、"爱护水资源"三个单元进行"同课同构"教学研究。2011下半年,高一年级备课组就化学必修1"从实验学化学"、"化学物质及其变化"、"金属及其化合物"、"非金属及其化合物"四个章节进行"同课同构"教学研究。教师在课前进行精心的教学设计,经过课堂教学实践,互相听课和交流,取长补短,进一步优化教学设计。3月29日,教师张洪俊在高二10班进行"选修5第三章第一节醇、酚"教学研究课,同备课组其他听课老师进行讨论交流;3月30日、31日,教师麻亚宁在高二9班、曹喆在高二5班又分别进行该课研究,同备课组老师讨论交流。高二年级备课组在对"醇、酚"一节课进行教学设计和学案编写的基础上,互相听课、取长补短、不断改进,由汪斌老师做校内教学研究展示课。

(张洪俊)

【地理课前演讲】 2011年度,地理学科继续在文科班学生中安排课前演讲的项目。在教师张慧、周英英安排下,高二文科班学生实行每节地理课前5分钟演讲,演讲题目学生自拟,要求贴近教学进度、围绕"身边的地理、热点地理问题"为内容选材。年内学生演讲的题目,涉及世界自然与文化遗产、旅游资源、自然灾害、环境问题、热点地区等。地理课前演讲从2005年开始,在该项活动设计中,锻炼培养学生对热点地理问题敏锐的感知和把握能力,筛选、梳理、辨析有用的地理信息的能力，准确而规范的学科语言表达能力。日本福岛大地震发生后，学生在第一时间搜索网上视频、搜集与地震有关的地理知识，制作以“地震灾害及防御”为内容的幻灯片，从学科知识体系的角度解释地震的危害、成因、分布规律及防御手段，宣传减灾防灾的重要性，留下深刻的记忆。课前演讲成为地理课堂教学内容的有效补充，丰富学生的地理知识储备，激发学生积极参与地理学习的兴趣，提高文科学生的地理学素养。

（张　慧）

【地理学科探究式教学】 2011 年，地理学科在各年级地理课堂继续推行探究式教学，并侧重于高二年级和初中年级。担任高二教学任务的教师张慧、周英英、邢文娟、梅宏柱、周顺心、孙国新，担任初中教学任务的教师贺伟国，从天津家乡地理环境、地理现象出发，整理案例，设置情境，引导学生主动探究，逐步将讲堂变为学堂。学习《农业区位因素》一节时，教师在给学生提供天津市蓟县交通图、西龙虎峪镇某村周边示意图，以及该地区土壤、气候、农业发展等作物生长环境相关材料的基础上，为学生创设一个“土地竞标大会”情境，由学生自愿分组竞标并陈述竞标理由。通过在新情境中扮演角色，激发学生自主学习意识，挖掘自主学习能力，主动、自觉、积极地参与分析评价地理事物及地理现象。

（李美华）

【地理学科小课题立项研究】 2011 年，地理学科立项研究“运用案例教学法，提高人文地理教学的高效性”课题。课题研究由李美华、张慧负责，全学科教师积极参与，集中学习关于有效性教学的相关理论，设计整理教学案例并应用于教学实践。邢文娟、梅宏柱等设计多个案例供大家研究实施，将实施情况及时汇总反馈。张文静执笔完成中期汇报和结题报告，邢文娟执笔撰写论文，梅宏柱做论文的校对和修改工作。在整个小课题立项研究过程中，教师的理论水平和教学能力均有大幅度提高。

（孙国新）

【地理课堂开放相互观摩】 2011 年，地理学科坚持开放课堂、自觉听课的传统做法。特级教师刘森甲、邸敏，高级教师李美华、张慧、贺伟国等老教师课堂开放，年轻教师自觉做到“同头课节节听，非同头课有空必听”。听课后相互交流、及时传递各自对教材理解、学科知识结构再认识及对学生知识能力挖掘过程中的处理手法，促进学科教学、教研整体水平的提高。

（李美华）

【读图绘图教学法】 2010 年开始，教师李美华、张文静在高一地理课堂对学生进行读图填图基本功的训练。读图绘图是地理学习的基本技能。高中地理课程内容较初中地理课程内容从信息量、系统原理都有很大的差异。将教材中凡是能将文字表述转化成图示的内容设计成活动，在学生自学教材的基础上，分小组绘图，将所学内容通过交流、提炼，用简洁明了、生动活泼的一幅示意图表示出来，作为小组作业交给老师。2011 年又在高二年级文科班增加填图练习，要求将有关地理的事物绘到底图上，同时分析其分布规律、形成原因以及与相关地理事物的关系。结合教材补充各种地图，让学生将图中内容用语言文字表述出来。培养学生读图绘图、探究质疑、综合分析、自主学习等综合能力以及合作创新意识。

（周英英）

【地理教学情境的创设】 教学情境是指在课堂教学中，根据教学的内容，为落实教学目标所设定的，适合学习主体并作用于学习主体，产生一定情感反应，能够使其主动积极建构性学习的具有学习背景、景象和学习活动条件的学习环境。教学情境有两大功能：一是能激发学生的学习兴趣，二是能为学生的学习提供认知停靠点。教师分别在各自的教学中尝试研究如何创设有价值的情境，为推行探究式教学打下基础。教师周顺心通过歌词、诗句和习语等唤起学生学习地理的热情，激发学生的学习兴趣，通过中国饮食文化中的“南甜北咸、东辣西酸”的地区差异来分析区域地理环境特征。教师梅宏柱则从生活中选取题材设置问题，由学生探究解决问题的可行性办法，模拟村委会组织“土地竞标大会”使学生自然而然地参与到农业区位的分析评价当中，在解决问题—发现问题—再解决问题中完成自主性学习。

（李美华）

【高三作文复习的新策略】 2011 年，由语文学科组长韩文霜、备课组长马西超、特级教师王学刚、中级教师谢明、杨倩、张扬等六人组成的 2012 届高三语文小组研讨作文复习的新策略。该小组承袭历届高三语文小组优秀的教学经验，尝试做出关于整理资料和评判试卷的创新举措，主要体现在作文方面。其一，该小组让学生利用高二寒假，每人各整理五则自认为是新鲜的作文材料和十则优美的文句；然后由学生自己评选，每班各筛选出五则作文材料和十则优美文句；接着再由各任课老师筛选，最后由马西超整理，作为高三时期学生的作文素材。其二，该小组为改变作文评判时出现的“趋中率”局面，在前两次月考的作文评判中，借鉴2011年浙江省高考作文的评判规则，取消基准分，只设起点分，进行基础等级与发展等级的综合判断。分四等参照给分：一等50分起，二等39分起，三等26分起，四等25分以下。该项改革是为体现考试公平公正的原则，准确引导中学作文教学而进行的，其结果是：尽管二等试卷得以控制，而三等试卷却大大增多，一等试卷远未达到预期数量。用形象的说法是：改变过去的结果“橄榄形”，达到预期的效果“哑铃形”，实际得到的结果却是“水滴形”。尽管评分效果不尽如人意，但是有利于遏制住“套话作文”，学生作文内容趋向“真知”“真情”“真言”，就现实的作文教学导向而言，是有益的收获。

（马西超）

【地理学科因材施教以学定教】 2011年，地理学科一如既往地对应届高三毕业生做关于《2011年地理全国统一高考天津卷》答题情况的问卷调查。该问卷由天津市教研员设计，连续多年成为高考后的反馈调查。初步分析学生学习经历中的问题及教师教学处置得当与否，更有针对性地分年级进行教法的改革创新。高一年级夯实基础主攻“读图绘图教学法”，同时将日常作业、课堂提问与期中期末考试的分数按照3 ∶ 3 ∶ 4计入模块成绩，纳入评价体系。高二年级提升分析能力主攻“探究式教学法”，用身边的地理事件、地理现象作为案例，小组讨论共同探究。高三年级主攻“综合能力训练法”。

（梅宏柱）

【高中历史新课改课堂教学模式研讨】 2011年，历史学科与大港三中教师徐桂金等进行新课改课堂教学模式的研讨。教师万庆刚介绍近年参观学习过的加拿大萨迪斯中学走班制历史课堂教学方式，香港圣保罗男女中学学案式教学模式，上海复旦中学讨论式教学模式等，提出历史课堂日常教学的思路和改进的建议。教师张力介绍高一年级采用课堂历史剧提高学生历史学习兴趣的做法和感悟。大港三中教师徐桂金介绍该校历史课堂的教学做法。与会教师围绕高中不同年级授课方式，就如何提高学生学习兴趣、落实基础知识和培养学习能力展开讨论。对于板书设计和多媒体课件的使用，教材与学案补充材料的阅读使用，课堂教学过程中师生互动的方式和途径进行深入的探讨。认为有效的课堂教学是综合性的有机结合的过程，需要发挥师生的各自优势，营造良好的氛围，注重提高学生学习的主动性，并将好的做法持续下去，才能培养出优秀的人才。

（万庆刚）

【欧美中学课堂教学范式的借鉴】 2011年，历史学科教师在学校组织的赴国外学访团汇报的基础上，收集资料，学习欧美中学课堂教学的范式，探讨如何借鉴欧美教学之长并与新课改教学要求相结合。经过讨论日常教学可借鉴哪些国外教学模式，如何使课堂教学与学生的日常生活紧密结合，社会史观的教学怎样与学生的现实相联系，认为课堂教学是学生学业进步的灵魂。课堂教学应贯穿一条主线，史实清晰，提供思路，学生阐发看法，在师生互动中提高学生的分析和解决问题的能力，给学生留有思考—探究—结论—验证的余地。

（万庆刚）

【历史课教学中的史料教学法】 2011年，历史学科教师在彼此集中听课的基础上对于史料教学法进行交流和探讨。史料教学法是指在历史教学过程中，教师指导学生对相关的史料进行处理，使学生自主地从材料中获取历史信息，并利用这种信息完成对历史探究的一种教学模式。高中各年级的历史授课教师，以备课组为单位，课前进行史料鉴别，给学生提供一些不同来源、观点不完全一致的材料，准备好PPT或纸质的相关史料，各位老师根据自己的授课习惯，进行史料教学法。高一侧重图形史料，高二文科班侧重文字史料，高三文科班侧重文字和图表史料，给学生提供素材，供学生分析相关史实，得出自己的看法，在师生彼此交流中，提高学生解决问题的能力。通过观摩课和研讨，教师认为史料教学法是一种全新的教学理念和方法，有利于拉近学生与历史的时空距离，激发学习兴趣，增强历史感，同时，对于培养学生的探究精神、提高学习历史和认识历史能力有很大帮助，与着重调动学生学习主动性和积极性的教学方法改革精神是一致的。

（万庆刚）

【历史课教学中的研究性学习】 2010－2011学年度，历史学科在高一年级历史教学中继续开展研究性学习。在第五单元《中国近现代社会生活的变迁》的教学中，设计近现代饮食、服装、婚俗、票证、交通工具、通讯工具、报刊业发展、影视业发展等八个专题，各班分成四组，任选一题，查找资料，制成60张以上PPT演示文稿，由学生讲解并表演短剧。学生认真查找资料，既整理出文字，又挑选出图片，还有大量的实物资料。各班学生根据本班优势，用不同方式介绍中国近现代社会生活的变迁。有的学生带来粮票，讲解粮票存废的历程；有的介绍中外饮食文化；有的讲解服装的发展历程并展示实物。历史课的研究性学习既培养学生自主学习的能力，也让学生懂得团结合作，共同进取，追求向上的精神。

（张　力）

【组织学生收集整理历史资料】 2011年，历史学科教师在初中年级开展资料研习式学习活动，培养学生收集、整理和运用相关历史材料的能力。历史资料是学习历史的载体。教师精选一些教学内容，例如文艺复兴、新航路的开辟、工业革命、华盛顿等历史事件和人物，让学生广泛收集、整理资料，并恰当取舍、合理运用资料。在这一过程中，学生书面驾驭历史知识的能力有很大提高，培养了历史阅读能力和读书看报的好习惯。这一良好的学习方法对促进中学生全面发展，培养自觉主动的兴趣，加强人文素养的积累有很大帮助。在集体编辑历史资料中，各组学生不仅自己寻找资料，还学会分工与合作，集体协作精神大大提高。

（郭晶莹）

【研讨历史课中考工作】 2011年，南开中学在天津市组织的学业考查历史会考中取得优异成绩。为了认真抓好初中历史课的中考工作，历史学科教师多次开展教研活动，了解动态，研究中考规律，使学习更有针对性和效率。面对初中会考如何利用较少的时间有效地完成大容量的知识内容，教师根据学科特点，不断探索优化课堂复习的有效方法，落实“高效课堂，有效学习”的理念，要求学生熟记教材，把书读薄，构建知识网络，讲究方法与策略，教给学生各种类型的学习方法和各种题型的解题技巧。通过探索，教师对于初中六册书的知识内容进行系统的梳理，对中考复习有整体的把握和认识。

（郭晶莹）

【初中历史课研究性学习——天津五大道建筑历史沿革】 2011年，初中历史课教师组织学生就天津五大道建筑的历史沿革问题开展研究性学习。由于五大道的知名度愈来愈高，不再被天津人视为昔时遗物，而渐渐成为天津的一种标志，这一变化符合文化生成的规律。初中历史课教师决定，通过研究这个课题让学生探究了解五大道的来历、五大道的建筑是什么风格、为什么会形成不同的风格，还要了解这些建筑里居住者的历史。希望学生对天津地方史更感兴趣，理解五大道是近代中国中西文化冲突又融合的一个典型载体，是天津都市文化开放性的一个象征，也是近代天津发展史的博物馆，通过探究五大道，对历史的和现实的天津有崭新的认识。在教师带领下，学生完成的研究活动任务包括收集资料，整理、分析和保管资料，撰写报告，展示成果等，研究活动分阶段实施，由学生分工担任具体负责人，最终完成论文、手抄报或者PPT演示文稿等不同形式的展示成果。

（杨晓庆）

【探索初中至高中六年一贯制历史课教学】 2011年，历史学科教师就初中至高中六年一贯制的历史课教学目标进行探索。鉴于南开中学作为天津市“探索建立拔尖创新人才培养基地”，首次采取“六年一贯制”的培养模式，创新教育成为新世纪中小学教育的亮点，培养学生的创新精神和实践能力是六年一贯制教育教学实践中必须研究的主要课题。历史学科根据学生的成长规律，把历史课教学目标划分为五个学段：初一第一个学期，教学重点为学习兴趣的引导、培养；初一第二个学期至初三，压缩必修课课时，主要教学内容为课本，额外课时作为历史阅读课、学术观点辩论课等学生活动课，增加学习的挑战性，扩宽眼界；与此同时，在课程中，培养学生良好的学习习惯、学习方法、思维方式；高一第一个学期，是初中到高中阶段的衔接，主要目标是完成思维方式、学习方法的转变；高一第二个学期至高二，在完成学业水平考试的前提下，提高学生运用历史观点分析问题、独立撰写论文的能力；高三年级，主要是高考复习。历史学科以“激活创新精神、培养实践能力”为基础，设计六年教学思想侧重点分别为：初中阶段，注重培养知识基础，发掘学习兴趣和培养创新意识。高中阶段，开展一系列综合实践活动，提升学生的综合能力。在创新意识方面，主要侧重于四个方面：(1)良好的品德。现实的创新需要良好的品德作基础，即“以德导创”，主要是勤奋、合作、理解和责任心。(2)质疑意识。在课堂教学实践中，鼓励学生自主质疑，创设质疑情境，教给质疑方法，养成质疑习惯，是培养创新意识的重要策略。(3)创新思维。在教学中，运用求异思维和求同思维、发散思维和辐射思维、逻辑思维和直觉思维来培养学生创造性思维。(4)创新方法。除课堂上的创新，在作业方面最大特色是允许所留的作业没有固定答案，使学生在发散性的问题解决过程中，达到更高层次的流畅、变通和独创性。教师随意给一些词，“唐朝、佛教、皇帝……”让学生写一个故事，并取一个吸引人的题目。在高中阶段，主要是培养学生的实践能力，包括动手能力、表现能力、交往能力、设计能力。

（杨晓庆）

【高一年级历史课改】 2011 年，历史学科教师积极探索高中一年级历史课教学改革。新课标要求建立以自主、合作、探究为主的教学模式，激活学生好奇心和探究欲，培养学生主动思考、质疑、求索以及善于捕捉新信息的能力，并把这种能力的培养定为课堂教学的终极目的。高一年级教师仔细研究教育心理，准确把握高一学生的心理特征和思维特点，积极探索有利于激发兴趣、激活思维、激励探讨的课堂教学方法。在讲授中国经济发展中生产工具变化过程时，教师请学生查找资料，制作曲辕犁、筒车等，并让学生在课堂上展示讲授，课堂气氛活跃亲切，学生或质疑问难，或浮想联翩，或组间交流，或挑战权威。师生互动，生生互动，组际互动，在有限的时间内，每一位学生都得到较为充分的锻炼和表现的机会。课堂上平等、和谐与交流共存，发现、挑战与沉思同在，学生成为课堂上真正的主人。教师的授课既源于教材，又不唯教材。学生在互动中求知，在活动中探索，既轻松地掌握知识，又潜移默化地培养能力，整体素质有了质的提高，历史课堂焕发出应有的活力。历史学科高一年级备课组还进一步完善高一历史学案的编写工作。学案由知识目标、重点难点、学前思考、合作探究、补充资料、检测练习六大部分组成，从基础入手到提高能力直至学以致用，生动、活泼，扎实、系统，有序、有恒的训练，使学生在不同内容和方法的相互交叉、渗透和整合中开阔视野，提高学习效率，初步获得现代社会所需要的历史实践能力。

（张　力）

【推进和创新时事教学】 2011 年，政治学科教师继续在课堂上推进坚持十余年的时事教学。时事教学遵循以学生为主体、教师指导的原则，帮助学生及时、准确、深刻地把握当今世界、当代社会的热点问题；以时事演讲的形式，在每周课前进行，时间约为 5 至 10 分钟，由教师建议、学生提前准备，并以幻灯片等多种手段展示，年内学生又制作完成一批质量较高的时事演讲 PPT。围绕培养创新拔尖人才的目标，政治学科教师还积极创新时事教学模式。教师黄小虎在高二年级试推行 *Daily Chart* 版时事，参考全球经济类杂志中权威的 *Economist* 杂志，每周一表，资料权威，内容丰富，形式新颖，收到良好的教学效果。

（黄小虎）

学科建设

语文学科

【简况】 2011年,语文学科共有32名教师。高中语文教师19名:何士龙、史红、孙超、王蕊、李俊晔、高原、潘印溪等七位教师担任高一年级14个班的语文教学工作,何时龙任备课组长;程滨、赵岩、赵鸣芳、田玉彬、杨劼、白璐等六位教师担任高二年级12个班的语文教学工作,程滨任备课组长;马西超、王学刚(退休返聘)、韩文霜、张扬、谢明、杨倩等六位教师担任高三年级12个班的语文教学工作,马西超任备课组长。初中语文教师7名:常虹、郑玉芬、李忠艳等三位教师担任初一年级6个班级语文教学,常虹任备课组长(常虹、郑玉芬担任六年一贯制班的语文教学);滑娜、单巨兵担任初二年级四个班的语文教学工作,单巨兵任备课组长;李萱、刘敬华担任初三年级四个班的语文教学工作,李萱任备课组长。此外,教师高宇鹏在翔宇高中任教;刘树红、吴鹏在翔宇初中任教;李爽(退休返聘)、张旆在复读班任教;李耕漪赴法国教授汉语。南开中学语文教学以奠定学生汉语基础为目标,着重培养学生语言的实际应用能力。教师按照学校安排努力完成所任课程的教学任务,认真备课,精心上好每一节课,细心批改学生作业,并积极参加市、区和学校的教研活动,业务水平不断提高。6月,初、高中毕业生的中考和高考语文成绩在全市名列前茅。2011年11月17日,教师程滨的课程《行路难》在广东省教育厅中学语文"古典诗歌鉴赏教学研究会"上展示。2011年2月,教师滑娜《爸爸妈妈我能行》主题班会在中国教育电视台第一套节目中播出。

(韩文霜)

【语文教学科研论文】 2011年,在天津市"教育创新论文"评比中,教师张扬的论文《利用文本空白,确定探究主题》获得一等奖;田玉彬《古典诗歌教学中的比较阅读——课外古诗引入课堂的教学尝试》和单巨兵《浅谈中学语文教学中的幽默》分别获得二等奖;马西超《现代性视阈下的"因材施教"》、单巨兵《语文课堂中"平等对话"模式的构建》和《新课程背景下的班级管理策略》、韩文霜《从语文教学的弊端确定当前语文课改的走向》等四篇论文获得三等奖。在天津市"双成果"教育论文评比中,张扬的论文《如何确立语文教学内容》获得二等奖;刘敬华《在教学中弥补人教版初中语文新教材编撰的失误和缺漏》获得三等奖。在天津市德育学术论文评比中,张扬的论文《浅谈高中班主任对班级性格的塑造和影响》获得二等奖;滑娜《惩罚教育对初中生的影响》获得三等奖。教师李忠艳《随笔化作文——写作园地的一朵奇葩》获得全国写作论文一等奖。教师孙超《夯实基础,补强短板》、李萱《拓展语文教学内容,丰富校本教材》、刘树红《走好成功的第一步——浅议如何做好中小学衔接工作》等论文获得2010年度南开中学优秀论文奖。张扬的"空中课堂"《新闻采访与写作》课程入选云南省普通高中选修课网络课堂。滑娜的《散步》获得南开中学优秀教学课件二等奖(一等奖空缺),杨倩的《咬文嚼字》、王蕊的《〈诗经〉两首的比兴手法》分别获得三等奖。教师王蕊在CSSCI国际核心期刊《天津师范大学学报(社科版)》上发表《唐代"捣衣"诗及其诗人政治心态》和《晚唐诗学思潮与唐诗中的女性形象研究》两篇文章;在CSSCI国际核心期刊《南开学报(增刊)(社科版)》上发表《唐诗中女性形象研究的回顾与展望》一文;在《浙江广厦进修职业技术学院学报》上发表《谈唐代男性诗人笔下的征妇形象》一文。教师马西超在《作文通讯》上发表《准确·快捷·高明——例谈考场作文的立意特点》和《就事论事——例谈评论的写作特点》两篇文章,孙超发表《徜徉在时空的走廊——宇宙学大师乔治·斯穆特南开中学讲座记》。

(韩文霜)

【教师马西超作专题教研讲座】 2011年4月,语文学科教师马西超在南开区崇化中学基地校教研活动中,对各学校部分高中教师作题为《作文评分标准解读与天津卷考查的内容范围》的报告。该报告就作文评分标准,从内容、表达、特征等三个方面加以概括,指出内容包括审题准确、中心明确、真情实感,表达包括文体鲜明、结构匀称、语言流畅,特征包括材料丰富、语言有文采。针对天津卷考查的内容范围，该报告梳理天津卷历年的作文命题，总结出天津卷的作文考查规律，即关注生活，考生对现实生活必须有着独到的人生感悟；关注自我，考生对自身成长必须有深刻的自我认知。该结论与2011年天津卷作文材料中"'镜'是认识自我和世界的另一双眼睛"相吻合。该报告并未单纯地就作文讲作文，而是把部分内容放置于时代的演变与主流意识形态的调整之中，指出早期的某些优秀作文所形成的固定模式已经成为一种痼弊，是当今考生所要避免的，真正的优秀作文是"手写心"的"性灵"作文。

（马西超）

【高中学生在《作文通讯》上发表作品】 2011年，南开中学高中学生在《作文通讯》上发表作品的有：赵培（高三11班）《槐树，心中的一首诗》、张艺（高三11班）《母亲·海·诗》、李峥（高三7班）《流浪在中国的土地上》、李欣科（高三7班）《看火车》、高鸿（高三6班）《韩文公祠蒙尘记》、张哲理（高三12班）《结婚纪念照》、李垚（高三2班）《推开老屋的门》、赵启明（高三8班）《站台票》、侯媛媛（高三6班）《灯知，你知》、朱梦（高三12班）《色彩的个性》、黄玉姝（高三4班）《伟大的心》、冷亚美（高三3班）《即便只有微薄的之力》。语文学科教师马西超、张扬、谢明、韩文霜为此撰写指导性评语。

（马西超）

【作文小课题研究的进展情况】 2011年11月，语文学科马西超、何世龙、谢明、杨倩、张扬等五位教师承担的小课题《作文写作水平提高的另一途径——关于叙述技巧的研究》进入收结课题阶段。该课题从宏观瞻望与微观透视两个方面，对作文的整体写作情况进行分析综合，尤其是针对学生写作的重大缺陷做详尽的指导说明，以期从叙述技巧的角度提高学生的写作水平。

（马西超）

英语学科

【简况】 2011年，英语学科共有34名教师，担负全校英语教学任务。在高中工作的有20名教师：担任高三年级英语教学的姚卫盛、李惠燕、周彤、王紫凝、赵淑玉、王雅莹；担任高二年级英语教学的刘静、孙立鑫、姬红颖、唐小莉、张光玲、陈平平；担任高一年级英语教学的张红、张妍、韩珀培、李健、段胜利、王夏洁、张继红；林露老师在复读班任教。在初中工作的有8名教师：担任初一年级英语教学的卢秋丰、冯铠、史明伟；担任初二年级英语教学的李静、焦鹏（国际部代课老师）；担任初三年级英语教学的裴爽、张继文、王瑾；教师柴广敏、邵秀美在翔宇高中任教，杜明环在翔宇初中任教。教师张建伟赴新疆支教。教师刘丽被派往意大利进行汉语教学。外籍教师 Patrick Marc McNolly, Jennifer Taylor, Rebecca Hale 担任初、高中口语课和选修课的教学任务。2011年，在英语学科教师组织和参与下，南开中学在2011年度中央电视台"希望之星"英语风采大赛中荣获最佳组织奖，在北京大学举办的模拟联合国大赛中获最佳组织奖。教师张光玲2011年5月获天津市南开区第四届"育贤杯"优质课大赛一等奖。教师李静获学校多媒体课件评比三等奖。2011南开区班主任技能大赛三等奖。教师姚卫盛2011年9月荣获天津市市级优秀班主任，10月被评为天津市普教系统第十届"十佳青年教师"；所带高二1班获2010－2011学年度南开中学"周恩来班"和市级三好班集体荣誉称号。教师杜明环被评为"首届全国中小学外语教师名师"称号；在全国"十一五"教育科研先进集体、先进工作者及优秀成果评选中，被评为"教育科研先进工作者"；在2011年度中央电视台"希望之星"英语风采大赛中获优秀指导教师奖。外语学科教师认真传承南开传统，积极组织和引领学生参与外语社团活动，提高社团的质量，努力把英语社团做大做强。

（李惠燕）

【英语教学科研论文】 2011年，英语学科教师王雅莹的论文《小组合作学习在英语教学中的应用》获天津市基础教育2011年"教育创新"论文评选三等奖；《浅析强化心理学理论在学校德育教育中的应用》获2011年度德育学术论文三等奖。陈平平的论文《高中生英语词汇自主学习模式初探》获天津市南开中学年度优秀论文奖，该文同时获得天津市中小学第十三届教研教改成果二等奖。李健的《高中生班级意识调查报告》获2011年度德育学术论文二等奖；《新课程标准与英语教师专业化发展》获基础教育教育创新论文三等奖。姚卫盛的论文《新课改背景下高中英语自主学习能力培养的教学策略》获天津市基础教育2011年教育创新论文评选三等奖；《新课标背景下高中英语词汇教学反思和教学策略探索》获天津市基础教育2011年教育创新论文评选三等奖;《新的起跑线——高中初始年级班级建设的思考》获天津市基础教育2011年教育创新论文评选三等奖。杜明环的论文《让德育渗透与语言学习融为一体》获2011年度天津市德育学术论文二等奖。姬红颖的论文《解除思想禁锢,轻松快乐学习——高一新生心理压力及应对策略》获2011年度天津市德育学术论文三等奖。

(李惠燕)

【编写教师英语口语会话校本教材】 2011年10月,外语学科受学校委托为全校教师编写英语日常用语会话手册,以提高南开中学教师的整体素养,特别是提高教师的口语会话能力。会话手册包括关于南开中学的英文介绍、校内指路、问候语等日常交际用语。由李惠燕、孙立鑫、邵秀美主编。

(李惠燕)

【翻译公能讲坛英文版】 2011年10月,英语学科教师孙立鑫、陈平平、王夏洁将关于南开公能讲坛的介绍以及每一期的嘉宾、讲座的内容翻译成英文。2010年9月设立的南开公能讲坛深受南开学子欢迎和喜爱,邀请到的专家既有两院院士、诺贝尔奖得主、大学校长和教授,也有艺术家、文学家、军事家。将讲座资料翻译成英文,有利于适应国际化发展的需要,让更多的国际友人了解南开。

(李惠燕)

数学学科

【教师林秋莎在全国第三届“未来教育家论坛”做展示课】 2011年11月,数学学科教师林秋莎在南开大学附属中学做题为《函数的图像》的展示课。主题为“聚焦基础教育质量”的第三届全国基础教育“未来教育家论坛”11月27日至29日在天津举行,来自全国各地的基础教育著名专家学者、各省市名校长、中小学和幼儿园名教师就教育质量的理论与实践问题作专题报告,就基础教育质量的内涵及标准、基础教育的质量观、服务于质量提升的学校管理改革、提升基础教育质量的经验等热点与难点问题,畅谈关于提升教育质量的体验与认识,并围绕提高教育质量进行典型案例展示分析。林秋莎的展示课作为论坛活动项目之一,以几何画板的动态作图优势,为学生观察函数图像变换、自主探究、总结规律提供技术支持,按照“创设情境—观察归纳—分组交流—数学理论—数学应用—回顾反思—巩固提高”的程序设计教学过程,使学生经历观察、猜想、争鸣、归纳、论证、反思等理性思维的基本过程,力求切实改进学生的学习方式,使学生真正成为学习的主人。该节展示课引入新颖独特,教学目标设置恰当、逐层递进,课堂气氛活跃,教学效率高,体现林秋莎老师扎实的基本功和良好的专业素养,受到与会专家和同行的赞誉。

(侯卫平)

【数学竞赛培训】 2011年,数学学科扎实开展数学竞赛的培训工作。教师程斌担任高一年级主教练员;张广民担任高二年级主教练员;刘四化担任高三年级主教练员;宋振寰、安大源、周贵宾也担任部分培训工作。在2011年全国高中数学联赛中,高三年级8名学生、高二年级1名学生分别获得一等奖。

(张广民)

【数学活动室启用】 2011年9月,南开中学数学活动室启用。学校领导决定,将翔宇楼原阶梯第一教室辟为数学活动室,每天中午组织学生开展探究与讨论活动,周三、周四和周六下午开展竞赛的培训。此外,数学学科还利用该活动室进行集体备课和教研活动。计划将该活动室的功能建设得更加完善,提供一些数学期刊和图书,建成教师和学生共享的多功能数学活动场所。

(张广民)

物理学科

【物理学科教师优秀论文和获奖成果】 2011年,物理学科教师在教育教学科研活动中取得丰硕成果。教师解英的论文《隐形的翅膀,助他飞得高》获天津市基础教育2011年“教育创新”论文评选三等奖;论文《浅谈初中物理教学中的人文关怀》获2010年度学科德育学术论文三等奖;《浅谈“比较法”在初中物理教学中的应用》获天津市教育学会物理教学专业委员会举办的优秀论文评比三等奖,教学设计《杠杆复习课》获二等奖;在南开区初中物理九年级教学设计比赛中获一等奖,并在南开区九年级毕业班教研活动中做《中考复习计划新策略》交流发言;被评为校级优秀教师和校级物理学科特长生优秀指导教师。教师刘嘉然的论文《新课程下物理课堂各环节中的德育渗透》获市级学科德育征文二等奖；获全国初中物理竞赛优秀指导教师奖；被评为校级优秀教师。教师马振波辅导的8名学生在2011年全国初中应用物理知识竞赛中获一等奖，2名获二等奖，获得优秀指导教师奖。教师杜江龙做市级复习课《光学复习》；指导学生金伟民在第二十一届全国初中应用物理竞赛中获得一等奖，被评为优秀指导教师；参加南开区《温度计》说课比赛获得二等奖。教师张汉泉在南开区初中物理教学设计说课评比中获一等奖第一名；在南开区第四届班主任技能大赛中获三等奖；在南开区九年级教研活动中做研究课《大气压强》一节；编写的《第十四章 压强 浮力》单元检测在全区交流使用；在南开区九年级教研活动中做《第十四章 压强 浮力》教材分析；在第二十一届全国初中应用物理竞赛中被评为优秀指导教师。教师殷悦的论文《寓教于乐中，功夫在课外——试论新课程标准下提高初中物理课堂教学效率》获天津市教育学会教育创新论文三等奖；《流体压强与流速的关系》一节的教学设计被收入《南开教育》增刊。

（叶　远）

【参加全国高中物理课程创新论坛暨学生物理科技夏令营】 2011年7月28至8月1日，在物理学科组长叶远带领下，教师王长兴、王文惠和学生吴健雄等四人参加在上海格致中学举行的全国第二届高中物理课程创新论坛暨2011年学生物理科技夏令营。教师王文惠的演示实验教具《单向旋转磁场》获得教师优秀创新实验作品一等奖；教师王长兴的作品《力的分解——楔力演示器》、《省力型风筝收线盘》分别获二等奖和三等奖。两人作为教师代表在大会上共同交流发言展示，获得物理学会和与会教师的好评。学生吴健雄的发明制作《电子管功放》、《电动按摩器》分别获得学生优秀创新实验作品一等奖和二等奖；王文惠获得指导教师奖。吴健雄作为学生代表在大会上交流发言展示，获得与会人员的好评。

（叶　远）

化学学科

【简况】 2011年，化学学科任课教师共计21人。其中，中共党员15人；二级职称1人，中级职称11人，高级职称9人；35岁以下青年教师11人；女教师10人。在南开高中任课的教师17人，8人担任班主任。教师王大治、陶颖担任南开初中化学课教学，并兼任初中化学竞赛教练员。教师谢家明任翔宇初中教导副主任并担任初三年级教学工作。教师徐宝华任翔宇高中化学学科牵头人并担任高三年级教学和班主任工作。教师王文昌担任南开中学教科研信息中心主任，王平担任高二年级主管，徐金波担任高三年级主管。

（张洪俊）

【化学学科教师荣誉成果】 2011，化学学科教师取得多项教育教学和科研荣誉成果。教师王大治、陶颖和谢家明获得2011年全国初中化学竞赛园丁奖，王大治与陶颖共同辅导的参加化学竞赛的学生获得一等奖的四人，其中闫树鹏获全市第一名。王大治的论文《德育教育应渗透化学教学的各个环节中》获2010年度学科德育论文二等奖，《运用概念图策略进行初高中化学知识点衔接的初探》获天津市第十三届教研教改成果三等奖，《新课程“探究实验”教学点滴》获2011年“全国新课程中学化学探究性学习研究成果交流及培训”一等奖。王大治所带九年3班被评为南开区教育系统五四红旗团支部、校级三好班集体、校秋季运动会初中组冠军、校冬季小型多样项目比赛第一名。教师陶颖《有关溶液的溶质质量分数计算》在南开区初中化学教师说课比赛中获一等奖，并被评为研究基地活动优秀学员，论文《用学案导学，促学生高效自主学习》获2011年天津市基础教育教育创新论文评比三等奖。教师王平的论文《浅谈班干部在班级管理中的重要作用》获2010年南开区中小学德育年会征文二等奖，《智慧的爱——教育之三十六计》获一等奖；《三分硬规则，七分软管理》获2011天津市基础教育创新论文评比三等奖；《积极开发校本课程资源提高化学课堂效率》获2011天津市基础教育“教研教改”论文评比三等奖；论文《高中探究性化学实验教学初探》参加全国新课程中学化学探究性学习研究成果交流暨培训论文评比获一等奖。教师李娜的论文《高中无机化学与有机化学学习方法的比较》、高志伶的论文《关于中学化学教学方法的几点策略》获2011年“教育创新”区级二等奖。高志伶的论文《高中化学探究性教学方式的研究与实践》参加全国新课程中学化学探究性学习研究成果交流暨培训论文评比获一等奖。教师伊颖的论文《班主任工作浅谈之增强班级凝聚力》获2011年天津市基础教育“教育创新"论文评比三等奖。教师徐宝华2011年5月获"育贤杯"暨南开区第四届优质课大赛一等奖;所带南开翔宇学校高三1班在学校秋季运动会中获得"精神文明班"荣誉称号,获得团体总分第四名。教师麻亚宁所带高一7班学生拍摄的电影《青春通告》获南开中学第一届电影节优秀影片奖、最佳艺术奖和最佳男主角奖。教师王大治、王平2011年6月被评为南开区教育系统校级优秀共产党员,张洪俊2011年6月被评为南开区教育系统局级优秀共产党员,谢家明2011年被南开翔宇学校授予"五一劳动模范"。2011年9月教师徐宝华获得南开翔宇学校授予的"优秀班主任"荣誉称号。学科组长张洪俊申请的《集体备课的有效性——同课同构教学研究》课题获得学校中期课题奖励。11月30日,在学校2011年小课题研究中期推动会上,张洪俊就该课题研究过程、方法和意义等进行宣讲。

(张洪俊)

地理学科

【简况】 2011年地理学科任课教师11人,其中2人系退休返聘特级教师,承担全校初高中地理教学任务。在初中任课的教师贺伟国和梅宏柱,分别担任年级主管和班主任工作。高中任课教师6人:张文静、李美华、周英英、张慧、周顺心、刘森甲(退休返聘);周英英、张慧先后担任高二和高三文科班班主任工作。在南开翔宇学校高中任课的教师孙国新和邢文娟,同时担任班主任工作。教师邸敏(退休返聘)在复读班任课。地理学科素有寓教于学的传统,始终坚持教育第一、教学第二的原则。地理教学以培养、训练学生地理能力、地理思维为基础,在师生共同学习过程中渗透环境、社会、经济的可持续发展观念,重点帮助学生建立可持续发展的价值体系。教师坚持"以教定学"、变"讲堂"为"学堂"的教学理念,以身作则实践低碳的生活方式,敬业乐群,在各自岗位上兢兢业业,工作卓有成效,对学生的教育和管理方式方法科学多样,学生易于接受,班主任工作各有特色,教学、教研在市区都有一定的影响。

(李美华)

【参加南开区"育贤杯"暨第四届优质课大赛】 2011年5月,地理学科教师梅宏柱代表南开中学参加南开区"育贤杯"暨第四届优质课大赛,获得一等奖。该项大赛分为预赛、复赛和决赛三个阶段,包括教学设计、说课、讲课等主要考评环节。梅宏柱精心准备,在学科组长李美华指导下,展示出扎实的教学基本功和创新的教学理念,获得专家评委的好评。通过此次大赛,既展示地理学科新课改的成果,又为教学的发展进一步指明方向。

(李美华)

【地理学科获奖成果】 2011年,地理学科教师梅宏柱获得南开区"育贤杯"暨第四届优质课大赛一等奖。孙国新撰写的《从"天后宫"到课堂》获中国教育学会第二十三届学术年会优秀论文三等奖,并在2010-2011年全国优秀教育科研论文及教案评审活动中被评为优秀学术成果三等奖。邢文娟撰写的《关于新课程背景下地理校本教材编写的几点思考》获天津市基础教育2011年"教育创新"论文评选二等奖和天津市中小学第十三届教研教改成果二等奖。周英英所带班级在各项活动中取得突出成绩:获全校合唱比赛二等奖、"五虎杯"篮球赛高中女子组冠军、"谁与争锋"辩论赛冠军、话剧节话剧评比二等奖、运动会总成绩第六等,同时义工活动成效突出。贺伟国所带的班级获得南开区"三好班集体"称号。

(张文静)

【地理学科在区教研中相互促进】 2011年,地理学科教师积极参与市、区教研活动,促进南开中学地理教研水平提高。贺伟国、邢文娟、李美华被南开区教育中心聘为地理学科中心组成员。贺伟国、李美华在南开区"育贤杯"教学比赛中担任评委工作。2011年12月人民教育出版社组织全国初中地理教师评课比赛,作为天津市教师唯一代表的李红获得该次大赛一等奖,李美华参与李红的备课、指导设计思路等工作。

(张文静)

历史学科

【历史教学科研成果】 2011年,历史学科教师在新课改的形势下研究教法,落实教学要求,推进科研工作取得新成效,撰写出一批科研论文。牟爱华《充分利用乡土教材,培养学生学科素养,开展历史教学工作》、郭晶莹《资料研习式在"新航路的开辟"教学中的运用》、马丽坤《浅谈对学生情商的培养》、万庆刚《新课改形势下中学历史教师的再学习》、杨晓庆《浅析 NLP 理论在教育、教学工作中的应用》、张力《我的历史课堂教学方法》、张玉彩《教育创新之即兴教学》、周晓《从“知识”到“学识”，还是从“知识”到“常识”、“见识”》、王莉英《中学青年教师现状分析及建议》、于宁《教育计策——苏格拉底的智慧》等论文被推荐到学校论文大会给予展示。

（万庆刚）

【文科班在高考中取得优异成绩】 2011 年，历史学科教师马丽坤、于宁分别担任班主任的两个高中文科班在高考中取得优异的成绩。面对文科班学生基础差、偏科、学习主动性差等特点，两位教师积极探索新的教育教学方法，激发学生学习积极性，经常交流切磋，对学生因材施教，通力合作做好学生各方面教育教学工作。经过不懈努力，两个文科班最终在 2011 届高考中取得优异成绩。2011 届文科考生 84 人（含艺术、体育类特长生 5 人），共有 43 人高考成绩达到 600 分以上；全市文科前十名中占 3 人；历史高考成绩位居天津市第一；班级重点率 100%，有 7 名学生分别被北京大学、清华大学录取。

（万庆刚）

【历史教师马丽坤参加南开区教学基本功大赛】 2011 年，历史学科教师马丽坤经学校青年组选拔，顺利进入南开区举办的首届教师基本功大赛决赛。该比赛设语言表达能力、钢笔字、粉笔字、课件制作四个比赛项目。按照比赛要求，该教师课件制作的内容选取历史选修 6（天津市未选用教材）《世界文化遗产荟萃》中《雅典卫城和奥林匹亚》一课，通过文字材料、图片、视频、音频等资料，再现历史，使学生在学习中感悟历史。该教师在演讲环节，结合班主任工作经验，论述了如何做一名满意的人民教师。比赛对于营造青年教师重视、热爱、投入和钻研教学的良好氛围，促进青年教师基本教学能力的提高具有重要意义。

（万庆刚）

【参加市教研活动】 2011 年 9 月，历史学科教师于宁、马丽坤参加市教研室历史读书研究小组的学习和研讨活动，参与 SOLO 分类评价理论的学习和研讨。通过市教研室戴羽明老师的介绍，在了解 SOLO 分类评价理论及其重要意义之后，与会成员热烈讨论在日常教学中如何体现出遵从学生的认知规律、如何体现出学科的认知特点等相关话题，纷纷表示要在日常教学活动中认真贯彻 SOLO 分类评价理论，科学培养学生学习历史的更高层次能力。

（马丽坤）

【历史学科小课题研究】 2011 年 7 月，历史学科《高中历史课堂教学模式与教学有效性的实践与研究》课题组举行课题研讨活动，围绕课题的中期研究召开三次研讨会。课题组成员万庆刚、王莉英、郭晶莹、周晓等就各自深入课堂，通过听课、评课等教研活动、编写典型案例、完成优秀课堂教学实录，完成高效优质课堂新授课、复习课、习题课、讲评课的教学设计和教学案例汇编，完成各年级有效教学优质习题集、有效教学经验论文集编制研究，完成高中课堂有效教学有效教学优质资源库的建设，以及考察学习、收集资料信息等，进行情况汇总。学科其他教师结合自身实践提出建设性的意见。

（万庆刚）

生物学科

【简况】 2011 年，生物学科共有教师 13 名，承担南开中学初、高中生物课程教学任务。其中，在高三任课的教师为崔丽筠、王健、唐延稚、杨振、尤智杰，在高二任课的教师为乐建峰、吕成、刘洋、邹扬、纪志娜，教师张懿担任初中的教学任务，教师吴相琰担任复读班的教学任务，教师薛宁在南开翔宇学校任教。生物学科积极承担研究性课题及高一、高二年级校本选修课任务，分别由吴相琰和纪志娜两位教师负责。2011 年，生物学科教师共同协助学校在含英楼一楼建设完成科技创新体验生物实验室。为让学生充分接触到生物学知识和实验前沿技术，经过精心设计，该实验室由两部分组成，一间开展分子生物学和细胞生物学实验，另一间用于蛋白质结晶和三维干细胞培养的实验研究。学科教师积极参加市、区各级教研活动，关注教育教学改革，不断提升个人素养，经过全学科教师积极努力，在 2011 年常规教学中，学业水平考试和高考均取得优异的成绩。

（王　健）

【生物教学科研论文】 生物学科教师唐延稚的论文《关于高中生物模拟实验的教学实践研究》获天津市中小学第十三届教研教改成果二等奖。该文论述天津高中实施新课改后，生物新教材的亮点部分即模拟实验的具体使用方法。这一类实验多用于实验条件不具备的情况，用非常简单的材料和过程模拟比较复杂的生命现象。在三年的新课改教学实践中，由于“探究培养液中酵母菌种群数量的变化”的实验教学遇到很大困难，因此在实际教学中亲自尝试对此实验进行模拟实验的改进，设计使用“模拟计数板”，在一节课的时间内，用模拟实验方法配合使用 Excel 软件，绘制出种群数量变化的曲线，获得比较理想的实验教学效果。该论文论述这一模拟实验的改进方法，具有较强的创新性和实践性。唐延稚的另一项成果《天津市区中学青年教师生活和发展状况的调查研究》获天津市基础教育 2011 年“教育创新”论文评选二等奖。该论文以在天津市区抽取的四个完中学校作为样本，运用调查法和访谈法，在每个学校随机发放 35 份问卷，对年龄在 35 岁以下的青年教师进行关于基本情况、生活状况、工作发展情况的调查。教师刘洋撰写的《生物课前演讲新探》获 2011 年教育创新论文评选三等奖。

（王　健）

【生物学科小课题研究】 2011 年 3 月，生物学科教师唐延稚申请的课题《南开中学学生人际交往方式的调查研究》，杨振申请的课题《南开中学生物学科课程资源的开发与利用》被列为南开中学 2011 年小课题研究规划课题。《南开中学学生人际交往方式的调查研究》课题组由唐延稚任课题组组长，王健、刘洋、尤智杰三名教师为成员。课题项目遵循“理论分析—设计问卷—实际调查、访谈—研究对策”的研究思路，在查阅已有文献基础上，编制“南开中学学生人际交往关系量表”，通过调查研究在校学生人际交往的主要方式，对部分学生进行访谈，了解学生关于人际交往的真实想法；在此基础上，对部分已出现人际交往问题的学生实施心理辅导，帮助他们缓解人际关系压力，找到适合南开学生人际交往的最佳途径和策略。《南开中学生物学科课程资源的开发与利用》课题组由成员分工合作、积极配合，从学校实际出发，调查教师对本校生物课程资源利用情况以及存在的问题，通过整理实验室资源、网络资源、图书馆资源等，进行开发利用的尝试和分析，开展论证和进一步完善，从而为培养学生的生物科学素养，更好地促进学生全面主动发展提供丰富的生物教学素材。

（唐延稚　杨　振）

政治学科

【简况】 2011 年，政治学科教师共 15 人。高中年级任课教师有刘宁、王志辉、朱爱武、陈玉、刘凤立、黄小虎、崔勇锐（兼）、贺海龙（兼）、李德志（兼）共 9 人；初中年级任课教师有杨晓坤、潘岱忠、薛伟 3 人。尚在南开翔宇学校任课的教师有徐广玉、王劼、张小虎。教师于文华返聘承担复读班教学任务。该学年度政治学科围绕提高课堂教学质量、时政热点分析、近五年学校高考成绩分析、读书交流、教育理论学习、时事教学方法交流、开放教学课堂、课堂教学与信息技术整合等，专题开展八次学科大教研活动，取得很好的效果。政治学科教师严谨治学、真诚对待学生。为使政治课更加鲜活和富有成效，教师认真研究所教授的理论，注重与社会实际、生活实际、学生实际紧密联系。通过教师的努力，政治课教学得到学生的普遍喜爱和好评。初、高中会考再创佳绩，高三毕业班高考成绩在新课改后再创新高。

（王志辉）

【政治教学科研成果】 2011 年 2 月，教师杨晓坤的论文《新课标下提高政治课堂实效的策略研究》获天津市基础教育 2011 年“教育创新”论文评选二等奖；李德志《浅谈教育创新之学生领导力培养》获二等奖，《五位一体高中政治课堂有效性控制法》获三等奖；崔勇锐《中学班会课德育功能的实现途径》和《中学班会课的功能及其定位》分别获三等奖；徐广玉《信息时代的网络德育刍议》获三等奖。3 月，崔勇锐《构建“同心圆”让思想政治课更精彩》获天津市中小学第十三届教研教改成果二等奖。4 月，贺海龙《哲学的基本问题》课程在南开区政治学科录像课评比中被评为优秀课；徐广玉录像课《中国共产党执政》被评为南开区优秀课。徐广玉论文《用巧妙的导入方式为政治课添彩》获天津市中小学第十三届教研教改成果区级一等奖。5 月，李德志《南开永远年轻——浅谈南开精神》课程获南开区德育研究课评选一等奖。贺海龙《<生活与哲学>课要有“活”的灵魂》在南开区政治学科论文评比中获一等奖。6 月，杨晓坤获南开中学课件评比三等奖。徐广玉教学设计《世界文化的多样性》入选南开区教育局主办的《南开教育 · 走进新课程教育教学案例集》。

（王志辉）

【小课题研究】 2011年,政治学科结合政治课新课改的教学实际,确定三个研究课题。《南开中学政治学科国家必修课程的校本化研究暨课程方案》,由教师朱爱武负责,与陈玉、黄小虎、刘凤立、薛伟组成课题组。《南开中学提升学生思想政治课学习兴趣的实践与研究》,由教师杨晓坤负责,与贺海龙、徐广玉、李德志、王志辉组成课题组。由教师张小虎负责,与王劼、潘岱中组成课题组开展的《增强班主任工作有效性中政治教师如何发挥学科优势》研究课题尚在进行中。三个课题均通过学校中期成果认定,年底结题。

(王志辉)

信息技术学科

【简况】 2011年,信息技术学科共有教师4名,承担全校初高中信息技术课程教学。其中2名教师在高中任教,2名教师在初中任教,1名教师在南开翔宇学校任教。教师中1人取得硕士学位,3人学士学位、在职研究生毕业。学科教师立足于南开学生现有信息技术水平,以提升学生信息素养为出发点,将学科教学与培养拔尖创新型人才密切结合,摆脱计算机应试的束缚。教师在日常教学中关注对学生学习信息技术的学法指导,特别注重培养学生良好的学习习惯,提高课堂教学效率,构建基于南开学生发展与应对未来社会挑战的信息技术课程模式,为实现学生的终身发展奠定基础。学科课程除开设必修、必选课程外,高中利用校本选修课开设信息学奥赛、数据库管理与应用、多媒体技术应用等。教师参与高中信息技术教材《信息技术基础》、《数据管理技术应用》、《算法与程序设计基础》及相应教参的编写与再修改任务。教师马艳主持的全国教育技术"十一五"规划课题"南开中学高中信息技术教育现状及发展对策研究"项目经过答辩、专家组审核通过,予以结题。马艳任天津市中小学信息技术教育专业委员会理事。

(马 艳 王 勇)

【翔宇楼计算机机房改造】 2011年2月,南开中学利用寒假期间对翔宇楼计算机房顺利完成更新、改造任务。学生用计算机全部更新;同时更换崭新的电脑桌椅;整理地板布线,并对机房内强电、弱电作逐项检查。三间机房面貌一新,信息技术学科教学设施得到整体提升,为南开学生创造一流的信息技术学习环境。

(马 艳)

【信息技术学业水平考试】 2011年1月17日,2011年度天津市信息技术学业水平在线考试在翔宇楼计算机房举行。为迎接考试,信息技术学科教师克服机房改造、搬迁、考试系统更换、调整等诸多不利因素,从服务器考试系统的安装、调试,到客户端试运行,都精心进行准备。南开中学高一年级12个班500多名学生参加该项考试并全部通过考核。

(马 艳)

学术交流

【与大港三中结成手拉手协作学校】 2011年3月23日,理事长孙海麟、校长杨静武、副校长吕宝桐、马健会见天津市大港区第三中学领导和九位学科组长、四位班主任老师,并与他们座谈。来宾与高考科目九位学科主管和班主任代表进行"点对点"的教研交流,并参观校史馆和校园。市政府、市教委为促进滨海新区教育事业均衡化发展,发挥示范校的辐射作用,安排大港三中与南开中学结成手拉手协作学校。大港三中定期派教育教学管理人员和教师来学校学习交流。

(刘 莉)

【巴彦淖尔教师来校学习交流】 2011年4月12日,副校长马健会见内蒙古自治区巴彦淖尔市教育局选派前来学习交流的四名教师。他们分别到南开中学语文、数学、英语、地理四个学科进行为期一个月的教育教学交流。副校长马健,教学处主任潘印溪、副主任王莉英,主任助理刘莉,数学学科组长侯卫平、语文学科组长韩文霜、英语学科组长李惠燕、地理学科组长李美华在教学处热情接待客人并和他们交流。四位教师随即到各学科参加教学教研活动。11月初，巴彦淖尔市教育局再次选派四位教师来学校进行为期两个月的教育教学交流，分别在数学、英语和物理三个学科进行听课、教研、教学交流等活动。

（刘　莉）

【大港三中教师学访交流】 2011年5月4日，大港区第三中学芮校长带领文综科目的六名教师来南开中学进行学访交流活动。教学处主任潘印溪热情地接待客人来访，并安排他们分别会见高三年级三位文科备课组长刘森甲、王志辉和马丽坤，就高三年级热点问题、高三文综科目近期复习重点、如何提高学生的答题技巧和应考能力等，进行认真细致的讨论和交流。大港三中的教师感觉收获颇丰，感谢南开中学教师的热情帮助。

（刘　莉）

【化学教师谢家明参加西藏初中骨干教师培训工作】 2011年8月15至22日，化学学科教师谢家明接受邀请参加西藏初中骨干教师培训工作。该项培训是为认真贯彻落实国家中长期教育改革和发展规划纲要和教育部关于实施“中小学教师国家级培训计划”要求，推进西藏自治区教育教学实现跨越式发展，由中国教育学会与西藏自治区教育厅共同开展的。中国教育学会充分发挥学术和学科专业优势，委托中学语文、数学、物理、化学四个学科教学专业委员会组织学科培训导师团。谢家明作为培训导师团专家，所做的示范课以及两个课例分析受到中国化学会及学员的一致好评，获得由中国教育学会及西藏自治区教育厅颁发的表现突出奖。

（张洪俊）

【数学教师林秋莎赴山东考察交流】 2011年9月13日至9月30日，数学学科教师林秋莎随同天津市“未来教育家”奠基工程办公室组织的二期学员赴山东省进行教育考察。林秋莎与天津市静海一中校长古建兴、新华中学教师张延江、七中教师于曦等一行四人访问山东省济南市第一中学。该校由早期同盟会会员刘冠三于1903年创办，是与南开中学同样具有深厚历史积淀和悠久育人传统的百年老校，培养出中共“一大”代表邓恩铭，著名学者季羡林、欧阳中石，著名诗人臧克家、贺敬之等一大批社会英才。在为期三周的教育考察期间，天津的四位教师参加济南一中的所有行政会议、高三成人仪式等德育主题教育活动，以及各自学科的大教研、同课异构等活动，两地教师在学校管理和教育教学等方面进行广泛而深入的交流。林秋莎所做题为《函数的单调性》的示范课，受到济南一中校长尹守峰博士和数学学科教师的一致好评。

（侯卫平）

【化学教师王文昌应邀赴四川开展新课程培训】 2011年10月15日，化学学科教师王文昌应邀作为新课程培训专家赴四川省广安市为化学教师示范授课。广安市教科所高度重视该项培训工作，要求市区及所辖区县的相关科目教师必须参加培训，通过人民教育出版社培训办公室邀请全国各地各学科多位专家赴川授课。王文昌讲授的是必修Ⅰ第三章《金属及其化合物》的第一课时，该堂课充分运用新课程的教育理念，进行师生互动、生生互动等教学模式，充分运用化学实验在化学教学中的独特魅力，引导学生掌握元素化合物知识的学习方法。授课得到参加培训的教师和学生的欢迎与好评，课后天津市教研室委派的化学教研员英华对学生进行的问卷调查表明，对于学生掌握化学知识的方法和激发学习兴趣都有积极作用。

（张洪俊）

【化学教师汪斌和王红娜教学研究展示课】 2011年10月28日，化学学科教师汪斌在高三3班教室、王红娜老师在高三10班教室面向南开区教师同时进行“硝酸的化学性质的复习课”的教学研究课展示。教学设计突出复习方法的指导，以硝酸的化学性质为主线，通过设置一系列层层递进的问题，在问题的驱动下教学过程自然地展开，注重知识的探究性和生成性，学生积极主动地参与到教学活动中。学生通过自主地复习，主动构建“关于氮及其化合物”的知识网络结构。

（张洪俊）

【化学学科帮助农村骨干教师实践研修】 2011年下半年，化学学科接待三批共八名学员，完成帮助“265农村骨干教师培养工程”学员到南开中学基地实践研修任务。学科妥善安排，商讨制定详细的指导计划，安排骨干教师承担讲授观摩课任务。8月29日至9月29日，接待第一批一期市级三名学员，来自宝坻区大白庄高中的教师杨怀林、咸水沽一中的教师刘子华老师(女)和大港一中的教师赵洪斌；确定张洪俊为领衔指导教师，何文、王平为工作团队教师。10月31日至11月25日，接待第二批两名区县学校学员，武清区杨村一中的教师刘桂敏和蓟县康各庄中学的教师白艳红；确定张洪俊负责指导刘桂敏、王平负责指导白艳红。11月28日至12月23日，接待第三批三名区县学校学员，来自蓟县城关四中的教师纪爱民、汉沽第六中学的教师刘岩娜、咸水沽一中的教师王爱娣；确定张洪俊负责指导王爱娣、何文负责指导纪爱民、王平负责指导刘岩娜。根据学员的需求和教学能力，工作团队的三位教师认真指导学员制定研修计划，主要围绕课堂设计与教学实践等开展研修，组织学员观摩研究课，课后交流研讨；参加高一、高二年级备课组的“同课同构”教研活动和化学学科的大教研活动；指导学员完成两节说课、两节教学研究课；完成教学能力前、后测诊断测试工作。学员学习热情高涨，认真听课、记录并与授课教师交流，进行自我反思，按时完成教学观摩、教学实践、研修总结等，高质量地完成研修任务。

（张洪俊）

【抚顺市望花高级中学教师来校参观学访】 2011年11月25日，抚顺市望花高级中学教师来校一行40余人参观学访。来访的教师被安排听课6节。所听课程是：音乐教师宋彦平(高一4班)，英语教师李健(高一2班)，化学教师麻亚宁(高一7班)，地理教师周顺心(高一9班)，信息技术教师马艳(高一10班)，政治教师陈玉(高一14班)。

（刘　莉）

【内蒙古教师来数学学科学习交流】 2011年11月，内蒙古杭锦旗奋斗中学副校长、特级教师安兰伟和临河三中主任李文科来南开中学数学学科学习交流。12月，海拉尔第二中学教师曲树河来数学学科进行为期一个月的学访，参加备课组的集体备课和学科组的大教研活动，听高一至高三年级三十多课次，参加林秋莎老师的题为《函数 $y = A\sin(\omega x + \varphi)$ 的图象》的展示课及评课活动。

（侯卫平）

【化学学科接待呼伦贝尔市教师学访交流】 2011年12月5日至23日，化学学科接待内蒙古呼伦贝尔市教育局选派的教师来校进行为期三周的学访交流。海拉尔一中化学教师旦森扎布、尼尔基一中化学教师汪丽华在来访期间听高一、高二、高三各年级教师的化学课，并与教师深入交流研讨，参加高一备课组关于“同课同构”的教学研讨、“高效课堂”为主题的化学学科教研活动，对化学学科教师的工作水平给予高度评价。

（张洪俊）

【历史学科与牙克石市一中教师研讨学生评价体系】 2011年12月，内蒙古自治区牙克石市一中教师来学校在历史学科进行为期一个月的学访活动。历史学科安排来访的教师进行参观、听课和研讨。两校教师围绕新课改形势下历史教学的动态进行多次研讨，向来访教师通报学校在新课改中关于学生评价体系的建立和运行情况，高中三个年级就各自评价方式方法分别进行汇报，并展示学生的作品。两校老师认为，在今后教学实践中要加强联系，使评价体系得以广泛应用。

（万庆刚）

教学科研

【小课题研究立项工作完成】 2011年3月1日，由副校长马健主持，科研信息技术中心对2010年收到的34份课题申请书进行评议。经过两轮讨论，批准以下24个小课题的立项申请。

序号	课题名称	学科/部门	负责人
1	作文写作的另一途径——叙述技巧	语　文	马西超
2	对青年教师培养的研究	语　文	韩文霜
3	传统古诗文吟诵回归中学教育	语　文	程　滨
4	对高中数学发展性学业评价之自主多元评价模式的方法探究	数　学	林秋莎
5	还原英语教学的整体性，提高中学生综合语言运用能力	英　语	姚卫盛
6	高中历史课堂教学模式与教学有效性的实践与研究	历　史	万庆刚
7	运用案例教学法，提高人文地理教学的高效性	地　理	李美华
8	南开中学提升学生思想政治课学习兴趣的实践与研究	政　治	杨晓坤
9	南开中学政治学科国家必修课程的校本化研究	政　治	朱爱武
10	增强班主任工作有效性中政治教师如何发挥学科优势	政　治	张小虎
11	分析利用高考数据，引导提高高中物理教学效益	物　理	刘俊贤
12	现代多媒体技术在初、高中物理教学衔接中的重要意义及其应用	物　理	叶　远
13	集体备课的有效性——同课同构教学研究	化　学	张洪俊
14	学案导学策略提高初中化学课堂有效性的实践研究	化　学	王大治
15	高中化学课程资源的开发和合理利用	化　学	李　娜
16	南开中学90后学生管理策略研究	化　学	王　平
17	南开中学学生人际交往方式的调查研究	生　物	唐延稚
18	南开中学生物学科课程资源的开发与利用	生　物	杨　振
19	任务驱动法提高课堂教学有效性的实践与研究	信息技术	马　艳
20	《通用技术》校本学习的实践研究	通用技术	王恩荣
21	南开中学国际部学案导学研究(1)	国际部	张庆民
22	国际理解教育校本教材的开发与应用	国际部	杨　洋
23	拔尖创新型人才早期培养实验班创新意识下的道德行为规范养成教育的研究	七年级	毕　伟
24	南开中学初中以“周恩来总理为人生楷模”德育目标实现途径的研究	八年级	贺伟国

（马　玥）

【首届青年教师多媒体教学软件大赛】 2011年6月，南开中学首届青年教师多媒体教学软件大赛圆满结束。该竞赛旨在鼓励和促进青年教师教学方法和手段的进一步提高，推进优质教学资源建设，展示学校优秀多媒体教学课件成果，交流多媒体课件的制作经验，提升现代信息技术在学科课堂教学中的应用，进一步提高教师学科整合能力，提高教师多媒体应用的能力及认识。参赛对象为校内35岁以下青年教师。教学课件的成果形式，可以是幻灯片、网页、Authoware、Flash、几何画板等多媒体课件。截至2011年5月底，共有14个学科、部门提交总计68个教学课件参加比赛。经过评审，评出以下二等奖11名，三等奖14名(一等奖空缺)。

课件评比二等奖				
张久清	崔勇锐	裴　爽		
唐延稚	张玉彩	陶　颖	殷　悦	滑　娜
张广民	韦海柱	梅宏柱		
课件评比三等奖				
杨晓坤	王向群	杨　振	解　英	王　瑾
明桂琴	杨　倩	麻亚宁	张汉泉	
周英英	谭　旭	王　蕊	焦　鹏	李　静

（张久清）

【2011 年论文报告会】 2011 年 6 月 21 日，南开中学 2010 年度论文表彰与优秀论文宣讲大会在翔宇楼报告厅举行。学校领导和全体教师参加大会。为举办好该次论文报告会，学校先期组织教科研人员和各学科组长对各个部门教师报送的年终论文、教育创新及“双成果”评选论文进行筛选和评优，从中选出 25 篇优秀论文，在报告会上予以表彰。吕宝桐、刘树红、王平、张扬等代表获奖论文作者在报告会上宣讲论文，将研究成果与平时教育教学工作紧密结合，毫无保留地交流自己的心得和体会，受到教师的好评。科研信息技术中心主任王文昌主持会议并介绍报告会的筹备情况，校长杨静武就年度论文提交及评选工作作总结发言，对教育教学科研工作提出要求和希望。

（张久清）

【2011 年优秀论文作者与篇目】 英语学科：陈平平《高中英语词汇教学法初探》；化学学科：高志伶《合作学习在化学选修课中的应用实践研究》；国际部：韩春姬《谈留学生地理教学中的因材施教》；德育：韩文霜《班集体有性格吗》；英语学科：姬红颖《英语文化对高中学生性格形成的影响》；物理学科：解英《浅谈初中物理教学中的人文关怀》；数学学科：康玥《关于高三学生心理状态的调节的一些思考》；语文学科：李萱《拓展语文教学内容，丰富校本教材》；数学学科：刘静波《新课程标准下的中考数学复习策略》；语文学科：刘树红《走好成功的第一步——浅议如何做好中小学衔接工作》；英语学科：邵秀美《英语阅读教学案例分析及对策》；音美学科：宋彦平《有关“主题性”音乐教学的思考》；数学学科：宋振寰《数学课上的素质教育》；语文学科：孙超《夯实基础，补强短板》；生物学科：唐延稚《关于高中生物模拟实验的教学实践研究》；德育：王平《三分硬规则，七分软管理——高中班级德育教育策略探究》；信息技术：王铮《信息技术在学科有效教学策略中的应用研究》；化学学科：王大治《运用概念图策略进行初高中化学知识点衔接的初探》；物理学科：王文惠《从一节获奖课谈科学探究的实施》；通用技术：魏长童《浅析新课程理念下以数字化校园建设推动教与学方式变革》；政治学科：杨晓坤《新课标下提高政治课堂实效的策略研究》；地理学科：张慧《浅谈创新地理课堂教学几点实践》；体育学科：甄伟《如何培养学生良好的运动习惯》；历史学科：周晓《从“知识”到“学识”，还是从“知识”到“常识”、“见识”——高中历史教学功效的探究及相应教学策略的尝试》。

（马　玥）

【参加天津市电教馆空中课堂项目】 2011 年 9 月 28 日，天津市普通高中选修课程“空中课堂”总结推动暨表彰大会在天津市红桥职大会议中心举行。科研信息技术中心主任王文昌、副主任魏长童、政治学科教师朱爱武、语文学科教师张扬以及技术中心职工张喆、教师张久清参加大会。会上，朱爱武作为空中课堂选修Ⅰ（国家课程）人文与社会领域教师代表、张扬作为选修Ⅱ（校本课程）语言与文学领域教师代表、魏长童作为制作人员代表受到表彰。其中，朱爱武的《经济学常识》、张扬的《新闻采访与写作》还入选云南网络课堂课程。2007 年底，天津市电化教育馆提出开设天津市普通高中选修课程空中课堂的设想，即利用网络优势，建立天津市“普通高中选修课程空中课堂”平台，将全市优秀教师讲授的选修课上传到平台，供全市普通高中共享。通过“空中课堂”实现全市高中生的跨校选课、在线学习、学分互认，让更多人享受到优质教育教学资源，并将其纳入到常态教学中，解决新课程改革中的种种问题。南开中学作为市五所首批参与制作学校之一，录制完成《德语课程》。2008 年，南开中学选派教师参加空中课堂第二次录制工作，技术中心对录制工作做统一的安排，包括前期的策划准备、课程的视频录制、后期的编辑制作等，录制完成朱爱武的《经济学常识》、高原的《现代文学中的南开作家群》、张扬的《新闻采访与写作》等空中课堂项目。“空中课堂”作为一门校本选修课在南开中学高一、高二年级开设，教师也可以登录网址 http://202.113.144.6 体验（试用账号 test1 或 test2，密码 1111）。

（张久清）

【参加第十五届全国多媒体教育软件大赛】 2011 年 11 月 13 日至 15 日，南开中学通用技术学科教师张久清参加全国第十五届多媒体教育软件大赛，其设计制作的多媒体教学软件《设计中的人机关系》被天津市电化教育馆推荐参加全国决赛。经现场答辩及专家评委的评选，最终获得全国一等奖。

（张　喆）

【小课题中期推动会】 2011年11月30日，2011年小课题研究中期推动会在含英楼三楼会议室举行。副校长马健、科研技术信息中心主任王文昌、副主任崔勇锐、教师马玥以及24位小课题负责人和研究组成员参加会议。崔勇锐主持会议并报告2011年第一届小课题研究开展的过程和进度，对9月份各课题组递交的16份中期报告（其中14份合格）进行总的介绍和评议，并介绍新制订的《小课题研究奖励方案》。在中期报告的评议过程中，化学学科组长张洪俊等教师所申请的《集体备课的有效性——同课同构教学研究》被评为中期课题奖励获得者，在会上宣讲其研究过程、方法、意义等，对小课题结题工作起到推动作用。副校长马健讲话指出，第一年开展小课题研究工作取得一定成绩，也存在进一步提升的空间，鼓励教师将研究与教育教学相结合，运用到实际教学工作中去，真正体现研究的价值和指导意义。

（马　玥）

选修课程

【高一年级选修课】 2011年3月9日，高一年级选修课顺利开课。经过各学科组的积极申报，2010－2011学年度第二学期高一年级共开设选修课29门。学生阅读《选修课简介》后报名，教学处经过调整并确定上课地点，安排任课教师。为促进学校国际化发展，在高一年级新增第二外语法语选修课，从天津法语联盟聘请法语教师Nari（纳瑞）担任任课教师。3月16日，法语选修课正式开课。

（刘　莉）

【早期创新人才培养实验班开设第二外语】 2011年9月，南开中学根据早期创新人才实验班课程设置，决定为学生开设第二外语。副校长马健与国际部副主任杨洋、英语学科组长李惠燕等专门开会进行研究、落实。开设的第二外语科目有德语、日语、法语和韩语，采取“走班制”的教学模式。

（刘　莉）

【高中校本选修新增多门课程】 2011年9月，高一和高二年级新增多门校本选修课程。高一年级校本选修于9月14日开课，高二年级校本选修于9月21日开课。其中包括美国文化、英国文化、日语、法语、德语、韩语、机加工制作等。学校在新学期聘请多位外籍教师为高一和高二年级学生开设选修课。学生报名踊跃。

（刘　莉）

【英国概况】 英语是世界上运用范围最广的语言和交流的工具，掌握英语是21世纪创新型人才所必备的基本素质。学好英语不只是学会语法和单词，更重要的是具备运用和交流的能力，而英语的运用交流离不开对英国文化的了解。英国文化第二课堂的内容是，以提高学生的听说能力为目标，向学生介绍英国文化，激发学生对英语和英国文化的兴趣，以提高英语水平和中西文化交流的能力，开拓学生的视野，使学生更加适应21世纪的人才需求。任课教师Jennifer Taylor。

（李惠燕）

【法语】 法语是一门美丽而浪漫的语言，是当今世界最通用的语言之一，也是联合国官方用语之一。为提高南开学子的语言应用能力和品位，以及与国际接轨的优势，为高一高二的学生开设法语选修课。课程以法语入门和介绍法国文化为主线，为学生送上异彩纷呈的法式文化盛宴。上学期讲述法国的文化概况以及法语的入门课程，激发学生深入了解法国和法语的兴趣，进行初步的文化交流活动。任课教师Patrick Marc McNolly

（李惠燕）

【德语】 德语是一门历史悠久的语言，也是国际社会的流行语之一。对德语的了解有利于加深学生对欧洲历史文化的兴趣，加强中西文化交流，提高学生的语言运用水平。上学期的德语第二课堂主要介绍德国的历史、习俗、节日、传统和精神等，进行中德间教育和文化的比较。下学期继续进行德国文化的介绍，内容涵盖音乐、美术等各个领域，以激发学生解德国进行交流的热情,培养适应多元文化的高素质人才。任课教师 Rebecca Hale。

(李惠燕)

【日语】 日语是世界的流行语,学好日语有利于中日友好与文化交流。日语第二课堂为学生介绍日本文化,以《标准日本语》为主要教材,辅以深受学生欢迎的日本动画片。教学对象是日语零基础但是对日语有兴趣爱好的学生。上学期通过初级阶段的学习,使学生在听、写、读、说等方面受到初步训练,掌握日语的初级入门知识;从五十音图开始,系统地学习文字词汇、文法、听力及读解,基本常用的语法知识,300-400 个单词,进行简单的日语会话,掌握日本语基本“生存语言”,问候语、自介绍、电话用语、问路、购物、旅游常用语等。可以通过 JPT4 级考试,为考 JPT3 级打下扎实基础。下学期课堂教学,继续配合日本动画片,通过动漫欣赏学习原汁原味日语发音以及正确的语音语调,使学生基本能听懂动漫中的简单日语表达,掌握简单的生活日语。任课教师 唐小莉。

(李惠燕)

【英文话剧】 话剧表演是南开中学传统和特色活动,深受学生喜爱。2010 年首届英语话剧节后,英文话剧开始在学生中活跃起来,成为南开学子最受欢迎的课外社团活动之一。英语学科为此决定开设英文话剧第二课堂。主要内容是通过对英语话剧剧本的学习和英语话剧的舞台表演,提高学生学习英语的兴趣和口语表达能力,体会西方文化,增强学生的团队协作能力。把英文话剧打造成拓宽学生的视野,陶冶情操,培养学生创新精神的特色课程。任课教师陈平平、王夏洁。

(李惠燕)

【双语数学——美国中学数学竞赛选讲】 为使学生尽早接触英文版的数学,开发学生的数学智力与兴趣,2011 年在高二年级开设《双语数学——美国中学数学竞赛选讲》选修课。通过朗读使学生练习英语发音,通过解题培养学生解题能力,其中涉及美国文化的特点,诸如度量衡制的换算等,使学生认识到文化学习与语言学习的密不可分,开拓学生的视野。课程开设后深受学生喜爱,选修的学生二十余人。主讲教师曹宝树。

(宋振寰)

【机加工技术与实践】 2011 学年度,学校将在机加工方面有特长的职工王长兴调入工程坊工作,因此物理学科增加该选修课。机械加工主要有手动加工和数控加工两大类。手动加工是指通过机械工人手工操作铣床、车床、钻床和锯床等机械设备对材料进行加工的方法。数控加工(CNC)是指机械工人运用数控设备来进行加工,通过编程,把工件在笛卡尔坐标系中的位置坐标(X,Y,Z)转换成程序语言,数控机床的 CNC 控制器通过识别和解释程序语言来控制数控机床的轴,自动按要求去除材料,从而得到精加工工件。第一期招收对机加工技术感兴趣且有一定动手能力的学生 18 人。经过学习学生能制作一些简单的工具。

(叶 远)

【中国地域文化与环境】 课程通过幻灯、视频、学生的亲身经历等鲜活的实例,了解文化与环境的关系,包括聚落、建筑、服饰、习俗、艺术、语言、宗教等内容,以中国为例,分专题学习研究各种地理环境与文化的关系。学生通过学习,在了解文化地理的基本理论知识的同时,能够深入社会生活去仔细观察,并用所学理论进行具体分析;能够分析不同环境下会产生不同的文化现象或文化事物,提高学生的、分析问题的能力。2011 年,高一年级学生八人、高二年级学生三人选修该课程。结课的作业题目:学生根据自己喜爱的某一文化要素或现象分析其与地理环境的关系。

(周顺心)

【水污染危害及其治理】 该选修课程从每学期第三周开始,到第十九周结束。课程以水污染危害及其治理的措施为主题,培养学生积极主动参与实践活动,通过布置设计用以净化水质的人工湿地活动,研究水体污染的危害论联系实际的观点与方法,把实际生活中得到的经验上升到一定的理论高度,增强学生的应用能力。2011 年有高一和高二年级共 14 名学生选修。结课的作业题目:环境问题之我见。主讲教师周英英。

(张 慧)

【电影中的历史】 2010-2011 学年下学期,高一年级开设《电影中的历史》选修课。课程选择历史题材的影视资料、纪录片,借助影视资料的形象性来丰富历史课程教学，增强历史的现实感。课程充实、紧凑，作业形式灵活。学生通过观看音像资料丰富历史知识，梳理历史脉络；历史事件的再现引起学生的深度思考，撰写文章互相交流。

（张玉彩）

【世纪战争】 翻开人类的历史，大大小小的战争充斥其中，战争、恐怖、流血与冲突是人类社会不可回避的现实。在这个课堂里，为你细数经典战役、传奇将领；一起开动脑筋去思索战争缘何而起，给人类带来的影响，战争中的对与错等发人深省的课题。开设世纪战争课程，恰恰是为了更好地维护世界和平，居安思危，防微杜渐，努力寻找解决矛盾与冲突的方法和途径，营造更和谐的生存环境。

（张玉彩）

【历史文物鉴赏】 中国历史悠久，不仅有丰富的历史典籍，更有大量的历史文物瑰宝。这里有三星堆神秘的青铜神树，兵马俑的恢弘与磅礴，莫高窟的唯美与伤痛，精美的瓷器与绝伦的书画。这些文化瑰宝给人以美的享受，令人在欣赏之余不禁对前人的智慧与才干产生敬仰之情，一种民族自豪感油然而生。这门课程对于提高学生的审美情趣，激发学生学习历史的兴趣，增强爱国情怀大有裨益。

（郭晶莹）

【考古挖掘】 这门选修课的开设充分考虑到初中学生的年龄特征。学生正是好奇心很旺盛的年纪，对祖先的生活好奇，对自己不了解的事物好奇，所以想要知道它原来是什么样子的。初中生对历史的兴趣和学习，光靠文献史料是不够的，文字的体现力毕竟有限。这学期考古挖掘课开设的内容，包括世界十大考古挖掘奇迹，中国帝王陵墓，法门寺的发掘，等等。通过这些内容的学习，学生可以提高对历史学科的兴趣、锻炼历史思维能力，可以通过帝王墓葬里出土的大量精美器物、典型器物，分析出当时生产力发展水平、文化特点，等等。学生乐于积极主动地探索、认识历史的奥秘，教师则在培养学生探究历史问题兴趣的同时，引导学生了解考古发掘及研究工作的基本常识，增强历史感，使学生深入体会历史的特点和人类认识历史问题的复杂性、艰巨性，逐步培养学生严谨的科学态度、历史创新思维的意识与习惯。

（杨晓庆）

【时事纵横谈】 政治学科在高一年级继续开设。该课程内容丰富、时政性强、学生关注度高，形成自己的风格，是政治学科的特色课程。2011 年由高二年级任课教师刘宁和高一年级任课教师陈玉、刘凤立、贺海龙、王志辉讲授。教学内容为人们最为普遍关注的国际国内问题，包括欧洲债务危机，太平洋世纪—中美太平洋战略，社会信任危机，中美、中日、中俄等重要的双边关系，以及俄罗斯“总统互换”等。该课程拓展学生的视野，对于学生全面发展起到积极作用。

（王志辉）

【微观经济学】 政治学科教师黄小虎在高二年级为学生开设的一门全新课程。以理论讲解为主，结合生活实际，让学生初步了解西方经济学的内容。该学科丰富学生知识结构，培养了学生对于经济学的兴趣。

（王志辉）

招生考试改革

【学生孙建辉和王姝获复旦大学校长实名推荐资格】 2011 年 3 月 14 日，南开中学完成复旦大学校长实名推荐工作。经过学生个人申请、公开陈述，教师代表评议等公平、规范、严谨的程序，孙建辉（高三 1 班）和王姝（高三 6 班）两名学生获得复旦大学校长实名推荐资格。

（刘　莉）

【创新人才早期培养实验班招生】 2011 年 5 月 18 日，南开中学创新人才早期培养实验班招生圆满结束。为贯彻《国家中长期教育改革和发展规划纲要(2010－2020年)》,落实教育部“国家教育体制改革领导小组”批准立项的“国家教育体制改革试点项目”中关于天津市南开中学“探索建立拔尖创新人才培养基地”工作,以及天津市政府、市教委对南开中学试点项目提出的“大胆创新、敢于突破、办出特色”的指示精神,南开中学将开办“创新人才早期培养实验班”,作为“培养基地”人才培养计划的重要环节,继续致力于创新人才培养模式和学生创造能力的积极探索与研究。经市教委研究,同意南开中学“创新人才早期培养实验班”招生。“早期实验班”采用六年一贯制的培养模式,即义务教育阶段三年、高中阶段教育三年。4月21日起,南开中学分别在天津日报、每日新报、今晚报和城市快报上刊登关于六年一贯制“创新人才早期培养实验班”招生的信息。4月22日,教学处开通咨询热线电话27380127。4月28日,教学处开始接收学生通过特快专递寄来的个人材料,截至5月6日共收到2118份。在此基础上,教学处制定学生赋分标准。5月4日至7日,教学处组织相关人员进行学生信息的录入和初审。5月4日、5日,组织人员接待学生和家长到校咨询。5月10日,组织人员对学生初审材料进行复查。5月11日,南开中学将入围学生名单上报市教委,并于当日在南开中学网站公布通过初审的学生名单共636人(网站地址为http://www.nkzx.cn)和复试办法等。5月12日,凡通过初审的学生,携带本人户口簿、一张与报名表同底一寸近期免冠照片、报名表上所填的各类证书原件,到学校进行验证,确认无误后发测试证。5月14日,具备测试资格的学生,按学校公布的测试程序携带测试证到南开中学参加综合能力测试。5月15日教学处组织相关学科教师进行阅卷和成绩登统工作。5月17日上午9点将录取学生143人名单上报市教委。下午3点在南开中学网站公布录取名单。5月18日下午由学生家长持学生测试准考证来学校领取录取通知书。

(刘　莉)

【拔尖创新型人才实验班招生工作】 2011年6月27日至28日,教学处在范孙楼108室进行拔尖创新型人才实验班报名工作。对每位报名学生的户籍、学籍和获奖情况进行认真细致的核实,发准考证。6月29日下午4点,学校在翔宇楼一楼报告厅召开拔尖创新型人才实验班招生考试说明会。副校长马健就招生相关政策和有关事宜为家长和学生进行说明,介绍南开中学校史、一年多来教育改革的举措和2011年高考的情况。被保送到北京大学、清华大学的高三毕业学生刘达、姚远、翟宏堃就自己在理科班的三年学习生活的感受分别发言。教学处主任潘印溪对于学生和家长提出的关于考试和招生的相关问题做耐心细致的解答。7月2日上午,报考实验班的学生在翔宇楼进行数学、物理、英语三科的笔试。

(刘　莉)

【招收内蒙古呼伦贝尔市学生】 2011年6月20日,副校长马健、教学处主任潘印溪、德育处副主任张国发、校长办公室副主任李德志一行四人前往呼伦贝尔市,与该市教育局局长窦贵君等就教育改革、师生交流学访、招生程序的有关问题进行深入交流,签署呼伦贝尔市教育局和南开中学教育教学交流协议。7月22日,由副校长马健带领的南开中学内蒙古招生组成员潘印溪、魏长童、刘莉、毕伟、卢秋丰、马振波等赴内蒙古,根据双方教育交流协议,由呼伦贝尔市教育局推荐30名优秀应届初三毕业生参加南开中学命题的外地学生招生考试。经过严格的笔试和面试,录取高中新生12名。

(刘　莉)

【招收山东省济南市和潍坊市学生】 2011年7月,南开中学在山东省济南市和潍坊市招收外地学生38名。由副校长马健带领的南开中学山东招生组成员潘印溪、魏长童、张国发、刘莉、康玥、姚卫盛、孙铎声等,于7月9日赴山东省济南市,根据南开中学与山东省教育厅签订的教育交流协议,通过网上报名,择优挑选优秀应届初三毕业生。7月10日,在山东省济南市实验小学组织学生进行验证,领准考证。7月11日,105名优秀应届初三毕业学生参加南开中学命题的外地学生招生考试。经过严格的笔试和面试,录取高中新生38名。

(刘　莉)

【招收河南省郑州市学生】 2011年7月,南开中学继续在河南省郑州市招收外地学生29名。7月12日,教学处副主任王莉英带领南开中学赴河南招生组成员林秋莎、姚卫盛、李伟、康玥、朱楠、陈平平、赵凯等赴郑州市。7月13日,根据南开中学与郑州市教育局签订的教育交流协议,由郑州市教育局推荐85名优秀应届初三毕业生参加南开中学命题的外地学生招生考试。经过严格的笔试和面试,录取高中新生29名。

(刘　莉)

【招收内蒙古巴彦淖尔市学生】 2011年7月,南开中学继续在内蒙古自治区巴彦淖尔市招收外地学生19名。由副校长马健带领的南开中学赴内蒙古招生组成员潘印溪、魏长童,刘莉、毕伟、卢秋丰、马振波等于7月30日赴内蒙古。7月31日,根据南开中学与内蒙古自治区巴彦淖尔市教育局签订的教育交流协议,由巴彦淖尔市教育局推荐60名优秀应届初三毕业生参加南开中学命题的外地学生招生考试。经过严格的笔试和面试,录取高中新生19名。

(刘　莉)

【2011届高中学生高考成绩】 南开中学2011届高三学生实际参加高考总人数495人(含艺体特长生),其中理科411人,文科84人。高考分数600分以上人数:理科234人,占参加考试人数比例为56.9%;文科43人,占参加考试人数比例为52.0%。文理共计277人,参加考试人数比例为56.0%。(2010届考试人数460人,600分以上总人数共计241人,占参加考试人数比例为52.4%)文科裸分平均分594分(天津市文科一本线519分),理科裸分平均分600.43分(天津市理科一本线515分)。

(刘　莉)

【2011届初中学生中考成绩】 南开中学2011届初三学生共140人参加中考,年级总平均分为548.94分。其中,语文平均105.26分,数学平均107.58分,外语平均116.38分,物理平均93.26分,化学平均96.66分,体育测试平均29.82分,体侧满分率达85.71%。有48人考回南开高中,占毕业学生总数的35.71%。54.3%毕业生达到市三所录取分数线,71.86%达到市五所录取分数线,90.71%达到市九所录取分数线。竞赛成绩突出:8人获物理竞赛市一等奖(其中有全市第一、三、五名),4人获化学竞赛市级一等奖(其中有全市第一名),3人获数学竞赛市级一等奖。

(毕　伟)

【2011年初升高招生情况】 2011年,南开中学计划生录取最低分560.5分,择校生录取最低分556.9分。招收新生的成绩,570分以上32人,562分以上283人。招收新生各科平均分数(特长生除外):语文108.1分,数学110.2分,外语117.5分,物理97.5分,化学98.8分,文化总分561.8分。(天津市2011年中考总分590分。市内570分以上45人,562分以上427人,561分以上538人,560分以上654人,558分以上930人,557分以上1088人,556分以上1254人。)经过副校长马健、教学处主任潘印溪、教学处副主任王莉英、高一年级主管林秋莎、教学处刘莉、赵桓、蒋榇、董凡瑜等八位教师六天耐心、细致、周到的招生咨询工作,初中升高中招生情况较好,生源素质高。

(刘　莉)

【2011届高中学生进入重点高校情况】 2011届南开中学高中毕业生经过考试进入全国重点高校218人,保送19人,合计237人。其中,进入北京大学16人,清华大学13人,浙江大学10人,复旦大学7人,中国科技大学7人,上海交通大学7人,南京大学10人,中国人民大学6人,北京航空航天大学8人,中山大学10人,哈尔滨工业大学6人,西安交通大学2人,同济大学6人,南开大学91人,天津大学38人。

(刘　莉)

【推选清华"领军计划"和北大"校长实名推荐"人选】 2011年11月,南开中学推选出清华大学"领军计划"人选和北京大学"校长实名推荐"人选并予以公示。按照清华大学和北京大学2012年招生计划要求,经过高三年级毕业班学生本人申报、宣讲,高三年级领导小组和教师的推荐、投票,学校决定:推荐学生路絮、穆唯雅2人为清华大学"领军计划"人选;推荐学生刘超、王宇麒、杜瑀3人为北京大学"校长实名推荐"人选。

(刘　莉)

【推荐清华大学和北京大学保送生】 2011年11月14日开始,南开中学开展推荐清华大学和北京大学保送生工作。按照清华、北大2012年保送生招生计划及要求,根据学生成绩和志愿,以及高三年级领导小组意见,学校决定:推荐贝帅、马天力、王晨翀、袁玮良、于博洋、种晟等6名学生参加清华大学保送生测试;推荐周鼎翕、贺心蕊、左振斌、张宝昌、商遨、宋旭东等6名学生参加北京大学保送生测试。

（刘　莉）

体卫教育

体育与健康教学

【简况】 2011年,南开中学体育学科认真贯彻落实中央7号文件精神,突出规范教学,以促进学生身心全面发展为目标,着重发展学生自主健体能力,努力提高学生健康水平。全学科12名教师,担负51个教学班的体育教学任务。在初中一年级每天开设一节体育课,全面落实学生每天锻炼一小时的要求。组织升旗、课间操,开展体育活动和健康教育,恢复南开传统项目火棒和垒球,组织学校春季趣味运动会和秋季田径运动会,"三六杯"、"五虎杯"、羽毛球、乒乓球、跳绳以及身体素质大赛等。带领体育训练队参加各级各类体育竞赛。教师积极参加市区教研活动,业务水平不断提高,得到南开区教育局和教研室领导的高度评价。2011年初三年级学生升学体育考试满分率87%。教师甄伟的论文《中学生脊柱状况的调查研究》获2011年天津市中小学体育科学论文二等奖。

(李　忠)

【体育选修课】 2011年,高二和高三年级设置体育选修课。课程项目包括男女排球、男女羽毛球、男女乒乓球、男女软式垒球、男女篮球、男子足球。高一年级选修课为男子篮球。初一年级选修课包括男女羽毛球、男女乒乓球、男女软式垒球、男女火棒操、男子足球、女子瑜伽。

(吴海明)

【排球选修课】 排球运动是一项综合性的体育项目,是学校体育教学中的运动项目之一,也是学生健身活动的锻炼形式之一,更是和谐校园文化建设的重要组成部分。在中小学体育活动中开设排球课程,既能激发学生参与体育活动的热情,培养学生的兴趣,也能使学生掌握排球的基本技能,使他们由对排球运动的爱好转变为良好的锻炼习惯,还能通过排球运动的集体性特点,培养学生的团队精神。南开中学排球选修课以不枯燥、不古板为理念,以传统的教学方式辅以游戏和交流互动环节等轻松欢快的形式,通过排球运动中的发球、垫球、传球、扣球、拦网等技术环节的教学,以及单人、双人和集体训练的手段,将排球的基本技能和项目魅力传播给同学们,以激发学生学习排球的积极性,培养其集体主义精神和团队意识,促进人际感情交流,体验排球的乐趣,最终完成教学目标。南开中学每年举办"三六杯"排球比赛,是同学们展示体育锻炼成果的重要平台。在"以人为本"和"终身体育"的基本理念的指导下,积极促进学生"到阳光下、到操场上、到大自然中",使南开中学排球选修课不断得到新的提高,最终使学生以德智体全面发展的综合素养走向社会,迎接时代的挑战。授课教师张娜。

(张　娜)

【体质健康标准的测试】 2011年南开中学完成初中和高中学生体质健康标准测试、数据统计上报工作。通过对学生的身高、体重、肺活量等身体形态及耐力项目、柔韧力量类项目、速度灵巧类项目等身体素质等进行测试,与2010年同比,各项指标明显提高。

(吴海明)

体育训练队

【简况】 2011 年,南开中学有初中和高中篮球队、足球队、游泳队、羽毛球队、乒乓球队、田径队等运动训练队,参加人数共 150 人。学校重视加强运动队的建设管理,不断规范和完善各项规章制度,专门成立领导小组,每年召开两次会议,专题研究运动队工作,并制定学籍、训练竞赛、日常管理等相关规定,为教练员和运动员的学习、训练、生活营造良好环境,确保运动队健康发展。

(吴海明)

篮球队

【简况】 南开中学篮球队是一支具有光荣历史的球队。学校的高中男子篮球队在发展过程中,坚持弘扬当年的"南开五虎"精神,不仅注重队员的技战术水平和身体素质的提高,更加注重学生意志品质和精神境界的培养,同时,要求队员在文化课学习和综合素质方面得到发展。2011 年有三名队员被天津大学、合肥理工大学、西北大学等著名高校录取。南开中学初中篮球队秉承"五虎"精神,以培养队员的篮球兴趣为主,注重学生运球、传球、投篮等技术的练习,打下坚实的基本功。在开展篮球训练的同时,关注学生综合素质的发展,部分队员球技与学习均排在年级前列。2011 年毕业生中,有三名队员被南开中学高中篮球队录取,其余队员均考入全市重点高中。历届毕业生中,部分队员仍能代表所在学校参加全市的高中篮球比赛并取得优异成绩。

(刘 日 卫 恒)

【篮球队参加市级比赛获奖】 2011 年,南开中学篮球队在天津市组织的比赛中获得一项冠军、一项亚军、一项季军的优异成绩。8 月 16 日至 31 日,在由天津市教委、天津市体育局组织的天津市中小学校园篮球比赛中,获得高中男子组季军。10 月 30 日至 11 月 26 日,在由天津市体育局组织的天津市青少年篮球锦标赛中,获得男子甲组第二名。11 月 26 日至 28 日,在由中国中学生体育协会和中国篮球协会主办、天津市教委中小学体育协会和天津市体育局篮球协会承办的 2011 - 2012 赛季中国高中篮球联赛天津赛区比赛中,获得冠军;同时获得代表天津市参加于 2012 年 3 月在大连举行的第二阶段北区比赛的资格。此外,南开中学篮球队 2011 年 3 月代表天津市参加在西安举行的 2010 - 2011 中国高中篮球联赛北区比赛获第十名;2011 年 5 月参加八省市重点中学篮球协作赛获第三名。

2011 年篮球队参加比赛人员:领队李宝贵,教练刘日,队员李宏宇(2011 届 6 班)、崔晓雨(2012 届 10 班)、姚崇(2012 届 11 班)、王瑞腾(2012 届 6 班)、孙博文(2012 届 10 班)、徐志卓(高二 12 班)、樊晟(高二 6 班)、陈肖鹏(高二 12 班)、范江磊(高二 8 班)、孙盛东(高二 5 班)、庞泽州(高二 11 班)、李硕(高二 1 班)、钱浩玮(高二 9 班)、郑士博(高一 13 班)、杨光(高一 14 班)、李佩霖(高一 8 班)、韩博(高一 7 班)、宋尚达(高一 9 班)、吴佳伦(高一 4 班)。以上队员中,有 2 人获得"篮球国家一级运动员"称号,有 10 人获得"篮球国家二级运动员"称号。

(刘 日)

足球队

【简况】 2011 年,南开中学高中足球队共有 29 名队员,由学习成绩及身体素质较好,热爱足球运动的普通高中学生组成,每周业余训练二至三次。从 2007 年起,高中足球队共培养出国家二级运动员 25 名;参加天津市高中足球比赛,取得一次第一名、两次第三名、一次第五名的成绩。2009 年,南开中学被评为"天津市足球运动示范学校"。南开中学初中足球队成立于 2009 年 7 月,坚持"文体并进"的教学方针,经过三年的训练与比赛,在天津市初中学生足球比赛中获得较好成绩,同时有 16 名学生获得初中毕业升学体育优秀生资格。2011 年,学校注重球队队员身体素质训练,重视文化课学习,经过报名共选拔 14 名队员,全部由初一年级学生组成。在全国青少年足球联赛天津市南开赛区选拔赛中,取得五胜一平一负的战绩,共打入 22 球,获得初中男子组第五名。

(甄 伟)

【初中足球队参加市级比赛获奖】 2011 年 10 月 30 日至 12 月 11 日,南开中学初中足球队参加在天津市六十三中学举行的2011－2012年度全国青少年足球联赛（天津南开赛区）选拔赛。球队队员全部由初一年级学生组成。最终以五胜一平一负的成绩获得初中男子组第五名。初中足球队队员：七年1班张晏铭、郝伯熙、陈恺铂、曲培钧、祝乐乐；七年2班常瀚文、焦翔昊、林浩；七年3班陈修齐、缪东延、张右；七年4班盛秋旭、郑俊；七年5班姜智勋 。

（甄　伟）

田径队

【简况】　2011年，南开中学田径队新招初一和高一年级运动员10余人，利用课余时间训练，身体素质得到全面的提高，在市区级比赛中取得优异成绩。

（吴海明）

乒乓球队

【简况】　南开中学乒乓球队成立于2006年7月，训练活动和有关管理制度逐步完善。队员作风严谨，训练刻苦，在比赛中顽强拼搏，体现南开学子的优良品质。到2011年底，共培养出25名国家二级运动员，在市级比赛中多次取得优异成绩。2011年有2名队员被天津大学、中国政法大学等高校录取。

（陈立刚）

【乒乓球队参加市级比赛获奖】　2011年1月22日至23日，南开中学乒乓球队在天津二中参加天津市青少年体育俱乐部乒乓球锦标赛取得优异成绩。齐浩明、赵天元获得高中男子双打第一名；齐浩明、杨旸获得高中混合双打第一名，侯喆、刘小琳获得第二名；马奔滕获得高中男子单打第二名；杨旸、许纳获得高中女子双打第二名；王永岩获得高中男子单打第三名。2011年8月27日至29日，南开中学乒乓球队在天津体育学院参加天津市中小学乒乓球锦标赛取得优异成绩。在团体赛中，侯喆、马奔滕、齐浩明、魏建旭获得后备人才组高中男子团体第一名，杨旸、许纳、刘小琳、宋佳获得后备人才组高中女子团体第三名。在单项比赛中，齐浩明、侯喆获得后备人才组高中男子双打第一名，马奔滕、魏建旭获得第二名；齐浩明获得后备人才组高中男子单打第三名；杨旸、许纳获得后备人才组高中女子双打第三名。2011年11月26日至27日，南开中学乒乓球队在市乒乓球运动管理中心参加天津市青少年乒乓球积分赛（总决赛），赵天元获得甲组男子单打第二名。参加比赛的队员：侯喆、马奔滕、齐浩明、魏建旭、王永岩、赵天元；杨旸、许纳、刘小琳、宋佳。

（陈立刚）

游泳队

【简况】　2011年，南开中学游泳队始终坚持每周5次训练，每次2小时以上。队员秉承南开传统，训练刻苦，学习积极，多次代表学校参加市级比赛及全国比赛，取得市级冠军100多次、全国冠军3次的成绩。现有国家一级运动员8人，二级运动员4人。2011年学生刘通被保送天津大学，其他队员均被各大学录取。游泳队全体队员表示将以更加严格的训练和优异的成绩为学校争光。

（王德义）

【游泳队参加市级比赛获奖】　2011年7月，南开中学游泳队在天津医科大学参加天津市中小学游泳锦标赛取得优异成绩。高志华获得100米自由泳第一名、200米自由泳第二名，获得一级运动员称号；李萶获得50米自由泳第一名、100米自由泳第一名；李鸿运获得200米蛙泳第三名。2011年11月，南开中学游泳队在市游泳运动中心参加天津市青少年游泳锦标赛取得优异成绩。高志华获50米自由泳、100米自由泳第一名；李萶获得100米蝶泳第一名，100米自由泳第二名，男子4×50米混合泳第二名，4×50米自由泳第二名。

（王德义）

羽毛球队

【简况】　南开中学羽毛球队成立于2008年。教练李忠。队员经过学生报名后选拔。在参加天津市中学生比赛中取得一定成绩，并为学生羽毛球运动的普及提供多名骨干。2011年11月12日至13日，羽毛球队在天津商业大学参加天津市中小学羽毛球锦标赛获奖。赵向超、吴佳伦、齐浩明、郇明赛获得高中男子团体第三名；吴文玥、李斯达、刘墨涵、陈小艺获得高中女子团体第二名，崔琦、王曼迪、彭传迪、冷亚美获得第三名；吴佳伦获得高中男子单打第二名，赵向超获得第三名；崔琦、王曼迪获得高中女子双打第三名。

（李　忠）

体育竞赛

【南开中学运动会】 南开中学运动会每年举行两次。春秋两季分别安排不同形式的比赛,春季是趣味运动会,秋季是田径运动会,部分项目由教工与学生共同完成。2011 年 4 月和 10 月,学校分别举行趣味运动会及田径运动会。开幕式上,各个班级由 27 人组成入场式方阵,步伐整齐,精神焕发。各班级的运动健儿尽情地展示体育的魅力,心靠得更近,手握得更牢,用力与力的较量,心与心的交流,筑成绮丽的风景线。运动会促进学生素质的全面提高,丰富学生、教职工业余文化生活,增强学校的凝聚力,深受师生欢迎。通过运动会推动学校体育事业的发展,挖掘更多的优秀运动员加以培养,参加市区级比赛。

(吴海明)

【学生羽毛球比赛】 2011 年 3 月,羽毛球比赛在体育馆鸣哨开战。比赛分五轮完成,每块场地都安排有学生裁判执法,16 块羽毛球场地同时进行比赛。决赛成绩:高一男子组,冠军为高一 12 班齐浩明,亚军为高一 2 班郑昊昕,季军为高一 5 班赵宇斐。高一女子组,冠军为高一 2 班崔琦,亚军为高一 3 班高幂,季军为高一 5 班彭传迪。高二男子组,冠军为高二 8 班赵向超,亚军为高二 10 班王汉卿,季军为高二 10 班陈博翰。高二女子组,冠军为高二 3 班冷亚美,亚军为高二 1 班杨连昕,季军为高二 5 班吴雯玥。

(甄　伟)

【“五虎杯”篮球赛】 南开中学“五虎杯”篮球赛是一项传统赛事,在每学年的第二学期举行,目的是全面提高学生的身体素质,培养学生吃苦耐劳、团结合作的优良品质。近年来随着阳光体育活动在校园的开展,“五虎杯”篮球赛更成为学校体育文化的传承。整个赛事完全由学生组织、编排和管理,比赛场次和参与人数增加,依然成为南开中学最具影响力的学生活动。2011 年 3 月 15 日第二十五届“五虎杯”篮球赛举行,比赛历时两周,共进行 82 场比赛,参加人数 500 余人。经过小组赛、八分之一决赛、半决赛和决赛,高一 5 班、高二 10 班分别获得高一年级男子组、高二年级男子组冠军。

(刘　日)

【初中学生在市三跳比赛中获奖】 2011 年 10 月 29 日,南开中学初中学生在天津市第十四中学参加天津市阳光体育团队竞技大赛暨天津市中小学大课间“三跳”比赛,取得优异成绩,并获得初三体测免考资格,以满分计算。获得初中男子组单人跳绳第一名为宋天地(九年 3 班),第三名为万睿喆(九年 3 班);单人双摇跳第二名为宋天地,第四名为郭盛楠、项伟鑫(九年 1 班);单人编花跳第一名为齐冠文(九年 3 班),第五名为郭盛楠,第七名为项伟鑫,第八名为万睿喆。获得初中女子组单人跳绳第二名为陈思睿(九年 2 班);单人双摇跳第四名为穆葆润(九年 2 班);双人跳绳第六名为王雅欣、张曼(九年 2 班);大绳双摇跳第三名为王子汐、李纯珍(七年 2 班)、王奂辞(七年 5 班)。

(吴海明)

【学生身体素质大赛】 2011 年 11 月,高一年级学生举行身体素质大赛。比赛要求每班全员参与,女子项目为一分钟仰卧起坐,男子项目为引体向上,以班级完成的平均数决定名次。经过两天角逐,决出各项前六名及单人最高成绩。女子一分钟仰卧起坐项目,第一名为高一 2 班,第二名为高一 12 班,第三名为高一 7 班,第四名为高一 14 班,第五名为高一 10 班,第六名为高一 1 班。女子仰卧起坐最高成绩为高一 3 班谢云霏 64 个。男子引体向上项目,第一名为高一 4 班,第二名为高一 12 班,第三名为高一 6 班,第四名为高一 14 班,第五名高一 11 班,第六名为高一 10 班。男子引体向上最高成绩为高一 10 班阎子承 26 个。

(甄　伟)

【“三六杯”球类比赛】 南开中学“三六杯”球类比赛由 1936 届校友创办,并成功举办二十四届。“三六杯”球类比赛以班级为单位、以男子足球和女子排球比赛的形式进行,每届参与比赛的人数平均 800 余人,成为南开校园规模最大、参与人数最多、最受学生喜爱的体育活动。2011 年“三六杯”比赛从 11 月 14 日至 12 月 14 日，历时 31 天。学生裁判员在经过排球、足球规则培训学习后，出色地完成比赛的组织和执法工作，使得比赛顺利完成。该届比赛由单败淘汰制改为小组赛循环制，参与人数在 1200 余人。其中，男子足球比赛成绩：高二年级组冠军为高二 10 班，亚军为高二 12 班；高一年级组冠军为高一 3 班，亚军为高一 10 班；初二初三年级组冠军为初三 1 班，亚军为初三 3 班；初一年级组冠军为初一 5 班，亚军为初一 1 班。女子排球比赛成绩：高三年级组冠军为高三 6 班；高二年级组冠军为高二 10 班，亚军为高二 11 班；高一年级组冠军为高一 11 班，亚军为高一 3 班；初二初三年级组冠军为初二 1 班，亚军为初三 3 班；初一年级组冠军为初一 3 班。

（甄　伟）

学生自主活动

日常管理

【学生辅导员制】 2011年，南开中学为20个初始年级各班安排40名辅导员。其中高一年级14个班级每班安排两名辅导员，初一年级6个班级每班安排两名辅导员。南开中学实行学生辅导员制由来已久，新生入学时，学校选派一定数量高年级学生干部担任低年级新生班级辅导员。辅导员的主要任务是，帮助新生了解学校历史和各种规章制度，介绍在南开中学学习、生活的经验，帮助组织建立少先队、学生会和共青团组织等。

（贺海龙）

【班级五项评比标准】 2011年是南开中学德育处制定的《南开中学班级五项评比标准》施行第六年。该标准是为更好地贯彻教育部制定的《中学生日常行为规范》于2005年9月修订的。评比标准共涉及校园纪律，早、晚自习，升旗、课间操，卫生管理和宿舍管理五大项内容，其中每项内容又包含若干小项，总计35条。标准无论对班级整体还是学生个体都起到导向、激励和监督作用。评比结果为评选“周恩来班”、“三好班集体”及学生个人操行评定等级提供重要依据。

（林爱娟）

【班级卫生管理细则】 2010年3月，南开中学正式施行《南开中学班级卫生管理细则》。该管理细则是为营造文明和谐的校园氛围，创设整洁高雅的南开校园环境，进一步完善《南开中学班级五项评比标准》，由德育处于2009年3月制定的，试行两年。细则内容涉及讲桌、黑板、板槽、黑板灯、卫生工具箱、纸篓、窗台、杂物、电视柜、桌椅、地面、墙壁、张贴、玻璃、前后门、卫生区等方面，对于整洁程度做出具体规定，要求教室和责任区卫生做到一天两大扫、一小扫，保证早晨和中午自习前的打扫，注意下午放学的保洁要求。

（林爱娟）

【学校管理班制】 2011年，南开中学共有32个班级担任管理班，协助学校管理学生的日常行为。南开中学管理班制自20世纪90年代初建立，以班级为单位，轮流承担学校对于学生的日常管理工作，每个管理班负责一周。主要职责是，管理校内学生每日生活秩序，包括早晨学生入校的礼仪、自行车的规范摆放、各班卫生区的清洁、学生出勤情况、遵守校园纪律等方面的学生日常行为；检查评价学生个人及班集体操行状况，记录学校五项评比成绩；负责组织该周升国旗仪式、晨会讲评等常规性的学校教育活动；协助校长接待访问学校的来宾等。值周班级每周结束后，将在次周周一晨会上，总结上一周值周时存在的问题，为下一个值周班提出值周的建议。

（林爱娟）

【学生任校长助理制】 2011年，南开中学继续实行学生任校长助理制。各班级担任学校管理班值周工作时，由一名学生担任校长助理，协助校长管理学校。主要职责是：带领值周班的学生管理校内学生每日学习生活秩序；主持升国旗仪式；协助校长接待参观访问的来宾；晨会讲评上一周学生行为表现情况；代表校长征集学生对学校工作的建议；向校长提出工作建议等。学校在每周周一升国旗时，由校长向校长助理颁发聘书，以兹任命。

（林爱娟）

【高一新生班长选拔制度】 2011年,德育处根据学生干部培养的需要,对新入学的高一年级班级学生干部中的班长一职继续实行统一选拔。本着公平、公开、公正的原则,各班在确定的8位班干部中,由班主任根据学生具体情况推荐其中3名学生参加年级竞选;被推荐的候选人一一进行竞职演说,通过自我介绍、才艺展示、任职优势等充分阐述个人竞选的条件,每人限时3分钟。学校组织德育处相关负责人、高一年级主管、副主管和班主任老师组成评审小组,对候选人的现场表现进行统一打分,最终成绩优胜者担任该班班长。选拔出来的班长将组成年级学生会,隶属于校学生会,负责组织本年级各类活动。该项制度自2009年起施行,是学校培养学生干部途经的一种新的探索和尝试。

(赵 凯)

【两名学生建议食堂推广非一次性餐具】 2011年10月,南开中学学生食堂采纳高二3班于晓云、高二11班申畅两名学生的建议,推广非一次性餐具,一批不锈钢餐具投入使用。于晓云和申畅受到外籍教师启发,深切感受到学校食堂使用一次性餐具既不环保又不卫生。她们发出一份呼吁自带饭盒和食堂推广非一次性餐具的倡议,并通过生物社向各个班级收集学生签名;在外籍教师支持下,在两个班级用英文对学生进行环保宣传;又通过抽样调查得知,大多数学生是因图方便而接受一次性餐具,半数以上学生清楚其不利于环保、能接受适当提高饭价而改用不锈钢餐具。她们还计算使用一次性木筷子所产生的生态环境浪费,应用数学模型对于学生食堂更换餐具做成本比较。最终她们给学校领导写信并获得支持,促使全校实现环保就餐方式的普及,也将南开精神融入日常的学习生活之中。

(郑力铭)

学生社团

【七年级学生开展社团活动】 2011年3月9日,七年级社团活动顺利开展。经过七年级组各位任课教师的积极申报,该学期七年级共开设社团活动9门。学生阅读《选修课简介》后报名,教学处经过调整并确定上课地点,安排指导教师。社团名称及任课教师:影视话剧社指导教师单巨兵;英语角社团指导教师李静;十字绣社团指导教师张懿;世界名家名曲欣赏社团指导教师张瑛;乒乓球运动队指导教师陈立刚;羽毛球运动队指导教师吴海明;软式垒球运动队指导教师卫恒;数学竞赛班指导教师明桂芹;计算机竞赛班指导教师王铮。

(刘 莉)

【七年级地理学习社团开展专项调查活动】 2011年12月6日至30日,七年级地理研究性学习社团开展"天津市空气质量与学生出行状况的调查"活动。该社团分6个小组,共35名成员,由学生钮思凡、卢一凡、赵瑞雅、李林宇、张玉洁、秦煜担任组长,地理教师梅宏柱担任指导教师。活动期间,社团成员查找大量关于天津市空气质量状况的资料,设计《南开中学七年级学生上下学出行方式调查问卷》。七年级245名学生积极参与该调查问卷的填写,为专项调查提供2450人次的上下学出行方式样本。社团成员根据对相关资料和调查问卷的汇总分析,认识到伴随着天津社会经济的发展,汽车数量大大增加,其产生的尾气也日益影响城市空气质量状况,直接关系到市民的健康;从调查样本反映的情况来看,约20%的学生上下学出行方式可以优化,选择更低碳环保的公共交通方式。社团成员通过调查向南开中学全体师生和家长发出倡议:积极关注天津城市空气质量状况,出行时尽量少开私家车,主动采用公共交通方式,为城市环境的改善做力所能及的努力。

(赵瑞雅)

南开话剧社

【简况】 南开话剧社是南开中学历史悠久的社团组织。自1909年张伯苓校长自编自导自演的话剧《用非所学》已有102年的历史。该社团致力于传承南开话剧精神,传播话剧悠久文化,提升校园文化品位，丰富学生课余生活。求实、创新、传承、发展是推动该社团不断前行的不竭动力。每年一场场精彩的演出赢得在校师生热烈欢迎，同时也得到社会广泛关注和好评。南开话剧社成为学校特色社团的典型代表。2011 年，社团进行资源整合，制定《南开话剧社章程》。设有辅导教师 1 名，社长 2 名，社员 78 人；其中，表演组 50 人，编剧组 8 人，剧务组 10 人，宣传组 10 人。各部门分工明确，各司其职。社长负责剧社全面工作，研究策划剧社活动，检查、督促各部工作，及时进行社团改革。表演组定期组织演出，向全校师生开放有一定质量的话剧剧目，保持表演的激情和对艺术的领悟，做好对角色的理解和感悟。编剧组负责创作或寻找合适的剧本，协助表演组工作。剧务组负责准备与演出活动有关的服装、道具、场地（灯光、音响）等一系列物品，活动结束后及时清场。宣传组负责传达剧社的工作精神，制作海报、简报等以扩大影响，同时负责剧社与学生的联络，听取学生反馈意见。

（赵　凯）

【话剧社演出南开经典话剧《一元钱》】 2011 年 5 月 31 日，话剧社学生演员在翔宇楼报告厅演出南开经典话剧《一元钱》。1915 年周恩来在七幕话剧《一元钱》中曾成功塑造正义豪侠、知情达理、坚持纯洁爱情的孙慧娟形象，连演三场且场场爆满，周恩来毕业小传中记载“粉墨登场，倾倒全座，原是凡津人士之首观南开新剧者，无不耳君之名”。此后，《一元钱》成南开新剧团的保留剧目，连演不衰。该剧描述的是富绅赵凯之子赵安，因家宅失火导致家境破落，不得已投奔曾得其父帮助致富的岳父孙思富。然而孙思富发财后，见衣衫褴褛的赵安，不仅不予理睬，而且背约赖婚。赵安愤然离去。慧娟不满父亲的做法，暗中帮助赵安。赵安发愤图强，恢复家产。不久，孙家破产，慧娟为之斡旋，赵安不念旧恶，尽全力帮助，使孙思富得以脱离困境。孙因此深悔不已，与赵家和好如初。话剧社的学生演员成功塑造各个人物，精彩的表演多次博得在场观众的热烈掌声。应邀观看该场演出的副校长吕宝桐、德育处主任贺海龙和教师叶远、刘静、曹喆、高志玲等对学生的表演给予赞扬和肯定，并希望更多的学生参与到话剧的表演当中，将南开话剧发扬光大。参加表演和工作的学生有：高二 3 班丁阳、高一 2 班陈安琪、高一 2 班阚睿、高一 2 班张云昊、高一 2 班赵旻晟、高一 5 班刘桓宇、高一 5 班赵乙潼、高一 11 班王震岳、高一 12 班刘定坤、高一 12 班楼昊、高一 12 班董睿琦、高一 12 班赵文卿、高一 5 班郑爽、高一 9 班段韵竹、高一 2 班刘伊典、高一 5 班张楚怡、高一 8 班王心怡、高一 12 班曹靖阳、高一 12 班王紫嫣、高二 1 班张子涵、高二 2 班孙靖宇、高二 5 班赵梦等。

（赵　凯）

【话剧社在曹禺故居演出《一元钱》】 2011 年 10 月 11 日，南开中学话剧社在在曹禺剧场出演经典剧目《一元钱》。“永远的曹禺——2011 天津戏剧周”校园戏剧展演活动由天津市戏剧协会、天津人民艺术剧院、天津市教委联合举办，共有来自南开区、和平区、河西区、河北区的五所中小学参演。南开中学话剧社的演出最后出场，演员精彩的表演不时博得观众的热烈掌声，在场的表演艺术家更是赞不绝口。话剧社学生演员在母校迎来 107 年校庆之际献上自己最好的礼物。

（赵　凯）

合唱团

【简况】 南开中学合唱团是天津市历史悠久、有影响的学生合唱团之一。现有成员 100 多人，以教学班形式组成，这种形式有利于组织和训练，取得了较好的效果。自建立南开中学合唱团以来，连续数届在天津市中小学合唱节中获得一等奖，历届合唱班毕业生全部考入清华、北大等全国重点大学，重点本科率达 100%。南开中学合唱团是南开中学创新型拔尖人才教育中的一支璀璨的花朵，是学校艺术教育的骨干社团，在学校的教育活动中起着重要作用。多年来，校合唱团利用选修课和课余时间进行训练，演唱了数十首中外经典合唱作品。在学校百年校庆、开学典礼、毕业典礼、成人仪式、迎接中外宾客等重大活动中以及天津市的大型活动中，用他们美妙的歌声展示了南开学子的精神风貌。

（宋彦平）

电声乐队

【简况】 南开中学电声乐队成立于 2001 年，是天津市为数不多的学生乐队社团。社团包含高一年级电声乐队和高二年级电声乐队两支乐队，指导老师一名。乐队内设有吉他手、贝斯手、主唱、键盘手和鼓手。2011 年，乐队成员共 25 名，均为高一和高二各年级爱好音乐的学生，由指导老师选拔进入乐队。2010 级电声乐队成员：主唱兼贝斯手傅晨菲，吉他手范羽佳、边时伟，键盘手印炜华，鼓手冯骏飞。2011 级电声乐队成员：主唱张钧婷，主唱兼贝斯手佟遥，吉他手李瀚泽、刘诗豪，键盘手赵雪涵，鼓手祁雪晴。社团每学年纳新一次，乐队成员高二年级升入高三年级时自动退队。乐队成员每周利用午休时间排练一次，虽然排练时间短暂，但每位乐手都全神贯注投入到音乐中，在演奏好自己手中乐器的同时，用心感受整个乐队律动的节奏。在一次次的排练中，从陌生到熟悉，再到配合得天衣无缝，团结与默契是收获最多的东西。电声乐队每学期都有汇报演出，用音乐与师生交流，带给大家欢乐与激情。电声乐队成员不只是演奏，更是成长。

（范羽佳）

【电声乐队演出活动】 2011 年，电声乐队安排五次演出活动。5 月 26 日，助阵“凭轩诗社成立大会”作为压轴演出，演奏 *Animal Instinct* 和《红豆》两首歌曲，为大会画上圆满句号。11 月 3 日，电声乐队举办成立十周年纪念演唱会，2009 级、2010 级乐队成员汇聚一堂，并请来往届乐队的校友作为嘉宾，共同进行一个中午的精彩演出。演出开始前报告厅座无虚席，歌手充沛的感情引起观众的共鸣，演出后仍意犹未尽。11 月 4 日，2009 级电声乐队举行告别演出，演出的每首歌都是三年间的精华，各位乐手轮流献唱，表演形式缤纷，摇滚、煽情，在场学生情绪跌宕起伏。演出最后，乐队所有人一起喊出“我爱你们”，以表达对于三年乐队生活的眷恋。12 月 16 日，电声乐队为南开中学艺术团成立大会演唱《知足》，在优美的钢琴声中全场学生大合唱，气氛温暖感人。12 月 27 日，电声乐队举办新年演唱会。经过一个多月的紧张筹备，2010 级乐队首次专场演出，在报告厅众人期待的目光中，参加演出的乐队女生用细腻的情感温暖着寒冷的冬日，结尾一首《倔强》唱出在坎坷中不懈的坚持，期待电声乐队会更成熟，带来更多的精彩。

（范羽佳）

动漫社

【简况】 南开中学动漫社始建于 2004 年 11 月 11 日，以“发展成员的原创才能”为宗旨，给学生提供自我展示的空间。社团下设同人部、绘画部、CV 部三个部门，每个部门有部长两名，并从其中产生当届社长。2011 年，由高二 6 班王笑辰担任动漫社社长兼 CV 部部长，高二 1 班高雪担任同人部部长，高二 2 班常大忻担任绘画部部长。此外各部设副部长 1 名。各部在进行不同的活动内容的同时，视情况进行紧密合作。CV 部主要进行原创或改编广播剧的配音、录制及后期制作。绘画部根据成员个人意愿进行原创或同人绘画创作，同时配合 CV 部进行广播剧插画的绘制。同人部根据成员个人意愿进行原创或同人文章创作，同时配合 CV 部进行广播剧剧本的创作。2011 年 4 月中旬，动漫社利用午休时间为学生放映《黑塔利亚剧场版》。每部公开放映作品都是经过社团成员讨论后精选出的优秀动画电影，在一定程度上启发观看者对于友情和梦想的追求。

（宁　雪）

【创办社刊 *This And That*】 2011 年，动漫社创办社刊两期。社刊为 32 开全彩印刷，全部内容均为社团成员的原创作品，包括同人文章及短篇漫画。社刊的创办宗旨在于给社员提供一个自我展示的平台，尤其是对于从事文字创作的同人部成员和从事绘画创作的绘画部成员，通过社刊收录自己精心完成的作品，反映成员对写作和绘画的热爱，诠释自己对于动漫文化形式的理解。该社刊坚持定期出版。

（宁　雪）

【新一届动漫社】 2011 年 9 月，动漫社纳新。由新成员提交原创作品，各部部长进行审核筛选。经过层层选拔，37 名高一学生加入动漫社；有高二学生成员 7 名，至此动漫社共计 44 人。本着“发展成员原创才能”的宗旨，动漫社活跃在学校中，为学生课余生活添姿添色。

（宁　雪）

乐群相声社

【简况】 2011 年，相声社成员由年初 33 人经过新学年换届后扩充至 45 人，成员包括艺术总监姜宝林，辅导老师程滨，社长张晓爽，骨干演员齐世雄等 43 人。相声社坚持以继承传统艺术、弘扬中华文化为主旨，以给学生带来轻松和欢乐为目的，与时俱进，适时在校内公开演出。2011 年 4 月 14 日，在学农活动文艺汇演中，由张晓爽；王宁、张潇文代表相声社上演《大双簧》。11月30日，在翔宇楼报告厅，由金睿、袁野两位高三老社长上演传统相声《学聋哑》，艺术总监姜宝林大师亲临现场指导并即兴表演。12月1日，由刘子赫等人表演经典段子《卖挂票》《拴娃娃》。元旦之际，相声社在校内巡演，使更多的学生可以欣赏到中国的传统艺术。相声社重视与兄弟社团组织乃至社会各界的联系，多次与天津市90弘艺阁艺术团、各高校相声社等艺术团体洽谈，形成良好合作关系。

（李晓利）

【著名相声表演艺术家姜宝林光临指导】 2011年11月30日中午，著名相声表演家姜宝林莅临南开中学，在乐群相声社举办的相声大会上即兴表演，进行指导和交流。姜宝林先生以表演单口相声著称，系中国人民解放军总政治部文工团正师级艺术指导、国家一级演员。在南开中学该次相声大会上，相声社成员表演《学聋哑》，博得台下观众阵阵热烈的掌声，得到姜宝林的肯定。随后，姜宝林先生即兴表演一段单口相声，精彩纷呈。相声大会后，姜宝林与相声社的学生进行交流，肯定学生演员的演出，也提出改进的意见，表示希望有机会与大家更多地交流。姜宝林还参观校史馆、瑞廷礼堂、周总理宿舍等，并赞叹不已，表示此次行感慨颇多，希望能有更多的机会来感受南开中学珍贵、丰厚的文化历史。

（李晓利）

爱心联盟

【简况】 爱心联盟成立于2008年11月，是在南开中学良好而悠久的学生义工活动基础之上组建的。爱心联盟创立的原则是，真心实意地为需要帮助的人献出自己的微薄之力，希望每一个在这里奉献力量的学生都会感受到一种排除功名利禄的最朴实的快乐。该社团的宗旨由五个词组成：L—love 赤子之心，爱心无限；O—organized 严于律己，张弛有度；V—value 懂得奉献，实现价值；N—neat 认真细致，稳而不乱；G—generous 宽容互爱，彼此谦让。爱心联盟成立后，成功组织全校范围的捐书、捐棉衣棉被等活动，为贫困山区的孩子送去温暖和祝福；与清华大学连手进行的“清华学子情系母校”成为该社团的传统活动。2011年，爱心联盟内部组织架构进行调整。社长为高二7班陈欣怡，副社长为高二12班王睿佳。社团有策划部、宣传部、外联部、执行部、档案部五个部门；共有高二骨干成员四名，高一成员40名。2011年该社团被评为天津市优秀学生社团标兵。

（陈欣怡）

【成长之约活动小组】 2011年6月，南开中学爱心联盟组织校内学生成立“成长之约活动小组”。该小组定期向福利院的孩子提供心理、生活、学习等方面的支持和帮助，将所有活动照片等记录成册并送给孩子们。通过各种活动，学生对“爱”的理解加深，社会责任感增强，认为在为孩子服务中实现个人价值很有意义，应该坚持下去并将自己的爱扩散到社会更大范围。

（陈欣怡）

【爱心联盟当选天津市优秀学生社团标兵】 2011年11月20日，南开中学爱心联盟当选为2011年第六届天津市优秀学生社团标兵。在由团市委、市学联举办的2011年第六届天津市优秀学生社团标兵评选活动中，南开中学爱心联盟通过多媒体、情境模拟等形式进行精彩的展示，赢得在场评委的一致认可。该届共有59个参评社团，进入终审展示的有13个社团，爱心联盟在13个候选社团中脱颖而出，继校合唱团、校话剧社之后令南开中学连续第三年获此荣誉。参加评选展示的学生有：高二7班陈欣怡、高二8班王雨润、赵鑫，高二10班李可纯，高二12班王睿佳，高一5班田曼宁，高一3班刘洋、周萌，高一6班焦杨，高一14班向三月等。

（赵　凯）

青春海洋心理辅导社

【简况】 2011年，南开中学青春海洋心理辅导社社长为李洋和冯春晗，共有社员103人。日常活动主要有每月编辑制作心理健康宣传报《心桥》、每周五中午的《心情热线》广播两项。心理健康宣传报《心桥》内含多个板块，除心理辅导资料与心理测试外，还新增影评、书评、校园热点、学生随笔等丰富的内容，以缓解学习压力、保护心理健康为目的，以创新发展为目标，积极进取，受到学生的欢迎。利用校园广播播出《心情热线》节目，内容包括说天下、新影讯新书推荐、微动作大心理、心灵创可贴、点歌台五个板块。“说天下”栏目每周向大家介绍一周以来的时事新闻，让学生了解国内外大事，增强责任感和使命感;“新影讯新书推荐”栏目介绍最新上映的电影和新出版的图书,丰富学生的课余生活。“微动作大心理”则通过列举日常生活中的一言一行,剖析心理特点,以使学生注重心理卫生,增加心理学的小知识。“心灵创可贴”以美文的形式与学生进行心灵上的交流和沟通。“点歌台”每周都会为大家送上最好听的歌曲,还会与同学互动,点歌送祝福。此外,该社团定期组织心理知识学习讲座和心理辅导活动,进行剧本的编辑和心理剧目的排练演出,每班建立《心园》心理知识宣传站等。

(李　洋)

【参加天津市未成年人心理自助互助协会表彰活动】 2011 年 12 月 11 日,青春海洋心理辅导社代表南开中学参加 2010 - 2011 学年度天津市未成年人心理自助互助协会表彰活动。该协会是囊括天津市大部分中学心理社区的学生自助组织,2004 年 7 月在耀华中学成立,其宗旨是“自助,我心成长;助人,播撒阳光”。该次活动由天津市学联对 2010 - 2011 学年度在全市各项心理活动中表现突出的教师和学生进行表彰。南开中学心理教师穆玉凤被评为优秀指导教师;学生李洋、冯春晗获优秀学生干部称号。心理社成员王琨宇、徐可为大会献上精彩的节目。

(穆玉凤)

Nankai Highlight 社团

【简况】 Nankai Highlight(以下简称 NH)是南开中学英语综合性文化交流社团,由常务委员会、编委会、记者团、活动部和宣传部组成。2011 年,NH 以丰富多彩的活动为支撑,以“为南开学生带来以英文为载体的丰富多彩的校园活动,增长见识”为宗旨,成功举办首届英文卡拉 OK 大赛,受到师生的密切关注及好评,带来良好的影响。下学期举办以“让英语成为每个南开人的骄傲”为宗旨的首届南开英语节,包括英文配音、英文话剧等系列活动,激发学生学习和应用英语的兴趣。此外,NK Highlight 英文刊与《新敬业》联手,打造展现南开学子英文风采的园地。

(李晓利)

【英文歌咏大赛】 2011 年 10 月 19 日,南开中学 NK Highlight 英语社团举办的迎校庆英语歌咏比赛在瑞廷礼堂落下帷幕。该次英文歌咏大赛 9 月中旬开始报名,10 月 11 日至 13 日在报告厅进行初赛。经过三天的激烈角逐,最终 15 位选手脱颖而出进入决赛。决赛于 10 月 18 日在瑞廷礼堂举行,产生一等奖一名,二等奖两名,三等奖三名。10 月 19 日,在瑞廷礼堂举行英文歌咏比赛闭幕式暨颁奖典礼,校长马跃美出席并为一等奖选手颁发奖状。大赛活动成功带动起学生对英语学习的热情,为提高学生的英语水平、活跃校园气氛发挥积极作用。

(李晓利)

英语话剧社

【简况】 话剧表演是南开中学传统特色活动和百年传统,深受广大学生的喜爱。2010 年首届举办英语话剧节后,英语话剧便开始在学生中活跃起来。英语话剧社是一个集创新、表演、发展于一体的平台,完美地融合表演的魅力与纯正英语的流利,成为最受学生欢迎的课外社团活动之一。通过英语话剧社团能够锻炼学生的英语口语、表演及组织能力,培养对英国文学的兴趣,让学生更多地接触一些西方古典文化,同时提高学生学习英语的兴趣,培养学生团队协作能力和创新精神,拓宽学生的国际化视野,陶冶情操。

(李惠燕)

学生电视台

【简况】 南开中学学生电视台成立于 2004 年,是集摄像、采访、视频制作等完备流程于一体的学生社团。电视台有指导教师 1 名,台长 1 名,摄影师、电台记者、编辑等共 10 余人。每学期期末,电视台都会对学期校园生活的点点滴滴素材进行汇总、剪辑,用制作精美、内容丰富的回顾片,向全校师生和学生家长展示南开学生的风采。从天津市文艺展演到学校各类活动,均留下学生摄影师、记者、编辑的身影和足迹。2011 年 3 月, 录制三五表彰大会,采访周恩来班班长;4 月 ,录制清明祭扫及参观周恩来邓颖超纪念馆活动,跟踪报道原高一年级军训,录制春季运动会;5 月,全程录制“五虎杯”高一年级决赛;6 月,录制“谁与争锋”辩论会高一、高二年级决赛;7 月,制作 2010 - 2011 学年度第二学期回顾片,在学生返校及家长会期间播出,得到较好的反响;8 月,录制新生入轨教育及开学典礼;9 月,录制新一届学生会成立大会,跟踪报道高二学农活动; 10 月,全程录制高一演讲比赛,跟踪报道 NK Highlight 卡拉OK 大赛,录制秋季运动会片段;11 月, 录制高三电声乐队告别演出和相声社主办的相声大会,全程录制辩论协会成员在天津市"联盟杯"辩论赛上的出色表现,跟踪报道"三六杯"男足女排比赛;12 月,录制第一届"新思维"辩论赛决赛精彩片段。

(张子涵)

【电视台新成员与新工作室】 2011 年 9 月,电视台选拔新成员并基本完成新老成员交接。学生孙元、周家杉担任记者兼录音;冯昊轩、穆奕如、洪宇桁担任摄像;许笑榕担任后编。12 月 13 日,电视台搬入北楼的新工作室。对 2011 - 2012 学年度第一学期的素材进行整理,准备制作回顾片。

(张子涵)

模拟联合国社团

【简况】 2011 年,南开中学模拟联合国社团有会员 30 人,负责人冷碧琳、宋文慧,指导教师周彤。模拟联合国(Model United Nations)简称 MUN,是模仿联合国及相关的国际机构,依据其运作方式和议事原则,围绕国际上的热点问题召开的会议。由青年学生分别扮演不同国家的外交官,作为各国代表,参与到"联合国会议"当中。模联活动有助于开拓青年学生的国际视野,营造国际化交流的环境,为"未来领袖"提供成长平台。

(李惠燕)

【参加全国中学生模拟联合国大会的教师会议】 2011 年 10 月 15 日,南开中学模拟联合国社团指导教师周彤与社长高二 6 班学生冷碧琳应邀参加 2012 年北京大学全国中学生模拟联合国大会的教师会议。北大模拟联合国大会是历史悠久、影响力大、学术性强、地位最高的模联社团之一,能被邀请参加是南开中学模联社团发展的重要一步。2012 年北京大学全国中学生模拟联合国大会的主题为"责任与协作",据此,主办方北京大学在教师会议上对 2012 年的会议委员会及议题作详细的介绍,并展开常规委员会和特殊委员会议事规则讲解、国际关系讲座、联合国故事志愿者故事等特色活动。在 16 日下午举行的第四届中国高中模拟联合国社团领导人峰会上,来自全国各校的模联社团领导人分享社团管理的经验及心得,并对于中国模拟联合国的发展现状进行深入探讨。通过参加会议,南开中学模拟联合国社团发展方向更加明确,要成为社团成员学生生活中不可或缺的一般生长经历,领悟到自身对于世界的内心渴求和世界对于青年人的迫切需求,为培养当代高中生独立思考和锻炼团队合作能力提供平台。

(李惠燕)

【参加天津市第二届中学生模拟联合国大会】 2011 年 10 月 16 日,天津市第二届中学生模拟联合国大会在天津外国语大学隆重召开。来自天津市十余所高中的一百余名中学生参加大会。南开中学模拟联合国社团高一至高三年级均派出代表共 20 名学生参加。他们作为一名名"国家代表",在国际问题的分析和解决中表现出色,游刃有余,充分展现南开中学学生心怀天下的优秀品质,获得主办方和其他参会学校的高度评价。

(李惠燕)

辩论协会

【简况】 南开中学辩论协会是锻炼学生逻辑思维、培养学生表达能力的学生自主社团。2011 年,高二 5 班学生裴琳瑛担任会长,高二 10 班朱紫璇担任副会长。2011 年 9 月,辩论协会吸纳高一年级 24 名新成员。9 月 23 日在报告厅举办表演赛。四名高二年级成员与四名高一年级成员针对"当今中国是否应该坚持独生子女政策"问题展开激烈辩论。10 月至 11 月,由辩论协会王乃偲、朱紫璇、裴琳瑛、邱治宇四名高二成员组成的南开中学辩论队,在天津市第三届高中生联盟杯辩论赛中力克四十五中学和天津二中进入决赛,取得团体第二名的成绩。11 月至 12 月,辩论协会在高一、初一、初二年级组织开展"第一届新思维辩论赛",旨在调动学生积极性,丰富学生课余活动。

(宁　雪)

【新学年首次表演赛】 2011 年 9 月 23 日中午,南开中学辩论协会在报告厅举行主题为"中国是否应该坚持独生子女政策"的新学年首次表演赛。该场比赛主席为高二 5 班班长武军宇。正方由 2011 年新加入辩论协会的高一年级四位辩手组成,反方由高二年级四名老成员组成。整场比赛中,双方辩手以卓越的口才为全场观众带来思维的启发,精彩的陈词和杰出的团队精神不断赢得观众的热烈掌声,杰出的表现圆满完成新学期的首次展示。

(仲丛蔚)

【新思维辩论赛】 2011年12月7日,南开中学第一届新思维辩论赛决赛在翔宇楼报告厅举行。该次新思维辩论赛由校学生会主办,校辩论协会承办,是针对高一新生展开的。经过两周的激烈角逐,最终高一8班(正方)、高一10班(反方)两个班级脱颖而出挺进决赛。辩论赛决赛的辩题是:"中国加入TPP(跨太平洋伙伴关系协议)利大于弊,还是弊大于利"。立论环节,双方一辩就各自观点具体陈词,各抒己见;辩驳环节,双方的三辩分别向对方一、二、四辩提问,提问有力,反驳中肯;攻辩小结,双方的三辩对辩驳环节进行小结,查缺补漏,巩固陈词;自由辩论,双方辩手针锋相对,有的放矢,语言流畅,反应机敏;总结陈词,双方四辩再次强调各自观点,语言犀利,条理清晰。经过五个环节精彩的辩论,最终正方高一8班表现得更加出色,夺得冠军。举办辩论赛意在增加学生对社会时事的关注、培养学生自信心、提高学生语言表达能力、逻辑思维能力以及辨别是非的能力。

(赵　凯)

红学社

【简况】 2011年,红学社社长为高二10班陈鑫森,副社长为高二3班何奕彤和高二5班宣一笛,组织开展丰富多彩的社团活动。社员自编自导红楼梦剧情演出,指导教师程斌对名言诗词进行讲解,与辩论协会一起举办一年一度的辩论赛,以及各种红楼竞赛和红楼文化宣传等。与南开大学红学社保持密切联系,每学年邀请南开大学教授就《红楼梦》中的相关内容进行讲座。这些活动不仅锻炼社员的组织能力,还使更多学生了解红楼梦,认识红楼梦。红学社纳新安排在每届高一年级学生入校的前三周,分为计划、宣传、筛表、面试和公告五个环节,尽量使爱红楼、懂红楼的学生都加入到团队中来。每届建社之初,高一新社员都以抽签方式分组并选出组长,在加强社员之间联系的同时,帮助新社员更好更快地融入南开生活中来。

(陈鑫森)

【演出话剧《红楼梦》片段】 2011年12月9日,红学社在学校报告厅举办话剧演出,参加演出的均为高一年级新成员。演出的内容为《红楼梦》第六十二回和六十三回,主演片段为"寿怡红群芳开夜宴"。演出分为两部分。第一部分为场前讲解,内容为《红楼梦》基本知识和本次演出两个章节内容的简单讲解;第二部分为话剧表演。演出前,演员先简单介绍自己以及所扮演的角色。此次演出服装均由红学社指导教师程滨提供,幻灯片制作、道具乐器等由学生自己准备,琵琶伴奏部分由高一学生现场演奏。演出过程中,学生还加入戏曲演唱的部分,引发阵阵高潮,现场气氛热烈。

(李晓利)

【举办《红楼梦》讲座】 2011年10月17日,红学社在报告厅举办《红楼梦》讲座。主讲人为语文组教师程滨。程滨老师在讲座中与大家分享其个人成长过程中阅读《红楼梦》的经历,介绍《红楼梦》中关于人物命运的伏笔,概括曹雪芹的写作手法,分析书中人物的性格,鉴赏书中优秀诗词。在提问环节,学生与老师交流关于《红楼梦》的各种疑问,体现出对红楼文化的热爱以及对讲座的重视和喜爱。该场讲座内容丰富,让学生在短时间内对《红楼梦》有更多的了解。

(李晓利)

南薰社

【简况】 2011年,南薰社共有成员18人。南开学校自建校起即大力倡导昆曲、京剧等艺术活动,校父严修先生对昆曲的提倡促进天津业余昆曲活动的发展。1930年,南开中学成立昆曲组织"南中曲社",聘请北昆艺术大师陶显庭教授《长生殿·弹词》。20世纪20年代后期,天津音乐家杨芝华曾在南开中学任国乐指导教师。1937年天津失陷,日伪的奴化教育要求音乐课上学唱"中日亲善"歌曲,杨先生则教唱昆曲《夜奔》等乐曲。在其影响下,许多学校也改教京剧、昆曲。张伯苓校长之胞弟张彭春先生曾两次随京剧表演艺术家梅兰芳访美访苏,担任随团总导演,为京剧向世界的传播作出重要的贡献。南开中学自建校后,师生联袂演出京剧从未间断。南薰社积极致力于在青少年中介绍、传承、弘扬昆曲、京剧等民族传统艺术。

(程　滨)

生物社

【简况】 生物社2011年成立,是南开中学社团中的新生力量,旨在通过丰富多样的社团活动,给学生呈现出一个与书本上完全不同的生物学,使学生从新的视野看到世界的美丽,从而更加珍惜人类生存的环境。该社团不依赖于枯燥无味的学术研究和考察报告,而是把互动参与性活动作为社团的核心。该社拥有自己的标志和徽章,社徽"四叶草"所蕴涵的活力与幸运深入人心。生物社有指导教师1名;社长1名;社员71名,其中高二年级学生37名,高一年级学生34名。社内共分为四个大组进行活动,每组各有两名负责人。

(郑翔宇)

【影片放映活动】 2011年上半年,生物社开展常规性活动,即各组依次进行影片放映,以开阔学生的眼界,让学生从多种渠道了解生物知识和当今世界的生态保护问题。《北极熊的冰雪家园》让学生见证挪威群岛上特有的北极熊是怎样沦为全球气候变暖和环境污染的受害者。获得第二十二届凯撒电影节最佳摄影和最佳剪辑奖的《微观世界》,以无与伦比的摄影技术,独具匠心的拍摄角度,将森林下、草丛下的世界无数倍放大到学生们面前,昆虫、草叶、水滴无不纤毫毕现,成为壮丽的奇观,令人惊讶于脚下竟有这样一个世界存在。《海豚湾》让学生看到在这样一个文明社会中,竟然还存在着人类为谋求私利对海豚实施无限制捕杀的一个秘密海湾"太地町"。放映活动之初,专门邀请特约嘉宾拍摄"光影星播客"宣传短片,活动广受好评。

(郑翔宇)

【生物标本室参观】 2011年上半年起,生物社充分利用学校现有的两间生物标本室,定期组织"探秘生物标本室"系列活动,给学生更多机会近距离观察平时看似"遥不可及"的生物标本。第一次"探秘"活动由社团指导老师为学生进行讲解,介绍标本的分类、制作过程及相关动植物知识。9月份,社团成员纳新后,又向部分新成员开放标本室,并由他们着手准备标本室的中英文讲解词,为学校更多学生有序参观和"最佳讲解员"评选活动打下良好的基础。

(郑翔宇)

【植物知识普及】 2011年10月,生物社高一年级成员着手收集各种植物的叶,并通过多种渠道了解叶子的保存、处理等技术和植物本身的有关知识。新学期之初,生物社就以生物选修课原有的"植物叶子介绍"为灵感,设计"叶子的奥秘"趣味竞赛活动。11月初,学生以小组为单位参与知识竞赛。其间,各组的代表通过实物观察,照片、图片展示,幻灯片放映等丰富多彩的形式,向学生介绍本组成员研究讨论的成果。经过评委团评定,生物社第四小组取得比赛的胜利。

(郑翔宇)

【手抄报绘制】 2011年10月,生物社各组手抄报依次在公告栏展出。生物手抄报的绘制是每届生物社的第一项活动,旨在让学生在简单的活动中增强小组合作意识,也为学生提供一个展示自己艺术技能的平台。新成员通过抄写、手绘、剪贴及电脑制作等方式完成八份精美的手抄报。各组风格不一,但涉及范围十分广泛,综合性强。其中,既包括生物之最、生物界趣闻、最新生物技术等趣味板块,以拓展学生知识面,也有关于DNA的相关知识及稀有动物介绍等专业性较强的内容,为学生学习生物打下良好基础。

(郑翔宇)

书画社

【简况】 2011年,南开中学淡墨轻岚书画社内部设有国画部、硬笔书法部以及充当主力军的软笔书法部,成员共19人,社团活动的主要形式为书画作品展览以及各种形式的书画学习观摩互动。下学期,书画社为庆祝校庆106周年,第一次举办大型对外活动,收到学生书画作品50余幅。书画社还聘请知名校友王增多和冯笪老师为社员进行专业知识讲解和辅导。

(李梦琳　周展晨)

语言艺术社

【简况】 语艺社全称语言艺术社,创立于2010年9月9日。社团主要活动分为演讲和交际两个方面内容,意在学习和传播语言艺术。语艺社有辅导教师1名,社长1名,副社长2名,设有组织部门、校内互动信件部门、刊物编辑部门。各部门设有管理人员1至5名不等。2011年9月,进行社员纳新。11

月,社团汇编小组着手准备社团的小型刊物《风华语艺》。社团活动主题演讲内容,是对社员的表达能力进行训练,为每一个社员指定演讲题目,内容包括人际关系的研究与领导力的培养,分中文与英文两种供学生选择,每位社员经过一至两周时间准备后,进行社内展示。

(姚驍玲)

舞蹈社

【简况】 2010 年 11 月,舞蹈社以青春洋溢的 JAZZ 风格舞蹈为主,并积极吸纳拉丁舞、民族舞等功底深厚的学生加入,以丰富该社团活动内容及舞蹈种类。率性自由是舞蹈社成员的特色,社团走向几乎完全由社员兴趣决定。社团成立的目的就是让大家享受舞蹈的乐趣,既有舞蹈社成员练舞的乐趣,也有大家欣赏舞蹈的乐趣。舞蹈社成员可以帮助没有舞蹈基础的学生,展现对舞蹈的喜爱,并投身于实践中去。舞蹈社虽然刚成立一周年,但是,舞蹈社成员们以饱满的青春活力吸引众多学生,以丰富多彩的节目给大家以放松。舞蹈社成员的努力得到很多学生的认可与支持,舞蹈社从刚开始的青涩,逐渐显露出迷人的光芒。舞蹈社成员会坚持不懈地努力成为南开众多社团中一颗耀眼的明星。

(何　悦)

【舞蹈社表演活动】 2011 年舞蹈社成员在每周的定期练习中陆续学习 *Chocolate Love*、*Change*、*Bad Girl Good Girl* 等。舞蹈社在高一年级的军训中表演 *Genie*。6 月份进行新学期成员纳新。在高二年级的学农中表演 *Ring Ding Dong* 和 *DNA*。在 10 月份的南开 HighLight 英文歌曲大赛中表演开场舞 *Ring Ding Dong*。12 月 31 日在元旦联欢时到各班进行巡演,节目有 *the boys*,*be my baby* 串烧和 *roly poly*。到年底,舞蹈社成员学会和表演过的舞蹈有 *The Boys*、*Roly Poly*、*Tik Tok*、*Danger*、*Clap*、*Reply*、*Nu ABO*、*Goodbye Baby*、*Be My Baby*、*Gee*、*cry cry* 等。此外,南开舞蹈社贴吧、舞蹈社人人公共主页陆续开通。

(何　悦)

谦益棋社

【简况】 南开中学谦益棋社成立于 2011 年 9 月,是学校唯一的棋类运动社团。包括中国象棋组与国际象棋组,以中国象棋为主。指导教师程斌,首任社长刘旭钊、齐谦益。社团内设技术部、组织部、宣传部三个部门,每部设部长一名。核心成员共计 10 人,均为高一和高二各班爱好棋类运动的学生,在各项棋类运动中有一定造诣。谦益棋社以"谦逊沉稳,精益求精"为口号,以让学生在提高棋力的同时陶冶情操,修养身心为目的,每周进行交流和讲棋活动,并在每学期举行各种棋类比赛。

(刘旭钊　齐谦益)

【中国象棋棋王争霸赛】 2011 年 10 月,由谦益棋社承办的"第一届南开中学中国象棋棋王争霸赛"举行。该届棋王争霸赛共有 40 名选手参加,按照积分排名,十六强进入决赛,决赛实行淘汰制。10 月 8 日至 17 日开展宣传及报名工作。报名参赛的 40 名学生分为 8 组,每组 5 人。小组赛于 18 日开始,实行单循环积分制,每组积分最高的两名学生晋级淘汰赛。淘汰赛于 11 月 3 日至 7 日举行。2011 年 11 月 8 日举行决赛,经过四轮激烈角逐,该届"棋王"最终产生:高一 6 班董晓宇获冠军,高一 6 班杨秉文和高一 14 班张晟林分获第二名和第三名。决赛之后,冠军董晓宇又与棋社指导教师程斌对弈一局,精彩纷呈。象棋在我国有着悠久的历史,是一项模拟战争的体育运动,蕴涵着丰富的知识与智慧,取得比赛的胜利,往往需要缜密的思维、高度的分析能力和判断能力。

(李晓利)

西乐社

【简况】 南开中学西乐社,即西洋乐器社团成立于 2011 年 10 月。共有成员 13 人,其中弦乐 6 人,钢琴 3 人,管乐 4 人。社长严子翱、王伟戌,辅导教师张汉超。西乐社前身为弦乐社,成立于 2004 年,2009 年起,该社团打破只允许弦乐入社的传统,允许管乐、钢琴等入社,因而改名西乐社。该社团成立的宗旨是让每一个爱音乐的学生得以施展才华,为有一技之长并对音乐感兴趣的学生提供学习交流的平台。社团拥有大提琴、小提琴、手风琴、钢琴、长笛等多种西洋乐器,乐手综合水平较高。团结向上、朝气蓬勃是该社团的特点,其演出受到学生的喜爱和好评。

(赵　凯)

【西乐社首场秀汇报演出】 2011 年,9 月 22 日,西乐社在翔宇楼报告厅举行“西乐社首场秀”汇报演出活动。表演节目包括《爱的致意》《新疆之春》等共11个。由相声社的钱晋担任主持,其诙谐幽默的语言不断赢得在场观众的热烈掌声,为整场演出增添活跃的气氛。高一12班苏文心以一曲热烈奔放的小提琴独奏《新疆之春》拉开本次演出的帷幕。辅导教师张汉超自弹自唱的《新不了情》将演出推向高潮。高一9班张宇轩演奏著名小提琴曲《梁祝》选段,其扎实的基本功深深地吸引现场学生。汇报演出在高二5班阎子翱一曲技艺超群的《百鸟朝凤》中画上圆满的句号。该活动是西乐社第一次演出,社员表示要举行更加多彩的活动丰富学生的课余生活,提升学生的艺术审美情趣。

(王伟戌)

文娱活动

【学生音乐创作作品汇报演出】 2011年1月20日,南开中学学生歌曲创作汇报演出在瑞廷礼堂隆重举行。参加汇报演出的《出航》《翰墨飞扬》《风》《快乐少年》《老师的话》《桃李满天下》《梦中的地方》等八首音乐会作品,全部由学生自己谱曲,部分作品词曲都是学生的创作,并且全部由学生演唱,载歌载舞,气氛热烈。中学生以课程为载体自编、自演、自创的曲目演出尚属首次。通过音乐课程进行创作模块的训练、演出,增强学生音乐表现的自信心,展示学生的个性和创作才能,极大地提高学生的创造意识和兴趣。观看演出的学生及其家长对精彩的演出表示肯定,报以热烈的掌声。

(宋彦平)

【红五月合唱节】 2011年4月15日至16日,南开中学“红五月合唱比赛”举行预赛。5月6日,合唱节举行以纪念五四运动92周年和建党90周年为主题的决赛演唱会。参赛的六个班级和高一高二年级的两个合唱班为师生奉献十首精彩曲目。高二1班演唱的曲目《长江之歌》获得一等奖;高二11班演唱的《大海啊,故乡》和高一10班演唱的《大中国》获得二等奖;高一1班、初二3班、初一2班分别获得三等奖。合唱节比赛是南开中学一年一度的传统活动,也是2011年“红五月系列活动”之一。

(张　彤)

【合唱团和民乐团参加市文艺展演】 2011年5月,南开中学民乐团和合唱团两支社团参加天津市学校文艺展演,演出的节目受到评委一致好评,双双获得一等奖。合唱团以小合唱《凤阳花鼓》《雪球花》两首作品参赛。民乐团的民乐合奏《送我一支玫瑰花》由天津歌舞剧院青年指挥家董俊杰执棒,获得一等奖第一名。此前合唱团、民乐团曾经参加2004年、2007年和2010年三届全国中小学生艺术展演活动。民乐团于2004年获得二等奖、2007年获得一等奖。合唱团2007年获得二等奖,2010年获得一等奖。

(宋彦平　刘福林)

【参加建党90周年学生歌咏大会】 2011年6月19日,南开中学师生在天津外国语大学体育馆参加天津市大中小学生庆祝建党90周年《颂歌献给党》歌咏大会。在激情澎湃、青春飞扬的热烈气氛中,由副校长吕宝桐带队,教师刘福林、滑娜、宋彦平组织的七年级全体学生与几千名大中小学生汇集一起,用歌声赞美伟大的党,伟大的祖国。师生以饱满的热情演唱《青春舞曲》《光荣啊,共青团》,表现青春的活力,受到全场的热烈欢迎。歌咏大会在天津电视台播放,充分展示南开学生的良好精神面貌。此前的6月17日,南开中学参加歌咏大会的师生在德育处教师宋彦平和刘福林带领下彩排至晚上19时30分。

(滑　娜)

【第二届英语话剧节】 2011年10月,继首届英语话剧节成功举办后,南开中学第二届英语话剧节初赛拉开帷幕。在德育处和校团委全力配合下,在学生会学习部和英语话剧社的精心组织安排下,在英语学科教师陈平平组织下,高一年级十四个班全部参与。各班成立英语话剧编排小组。预赛从11月

21日至24日在瑞廷礼堂举行。演出剧目主要以中西方名著为题材，目的是陶冶学生的文化情操，激发学生学习英语的热情，提高英语口语能力，培养具有创造性思维、自主学习和跨文化交际能力的优秀人才。经过四天激烈角逐，最终高一1班《洛克公爵》、高一3班《简·爱》、高一4班《警察与赞美诗》、高一7班《音乐之声》、高一8班《西游记之三打白骨精》、高一11班《皇帝的新装》、高一12班《改变》、高一14班《罗密欧与朱丽叶》成功进入决赛。此外，高一2班《着陆还是不着陆》、高一5班《白雪公主》、高一9班《哈利波特之王者归来》、高一10班《项链》、高一6班《梁山伯与祝英台》、高一13班《花木兰》也凭借优异的表现赢得评委一致称赞。

（李惠燕）

【第一届校园电影节】 2011年11月21日，南开中学第一届校园电影节拉开序幕。该届电影节由校学生会举办，学生会文艺部承办，在团委和德育处的组织和配合下，11月21日起进行各入围班级电影放映。各班的电影均由自己班级的拍摄组进行编排、导演、演出、摄像和剪辑。拍摄期间，学生热情高涨，排演积极，取得较好的效果。经过年级组的评审，高一年级和高二年级共计提供17部入围影片，其中高一年级9部，高二年级8部。11月21日至11月25日利用中午时间进行高二年级电影的放映，11月28日至12月2日进行高一年级电影的放映。各班的电影内容新颖，受到好评。12月16日，第一届校园电影节颁奖典礼在瑞廷礼堂举行。经过评选入围的17个班级学生参加颁奖典礼活动。颁奖典礼分为各班代表入场、单项奖评选和团体奖评选三个议程。入场过程中，各班学生代表通过走红地毯的方式亮相，并在海报上签下自己的名字。颁奖时，由部分到场嘉宾和学生会干部担任颁奖嘉宾。颁奖过程中还穿插有电声乐队、弦乐重奏、高二7班原创音乐与合唱班学生的展示。颁奖典礼气氛热烈，受到学生和老师的好评。

（张　彤）

【高二6班获奖影片《白杨树下》】 2011年，高二6班制作的影片《白杨树下》获得南开中学首届电影节优秀影片、最佳女主角、最佳创意三个奖项。长达一个月的拍摄制作过程给学生留下难忘的记忆。2011年10月，接到学生会布置的电影节相关任务后，高二6班成立电影创作组，开始创作的前期准备。学生熊慕枫利用课余时间创作长达28页、34个场景、20余个人物角色的专业剧本。以南开校园内的“心形树”为主线，讲述民主革命时期南开学校学生中共地下党员的故事。通过苏莉和邵慕枫两位主角为党工作的英勇表现，用人物的复杂经历体现当时社会背景及爱国青年对革命的热情追求。全剧以男主角光荣牺牲为结局，体现南开学生至死不渝的奋斗精神。故事情节跌宕起伏，精彩不断，剧本的巧妙构思为拍摄整部影片奠定基础。10月21日开始正式拍摄，从翔宇楼前空地到校史馆，再到图书馆，进行不断的尝试。由于重点部分是民国时期的戏，为让观众切身体会到那个血雨腥风、战火纷飞的时代背景，剧组多次从天津人民艺术剧院借民国时期的衣服，拍摄地点涉及校园内八个地方，部分戏还多次到古文化街、意式风情街等地拍摄外景。为得到比较专业的电影效果，剧组使用三台摄像机从不同角度同时拍摄，不同摄影师追踪不同人物的面部表情，专业的特写镜头为全片增色不少。长达一个月的拍摄后，电影制作进入最后的剪辑阶段。班级没有会剪辑的学生，编剧熊慕枫就自己上百度网络学习，下载软件，边看讲解边剪辑，后期剪辑和配音工作终于完成。在学生共同努力下，从导演周从容，编剧兼后期制作熊慕枫，班里每一位学生演员以及摄影、剧务、服装等，都为电影制作无私奉献。电影节让学生有机会以电影人的身份参与电影的拍摄，带给学生美好的记忆，同时，也在电影制作过程中增强班级责任感、荣誉感，让班集体更有凝聚力。

（熊慕枫）

【高二8班获奖影片《梦醒时分》】 2011年，高二8班制作的影片《梦醒时分》获得南开中学首届电影节最佳影片、最佳导演、最佳制作三个奖项。影片讲述一名高中女孩与母亲发生的一系列矛盾、纠葛，试图在迎合大众喜好的同时，挖掘故事情节的深度，通过现代高中学生生活中，学生与家庭之间的故事，来展现学生的世界观、人生观和价值观。影片从女儿与母亲之间的爱与恨，折射出对母爱这一人性光辉的赞美，使整个影片具有内涵和教育意义。本片剧情的一大亮点，即整部电影其实是一个梦，女主角通过梦中的经历，改变现实生活中对同学、对母亲的理解和态度，从而得以成长。这一创意使本片情节更加跌宕起伏，扣人心弦，也是片名《梦醒时分》的由来。拍摄过程历时一个多月，学生利用休息时间，使用两台摄像机从多角度进行拍摄、取景，对同一镜头进行多次拍摄。电影创作中最困难的是后期剪辑和制作。电影剧组选择专业制作软件，一边研究学习，一边实践筛选素材、制作效果、剪辑视频等。电影配音也是采集原声，进行创作和剪辑。影片中的背景音乐多选自外国乡村音乐和抒情钢琴曲，以烘托出女主人公的内心情感。通过拍摄电影《梦醒时分》，不仅丰富学生的校园课余生活，更提高学生审美和学习能力，锻炼学生组织管理才能；学生在感受电影魅力的同时，体验到校园文化的重要性，在各种经历中得以成长。

（初明钰）

【高二7班获奖影片《下一罐可乐》】 2011年，高二7班制作的影片《下一罐可乐》获得南开中学首届电影节优秀影片奖和最佳音乐奖。电影改编自李雨珊的原创 *Four*，经过学生张颖颖、陈欣怡、张洋、郭惠莹、杨颖晖、刘彤等人的补充和修改，最后定稿。电影的拍摄由刘媛主要负责，戴强宇、刘畅、郭惠莹任摄像，杨颖晖、刘彤、陈欣怡领衔主演，李德志老师友情客串。从开始创作到影片完成，历时两个多月。高二7班全体学生担任剧务并参与拍摄，还有许多学生提供拍摄所必需的设备和道具，克服诸多困难。在接下来的两周多的时间里，由刘媛、朱淑婷、李元月、张颖颖、蔡一鸣、李浩、任大维、杨颖晖等人组成的后期制作团队对数百个视频片段进行剪辑、拼接和制作，整部电影最终完成。影片制作融入全班每一位学生的心血，是班级集体智慧的结晶。

（高二7班剧组）

【高一7班获奖影片《青春通告》】 2011年，高一7班制作的影片《青春通告》获得南开中学首届电影节优秀影片奖、最佳艺术奖、最佳男主角奖三项大奖。该影片是以七个普通的青年男女平凡而又乐趣十足的生活为背景的青春校园都市喜剧，承载现代年轻人生命的律动，演绎着校园都市生活中的真善美。从9月26日举行开机仪式，到11月29日首次公映，高一7班八位主创人员历时64天倾力打造。从海报拍摄、剧本创作，到确定全剧风格及叙事模式，再到紧张又具挑战性的布景、串词、拍摄，主创和主演相互配合，认真对待；后期制作阶段，编导更是亲力亲为。为有成功情节设定的剧本，剧组经历三次大型思路转变、六次内容大幅增删和13次细化改动，最终基本成型；为有合适的公寓，剧组将导演的家作为拍摄场景并占用三个星期；为取到和谐唯美的外景，主创不惜花费大量精力调研景点，并把镜头成功移至摩天轮、自然博物馆等地。面对后期制作的难题，导演仅用一天时间学习软件，便进行后期剪辑，视频剪辑专业，画面清晰。剧组的努力也换来可喜的成绩，最终呈现给学生的是时而搞笑、时而离奇、时而浪漫、时而动人的青春故事。

（高一7班剧组）

竞赛活动

【2010年全国高中数学竞赛优胜学生】 2011年“三五”表彰竞赛优胜学生。在2010年全国高中数学竞赛中，南开中学高三1班学生黎静北获得三等奖。参加2010年全国高中数学竞赛天津赛区获奖学生：一等奖9人（高三1班黎静北、刘咏杉、于浩成、刘达、刘嘉轩、姜文睿；高三2班薛伊冰、张翱；高二1班袁文康）；二等奖24人（高三2班安禹丞、姜文凯、梁金桥、孙思颖、孙晔、王牧、吴楚格、张重雄、李珩、李晋轩；高二1班崔彦博、单君翌、贺心蕊、张晨翀、薛志鹏、诸兆轩；高二2班李想、宋旭东、袁野；高三1班尚文思、汪宸、王则一、尹鹏飞、朱丹）；14人获得三等奖。

（刘　莉）

【第二十七届全国中学生物理竞赛优胜学生】 2011年“三五”表彰竞赛优胜学生。在2010年第二十七届全国中学生物理竞赛中，南开中学高三1班学生王宏达获得三等奖。参加第二十七届全国中学生物理竞赛天津赛区优胜学生：一等奖6人（高三1班王宏达、钟楠、于浩成、付晓君；高二2班李立中；

高二1班诸兆轩);二等奖39人(高三1班安裕、蔡润博、陈鸣、尹鹏飞、付梦昱、刘咏杉、刘云恒、孙建辉、王梦夏、王逊、米巨峰;高三2班曹旭、李晋轩、薛伊冰、孙思颖、孙晔、翟宏堃、张学子、张泽、张重雄、姜文凯、马正磊、吴梦、朱鹏儒;高三4班李琪、郭尚杰、刘铭、焦天昱;高三6班张剑锋;高三7班陈培培、赵Ⅺ虎;高三8班李淑义、马龙江;高二1班单君翌、何进阳、刘洪轩、种晟;高二2班于鸿升;高二7班刘瑞);1人获得三等奖。

(刘　莉)

【2010年全国高中化学竞赛优胜学生】 2011年"三五"表彰竞赛优胜学生。参加2010年全国高中第二十四届化学竞赛天津赛区优胜学生:一等奖5人(高三2班黄哲、姚远;高三4班于浩、刘怡郎、李琪);二等奖23人(高三10班白清予、王莹莹;高三8班李淑义;高二2班梁思寒、惠弘韬、商邀、宋涛、张宝昌、张秋晨;高三2班佟博翰、杨啸宇、徐越、叶亦欣;高三1班姚锐、王田媛、于浩成、翟宏堃;高三4班阚磊;高三5班李屹;高三6班刘凤斌;高三3班谢天宇;高二1班周鼎翕、左振斌)。

(刘　莉)

【2010年全国高中生物学联赛优胜学生】 2011年"三五"表彰竞赛优胜学生。参加2010年全国高中生物学联赛天津赛区优胜学生:一等奖1人(高三1班翟宏堃);二等奖14人(高三8班巴静雯;高三1班 陈鸣、黎静北、王红玉、刘咏杉;高三2班薛伊冰、姚远、叶亦欣;高三7班侯姗姗;高三4班贾斯莹、刘雨桐;高三3班王晓冬;高三11班赵蕊君;高三9朱泽西);21人获得三等奖。

(刘　莉)

【NOI 2010年全国青少年信息学奥林匹克竞赛优胜学生】 2011年"三五"表彰竞赛优胜学生。在NOI 2010年全国青少年信息学奥林匹克竞赛中,南开中学高三2班学生钱桥获得金牌,高三1班李冠儒获得银牌,高三2班钱桥、高三1班李冠儒、高二1班刘洪轩、高一1班邢端、高一2班张云昊5名学生获得分区联赛全国一等奖。天津市一等奖19人(高二10班杨哲;高三8班刘畅、俞鸿旭洋;高二1班王振宇、袁文康、袁玮良;高三2班王超;高一1班王伟戌、苏子旭、陈鹏、杨森;高三1班张凯文、汪宸、黎静北;高二2班周若昕、宋涛;高三3班常晏彬;高一5班陈立帆;高二5班高德君)。

(刘　莉)

【2010年全国中学生英语能力竞赛优胜学生】 2011年"三五"表彰竞赛优胜学生。在2010年全国中学生英语能力竞赛中,南开中学高三11班史卓滨、高三7班陈培培、高二1班单君翌、高二2班吴家笑、高一4班张晗暄5名学生获得一等奖。

(刘　莉)

【2011届初三学生在全国奥林匹克竞赛获奖】 2011年,南开中学2011届初三学生参加全国奥林匹克竞赛取得优异成绩。3月20日,参加2011年全国奥林匹克数学竞赛决赛的学生,在数学教师杨冠明的指导下,3人获得一等奖(闫树鹏、薛胜杰、林婕),7人获得二等奖(孙雯、石添硕、张洪堃、肖云兮、綦越、季秋实、黄启望)。4月10日,参加全国奥林匹克化学竞赛的学生,在教师王大治、陶颖的指导下,4人获得一等奖(闫树鹏为第1名、石添硕为第14名、张洪堃为第21名、田芳林为第41名),6人获得二等奖(时畅、员宇琪、戴嘉婧、孙雯、高碧楠、田碧波)。4月17日,参加全国物理奥林匹克竞赛的学生,在教师马振波的指导下,8人获得一等奖(季秋实为第1名、孙雯为第3名、林婕为第5名、张洪堃为第13名、黄启望为第17名、戴嘉婧为第51名、石添硕为第77名、员宇琪为第87名),薛胜杰、綦越2人获得二等奖。

(杨晓坤)

【参加第七届国际中学生科学大会】 2011年3月21日至28日,南开中学代表队参加在意大利威尼斯举行的第七届国际中学生科学大会(International Student Science Conference, ISSC)。代表队由化学教师王浩安带领6名高中学生组成。该届大会主题为"环境与化学"。来自中国天津市南开中学和中国香港、中国台湾、意大利维罗纳、意大利威尼斯以及新加坡、墨西哥、澳大利亚、印度、荷兰10个国家和地区的代表队参加会议。在每天上午的学术会议上,南开中学师生学习各个代表团展示的研究性课题成果汇报,聆听意大利知名学者的科普讲座,与来自世界各地的学生交流,就关心的环境问题进行深入的探讨。南开中学代表团被安排第二个出场汇报，学生在大会上出色地用英语汇报“Cd、Pb、Cu单一污染对拟南芥叶绿素含量影响”研究性课题的展示。由于行前的精心而充分的准备，在教师指导下认真实验和细心观察，准确记录实验数据，进行数次商讨和排练，学生在会议上沉着地应对各方的提问，睿智和谈吐得到与会代表的高度评价。该学访活动拓展学生的国际视野，提高学生的环保意识，锻炼学生参与国际事务的能力，使南开学子的风采得到展示。

（王浩安）

【党史知识竞赛】 2011年5月，为庆祝中国共产党建立90周年、普及党史知识，丰富校园生活，学生会生活部、学习部协助校团委举办高一年级党史知识竞赛。高一年级每班派出四人参加比赛。竞赛内容分为必答题和抢答题。在必答环节，每位选手沉着应对、信心十足；抢答环节则更加活跃和激烈，特别是该环节答错题目扣分的规则令比赛更加精彩。其间还穿插有主持人和观众的互动，把现场气氛推向高潮。经过几轮激烈的角逐，最终高一2班获得冠军。高一2班赵旻盛、高一10班孙靓文和高一5班代表南开中学参加市级党史知识竞赛，并再创佳绩。

（韩民欣）

【参加周恩来邓颖超纪念馆党史知识竞赛夺冠】 2011年6月2日，南开中学学生代表队参加由周恩来邓颖超纪念馆举办的“庆祝中国共产党建党90周年，迎接党的十八大党史知识竞赛”活动并夺得冠军。代表队由高一2班赵旻晟、高一5班王乃偲、高一10班孙婧文等三位学生组成。副校长吕宝桐作为嘉宾、德育处主任贺海龙作为领队参加活动。竞赛活动共有中共中央文献研究室第二编辑部代表队、中国光大银行天津分行代表队、中国散运运输有限公司代表队、天津市文化广播影视局代表队、武警医学院代表队、周邓纪念馆代表队、天津市南开中学代表队七支参赛队伍。整场比赛分为必答题、抢答题和风险题三个环节。经过激烈角逐，南开中学学生以优异的成绩夺得冠军，充分展示南开学子的风采。

（赵　凯）

【学生在全国物理奥林匹克竞赛中获奖】 2011年10月，物理学科教师李伟指导的学生在第二十八届全国物理奥林匹克竞赛（天津赛区）的比赛中获奖。南开中学共有8人获一等奖，30人获二等奖，8人获三等奖，在全市中学名列榜首。其中诸兆轩、何进阳、韩傲雪、单君翌、李立中五名学生进入由9人组成的天津市代表队，名次分别列第一、第二、第四、第八、第九。10月28日至11月3日，教师李伟作为领队和教练带领天津市代表队参加在西安举行的全国第二十八届全国物理奥林匹克竞赛。南开中学学生诸兆轩获得一等奖，取得第五名的成绩，入选国家集训队；学生单君翌获二等奖，何进阳、李立中、韩傲雪获三等奖。该五名学生均被北京大学物理学院提前面试录取。

（叶　远）

【学生李可纯获“爱粮节粮”征文二等奖】 2011年10月，高二10班学生李可纯参加由联合国粮食与农业组织举办的“爱粮节粮”征文活动并获得二等奖荣誉证书。在两个小时里，李可纯以《我们都一样》为题写出作文，其主题是，就人类与其他物种对于粮食重要性的认识，不同人种、不同国家对于粮食所肩负的重任，做深刻的概括描述，阐释粮食对于生命是最基本的共同需求。文章视角新颖，笔触动人，表现出良好的文字功底和思维能力。作为学校学生会主席，李可纯出席各种会议发表演讲，为爱心联盟申报优秀社团精心准备材料，策划电影节等各种学生活动并协调学生会各部门工作，善于在实践中汲取营养锻炼能力。

（王雨润）

【学生摄影大赛】 2011年12月，学生会生活部举办南开中学学生摄影大赛。大赛分为团体赛（即以班为单位）和个人赛。团体赛每班至少上交一张班级合影，主题为“我们是南开最美的风景线”。个人赛每班最多上交三张作品，主题为“原来南开可以更美”，记录下南开校园中最美、最有意义的瞬间。所有作品上传至生活部邮箱，并加以百字左右简介。该次大赛深受学生的欢迎，校园中处处可见用照相机选景、取景的同学。特别是，个人赛第一次采用南开校服“熊”作为奖品，更是吸引不少学生参加，学业繁忙的高三学生也积极参赛。

（韩民欣）

体育协会

【简况】 2011 年 7 月 22 日，南开中学体育协会成立并举行第一届体育协会领导层选举。体育协会由学生会体育部改制而成，受学校体育学科直接领导，其主要工作是组织和举办各类学生体育活动和比赛。经过德育处教师赵凯、体育部上届两位部长、各班班长、团支部书记和体育委员 39 人参加的选举，高二 9 班毛东屿为新任体育协会会长；任命高二 10 班殷润泽为足球分会会长，高二 11 班赵乙潼为排球分会会长，高二 5 班王家骥为篮球分会会长，高二 5 班何紫郁为网羽分会会长，高二 6 班葛岱为综合分会会长。2011 年 9 月，体育协会经过纳新，产生会长助理 2 人，足球分会干事 12 人，排球分会干事 10 人，篮球分会干事 17 人，网羽分会干事 12 人，综合分会干事 15 人。10 月 15 日，体育协会参与组织学校 2011 年秋季运动会。11 月至 12 月，体育协会组织学校传统体育赛事“三六”杯男足比赛、女排比赛。

（毛东屿）

【体育协会综合分会活动】 2011 年 10 月 15 日，体育协会参与组织作为 107 年校庆系列活动之一的学校 2011 年秋季运动会，首创运动会志愿者形式。体育协会全体成员参与协助运动会志愿者工作，对大会过程中的突发情况进行妥善处理。该次运动会的裁判员全员佩戴统一袖标，由毛东屿任总裁判长，葛岱任副总裁判长。校长马跃美为运动会致开幕词。综合分会会长葛岱致闭幕词。11 月，体育协会综合分会组织高一年级学生身体素质大赛，男生项目为引体向上，女生项目为仰卧起坐。综合分会长葛岱进行身体素质大赛总结并颁奖。

（毛东屿）

【体育协会网羽分会活动】 2011 年 11 月，体育协会网羽分会组织高一年级羽毛球和高二年级乒乓球比赛，开创分年级在同一时间进行不同比赛的先河，以期最大限度利用学校体育设施。乒乓球比赛为该年度新设立的项目，计划每年分年级举办两次。网羽分会长何紫郁做乒乓球羽毛球比赛总结并颁奖。

（毛东屿）

【组织“三六杯”足球和排球比赛】 2011 年 11 月至 12 月，体育协会足球分会和排球分会组织学校传统体育赛事“三六”杯男子足球和女子排球比赛。比赛更改以往淘汰赛制，采用小组单循环赛制，为各参赛班级提供更多的机会。比赛共分四个组别，分别为初一年级组，初中混合组，高一年级组，高二年级组。足球每组设最佳射手和最佳球员各一名，排球每组设最佳球员一名。排球裁判员队伍由高一和高二年级学生担任，足球由足球队队员担任。会长毛东屿进行“三六杯”体育比赛动员，足、排球分会长殷润泽、赵乙潼分别做“三六杯”工作总结并颁发奖状和奖品。

（毛东屿）

【组织“五虎杯”篮球比赛】 2011 年 9 月至 12 月，体育协会篮球分会协助高一、高二各班级举办十余场班级友谊赛，并培训“五虎杯”裁判及监场干事，将“南开五虎”精神扩展到平时。体育协会会长毛东屿、篮球分会长王家骥以及篮球队部分队员志愿为比赛担任裁判工作，并为比赛配备有经验的工作人员，注意将各班之间的比赛有机整合，避免赛事冲突，维护比赛的公平性，以确保在南开最为火热的“五虎杯”比赛顺利进行。

（毛东屿）

学生传媒

崛起报

【简况】 崛起报是南开中学学生会主办的宣传阵地，是学生主办的三大主流媒体之一。2011 年上半年，《崛起报》主编由学生张心怡担任。另有 9 人分别担任摄影、记者、美编、抄写等工作。每周举行一次例会。日常宣传主要配合学校团委工作，对春运会、五虎杯、红五月合唱节等校园活动进行报道。在《今晚报》发表《榜样给我们的力量》《校园里红歌飞扬》《校园音乐梦，电声南开园》三篇文章。举办“崛起杯”板报评比活动。2011 年下半年，《崛起报》主编由学生丁宁担任。另有 12 人分别担任美编、文编、抄写、摄影等工作。《崛起报》增设校园手机报，每周一期，介绍校园动态和学生活动。配合学校团委以“民族精神，南开精神”、“欢迎温总理回母校”、“迎接新年，备战期末”为主题进行宣传工作。对第一届电影节等校园活动进行报道。担任功能讲坛记录工作。

（丁　宁）

【手机报成为《崛起报》新的宣传形式】 2011 年 10 月起，《崛起报》增设电子版即手机报的宣传形式。《崛起报》电子版分设本期导读、校园要闻、学生活动等，全面简要地记录校园大事、学生活动等，每周一期。学校师生、领导以及家长均可通过接收而一览南开时事。《校园要闻》主要介绍公能讲坛、领导访问等学校大事；《学生活动》报道学生会、社团和各种学生团体活动。手机报还设有邮箱，供学生投稿。手机报以其阅读人群多、信息更新及时、传递速度快等特点，成为《崛起报》在橱窗、墙报以外的有力宣传平台。

（李晓利）

新敬业

【简况】 《新敬业》隶属于学校学生会宣传部，是由学生自主设计、编辑、排版，致力于向社会宣传南开中学的学生刊物。刊名来源于杰出校友周恩来在南开学校读书时创办的《敬业》。2011 年，《新敬业》全新改版，由原来 32 开小册子改版成为大 16 开本杂志，分设青春校园、公能讲坛、美文天地、情系南开等六个大栏目，以及师生风采、歌舞青春、动感地带、社团风采等十余个小栏目，从各个角度反映南开生活。此外，《新敬业》团队成员还成功地应聘成为天津《今晚报》的小编辑。

（李晓利）

【《新敬业》主编和副主编被中学生杂志聘为校园记者】 2011 年 10 月，南开中学高二 8 班王雨润、高一 8 班闫璐两名学生被天津市《中学生》杂志聘为校园记者。王雨润系学生会副主席，校刊《新敬业》主编。闫璐系学生会宣传部干事，《新敬业》副主编。作为该杂志校园记者，其主要职责是采写和报道南开中学的新闻事件，用青涩的文笔写出发生在学生身边的故事，社团演出、校园要事、教师风采等都是其记录的内容。校园记者从学校的小事做起，为学校教育教学工作服务，为学生服务，同时锻炼个人能力、提升个人素质。

（王雨润）

阳光驿站

【简况】 2011 年上半年，学生会宣传部阳光驿站由杨晓蕾担任站长，有干事 9 人。主播宋文慧、乔琦、盛周扬、仇莹、戴旭文、蔡欣锦、马宜鸣，技术员何悦、何奕彤。2011 年下半年，阳光驿站由何奕彤担任站长，有干事 12 人。主播刘颖、钱相如、张钧婷、周佳杉、李雪菡、李晓琛、任玥玫、刘洋、王海帆、徐舒悦，技术员邹事成、赵欣煜。2011 年 4 月，阳光驿站担任春季趣味运动会广播工作，宣读班级入场介绍、运动员成绩、观众来稿等。2011 年 9 月，阳光驿站进行点歌互动特别节目，为高一新生送去贴心的问候。2011 年 10 月，阳光驿站成员担任秋季田径运动会广播工作，宣读班级入场介绍、运动员成绩、观众来稿等。2011 年 10 月，阳光驿站接手板报评比工作，制定新的评比制度，并成功进行 11、12 月的板报评比。2011 年 12 月，阳光驿站举行地方话特辑，通过将各地方言以及习俗整理播放，为外地同学送去家乡的温暖。2011 年 12 月，年度最后一期节目，阳光驿站传统——圣诞特辑播出，准备与圣诞有关的话题、歌曲以及互动问答，征集辅导员与学生之间的祝福话语，传达学生之间的圣诞以及新年祝福，还组织干事们为各年级学生分发糖果。

（何奕彤）

【高一13班建立班级网站】 2011年新学期开始，在班主任谭毅老师的建议和班委会协助下，由学生耿希超策划，高一13班学生班级网站建立并投入使用。高一13班网站拥有自己独立的域名（http://nk13.org）。网站分为门户、论坛、群组、家园，其中论坛区由即时通讯、学习天地（各个科目信息发布）、班级活动专区和班级综合等部分组成。班内学生可以用QQ账号登陆后，自由发布信息，在群组和家园专区中进行交流和分享。班级网站的建立和维护，有利于学生进行思想交流，提升班级的凝聚力和班级文化建设。

（张　威）

共青团组织

【简况】 截至2011年12月，南开中学有共青团员2015名。校团委下辖45个班级团支部、1个教工团支部和15个社团团支部。团委有学生委员6名。学生团干部145名。校团委认真组织团员和青年学习党的基本理论、党的路线、方针和政策；宣传、执行团市委学校部、团区委和校党委的指示和决议；了解和反映学生团员的思想，对团员进行教育和管理，维护团员的义务和权利；进行经常性发展团员工作，积极开展少年团校工作；开展青年党校培训，推荐优秀团员作为党组织的发展对象；指导学生会和社团工作等。校团委每周二中午为例会时间。各团支部坚持过组织生活，定期召开生活会。校团委作为学校学生工作的重要组织和阵地，对促进青年学生的成长成才发挥着不可替代的重要作用。

（李晓利）

【高二10班市级优秀团支部】 2011年，南开中学高二10班团支部被团市委表彰为市级优秀团支部。2010年9月，高二10班共54名学生，学生按照班主任提出的“正直、诚实、善良、有爱心、有责任感”五条严格要求，提出“我们是一个人”的班级口号，形成团结互助、积极向上的班风。学生自填歌词，将《梦想圆舞曲》作为10班班歌，并设计以黑色为底色的特色班徽，取黑色为瞳孔的颜色，寓意“我们的眼中只有10班”。班委会由学生民主选举产生，各组组长参与班级工作，并实行轮换制以使更多学生得到锻炼的机会。根据南开中学的五项评比制度，建立“班委轮流执勤”的制度，在全班学生的共同努力下，努力争取月月拿到流动红旗，高一年级学年末五项评比总成绩曾经进入全校前十名。注重良好的学风建设，学生自发结成“学习互助小组”，班委和课代表在每一天的早自习统一安排默写、听力等内容的练习，同学间互相帮助寻找学习漏洞。学生学习成绩稳中有升，2011年下学期进入年级前100名的人数从开学初的6人上升到11人。秉承南开中学注重体育的传统，学生积极参加体育活动，班级连续两年获得学校秋季运动会团体总分第一名、“三六杯”男足冠军、“三六杯”女排冠军，春季运动会团体总分第三名的优异成绩。学生积极参与学校举办的各项竞赛，锻炼自己的能力，先后获得“英语话剧高一年级二等奖”、“红五月合唱节二等奖”、“党史知识竞赛高一年级二等奖”。为营造团结向上的班级氛围，建立“班级日志”，由每位学生轮流记录班级中发生的大事。班级自发组织为班里的每一位同学过生日，送上集体的生日祝福。在教师节和老师生日时，学生精心准备礼物，以表达感恩之情。班委会利用班会时间召开关于“两会精神”、“走进中欧青年交流会”、“认知理想”、“We are the miracle 争创周恩来班”等主题班会。学生在班委会组织下到多个养老院长期开展义工活动，并在曹禺故居担任讲解工作，通过义工活动使学生拥有强烈的社会责任感，培养社会技能。高一年级时，10班被评为“2011年南开区教育系统五四红旗团支部”。

（李可纯）

【团委学生委员换届选举】 2011年11月22日，南开中学团委组织开展学生团委委员的换届选举工作。高一年级各班级团支部书记和高二、高三年级学生团委委员参加换届选举。校团委严格按照组织程序，民主、公开、公平、公正地选举产生高一年级新团委委员，稳定有序地进行高三年级学生团委委员的换届工作。经过民主投票，选举高一6班团支部书记刘渊、高一9班团支部书记尹小艾、高一14班团支部书记顾欣怡为校团委委员。鉴于刘敬德、梁思寒、李逸凡三名高三年级学生任期到届，不再担任校团委委员，校团委充分肯定他们两年来的工作和付出，并希望高一年级三名新任校团委委员能够努力学习，认真工作。

（李晓利）

【七年级少先队大队成立】 2011年10月14日，南开中学七年级少先队建队仪式在报告厅举行。在七年级少先队大队成立大会上，学校任命杨晓坤老师担任大队辅导员，李忠艳、梅宏柱、常永盛、冯锴、马振波、史明伟六位老师担任中队辅导员。任命学生周荣轩担任七年级少先队大队长，耿玘薇、杨心然、钮思凡、赵梦瑶、高郡、邢元鹏六名学生为中队长。少先队员为各位辅导员佩戴鲜艳的红领巾。德育处副主任张国发在成立大会上发言，希望少先队员学习为人民服务的精神，在辅导员老师的指导帮助下，在大队干部和中队干部的带领下，努力学习，扎实进取，开拓创新，努力成长为社会主义建设的接班人。杨晓坤老师代表辅导员发言，鼓励少先队员积极进取，不断向共青团靠近。学生周荣轩代表全体少先队员发言，倡议少先队员铭记使命，为红领巾增光添彩。

（李晓利）

学生会组织

【南开中学学生会连任市学联第十三届主席团单位】 2011年8月29日至31日，南开中学学生会在天津市学生联合会第十三届代表大会上成功连任主席团委员单位。大会天津大礼堂隆重举行，市委书记张高丽、市长黄兴国等市领导接见与会代表并合影留念。张高丽开幕式上讲话，要求广大青年学生要牢记神圣使命，坚定理想信念，增长知识才干，勇于开拓创新，坚持走中国特色社会主义道路，推动天津科学发展、和谐发展、率先发展，为党和人民的事业奉献青春年华。大会共有代表团体116个，代表409名，其中正式代表297名，特邀代表2名，列席代表110名；297名正式代表来自天津市普通高校、高职院校、民办学校和独立学院、普通中学和中职学校。南开中学学生会成功当选第十三届委员会委员，也是全市普通中学唯一入选为主席团成员的单位。南开中学学生会主席梁思寒作为第十二届主席团成员参加该次大会，认真履行主席团职责，协助组委会完成各项工作。德育处教师赵凯作为列席代表参加会议。大会就十二届委员会工作报告、十三届委员会选举、十三届第一任主席团成员选举、天津市学生联合会章程修改等问题进行讨论。经过民主选举，产生47个委员单位，19个主席团单位。南开中学学生会连任主席团单位，决心以此为契机，积极履行职责，贡献自己的力量.

（赵　凯）

【南开中学学生会成立大会】 2011年9月14日，2011年南开中学学生会成立大会在报告厅举行。新一届学生会全体成员参加大会，上一届学生会主要干部、初中部学生会主要干部等也被邀请参加。成立大会上，新一届学生会成员分部门进行展示，有的歌声动听嘹亮，有的言词诙谐幽默，形式各异，充分体现本届学生会活跃的思维和创造力。本届学生会主席李可纯和上一届学生会主席梁思寒分别发言，表达对学生会全体新成员的欢迎。德育处主任贺海龙讲话，对新一届学生会的成立表示祝贺，并期望新一届学生会成员努力学习，认真工作。

（李晓利）

【2011年南开中学学生会主要干部】 2011年南开中学学生会共有九名主要干部，任期一年。主席李可纯（高二10班），副主席王雨润（高二8班），学习

部部长郑翔宇(高二7班),生活部部长韩民欣(高二9班),外联部部长宁雪(高二2班),文艺部部长张彤(高二1班),文艺部副部长周小洲(高二2班),宣传部部长王雨润(兼),宣传部副部长丁宁(高二5班),《新敬业》主编王雨润(兼),《崛起报》主编丁宁(兼),阳光驿站站长何奕彤(高二3班)。

(李晓利)

【学生会学习部】 2011年上半年,学生会学习部由马明担任部长,有干事8人。5月,与学生会生活部一同举办党史知识竞赛。2011年下半年,学生会学习部由郑翔宇担任部长,干事为方乐峥、林婕、杨秋宇、崔昊、孙元、刘睿鑫、刘帅旗、杨希、马鼎萱、尹小艾、李业成、戴闻生、王子龙、鲁莹、李天琛15人。10月,举办第一届"迎校庆"演讲比赛。该演讲比赛是校庆系列活动之一,也是新一届学生会的第一项大型活动。比赛不仅有三分钟演讲的环节,还新增集体助威的新形式,旨在把个人活动变为集体活动,增强集体凝聚力。11月,学生会学习部协助英语学科举办第二届英语话剧节预赛。

(郑翔宇)

【学生会生活部】 2011年上半年,学生会生活部由刘超担任部长,有干事8人。5月,协助校团委举办"党史知识竞赛"。2011年下半年,学生会生活部由韩民欣担任部长,有干事12人。生活部每天进行五项评比检查监督工作;每周配合德育处老师检查各班大扫除情况,并在周五完成一周五项评比分数核算、记录和存档;每周一晨会安排一名干事向全校广播上一周五项评比成绩并进行小结;每月宣读五项评比优胜班级;每逢重要活动,干事还要负责维持现场纪律。

(韩民欣)

【学生会文艺部】 2011年上半年,学生会文艺部部长由高兴担任,副部长由姜洪亮担任,有干事9人。5月,学生会文艺部配合校团委主办"红五月"合唱节。2010年下半年,学生会文艺部由张彤担任部长,周小洲担任副部长,有干事14人。11月至12月,学生会文艺部承办第一届校园电影节。

(张 彤)

【学生会外联部】 2011年9月新一届学生会外联部成立。高二2班宁雪担任部长,王子文、张馨予、石添硕、张可欣、尚大栋、袁一鸣、杨博涵、李润泽、郑力铭、苏本源 、任永旭、陈勃羽、孙翔舸、池佼妮、顾欣怡、刘晓晗16人为干事。9月,学生会外联部参与接待经济学家吴敬琏、物理学家乔治·斯穆特、著名演员刘劲,并协助学校国际部完成澳洲学访团接待任务;10月,参与接待中国科学院院长白春礼、北京大学校长周其凤、央视新闻主播徐俐,接待中国台湾以及法国学访团;参与接待温家宝总理回母校视察;11月,参与接待清华大学经济管理学院副院长廖理,接待新加坡学访团;12月,参与接待清华大学副校长袁驷、国防大学战略教研部副主任金一南、南开大学陈省身数学研究所所长龙以明院士。外联部还努力加强南开中学学生会与各友好学校学生会的联系。

(宁 雪)

【新一届初中部学生会成立大会】 2011年9月23日,南开中学初中部学生会成立大会在瑞廷礼堂举行。德育处副主任张国发,初一年级主管、教师杨晓坤,初二年级主管、教师滑娜,初三年级主管、教师贺伟国,各位班主任,以及初中全体学生参加大会。大会由学校学生会副主席王雨润主持。大会在嘹亮的校歌声中拉开序幕,而后初中学生会各个部门进行风采展示,形式各异,精彩纷呈,充分展示出南开中学初中学生的精神面貌。上届初中部学生会主席、九年2班学生段宜辰和本届学生会副主席、八年4班学生卢礼威发言,表达对新一届学生会成员的欢迎和对新一届学生会的美好祝愿。最后,德育处副主任张国发讲话,表达对新一届学生会工作的期望,希望学生会干部努力学习,踏实工作,服务学生。

(赵 凯)

【南开中学初中部学生会主要干部】 2011年南开中学初中部学生会共有六名主要干部,任期一年。副主席卢礼威(八年4班),学习部部长高誉籍(八年3班),生活部部长张浩蓬(八年3班),文艺部部长雷泽琦(八年1班),宣传部部长车畅(八年2班),外联部部长常婉娉(八年1班)。

(赵 凯)

【刘超当选第十二届天津市"十佳中学生"】 2011年10月,南开中学"周恩来班"——高三1班学生刘超当选第十二届天津市“十佳中学生”。此次评选活动由市委教育工委、市教委、团市委、市学联联合开展，共有41位候选人参评。经主办单位严格评审，21名优秀中学生入围。9月25日，第十二届天津市“十佳中学生”评选决赛在耀华中学致知楼举行，21名候选人通过个人演讲、多媒体放映等形式进行个人风采展示。刘超以出色的表现博得评委的一致认可，最终脱颖而出荣登“十佳”。刘超曾任学校学生会副主席、生活部部长，获得天津市“十佳中学生”的称号为学校赢得荣誉。

（赵　凯）

【参加全国学联第二十五届第二次全体会议】 2011年12月4日至5日，南开中学学生会主席李可纯作为天津市普通中学唯一代表赴北京参加全国学联第二十五届委员会第二次全体会议。全国学联第二十五届委员会有委员单位代表185人出席会议，各省（自治区、直辖市）学联秘书长、中国大学生骨干培养学校第五期学员列席会议。会议主要内容是深入学习党的十七届六中全会和团的十六届四中全会精神，认真学习胡锦涛总书记“七一”重要讲话精神，讨论和研究加强和改进学生会组织建设的有关文件，审议通过全国学联主席齐兴达代表第二十五届主席团所作的工作报告，并向全国大中学生发出《坚定理想信念，投身伟大实践》的倡议书。开幕式上，团中央书记卢雍政发表讲话，从“准确把握形势，增强责任感和使命感”，“保持清醒，认清自身不足”，“明确目标，把握学生会建设方向”三个方面，联系实际，指出社会上和校园里存在的问题，并提出工作要求。在分组讨论中，李可纯汇报了南开中学开展的“义工制”、“主题班会”、“成人仪式”等活动，并就“学生代表大会制度”等相关问题提出个人见解。与会代表围绕学生会干部选拔制度、学生会如何发挥自身作用，以及开展的各项活动和形式进行交流；就如何发挥“思想引领”作用、新媒体的运用、学生会干部自身成长等问题进行热烈的讨论。团中央书记处第一书记陆昊在闭幕式上与到会代表交流并发表讲话，希望学生干部认真学习王兆国同志在全国大学生纪念“一二·九”运动75周年座谈会上的讲话精神，培养高度的理论自觉、鲜明的实践品格、深厚的群众根基、奋进的创新精神，努力成长为坚定的青年马克思主义者。

（赵　凯）

国内外交流

国内来访

【天津波音复合材料有限公司总经理一行来访】 2011年4月8日，天津波音复合材料有限公司总经理 Gary Baker 及夫人 Christine Baker 应理事长孙海麟邀请到南开中学参观访问。陪同访问的有该公司助理总经理张焕和总经理助理徐月葵。Gary Baker 一行对南开园中保存完好的历史建筑和文物赞叹不已，认为这是一笔宝贵财富，学生可以在了解南开悠久历史、优良传统和杰出校友的基础上展望未来，为社会作出贡献。参观后，理事长孙海麟、副校长马健与 Gary Baker 及夫人亲切会谈。Gary Baker 表示愿意促成更多美国的大学、中学与南开中学建立交流合作关系。作为英语教育专家的 Christine Baker 表示，愿意从下学期开始为南开中学高中生开设"美国文化"选修课。双方一致同意，在适当时候，邀请美国大学的教育专家来南开中学访问，促进南开中学的国际交流。

（张庆民）

【台湾教育研究院代表团来访】 2011年5月22日，台湾教育研究院院长吴清山率代表团一行七人在天津市教委国际交流处副处长陈腾波陪同下到南开中学参观访问。校长杨静武与代表团成员会谈，介绍了南开中学办学历史和育人成果，并就共同关心的教育问题进行深入探讨。会谈后，陪同客人参观校园和周恩来当年的教室、宿舍。代表团成员在座谈和参观中感受到南开中学的悠久历史和文化底蕴，感慨南开中学培养出以周恩来总理为杰出代表的大批优秀校友。吴清山表示，台湾的教育研究者敬仰张伯苓校长，能够亲自到南开中学参观访问感到非常荣幸，希望今后加强两地在文化教育领域的交流与合作。

（杨　洋）

【中央第五地方巡视组成员来校参观】 2011年6月9日，中央第五地方巡视组全体成员在副组长李明波带领下来到南开中学参观。南开中学理事会理事长、党总支书记孙海麟、校长杨静武、副校长李宝贵等接待到访的来宾。南开中学是中央第五地方巡视组党日活动的第一站，此行目的是参观周恩来总理青年时期学习生活过的地方。孙海麟理事长向来宾介绍南开中学的概况、纪念井的由来以及首届毕业生情况，陪同来宾参观校史馆、周恩来当年上课的教室和宿舍、南开校友英烈纪念碑，并在周恩来总理铜像前合影留念。

（宋海涛）

【全国高级检察官研修班学员来校参观】 2011年9月17日，最高人民检察院第二十六期全国高级检察官研修班170名学员来到南开中学参观。校长办公室副主任李德志、工作人员宋海涛、张楠参与接待工作，全程陪同学员参观南开中学校园及校史馆、瑞廷礼堂、周总理宿舍、四烈士纪念碑等校园景观。学员参观后纷纷表示很受教育，称赞南开中学无愧为全国历史名校。

（张　楠）

【台北市私立复兴实验高级中学代表团来访】 10月20日，台北市私立复兴实验高级中学师生代表团5名教师和70名高二年级学生到南开中学参观访问。校长马跃美会见代表团师生并致欢迎辞，国际部副主任杨洋介绍学校概况和历史文化。随后，代表团师生在校学生会外联部同学的陪同下参观校园，并和学校学生共同上两节课，感受南开中学课堂气氛，体会南开中学课程内容。活动中，两校师生在文化和教育等话题上进行充分地交流和沟通。台北市私立复兴实验高级中学师生表示,南开中学悠久的历史传统和优良的校风学风值得他们学习,南开中学学生热情的接待和出色的表现给他们留下深刻的印象。此次来访加强两校之间的友谊,有利于密切两岸青少年之间的联系。

(杨　洋)

【新疆和田二中校长傅世周一行来校参观访问】2011年11月3日上午,新疆和田地区党委委员、和田二中校长傅世周,和田二中党委委员、副校长孙建坤,和田二中教务科科长吴学登,和田二中团委副书记王海明等一行四人来到南开中学参观访问。校长马跃美、校长办公室副主任李德志、人事干部周晓等陪同客人参观校史馆及校园景观。南开中学英语学科教师张建伟正在和田二中支教,马跃美校长委托傅世周校长转达对张建伟老师的亲切问候。

(张　楠)

【抚顺市望花高级中学校长宋靖宇一行来校参观学习】　2011年11月25日,抚顺市望花高级中学校长宋靖宇等一行40余人来到南开中学参观学习。来访人员首先参观南开中学校史馆、瑞廷礼堂、周总理宿舍等校园景观。副校长吕宝桐就南开中学的历史沿革、办学理念、教学成果等做简要介绍。随后,来访老师深入到高一年级听课,圆满完成参观学习活动。

(张　楠)

【济南市第一中学校长尹守峰一行来学校参观交流】　2011年11月30日,山东省济南市第一中学校长尹守峰带领学校中层干部一行八人来南开中学参观交流。校长马跃美、副校长马健、教学处主任助理刘莉、数学学科教师林秋莎等人参与接待工作。来宾在林秋莎、宋海涛、张楠等教师的陪同讲解下,参观南开中学校史馆、瑞廷礼堂、周总理宿舍等校园景观。马跃美在校史馆与尹守峰进行了热情的交谈。来宾在高一5班观摩化学学科组长张洪俊的示范课,饶有兴致地参观新建成的科技新体验创新实验室。马健向来宾介绍实验室的使用情况和未来发展规划,还就招生、教学等与客人交换意见,表达建立百年名校联盟的意愿。

(林秋莎)

师生出访

【访问新加坡华侨中学】　2011年1月21日至27日,教师王志辉、唐延稚带20名学生到新加坡,访问南开中学的友好学校华侨中学。这是南开中学第一次组织学生到该校进行校际交流。学生住在华侨中学宿舍。交流活动包括随班听课、参加周会、参观校园、参观滨海艺术中心、漫游植物园、观看新生水厂、夜间动物以及市容观光等。交流活动有利于南开中学师生开拓国际视野,对中西合璧的新加坡文化有深入了解,促进英语水平提高,增进与友好学校师生的友谊。

(张庆民)

【访问加拿大萨迪斯中学】　2011年1月22日至2月12日,教师张洪俊、史明伟带11名学生赴加拿大萨迪斯中学进行海外研修。这是南开中学师生2001年与该校建立互访交流关系后第十次访问该校。该校是与南开中学开展定期互访活动最早的学校。访问活动内容丰富,包括在加拿大伙伴学生班内听课、游览城堡公园、访问不列颠哥伦比亚大学(BC大学)、参观人类学博物馆、参加领导力活动、参加图书馆研究项目、郊游、滑雪、参观土著文化中心、参观皇家博物馆和立法大厦等。参加研修活动的学生全程住在加拿大伙伴学生家里,英语听说能力得到较大提高,国际视野得到开拓,收获很大。

(张庆民)

【访问日本静冈学园】　2011年1月22日至28日,教师韩文霜、徐锡玲带21名学生到日本静冈学园进行海外研修。这是南开中学自2006年与该校建立交流互访关系以来第七次访问该校。活动内容包括与静冈学园师生交流，参观大阪造币局、大阪标志性建筑大阪公园、松下电器中心，参观岚山周恩来诗词纪念碑，参观世界文化遗产幕府将军足利义满府邸金阁寺、西针织会馆、火山地带大涌谷、东京日本皇宫，游览迪斯尼乐园等。通过这次海外研修活动，南开中学师生对日本教育制度和文化有初步了解，加深与日本友好学校师生的友谊。

（张庆民）

【访问香港圣保罗男女中学】 2011年1月24日至30日，教师万庆刚、李忠带领九名高中学生到香港特别行政区访问南开中学的友好学校圣保罗男女中学。这是南开中学第五次派出师生代表团到该校进行校际交流。在对具有97年历史的香港圣保罗男女中学进行的为期一周的学访活动中，学访团的师生全面接触该校的教育教学实际，参加每天的晨会活动，随堂听课，与该校师生互动、交流，感悟该校的办学理念，其精美的教学模式，多元化的学习方式，师生之间思维相互交流和优质的教学保障体系，给大家留下深刻的感悟和启示。学生全程住在香港伙伴学生家庭，通过随班听课、参观博物馆、文化观光等开阔视野，领略香港一流学校的教育、教学、管理、文化，提高英语水平，深化与友好校师生的友谊。学访团归来后，万庆刚老师在全校教师业务学习大会上作“在规范中求发展，在发展中求创新——香港圣保罗男女中学学访”的专题汇报，介绍圣保罗男女中学鲜明的育人理念，内涵丰富的校园文化（净化心灵的早会，体现才艺和能力的社团活动，把音乐作为学校常日不衰的根基，以及营造浓厚学习氛围的墙报），特色的教学和课堂面貌，精细的教学安排和民主的课堂氛围等。

（万庆刚　张庆民）

【访问美国东洛杉矶学院】 2011年2月4日至2月17日，教师王肇敏、王平、焦鹏带28名学生到美国东洛杉矶学院进行海外研修。这是南开中学2007年与该校建立交流关系后第五次访问该校。访问期间，学生在东洛杉矶学院聆听美籍英文教师讲授美国概况及加利福尼亚州的人文、历史、地理，关于美国中学、大学的教育制度等讲座，游览迪斯尼乐园，参观美国当地中学，访问南加州大学、加州大学洛杉矶分校、斯坦福大学、伯克利大学，游览洛杉矶动物园，观看NBA比赛，游览艺术博物馆－盖蒂中心，访问圣地亚哥市，游览环球影城，参观加州自然历史博物馆、美国总统图书馆，游览旧金山市，访问世界著名高科技中心硅谷并参观英特尔公司等。通过海外研修活动，师生开拓国际视野，提高英文水平，领略美国文化，增强跨文化沟通的能力。

（张庆民）

【访问英国唐桥中学】 2011年2月4日至2月18日，南开中学三名高中男生到英国访问名校私立唐桥中学（Tonbridge School）。这是两校自2008年建立友好关系后，南开中学第二次派出学生到该校进行短期学习。三名英国学生为他们提供家庭接待。除在英国学校伙伴学生班内按照自己的兴趣和志愿选择听课以外，南开中学三名高中学生还参加社区活动、观看英超联赛、体育训练、参观剑桥大学、牛津大学等。对于学生开拓国际视野，了解英国学校的教育制度、体验英国文化很有帮助。

（张庆民）

【访问美国休斯顿拉泼尔高中】 2011年2月7日至2月18日，总务处主任王志刚、德育处副主任张国发、教师张继红带30名学生到美国休斯敦拉泼尔高中进行海外研修。这是南开中学2008年与该校建立交流互访关系后第四次访问该校。访问活动包括游览纽约，参观哥伦比亚大学、纽约大学，游览费城、华盛顿，在美国伙伴学生班内听课，参观美国航天中心，参观休斯顿港口，职业日体验，参观市容，参观市政府、医学中心，观看休斯顿火箭队NBA比赛，参加拉泼尔音乐节，游览洛杉矶迪斯尼乐园、环球影城等。通过这次海外研修活动，南开中学师生提高英语水平，开拓国际视野，了解美国的教育制度，领略美国文化，与美国友好学校的师生建立深厚的友谊。

（张庆民）

【南开中学代表队参加第七届国际中学生科学大会】 2011年3月21至28日，南开中学代表队参加在意大利威尼斯举行的第七届国际中学生科学大会。代表队由化学教师王浩安及其带领的六名高中学生组成。大会主题为“环境与化学”。南开中学学生代表在大会上用英语汇报经王浩安老师指导完成的“Cd、Pb、Cu单一污染对拟南芥叶绿素含量影响”研究课题成果，得到与会者的高度评价。代表团还聆听澳大利亚、新加坡、印度、中国香港、中国台湾等国家和地区中学生的研究性课题汇报，以及意大利知名学者的科普讲座，并与来自世界各地的中学生就关心的环境问题进行深入探讨。代表团在会议上展示南开学子的风采，学生的国际视野拓展，环保意识增强，参与国际学术活动的能力得到锻炼。

（张庆民）

【访问德国波登湖中学】 2011年7月3日至26日，教学处副主任王文昌、教师刘静带领24名学生前往德国波登湖中学进行海外研修。这是南开中学自2002年与该校建立交流互访关系后第六次出访。访问期间，南开中学学生在伙伴学生班内听课、参加课余活动，还参观林道市市容、慕尼黑市博物馆、古城堡等文化名胜。结束在波登湖中学的访问后，还对德国的科隆、法兰克福等城市以及法国、瑞士、比利时、卢森堡、荷兰等国家进行文化考察。该次海外研修活动有利于师生提高英语水平，开拓国际视野，领略欧洲文化，进一步加深两校之间的友谊。

（张庆民）

【南开中学代表团赴美国研修考察】 2011年7月19日至8月1日，副校长李宝贵、教学处副主任王莉英、教师李惠燕随人大附中代表团赴美国参加“中国基础教育卓越校长、卓越教师培养基地项目”研修考察。活动内容包括访问美国一流公立及私立高中，伊利诺伊理科高中、杰佛逊理科高中、菲利普斯艾克塞德学校及菲利普斯安多福学校；研究美方课程设置，与美方学科教师、学生座谈互动，了解美国的精英教育；参加哈佛大学国际名校长论坛和马萨诸塞大学校长领导力培训等。该项活动使学校领导与教师的国际视野得到开拓，了解到国际一流中学教育教学的一手材料，对把南开中学建设成为在国内外有影响的高水平学校具有借鉴意义。

（张庆民）

国际和地区交流

【韩国纪全女子中学师生来访】 2011年2月21日至24日，韩国纪全女子中学师生一行11人到南开中学进行友好交流。这是该校第一次派学生访问团到南开中学。来访学生参观校园，与南开中学学生共同上课；学习书法、太极拳；游览长城、颐和园、故宫、天坛和天津古文化街、石家大院等名胜，了解中国悠久的历史文化。通过交流访问活动，为中韩两国学生之间的交流搭建平台，来访的韩国师生表示收获很大，南开中学和纪全女子中学的联系和友谊得到加强。

（张庆民）

【加拿大萨迪斯中学师生代表团来访】 2011年3月11日至3月24日，与南开中学有着十余年联系与友谊的友好学校——加拿大BC省契力瓦科学区萨迪斯中学(Sardis Secondary School)派师生代表团到南开中学交流访问。代表团由一位副校长、两位教师和11名学生组成。来访师生到南开中学高中部进班听课，还学习太极拳、中国书法、绘画，游览天津、北京风景名胜，并到南开中学学生家庭住宿以体验中国生活和文化。

（张庆民）

【英国惠灵顿中学天津国际学校校长大卫·库克来访】 2011年3月23日，英国惠灵顿中学天津国际学校校长大卫·库克访问南开中学。理事长孙海麟、副校长马健等与库克校长亲切会见，介绍各自学校的历史和发展情况，并就共同关心的问题进行深入探讨。库克校长表示愿意与南开中学加强交流，在教材、师资方面密切合作、资源共享，答应协助南开中学购买惠灵顿学校使用的从幼儿园到高中的全套原版教材，为南开中学选派三名外籍教师，协助南开中学开设英语口语课、英语生物课和英语数学课，促进两校共同发展。会谈后库克校长参观校园，为南开保存完好的历史建筑和现代完善的教学设施所吸引，赞叹南开中学百年来所取得的辉煌成绩。

（杨 洋）

【美国密歇根州底特律国家日学校校长一行来访】 2011年4月8日，美国密歇根州底特律国家日

(DETROIT COUNTRY DAY)学校访问团一行五人到访南开中学。访问团由校长 Gilman、中文教师杨女士和三名在该校学习中文的学生组成。副校长马健与 Gilman 一行亲切会谈。会谈后,访问团师生参观校园并在高一年级听课,还饶有兴趣地探讨数学、英语、体育等课程的相关内容。来访学生对南开中学体育课程中的武术很感兴趣,对英语课上涉及的文化知识大为赞赏。访问团还参观天津古文化街和意式风情区,对中国传统的玉石、毛笔等有极大的兴趣,被天津的民俗文化所深深吸引。访问结束后,校长 Gilman 说:"我喜欢天津,我喜欢这座城市。"来访的学生也表示此行收获很多,真切地感受博大精深的中国文化,表示一定要更加努力地学好中文,成为中美友好的使者。

(宋 畅)

【新加坡华侨中学师生代表团来访】 2011 年 5 月 11 日和之前的 3 月 29 日,新加坡华侨中学 10 名教师、110 名学生分两批到南开中学参观访问。来访师生与南开中学学生共同上课,感受课堂气氛,体会课程内容;参观南开中学校史馆,特别是参观周总理教室和宿舍时,许多师生感慨南开中学培养出众多的知名校友,了解了南开中学的悠久历史,崇敬和向往之情油然而生,认为南开学校的历史和传统值得人们学习和继承。这次来访使南开中学与新加坡华侨中学的联系和友谊进一步增强。

(杨 洋)

【南洋理工大学文学院院长一行来访】 2011 年 7 月 12 日,南洋理工大学文学院院长陈金梁一行访问南开中学,随行来访的有南洋理工大学中国事务处主任卓建南和文学院副主任司徒玮槟。校长马跃美亲切会见代表团一行。陈金梁介绍南洋理工大学在天津中新生态城项目的进展情况。双方就育人目标、办学理念以及潜在的合作领域等深入沟通交流。双方都表示要加强两校之间的交往和友谊,共建中新生态城项目,携手培养拔尖创新人才。

(杨 洋)

【澳大利亚墨尔本地区校长代表团来访】 2011 年 9 月 23 日,在国家汉语言办公室推荐下,澳大利亚墨尔本地区校长代表团一行 19 人到南开中学访问。访问团在国际部观摩两节国际学生的汉语课,汉语课堂上丰富多彩、妙趣横生的授课内容给代表团成员留下深刻印象。校长马跃美在范孙楼亲切会见代表团,对代表团到访表示欢迎,双方互赠礼品并合影留念。代表团成员选择各自感兴趣的科目在高一年级听一节课后,在南开中学学生会干部的陪伴下参观校园景观。澳大利亚的客人赞叹南开园的整洁美丽和浓厚的历史文化气息,认为南开中学有着高等学府的氛围。代表团还与国际部的教师座谈,就汉语教学、中澳教育比较、中学生教育等话题深入热烈地交流和讨论。访问结束时,代表团成员纷纷表示,对南开中学优秀的师生印象深刻,对南开中学百年传承的文化和取得的育人成果由衷地赞叹,表示希望和南开中学进一步加强合作与交流。

(杨 洋)

【英国唐桥中学三名学生来访】 2011 年 10 月 12 日至 14 日,三名来自英国伦敦的南开中学友好学校唐桥中学的学生来校交流访问。此前的 2011 年 1 月,南开中学曾有三名男生访问唐桥中学,就住在这三名英国学生家中。这次他们回访南开中学,由南开中学三名男生提供家庭接待并重叙友谊。三名英国学生除在北京、天津文化名胜观光外,还到南开中学高中年级伙伴学生班内听课,并在国际部学习汉语、中国书法、中国绘画、太极拳。中国语言和文化的体验给英国学生留下深刻印象。

(张庆民)

【韩国私立学校 Cheongshim 国际部主任来访】 2011 年 10 月 14 日,韩国私立学校 Cheong Shim 国际部部主任 Stephen Gabb 到南开中学访问。Stephen Gabb 参观南、北两院校园,南开中学美丽、优雅的环境和悠久、深厚的历史文化积淀给他留下深刻印象。参观后,Stephen Gabb 通过与南开中学学生会三位学生用英语交谈,赞赏学生出色的英语听说能力。校长马跃美会见 Stephen Gabb,客人介绍 CheongShim 的情况及其所属的全球学校联盟组织 Round Square 的情况,并邀请南开中学学生参加该校组织的国际模拟联合国活动。访问为南开中学与该校及 Round Square 联盟组织进一步交流合作打下良好基础。

(张庆民)

【法国德萨伊中学师生代表团来访】 2011 年 10 月

22 日，法中教育交流协会主席 Jean Pierre 和法国德萨伊中学师生代表团一行 16 人到南开中学参观访问。这是自 2010 年南开中学和德萨伊中学成为友好学校之后，该校师生的第一次来访。校学生会外联部学生陪同代表团师生参观校园并向他们介绍南开中学的历史和文化。德萨伊中学的师生还饶有兴致地参观南开中学的工程坊和陶艺坊，并一起动手制造陶艺作品。来访师生表示，南开中学悠久的文化积淀和现代化的教学设施，以及学生热情的接待和出色的表现令他们印象深刻。此次来访开启两校之间友好交流与合作的序幕。

（杨　洋）

【澳大利亚悉尼长老会女子学校学生来访】 2011 年 11 月 7 日至 12 月 17 日，南开中学友好学校的澳大利亚悉尼长老会女子中学的六名女生来南开中学进行访问交流。这是两校建立友好关系后第五次派团进行校际交流。该校有多年汉语教学的历史，许多学生选修汉语，代表团六名女生均多年选修汉语。交流活动包括游览天津、北京历史文化名胜，到南开中学高中部伙伴学生班内听课，学习太极拳、中国书法、中国绘画，到南开中学国际部学习汉语等丰富多彩的中国语言和文化体验活动。

（张庆民）

【新加坡华侨中学和南洋女中师生代表团来访】 11 月 23 日和 12 月 20 日，新加坡华侨中学和南洋女中的 10 名教师、145 名学生分两次到南开中学参观访问。校学生会外联部学生陪同代表团师生参观校园，介绍南开中学的历史和文化。来访的学生分组到高一年级上课，感受南开中学课堂气氛，体会课程内容，进一步与南开中学学生交流沟通。参观访问活动使南开中学和新加坡华侨中学的联系和友谊得到加强，来访师生认为南开学校的历史和传统值得人们学习、继承，表示愿意再来南开中学。

（杨　洋）

对外汉语推广

【意大利威尼斯马可·福斯卡里尼学校校长一行来访】 2011 年 4 月 17 日，意大利威尼斯马可·福斯卡里尼学校校长 Rocco Fiano 一行到南开中学访问，商讨孔子课堂可持续发展问题。南开中学 2010 年 4 月与该校合作建立的马可·福斯卡里尼孔子课堂，是中国在意大利中学建立的第一家孔子课堂，在当地有较大影响，有 60 多名学生在孔子课堂学习中文，孔子课堂还开设中华武术和中华厨艺课，吸引许多对中国文化感兴趣的学生和成人。校长杨静武、副校长马健亲切会见 Rocco Fiano 校长一行。Rocco Fiano 介绍孔子课堂成立一年来的工作情况，对今后孔子课堂的发展提出建议。经过双方校长协商，两校在加强交流、增强沟通、共同发展孔子课堂方面达成一致。南开中学拟派出优秀师资赴该校任教，全力支持该校的汉语教学工作；两校要加强师生互访，以感受不同文化、增进彼此间的信任与理了解。该校计划于 9 月选拔汉语学习的优秀学生来南开中学参加汉语文化体验营活动，南开中学拟于 2011 年派师生代表团回访。4 月 19 日，国际部副主任杨洋、主任助理张庆民偕校长 Rocco Fiano 一行前往国家孔子学院总部汇报工作。重大项目与交流处副处长张科听取两校工作汇报，对该孔子课堂工作给予高度评价，表示要一如既往地支持该孔子课堂的建设，并希望两校更加紧密地合作，使孔子课堂的发展更加辉煌。Rocco Fiano 表示，此行收获颇丰，不仅与合作方南开中学达成多项共识，还得到中国国家孔子学院总部的认可和支持，一定要继续深入扎实地办好孔子课堂，为传播中国文化、搭建中意友谊的桥梁而努力。

（杨　洋）

【南开中学为教师开设基础法语课程】 2011 年 4 月 27 日，南开中学为担任对外汉语教学工作的后备教师及英语学科的部分教师开设基础法语课程，以提高南开中学教师赴法国任教的语言能力、适应日益广泛的国际交流活动，副校长马健在开课仪式上做动员，要求参加培训的教师珍惜学习机会，提升语言能力，学以致用。学员认真的学习态度得到法语教师的肯定。法语外教 Lucas 热情、亲切,教学经验丰富,使学员受益匪浅。在法语联盟的协助下,第一阶段的课程持续至 2011 年 7 月 8 日。

(张　旭)

【意大利友好学校师生代表团到南开中学参加孔子课堂汉语夏令营】 2011 年 8 月 31 日至 9 月 9 日,在中国国家汉语言办公室支持下,意大利威尼斯马可·福斯卡里尼中学派出师生代表团到友好学校南开中学参加汉语夏令营。南开中学在马可·福斯卡里尼中学开设的孔子课堂是中国国家汉办在意大利正式批准建立的第一个孔子课堂,有许多学生积极学习汉语。参加该夏令营的代表团由两位教师和 22 名学生组成。汉语夏令营包括游览天津和北京历史名胜,在南开中学高中年级进班听课,学习太极拳、中国书法,到国际部学习汉语等丰富多彩的中国语言和文化体验活动。

(张庆民)

【南开中学三名教师到法国和意大利教授汉语、数学】 2011 年 9 月,南开中学派出教师李耕漪、刘志明到法国巴黎德萨伊中学中文国际班教授汉语和数学课程,派出教师刘丽到意大利威尼斯马可·福斯卡里尼中学孔子课堂教授汉语课程,为期两年。三名教师均通过国家汉办的考试和培训,致力于汉语国际推广工作。

(张庆民)

国际学生

【在石家大院和瓷房子上中国文化课】 2011 年 3 月 18 日和 3 月 22 日,国际部为配合中国文学及文化欣赏课的课堂教学,增加学生的实践机会,结合课文内容,组织学生到天津西青区杨柳青石家大院和瓷房子上两堂生动的中国文化课。在石家大院,学生陶醉于中国古典建筑的魅力,深受中国古代文化的感染,感受到中国古文化的博大精深。在愉快的气氛中,学生学到很多中国传统的文化知识,了解诸多中国民间风俗。参观瓷房子时,学生赞叹中国建筑的瑰丽和独具匠心,体验中国悠久的瓷文化,特别是别致的祈福形式,更是受到学生欢迎。参观后,学生撰写中文作文和周记,记录两次活动的精彩瞬间,认为通过参加一次有意义的活动,开阔眼界,增长知识,愈加热爱中国文化。

(宋　畅)

【汉字历史及书法课】 2011 年 4 月 12 日,国际部针对外国留学生而开设的中国文学文化系列课程之“汉字历史及书法课”按计划如期进行。课程由汉语教师贾亮主讲汉字历史,通过简洁的说明让学生了解作为汉文化重要组成的汉字的发展进程;通过图画,引发学生们对汉字的兴趣;用形象的手法,让学生感受到不同历史时期汉字的形态变化。卢偎老师主讲汉字书法,介绍书法的基本笔画,让学生对基本的汉字书法笔法有初步的了解;讲解“永字八法”,让学生在学习理论的同时动手实践。短短 45 分钟的课程,在师生的充分互动中完成,学生对汉字书法的兴趣被极大地激发,休息的时间还在不断练习,表示愿意更多地参与学校组织的各种中国文化体验活动。

(宋　畅)

【国际部毕业典礼】 2011 年 5 月 25 日,南开中学国际部举行“情系南开”2011 年高、初三年级毕业典礼。南开中学理事会理事长、党总支书记孙海麟和副校长马健出席典礼并为毕业生颁发毕业证书。国际部 2011 届初、高三毕业年级学生均以优异的成绩完成学业,顺利毕业,其中有三名学生在汉语水平测试中达到最高级——获得六级水平。副校长马健和毕业生代表、在校生代表分别做热情洋溢的发言。国际部师生同台进行精彩的汉语展示及文艺表演。

(张　旭)

【参观访问天津中医药大学】 2011 年 5 月 31 日,国际部师生一行 20 余人前往天津中医药大学参观访问。该项目是国际部学生中华文化体验系列活动之一。天津中医药大学国际教育学院院长应森林、副教授金军热情地向师生介绍中医药大学的概况,并饶有兴趣地讲授中医药文化知识。两位教授还现场对数名国际部学生进行把脉和针灸诊疗,让学生亲身感受中华医学的博大精深,他们高超的医术和幽默诙谐的语言也深受学生欢迎。师生一行还在中医大学附属医院大夫的引领下,实地观摩针灸科和推拿科医生的诊疗工作,让学生真切地体会中医为人类健康作出的贡献。该活动使学生对中国医学文化有更深的了解,开启对中医兴趣的大门,对传统中医和现代技术相结合的成就有新的认识。

(贾　亮　杨　洋)

【国际部师生参加"天津国际学生开放日"活动】 2011 年 6 月 22 日,国际部师生参加由市教委国际交流处主办、天津师范大学承办的"天津国际学生开放日"活动。师生赴师大主校区参观校园,在八里台校区参加文化体验活动。市教委国交处处长陈腾波和天津师大国际交流学院院长钟英华致欢迎辞。师大国际交流学院明星学生茹斯等表演精彩的文艺节目。国际部学生在台上台下互动环节表现出色,印廷宰、冯俊飞、朴秀珉获得该环节的优秀奖。国际部学生还在各体验区参加中国电影、书法、中国结等文化活动,表示通过参加活动扩大视野,了解丰富多彩的大学生活,希望能参加更多的感受中国传统文化的相关活动。

(宋　畅)

【国际部学生运动会】 2011 年 10 月 14 日,南开中学国际部一年一度的学生运动会举行。来自不同国家不同肤色的学生,利用课余时间,精心布置策划运动会的形式、流程和内容。整场运动会内容充实,妙趣横生,组织安排得井然有序。运动会分为羽毛球比赛和趣味运动会两部分。通过分组对抗,增强学生们的凝聚力,增强合作沟通交流,提高汉语应用能力。运动会上,学生本着友谊第一,比赛第二的精神,奋勇争先,充分发挥创造力,体现积极向上的精神面貌,既增强体质,又加深友谊。学生对于举办运动会有很高的热情,希望学校组织更多的活动以使学生的才能得到展现。

(闫春雨)

【学生到自闭症儿童助长中心做义工】 2011 年 11 月 4 日和 8 日下午放学后,国际部部分学生到"梦工厂儿童助长中心"进行义工劳动。他们是在了解自闭症儿童的情况后主动要求做志愿服务的。在中心,他们与教师交流,为孩子们打扫教室、清洁活动器材,还发挥自己的绘画特长,亲手为孩子们制作教具,陪孩子们一起上体育活动课。国际部学生决定将这项义工活动长期坚持下去,在活动中进一步了解自闭症儿童的状态,学习如何接触并帮助他们,学会关爱他人、与他人合作。

(赵　颖)

【参观天津医科大学模拟医院和天津美术学院】 2011 年 12 月 7 日,国际部师生一行 25 人到天津医科大学和天津美术学院参观。在天津医科大学国际教育学院院长韩飞带领下,师生参观国内首家全方位培养医学留学生临床技能与实践操作的英文模拟医院,体验内科、外科、儿科、ICU、急救门诊及手术室、病房等多功能教室,学习一些实用的急救知识。学生认真参观、勤学好问的态度得到医大领导和教师们的好评。在天津美术学院艺术楼,国际部师生参观由全国九所美院共同举行的"千里之行"美术作品展览,展出的优秀作品令在场师生为之赞叹,还到中国画系进行敦煌壁画知识和临摹画法的学习。参观活动使国际部学生了解到丰富的医疗急救知识,领略到中国绘画艺术的博大精深。

(张　旭)

国际部管理工作

【天津市加强外国专家岗前培训研讨会在南开中学举行】 2011 年 2 月 28 日,由天津市外国专家局组织的"天津市加强外国专家岗前培训研讨会"在南开中学举行。这次研讨会旨在总结天津市聘请单位在岗前培训实践中的成果和经验，探索外国专家岗前培训的规律和特点，研究开展岗前培训的模式和方法，为全面推进外国专家岗前培训创造必要的条件。会前，校长杨静武、副校长马健与国家外专局、天津市外专局领导进行深入会谈。参加会议的有国家外专局原培训司副司长高鹏飞、天津市外专局局长袁鹰、副局长王宝林。会议由袁鹰主持，并就加强外国专家岗前培训的重要性和必要性、应关注哪些关键环节以及如何评价外国专家岗前培训的成效等问题和与会代表进行深入讨论。副校长马健、国际部副主任杨洋参加会议的讨论，向外专局领导汇报南开中学近年聘请外籍专家的情况及经验，与各参会单位交换意见，以此为契机把聘请外国文教专家工作推向新水平。会后，各兄弟单位来宾参观了南开中学校园。

（张　旭）

【南开中学获“天津市2010年度院校外事工作优秀单位”称号】　2011年4月14日，南开中学获“天津市2010年度院校外事工作优秀单位”称号。在天津市公安局出入境管理局2011年院校外国人管理工作会议上，副局长李树彬讲话，总结全市各院校的外事工作，介绍形势和应该关注的几个问题并部署工作。会上共表彰29个优秀单位，其中中学组有三个优秀单位。南开中学的外事工作得到出入境管理局的高度认可，连续多年获此荣誉称号。

（杨　洋）

【国际部在外事评优中获奖】　2011年12月，在天津市教委、天津市教育国际交流协会开展的2011年天津市优秀外事工作者、优秀交流合作项目、教育外事优秀论文评选活动中，经过个人评审和评委会集中评审环节，并报送市教委批准，南开中学国际部主任助理张庆民获“天津市优秀外事工作者”称号，南开中学意大利马可·福斯卡理尼中学孔子课堂被评为“天津市优秀交流合作项目”，张庆民撰写的《国际学生素质教育与德育问题初探》和赵颖撰写的《浅谈新课标理念下的国际学生英语课堂教学》获天津市教育外事优秀论文二等奖，张旭撰写的《试论国际理解教育课程建设的必要性》获三等奖。

（张庆民）

教师队伍

师资培训

【青年教师信息技术课程培训】 2011 年 2 月 15 日,南开中学在翔宇楼计算机房进行为期两天的青年教师信息技术课程培训。培训以信息技术与相关学科整合的实践操作为切入点,内容有信息技术概论、信息的获取方法、信息的加工与表达、计算机系统的故障诊断与处理、计算机安全保障与防护。信息技术学科教师在时间短、任务紧等困难情况下,发挥集体智慧,编写完成 6 万字的培训教程。

(马　艳)

【教师骨干工作研讨会】 2011 年 2 月 15 日至 2 月 16 日,南开中学举办寒假教师骨干工作研讨会。学校领导班子成员、中层干部、党支部书记、工会委员、学科主管和年级组长等 50 余位骨干教师参加会议。会议的主要内容是,讨论和修改正在拟定中的《天津市南开中学中长期教育改革和发展规划》。与会人员展开认真热烈的讨论,提出许多建设性意见,以便对规划进一步修改。会上还安排学校领导班子成员工作述职,由与会人员对领导班子进行民主评议。市教委有关部门领导王东军等到会参加领导干部的考核评议活动。

(李　晖)

【杜明环获首届全国中小学外语教学能手和名师称号】 2011 年 3 月 29 日,英语教师杜明环在北京首届全国中小学外语教师名师大会上获"首届全国中小学外语教师教学能手"和"首届全国中小学外语教师名师"称号。天津市教研室经过组织层层选拔、评比和说课比赛,共推荐小学、初中和高中教师 11 人参评由教育部中国教师发展基金会和国家基础教育实验中心外语教育研究中心联合主办的"首届全国中小学外语教师教学能手"。杜明环老师充分展示和发挥自身优势,经过激烈角逐,最终被授予荣誉称号,并在大会上做事迹汇报。

(刘　莉)

【学业水平综合评价解读培训会】 2011 年 4 月 1 日,教学处安排数学学科教师张广民在翔宇楼三楼会议室专门为教学处人员做"2007 级学业水平评价报告"的解读培训。副校长马健、教学处主任潘印溪、副主任王莉英、科研信息技术中心主任王文昌、主任助理刘莉、毕伟等参加培训。2010 年开始,天津市《学业水平考试综合评价报告》改变以往仅仅以平均分数作为主要评价依据的模式,而改由巩固率 T 分数、平均分 T 分数、C 等及以上率 T 分数、A 等率 T 分数和综合得分在不同群体中的位置等参数进行综合评价。同时评价报告中首次出现"学业增值性评价"项目,将中考成绩作为前测成绩,运用线性回归统计分析方法进行成绩预测,将学业水平考试成绩作为后测成绩,通过前测与后测成绩的比较,考量教师教学的增值情况。教师张广民认真细致为大家讲解巩固率、T 分数、标准分、图表等各项数据,以及该评价体系的优势和发展趋势。与会人员积极请教对数据中不甚理解的地方。教学处要把类似的业务学习作为常态工作开展下去。

(刘　莉)

【承接学访交流和教师培训】 2011 年,南开中学共接待内蒙古呼伦贝尔市教育局、巴彦淖尔市教育局选派的四批学访团,每批进行一个月的学访交流,安排教师分别参与各学科日常教学教研活动。同时,承接天津市"265 农村骨干教师培训工程"基地的培训教师任务。2011 年 10 月，根据市教委统一部署，先后有两批蓟县和宝坻区的市级、区县级学员共八名化学教师来学校到化学学科进行为期一个月的培训活动。

（潘印溪　周　晓）

【化学教师谭旭参加业务研修】　2011 年 11 月至 12 月，化学学科教师谭旭参加在天津师范大学举办的天津市高中化学骨干教师培训班，以提升业务水平和专业素养。培训班开设《以科学方法论为核心的探究教学策略》等九个专题讲座，并就教学（案例）设计、化学实验改进与创新、化学教学论文撰写等进行深入的分析和点评。谭旭总结参加培训的收获和体会，撰写题为《作图法在高中化学解题中的应用研究》的论文。

（张洪俊）

【生物教师纪志娜做出师课】　2011 年 11 月 21 日，生物学科新教师纪志娜在高二 9 班的上午第二节课上讲授出师课一节。做课题目为《光合作用探究历程》。教学处主任潘印溪、生物学科组长王健以及生物教师尤智杰、邹扬、刘洋、杨振到教室听课。课后，生物学科组织教师对该节课进行点评。

（教学处）

【地理教师继续教育和研修】　2011 年，地理学科教师李美华、张慧、张文静、周英英、周顺心参加天津市中小学教师继续教育网上课堂学习。张慧、张文静、周英英学习成绩优秀。

（邢文娟）

【教师换角色考试】　2011 年 12 月 13 日，南开中学举行教师换角色考试。全校 50 岁以下初高中全体任课教师共 182 人参加考试。监考员由各位学科组长担任。考场分布在六间教室，其中数学学科考场在阶梯一，化学学科考场在阶梯二，物理学科考场在物理实验室一，英语学科考场在物理实验室三，生物学科考场在生物实验室一，语文、政治、历史、地理、体育等学科考场在多功能厅。试题内容涉及面广，既注重对文化知识和基本技能的测试，又加强对新课改理念的考查。通过教师全员参加测试，同时作为一次教师专业技能培训，有利于掌握中青年教师教学业务水平状况，鞭策教师加强业务知识学习，树立终身学习的观念，促进夯实教师教学基本功，使教师的教育教学更加规范，既让教师充分展示才华，同时也促使每位教师全方位反思自己，认识自身知识方面的缺陷，取得预期的效果。

（潘印溪）

师资建设

【张娜任校长助理】　2011 年 7 月，经天津市教委同意，奥运女排金牌获得者、原国家女排、天津女排成员张娜调入南开中学工作，任校长助理。

（周　晓）

【表彰五名从事教育工作满 30 年的教师】　2011 年 9 月，南开中学在教师节期间表彰五名从事教育工作满 30 年的教师。包括语文学科韩文霜、英语学科卢秋丰、张继文，校长办公室韩健美，总务处申强。

（周　晓）

【招聘八名青年教职工】　2011 年 7 月，南开中学完成 8 名青年教职工招聘工作。

根据学校教育教学需要，按照关于学校招聘教职员工的相关政策，即除非通用性专业技术人员外，行政和通用性专业技术人员必须通过市人力劳动与社会保障局、市教委统一招考的规定，人事部门经过组织报名，进行九个学科 15 个岗位的笔试、面试，网上公示等程序，最终录用六个学科共八名教师岗位和实验员岗位人员。

2011 年招聘录用人员

岗位	姓名	学历	性别	毕业院校	专业	政治面目
生物教师	纪志娜	硕士	女	南开大学	生物物理	中共党员
音乐教师	张汉超	硕士	男	北京师范大学	音乐学（钢琴）	中共党员
心理教师	穆玉凤	硕士	女	天津师范大学	基础心理学	中共党员

岗位	姓名	学历	性别	毕业院校	专业	政治面目
德育教师	林爱娟	本科	女	北京师范大学	思想政治教育	共青团员
德育教师	李晓利	硕士	女	天津师范大学	逻辑学	中共党员
生物实验员	董凡瑜	本科	女	天津师范大学	生物	共青团员
生物实验员	孟希	硕士	女	北京林业大学	野生动植物保护与利用	共青团员
物理实验员	张光辰	本科	男	天津职业技术师范大学	应用物理	中共党员

（周　晓）

【专业技术职称晋升工作】 2011年9月26日至11月4日，南开中学开展职称评审晋升工作。根据市教育委员会职称办的文件精神，经过个人申报、业绩汇报、民主推荐、职评小组评审、领导小组确定、公示结果、整理上报档案材料等工作程序，推荐晋升高级教师七人，中级十人，并通过全市统一的职称评审；三名具有硕士学位的初级教师被认定为中级教师。

（周　晓）

【2011年评审晋升职称人员】 中级晋升高级：语文学科马西超、滑娜；数学学科张广民；物理学科李伟；化学学科王平；政治学科贺海龙；生物实验室刘莉。初级晋升中级：语文学科单巨兵、张旭；数学学科常永盛、谭旭、刘涛、任倩、闫春雨；英语学科姬红颖、焦鹏；物理学科徐建朴；生物学科尤智杰；地理学科孙国新；政治学科李德志。

（周　晓）

【十名教职工退休】 2011年2月，南开中学八名教职工办理退休手续。包括校长办公室原主任乔慕英，历史学科高级教师卢僎，总务处李津德、张跃、张连起、荆宝瑞、李福元、陈国华。8月，两名教职工办理退休手续。包括音乐学科高级教师张瑛，总务处潘俊杰。

（周　晓）

【五名在职和退休教职工辞世】 2011年9月，学校办公室职工韩健美病逝，享年49岁。韩健美1981年到南开中学工作，高级工职称，从事教育工作30年，兢兢业业，任劳任怨。负责对外接待和文档室管理，参与南开中学建校95周年、100周年校庆筹备工作。病重期间，善始善终地做好文档室的工作交接。2011年辞世的退休教职工有：1月，化学高级教师凌则霈辞世，享年82岁。7月，工人刘树田辞世，享年80岁。11月，美术高级教师刘金山辞世，享年76岁。12月，体育高级教师张国屏辞世，享年87岁。

（周　晓）

师德风范

【姚卫盛获天津市普教系统“十佳青年教师”称号】

2011年10月，南开中学英语学科教师姚卫盛获得天津市“十佳青年教师”荣誉称号。该项评选活动由团市委会同市委教育工委、市教委、市教育发展基金会联合举办。该次评选全市共推荐39名青年教师参加。经过主办单位严格评审，来自各区县和市属重点中学的21名教师进入市级终评。综合评定候选人事迹材料和现场演讲表现后，经评审委员会评分、各区县教育局领导评委评分、学生代表现场投票等程序，姚卫盛以第五名的成绩被评为天津市普教系统“十佳青年教师”。

（赵　凯）

【天津市普教系统“十佳青年教师”姚卫盛事迹】 姚卫盛，中学一级教师，南开中学高三年级副主管，英语备课组长，市级优秀班主任，南开区高中英语学科中心组成员。参加工作12年，姚卫盛全身心投入到教育教学工作中，在各方面均取得成绩。(1)不断学习理论知识，提高思想道德修养。积极参加党组织的争先创优活动，被评为校级优秀共产党员。工作中始终以共产党员的标准严格要求自己，爱岗敬业，无私奉献，顾全大局，勇挑重担。在认真学习党的理论知识的同时，不断钻研业务知识，2007年7月参加天津市教委人事处举办的暑期英语教师高级研修班学习并被评为优秀学员，2009年6月参加南开区教育局英语学科教师校本研修基地活动被评为优秀学员。(2)努力工作,发挥骨干带头作用。带领备课组全体老师,学习领会课程改革的精神,认真分析学情,精心备课,高质量落实学校的各项教学常规管理的要求,积极编写校本教材,取得高中学业水平考试全市第一和高考平均分超130分的好成绩。负责英语学科大教研活动,积极筹划使得学科多次大教研活动得以顺利进行。对待班主任工作认真负责,方法得当,所带班级多次被评为市、区、校各级三好班集体,本人被评为市级优秀班主任和“三青三名”工程优秀班主任。认真学习班主任工作理论,多篇论文获市区奖项并在南开区德育研究课评选活动中获一等奖。2009年起担任高一理科实验1班班主任,带领班级以向周总理学习为主题,以“一主三自”为主线,培育班级文化,促进班集体有序运行,德、智、体全面发展。在学校常规管理五项评比活动中多次获得第一名。学习成绩始终保持年级第一。在学校三大体育赛事中分获第一名。成为十年来首个被评为“周恩来班”的理科实验班。指导所带班级认真开展义工活动,培养学生服务社会服务人民的责任感和能力,该班已建立三个长期义工基地。在教学中注重培养学生独立性和自主性。注意探索教学手段的改革,结合课程特点使用多媒体教学。同时利用网络资料丰富学习内容,扩展课堂教学容量,提高教学效率。(3)注重教育科研,积极参与课改。认真参与市区各级教研活动,逐步形成“先导后学,以学定教,动态生成,科学提高”的教学风格。2009年参加第六届全国高中英语教学研讨会优秀课评比获一等奖。2010年参加天津市中学信息技术与课程整合优秀课评比获一等奖。近三年来累计完成十余篇论文并获各级奖励;参与编写五种图书或教材,累计近15万字。教学成果喜人。2008届担任高三两个班英语教学工作,英语平均分136.46分,居年级第一。2009年辅导高一学生参加全国中学生英语能力竞赛,二人获一等奖,二人获二等奖。2010年辅导高一学生贺心蕊参加中央电视台英语演讲风采大赛,获天津赛区高中组二等奖,本人获高中组优秀指导教师奖;辅导高二学生单君翌、吴家笑参加全国中学生英语能力竞赛,均获一等奖。主动利用业余时间给学习有困难的学生补课。担任社团辅导老师,指导学生参加英语报纸社团活动,出版多期英文报纸,获得积极效果,2009年获英语未来之星公益大赛最佳指导教师奖。

(赵　凯)

【韩文霜注重师德热心培养青年教师】 韩文霜从事教育工作30余年,作为语文学科的组长,遵从“以德立教,道德为先”的师德理念,以身作则,在思想品德上为青年教师做出榜样,高标准要求自己,为青年教师成才而悉心传教。韩文霜认为,南开中学是有着百余年历史、贡献卓越的学校,应该造就一支高素养、严要求、肯钻研、功底扎实、乐于奉献的教师队伍,教师要担当起教学重任,必须有精湛高超的教学技艺,同时具有崇高的师德,并且要师德先行。语文学科的青年教师占70%。韩文霜把努力帮助青年教师早日成才,以担当起培养拔尖创新型人才的重任,最大限度地发挥青年教师在教学中的积极性和创造性,作为自己义不容辞的责任。他担任多位青年教师的指导教师,时常同徒弟谈心,在师德传教中了解青年教师的思想动态,在严谨治学、谦虚谨慎、和谐相处、尊重师长、献身教育等方面言传身教,细致地帮扶青年教师成长。发现青年教师有缺憾和不足时,他总是大胆、及时地指出,切实地抓好青年教师刚到南开时的作风形成、思想规范、纪律要求和品德培养,确立青年教师师德的“制高点”,提高青年教师道德素养。语文学科在注重提高师德素养的同时,也注重发现、张扬青年教师的教学个性,大胆使用青年教师。在日常教学中,学科注意发现青年教师的教学特长,使之运用到教学之中。在教研课题、考试命题、选修课授课方面,让青年教师积极参与、承担重任。学科安排教师结对子,采取老中青搭配的方式,形成以老带新、青年教师早日成才的良好氛围。

(崔勇锐)

【叶远凝聚辛劳与智慧参与创建体验创意中心实验室】 物理学科组长叶远担任着多重任务:作为物理教师,承担两个理科实验班的物理教学任务;作为班主任,班级管理事无巨细,样样操心;作为学科组长,从日常的教学管理到长远的学科建设,从青年教师的业务提升到成熟教师的专业发展,不仅经常操心,还要脚踏实地抓落实;作为物理竞赛指导教师,又必须静下心来,投入大量时间与精力去钻研和思考习题。2011年,叶远承担起更为艰巨的任务——参与南开中学创意体验中心的初期建设。从技术设计到建设施工,从机器调试到学生培训,仅用十天时间就完成初创阶段工作。在那些天里,他几乎长在实验室施工现场,常常忙得吃不上饭,晚上回不了家。叶远深知该项工程不仅要拼速度,从长远看更要注重设计和施工质量,他积极查阅资料,向有经验的专业人士取经,组织学科老师开展讨论,进行市场调研,在很短时间内把自己打造成一个"内行人"。初步形成创意体验中心的建设思路:每间实验室都要让学生感兴趣、能参与;每间实验室都要有主题、有创意;每间实验室不仅要体现高科技,更要符合中学实际。经过努力,两个物理工坊使大学的实验室真正走进南开中学。叶远说:"建设这样的实验室,就像是开垦一片荒地,在这片科学的土壤上,我们用自己的劳动在学生心中播下科学的种子。我们能够不出于功利的目的,做好今天的每一件事情,是因为我们把目光投向了未来。这也是为学生搭建一个平台,在这个平台上,学生能站得更高,看得更远,思路更开阔,思维更富创意,这是我的梦想,我愿意为它去拼搏。"

(崔勇锐)

【王增多平凡敬业多才多艺为母校服务】 在为母校服务的南开中学校友志愿者队伍中,王增多身份与众不同,既是1966届校友,又是学校的退休职员。1978年,他在经历黑龙江兵团的十年磨砺之后回到南开中学工作,一直干到2011年退休。他说:"有幸服务母校是自己的福缘。"他以平凡敬业和多才多艺赢得大家的尊敬。他是学籍管理员:曾在教务部门负责学籍、教材、考试管理、文印,对这项要求细密、严谨、准确、周到、妥帖的工作做到了尽心尽力。他那车间式的文印从来准时交件,拉运教辅材料都用自己的自行车完成。无论寒暑有时牺牲休息时间,并叫上在南开工作、学习的妻儿一同上阵,把每年两季的课本预订、验收、分班、发放工作做得有条不紊。他是图书管理员:坚持全天候开放教师阅览室和图书借书处,最大限度地发挥图书的服务作用,态度和蔼、唱收唱付(提醒注意事项)。他是校友服务员:积极为校友提供学历、下乡证明和来访服务,对来校的校友主动提供帮助,热情接待。对知晓的校友活动,主动拍照记录、积累资料。他是校史资料员:无时无刻地关注、搜集、抢救珍贵的南开史料,如在学校"废物"中抢救出20世纪50年代学籍名册。他多次向学校领导进言,提倡规范统一"八角"校徽。他积极建议学校档案资料电子化,对档案室所存数届毕业纪念册逐页拍照。他积累、编选出南开历史建筑资料,发现南开资料就立即拍照、扫描,充实"资料库"。他利用业余时间完成了数十件南开著名校友题词的复制工作,使真迹原件得以妥善保存。他是艺术教育的实践者:积极参与学校的艺术教育活动,参与组织"百年校友师生书画展"等多项活动,参与组织成立南中书画学会。他利用自己的"书法"之长,为学生开办书法课、书法选修课、学生书画社团。为学校新教师、南开区教师基本功培训举办板书讲座。近十年来,每年为来南开中学学访的外国师生讲授中国书法。他的书法作品作为礼物赠送给国外友好学校。他是校园建设的实干家:为学校环境建设贡献才智,先后为礼堂、北楼、范孙楼、南院风雨操场、含英楼书写楼名和楼志。每年为学校书写大量会标、宣传标语,为校园选置景观石献策奔忙,还为含英楼改造楼名的施工把关监督。从王增多在南开中学的足迹中,人们感受到他对南开事业的"尊"和"敬"。

(周鸿飞)

【英语教师张建伟援疆支教】 2011年1月,南开中学选派英语高级教师张建伟支援新疆和田二中。张建伟以高度的政治责任感和使命感,克服地理环境、气候、生活习惯及语言等方面的差异所带来的种种不适,以对边疆人民热爱之情积极投身教育教学工作。张建伟担任和田二中教研室副主任,负责各年级各学科的教育教学研究,以及学校的师资培训工作;还担任英语教研组组长,负责全学科日常英语教学及教研组的课题研究工作;与此同时,兼任高三年级一个汉族学生班和两个维吾尔族学生班共三个班级的英语教学工作,周课时14节。由于教学管理工作任务繁重,周六也不能休息,还要为学生上课。张建伟良好的工作表现和工作业绩受到和田二中师生及学生家长的好评。

(李惠燕)

党组织建设

组织建设

【简况】 2011年，南开中学共有党员223名，其中在职党员152人，退休党员71人。2011年新发展党员四人，其中教师二人，学生二人。党委下设15个党支部，含一个退离休党支部。党委由七人组成：党委书记孙海麟，副书记马跃美，副书记、纪检委员吕宝桐，统战委员李宝贵，宣传委员马健，组织委员段胜利，青年委员张洪俊。

（段胜利）

【学生杨啸宇、褚萌萌加入中国共产党】 2011年5月17日，德育党支部召开党员大会，讨论高三2班学生杨啸宇、高三12班学生褚萌萌的入党申请。经表决，一致同意接收二人为预备党员。5月20日，经校党总支委员会研究，同意德育党支部意见，批准杨啸宇、褚萌萌为中共预备党员。

（段胜利）

【南开中学党总支改建为党委】 2011年6月10日，中共天津市南开区教育局委员会发出(2011)津南教党字组干18号文件：经中共南开区教育局第七届委员会第四次会议讨论决定，同意中共天津市南开中学总支部委员会改建为中共天津市南开中学委员会。

（段胜利）

【南开中学被评为天津市先进基层党组织】 2011年6月30日，在天津市庆祝中国共产党成立90周年大会上，南开中学被中共天津市委表彰为天津市先进基层党组织。

（段胜利）

【改进和加强学校党的工作】 2011年暑假期间，南开中学党委研究制定《关于改进和加强学校党的工作的意见》。在学校党组织建制由党的总支部委员会改建为党的委员会新的阶段和学校党组织被评为天津市先进基层党组织的荣誉面前，校党委抓住机遇，乘势而上，提出“四个着力”的工作目标和要求：一是完善制度，着力加强领导班子和干部队伍建设；二是建立机制，着力激发全校各个党支部和全体共产党员努力创先争优；三是搭建平台，着力改进和加强思想政治工作，发挥思想政治工作优势；四是加强领导，着力指导好工会、退管会、离退休支部、共青团和民盟组织搞好自身建设，在学校整体工作中发挥积极作用。该意见将在较长时间内指导学校党组织的各项工作，全面提升党建工作水平。

（段胜利）

【教师毕伟、贺伟国加入中国共产党】 2011年9月20日、11月15日，数学党支部和地理党支部分别召开党员大会，讨论毕伟、贺伟国两位教师的入党申请，经表决一致同意接收二人为预备党员。2011年11月29日，经校党委研究，同意数学党支部和地理党支部意见，批准毕伟、贺伟国为中共预备党员。

（段胜利）

思想建设与党组织生活

【简况】 2011年,南开中学党组织遵照上级党委的要求,深入扎实地开展"创先争优"活动。在推出两项党建创新举措的同时,党员教育突出纪念建党九十周年的主题,强调在实践中感受、在实践中接受教育的特色,丰富党组织的活动形式,拓宽渠道,党组织的凝聚力、战斗力得到加强,党员的先锋模范作用进一步得到发挥。

(段胜利)

【党员参观周恩来邓颖超纪念馆】 2011年1月8日,南开中学党总支部组织党员在周恩来总理逝世35周年之际参观周邓纪念馆,激励党员带头开展"以周恩来为人生楷模"主题教育活动,并首先受到教育。

(段胜利)

【承办中学生入党积极分子培训班】 2011年1月18日至22日,南开中学承办2011年寒假南开区中学生入党积极分子培训班。2010年11月16日,南开区教育局党委批复,同意由南开中学承办南开区中学生入党积极分子培训班,破解在发展学生党员时面临的发展前必须经过集中培训,而学生培训时间上存在突出问题的难点。学校党组织与共青团组织一起,精心制定培训计划,购置书籍,邀请市委党校专家教授授课,为办好学生入党积极分子培训班积极有效地开展工作。

(段胜利)

【学校风气建设专题党课】 2011年5月10日,党总支书记孙海麟以学校风气建设为主题为全体党员、入党申请人讲专题党课。孙海麟从理论与实践的结合上深刻分析学校风气建设的意义和紧迫性,阐述学校风气建设的内涵,提出搞好学校风气建设的途径和方法。参加听党课的党员、积极分子和民主党派人士深受启迪,激发了大家弘扬优良党风、校风、教风和学风,办人民满意的教育的信心和决心。

(段胜利)

【赴延安、西安主题教育活动】 2011年6月10日至14日、7月3日至7日,南开中学开展以"重温光辉历史,弘扬延安精神,积极创先争优,推进改革创新"为主题的教育活动。先后两批组织160名党员和教师积极分子赴延安、西安,参观具有重大意义的"七大"会址中央大礼堂、中共中央办公厅的所在地杨家岭和延安革命纪念馆,参观毛泽东、周恩来等老一辈无产阶级革命家曾经生活和居住过的枣园,了解中国共产党的辉煌奋斗历程;还参观陕西省历史博物馆、西安事变遗址等,使党员和教师受到深刻的革命传统教育和中华民族灿烂文化的熏陶。

(段胜利)

【推进教育创新座谈会】 2011年6月29日,南开中学党委在范孙楼延宾室举行庆祝中国共产党成立九十周年暨弘扬延安精神推进教育创新座谈会。校党委委员、校级领导、分支书记、部分党员和入党申请人及民主党派代表50余人参加会议。党委书记孙海麟、校长马跃美讲话。支部书记代表崔勇锐、优秀党员代表林秋莎、党员代表张玉彩、谭诤,入党申请人代表杨劼,民盟支部委员邢亚孟,生物党支部书记唐延稚先后发言,畅谈学习延安精神的感想,表达勇于教育创新的决心。党委书记孙海麟讲话提出三点希望:一是希望认真学习党的历史,对党的九十周年走过的道路有充分的了解;二是希望树立坚定的理想信念;三是希望搞好南开中学的教育改革创新,共同努力创造南开中学第二个百年的新辉煌。

(段胜利)

【关于加强学习的专题党课】 2011年11月29日,党委书记孙海麟以"把学习作为共产党员的精神追求"为主题为全体党员、入党申请人、民主党派成员等讲专题党课。校长马跃美主持党课。孙海麟在党课中提出要加强三个方面的学习:一是学习政治理论,即学习中国特色社会主义理论体系;二是学习和研究创新理论;三是研究关于南开教育的理论。希望大家成为用中国特色社会主义理论体系武装起来的、有创新精神和创新能力的、热爱南开教育事业的优秀教师。

(段胜利)

【专题民主生活会】 2011年12月5日，学校领导班子召开民主生活会。市教委党组高度重视和关心我校领导班子建设，根据津教委党组办〔2011〕29号文件《关于以“坚持以人为本执政为民理念发扬密切联系群众优良作风”为主题开好处（校）级党员领导干部民主生活会的通知》的精神，市教委副主任黄永刚和党组办主任刘玮出席会议。党委书记孙海麟主持会议并做动员讲话。领导班子成员马跃美、吕宝桐、李宝贵和马健参加会议。党委委员段胜利和张洪俊作为中层干部和教师的代表列席会议。邀请市人大代表王莉英和学校民盟支部主任李惠燕列席会议。生活会上领导班子成员认真发言，特别谈问题、缺点和今后努力方向，达到沟通思想、加强团结、鼓舞士气的目的，得到出席会议的市教委领导的充分肯定。

（段胜利）

【表彰优秀共产党员】 2011年“七一”前夕，南开中学26名共产党员被评为各级优秀党员。全校党员立足岗位，敬业爱生，默默奉献，取得优异的成绩。各个支部结合本学科和部门特点，积极工作，为学校的改革和发展作出突出贡献。王文昌被市委教育工委表彰为优秀党员；张洪俊、滑娜、唐延稚、刘莉、贺海龙被表彰为南开区教育系统优秀党员；高宇鹏、杨静武、林秋莎、刘静波、姚卫盛、孙立鑫、夏慈伟、叶远、王平、王大治、王志辉、崔勇锐、于宁、周英英、王伟、乔慕英、王志刚、杨洋、张旭 、吕宝桐被表彰为校级优秀党员。

（段胜利）

思想政治工作

【领导班子和校级干部述职】 2011年2月16日，“2010年度南开中学领导班子和校级干部述职大会”在范孙楼108教室举行。学校中层以上干部、分支书记、工会委员、学科主管、年级主管、民盟主委等56人参加会议。党总支书记孙海麟主持会议。市教委领导发表考核动员讲话后，领导班子和校级干部分别进行述职。市教委考核组发放并组织填写民主测评表。

（段胜利）

【在教师职称评定中发挥党组织作用】 2011年，南开中学党组织在参与教师职称评定工作中积极发挥作用。根据校长马跃美提议，学校首次组织评定前对申报人的综合鉴定，由各个支部书记牵头，组成党政工三结合的工作网络，分别为24名申报高级教师职称和12名申报一级教师职称的教师做出综合评定。

（段胜利）

【以人为本关心教职工思想和生活】 2011年9月5日，学校党委召开专题会议，听取离退休支部和退管会的工作汇报。在党委书记孙海麟的提议下，学校党的工作坚持以人为本，从对教职工的关切入手，关心教职工思想和生活。根据会上提出的建议，决定将每两年一次的教职工体检改为每年一次，并适当调整和增加体检项目。

（段胜利）

【统战工作座谈会】 2011年11月10日，南开中学党委召开统战工作座谈会。党委书记孙海麟出席并讲话。座谈会上，校民盟支部原主任王莉英介绍民盟支部的基本情况和开展工作的体会，九三学社成员杜明环介绍参加九三学社活动的基本情况。校民盟支部主任李惠燕、民盟盟员李盛立、毕伟、马艳等先后发言，介绍民盟组织建设和盟员在本职岗位积极工作的情况。孙海麟讲话回顾党领导统一战线工作的光荣传统，指出统战工作无论在革命时期还是建设时期，无论在党和国家工作的大局，还是在一个单位、一个学校里，都是一项十分重要的工作，党组织要高度重视并认真搞好统战工作。孙海麟充分肯定民盟支部和盟员在学校工作中发挥的作用，提出三点希望：一是按照党和国家的要求，按照温家宝总理回南开中学视察工作发表的讲话精神，坚持与时俱进办好南开中学；二是有主人翁态度，努力建言献策，发扬南开“爱国、创新、乐群”的精神；三是认真做好本职工作，教书育人，发挥积极作用。党委副书记、副校长吕宝桐主持会议，党委委员、副校长马健、党委委员段胜利参加会议。

（段胜利）

学校管理

理事会

【天津市南开中学首届理事会成员名单】 荣誉理事长：王大中，荣誉理事：申泮文、杨志行、叶笃正、梁思礼，顾问：赵启正、顾明远、吴敬琏，理事长：孙海麟，副理事长：程津培、于再清、王静康，理事：张元龙、张大宁、靳润成、陈洪、廖理、王博、马跃美。

（崔勇锐）

【创新管理　规范建设】 2010 年 3 月 13 日，天津市教委决定（津教委[2010]24 号），在南开中学进行基础教育学校管理体制改革的试点工作，为创办世界一流学校进行积极探索，决定成立天津市南开中学理事会筹备组，孙海麟任筹备组组长。2010 年 6 月 11 日，天津市教委批准（津教委[2010]101 号），天津市南开中学理事会成立，孙海麟任理事会理事长。2010 年 7 月 1 日，天津市委书记张高丽会见出席南开中学首届理事会会议人员。他祝贺南开中学理事会的成立，希望理事会认真学习贯彻《国家中长期教育改革和发展规划纲要》，要把天津市南开中学办成全国教育改革创新的示范校。市委常委、市委教育工委书记苟利军，市委常委、市委秘书长段春华，副市长张俊芳等市领导陪同会见。2010 年 7 月 2 日，天津市南开中学首届理事会会议举行。会议由南开中学理事会筹备组组长、校党总支书记孙海麟主持，理事会筹备组推荐的首届理事会成员参加会议。会议选举产生了天津市南开中学首届理事会理事，聘任荣誉理事、顾问；审议并原则通过了理事会章程。会议上，新当选的理事长孙海麟讲话。他表示，当选理事会理事长倍感荣幸且责任重大，一定要高质量地完成市委、市政府决定在南开中学成立理事会的战略部署，贯彻“先行先试”的改革要求，积极探索学校教育管理体制创新，推进并完善理事会领导下的校长负责制，带领广大师生推动南开中学更好更快发展。孙海麟强调，理事会要加强自身建设，更好地肩负起作为学校领导机构的职责，努力把自身建设成为一个学习型、研究型的理事会。2010 年 9 月 3 日，南开中学理事会成立大会隆重举行，理事会成员与全校师生见面。大会上，进行了校长、副校长的聘任，同时聘请杨志行为南开中学终身名誉校长。2011 年 1 月 11 日，决定设立南开中学理事会办公室，崔勇锐任理事会办公室副主任。理事会办公室是学校理事会的综合办事机构，受理事长直接领导。其主要职能是围绕学校的发展建设，规范做好理事会的日常工作，做好理事长的参谋助手，服务各位理事。2011 年 3 月 30 日，南开中学首届理事会第二次会议举行。会议听取学校行政领导班子的述职报告；审议讨论《天津市南开中学中长期教育改革和发展规划（2010－2020）》（审议稿）；理事长孙海麟向理事会报告工作。2011 年 9 月 5 日，《南中公能简报》第 1 期编辑完成并向理事会成员寄发。

（崔勇锐）

【遵循规律　突出特色】 2010 年 8 月 25 日，由孙海麟理事长倡导设立的“南开公能讲坛”首次开讲，全国政协常委、全国政协外事委员会主任、1958 届校友赵启正为全校师生做了题为《南开精神的 DNA》的精彩报告。“公能讲坛”取自南开中学校训“允公允能，日新月异”，反映南开中学的“公”、“能”教育方向，寓意南开学子具有报效国家之志向与服务社会之能力。2010 年 8 月至 2011 年 12 月，共有 20 余位名师大家、各界精英做客南开公能讲坛，为南开师生呈现了 24 场精彩报告，主讲人包括：

全国政协常委、外事委员会主任赵启正，原国务委员唐家璇，中国科学院院长白春礼，著名经济学家吴敬琏，中国教育学会会长顾明远，清华大学原校长王大中，全国人大常委会委员、教科文卫委员会副主任委员程津培，国际奥委会副主席于再清，北京大学校长周其凤，复旦大学校长杨玉良，浙江大学校长杨卫，哈尔滨工业大学校长王树国，周恩来邓颖超研究中心顾问纪东，国防大学战略研究所所长金一南，中央电视台著名主持人白岩松、敬一丹、徐俐，物理诺贝尔奖得主乔治·斯穆特，未来学家奈斯比特，清华大学副校长袁驷，南开大学陈省身数学研究所所长龙以明，北京大学哲学系主任王博，清华大学经管学院副院长廖理等。这些讲座涉及领域广泛，反映出主讲人的学术研究成果和人生感悟，使南开师生拥有了难得的与大师面对面交流的机会。根据公能讲坛讲稿编辑的《南开公能讲坛录(第一辑)》于 2011 年 12 月出版发行。2011 年 12 月 16 日，南开中学艺术中心落成，天津市委常委、市委教育工委书记苟利军为南开中学艺术中心揭牌并授旗。艺术中心由学校北楼改造建成，由合唱团、交响乐团、民乐团、舞蹈团、话剧社、乐群相声社、电声乐队等 11 个艺术社团组成，并聘请姜宝林、李起厚、刘颖、易娟子、孟超美、董俊杰、赵华等艺术大师、专家作为各社团的艺术总监。2012 年 3 月 1 日，南开中学体验创意中心落成，中国科学技术大学校长、中科院院士侯建国，天津市政协副主席、中科院院士饶子和共同为体验创意中心揭牌。侯建国院士还为中科大支持建设的量子信息科学创新示范实验室、语音处理科学创新示范实验室揭牌，饶子和院士为天津国际生物医药联合研究院支持建设的分子生物实验室揭牌。体验创意中心是由南开中学与全国重点高校联手建设的科技新体验示范实验室组成，已经建设完成并投入使用的包括：天津国际生物医药联合研究院院长饶子和院士总体设计的涉及分子生物学领域的实验室 2 间，西安交通大学副校长程光旭总体设计的传统工坊、现代工坊 2 间，中国科学技术大学校长侯建国设计的量子光学与量子信息实验室 1 间，语音处理实验室 2 间，陶艺坊 1 间。其他筹建和正在建设中的实验室 8 间，预计在 2012 年年内建设完成。

(崔勇锐)

【联手高校　合作共赢】　2010 年 10 月 18 日，在南开中学理事会副理事长程津培院士的热心联系和陪同下，理事长孙海麟拜访了复旦大学校长杨玉良，开启南开中学与著名高校联手培养拔尖创新人才进程。这是南开中学理事会贯彻落实《国家中长期教育改革和发展规划纲要》中提出的“探索高中、高等学校拔尖学生培养模式”，并根据教育部袁贵仁部长提出的“中学教育改革要跟随大学教育改革的步伐”的建议作出的战略决策。此后，孙海麟先后拜访了中国科技大学校长侯建国、上海交通大学校长张杰、清华大学校长顾秉林、北京大学校长周其凤、浙江大学校长杨卫、南京大学校长陈骏、哈尔滨工业大学校长王树国、西安交通大学校长郑南宁、北京航空航天大学校长怀进鹏等。2010 年 12 月 22 日，《天津市南开中学与复旦大学人才培养合作协议书》签字仪式在南开中学举行，孙海麟理事长与杨玉良校长代表双方在协议书上签字，南开中学成为天津市第一家与大学签署合作协议的中学。通过签署合作协议，南开中学将与重点高校将开展制度化、规范化的人才培养合作。此后，南开中学分别与多所重点高校签署人才培养合作协议：2011 年 1 月 24 日签署《天津市南开中学与南京大学人才培养合作协议书》，3 月 14 日签署《天津市南开中学与浙江大学人才培养合作协议书》，5 月 26 日签署《天津市南开中学与哈尔滨工业大学人才培养合作协议书》，6 月 23 日签署《天津市南开中学与西安交通大学人才培养合作协议书》，7 月 18 日签署《天津市南开中学与中国科学技术大学人才培养合作协议书》，11 月 16 日签署《天津市南开中学与上海交通大学人才培养合作协议书》，12 月 13 日签署《天津市南开中学与北京航空航天大学人才培养合作协议书》。

(崔勇锐)

【继承传统　拓展资源】　2010 年 7 月 27 日，天津市南开中学教育基金会成立，市委副书记、市长黄兴国会见了教育基金会全体理事。截至 2011 年底，教育基金已经募集到社会善款 7000 余万元。2010 年 8 月 25 日，南开中学学习研究周恩来小组成立，全国政协常委、全国政协外事委员会主任、1958 届校友赵启正任荣誉组长，同时还邀请周恩来总理亲属以及周总理生前身边的工作人员担任顾问。在理事会的指导下，学习研究周恩来小组深入挖掘和研究周恩来史料，2011 年 11 月 25 日《以周恩来为人生楷模教育读本》首发式暨新闻发布会举行，全国政协常委、外事委员会主任赵启正发来贺信,市委常委、市委宣传部长成其圣出席会议并讲话。此书既作为南开师生“以周恩来为人生楷模”的校本教材,又成为南开校友和各界读者学习研究周恩来精神的最新文本。2010 年 10 月 15 日,天津南开校史研究中心成立,天津市政协副主席、1968 届校友何荣林担任理事长。校史研究中心已编辑出版《南开校史研究丛书》第一至四辑。南开中学年鉴编辑委员会首次出版《天津南开中学年鉴 2011》。2011 年南开中学经天津教育出版社出版发行的七本图书总计 152 万字。2010 年 10 月 16 日,南开中学第六届校友会理事会举行,会议完成新一届理事会换届选举工作,全国工商联副主席、全国侨联副主席、天津市人大常委会副主任、1967 届校友张元龙当选为新一届理事长。2011 年 10 月 17 日,南开中学校史馆重新布展完成,举行开馆仪式。

(崔勇锐)

【突破难点　统筹规划】　2010 年 9 月,在理事会的领导下,南开中学招生政策改革取得突破,初中招生由之前完全由南开区推荐生源转变为部分生源由学校自主面向全市招生;高中招生由之前只面向天津市招生转变为面向全国部分省市自主进行招生。2011 年暑假,学校已经实现面向河南、内蒙古、山东三省招收优秀初中毕业生,并实现从全市选拔优秀小学毕业生,开设六年一贯制拔尖创新人才早期培养实验班。2010 年 12 月 31 日,经过多轮谈判,依据《民办教育促进法》的有关规定,南开中学与南开翔宇学校签署关于民办校南开翔宇学校于 2012 年 7 月 31 日前从南开中学校区全部撤出的协议。随着高三、初三学生的毕业,2011 年 7 月 31 日前,南开翔宇学校已经撤出 18 个教学班。2011 年 12 月 28 日,南开中学(滨海生态城学校)举行开工奠基仪式,天津市委副书记、滨海新区区委书记何立峰出席。南开中学(滨海生态城学校)规划建筑面积 14.1万平方米。规划学生规模 3000 人,其中高中 36 个班,初中 24 个班,国际部 300 人。学校教学区设有教学楼、实验楼、科技中心、艺术中心、图书馆和报告厅。生活区包括学生宿舍楼、教工宿舍楼、食堂、地下车库;活动区包括室外运动场、体育馆、网球馆等。学校复原建设伯苓楼、范孙楼和中楼,保持原有建筑风格不变。工程预计 2013 年年底建成。

(崔勇锐)

【理事会办公室建立规章制度】　2011 年,南开中学理事会注重制度建设。理事会办公室建立各项工作的规范流程,确立工作标准,制定出《理事会办公室岗位职责》《理事会办公室出勤制度》《理事会办公室文档资料管理制度》《理事会办公室公务接待管理办法》《理事会理事节庆祝贺方案》等工作制度,已经理事长批准试行,成为理事会办公室开展工作的标准化要求。

(崔勇锐)

【理事会办公室编印《南中公能简报》】　2011 年,理事会办公室积极履行职责,加强与理事的日常联系与沟通。为让各位理事更及时准确地了解学校教育教学的情况,帮助理事更有效地参与学校决策,理事会办公室从 2011 年 9 月开始编印并寄发《南中公能简报》,向每位理事会成员全面汇报学校各项工作的开展情况和学校教育动态信息,每个学期编印三期。

(崔勇锐)

教育基金会

【教育基金会首届理事会第二次会议】　2011 年 4 月 26 日,南开中学教育基金会首届理事会第二次会议在范孙楼会议室举行。2011 年教育基金会按照“开拓创新、广募基金、保值增值、支持教育”的工作思路,注意发挥自身的优势和作用,卓有成效地开展工作。会议报告并讨论 2010 年度工作、2011 年工作要点、2010 年年审、税前扣除资格认定、已募基金运作情况,并对 2010 年度优秀师生、社会人士奖励额度做了说明。到会理事就上述情况和决议进行讨论和表决,并一致通过。天津市教委和市社团局主管部门领导同志到会讲话。教育基金会理事长孙海麟对如何用好已募基金、基金会的活动方式,以及如何做好对优秀师生、社会人士的奖励工作等提出具体意见。他还向到会理事介绍学校开展的有关工作,表示今后要经常与理事交流和沟通校内工作情况。

(陈桂君)

【教育基金募集】 2011年,南开中学教育基金会在原募集基金的基础上,继续调动社会各界热心教育事业的企业家和单位领导的积极性,扩大基金来源,新募集基金2108万元。截至2011年底,加上南开中学行政拨付的200万元开办费、南开区五虎青少年体育俱乐部捐赠的100万元,共募集基金7130万元。2011年末,净收入银行利息244.129万元,较好地实现年初提出的“包1争2”的目标,为教育基金会的发展奠定更为雄厚的物质基础。

(陈桂君)

【教育基金项目运作】 2011年度南开中学教育基金会按照天津市教委和市社团管理局对基金会的管理要求,为使本金保值增值,探索按照“只动利息,不动本金”的原则,公益性支出为194.8万元,管理费用为11.738万元。2011年教育基金会支出38.9万元,用于奖励优秀师生和为学校教育事业作出突出贡献的社会人士。学校设立先进个人奖、竞赛辅导奖、优秀论文奖、艺术获奖奖、体育辅导教师奖,共有66名教师获奖。部分优秀学生也获得奖励。这些奖励激发了师生的积极性。获得奖励的师生都表示要努力工作、学习,创造新的优异成绩,为发展学校教育事业作出新的贡献。此外,南开中学还运用教育基金对先期在学校基础设施建设、校园安全等方面给予大力支持的市有关部门给予奖励。

(陈桂君)

【教育基金会年检】 依照天津市社团管理局安排,南开中学教育基金会首先由天津市新华会计师事务所进行财务审计,做出基金会年检工作报告和工作报告摘要。主要就基金会基本情况、内部建设情况、接受监督和管理情况、业务活动情况、财务会计报告、审计报告、监事意见和其他信息逐一进行报告。经天津市新华会计师事务所按照中国注册会计师审计准则的规定,执行审计工作,审计基金会上报的2010年度资产负债表和业务活动表,认为南开中学教育基金会财务报表按照《基金会管理条例》和《民间非营利组织会计制度》的规定编制,在所有重大方面公允地反映该基金会2010年12月31日的财务状况以及2010年度的业务活动成果。监事会认为,基金会在成立半年的时间内,遵守法律法规,按照章程积极开展各项活动,财务状况诚信可靠。市社团管理局于2011年3月24日通过基金会年审。根据《基金会管理条例》和《基金会信息公布办法》,《天津民间组织》第三期上公布了南开中学基金会年度工作报告摘要。

(陈桂君)

【教育基金会获得非营利组织免税资格】 南开中学教育基金会向天津市财政、税务部门递交的关于申请2010年、2011年度非营利组织免税资格认定的报告,经2011年7月21日津财税政(2011)18号文件批准,获得非营利组织免税资格。其有效期自2010年1月1日起五年内有效。此外,南开中学教育基金会向天津市财政局、市国税局、市地税局和市社团局递交的公益性捐赠税前扣除资格2010、2011年度的申请报告和相关资料,经津财税政(2011)13号文件批准,获得公益性捐赠税前扣除资格。部分捐赠单位据此办理税前扣除事项。

(陈桂君)

【提高教育基金会的运作水平】 2011年,南开中学教育基金会在2010年度开展工作的基础上,不断努力提高运作水平。根据天津市委组织部、市民政局《关于集中抓好社会组织党组织组建工作的通知》精神,2011年底南开中学教育基金会和南开中学校友会联合组建党支部,接受学校党委的直接领导。加强基础资料建设,力争内业工作达标。完善基金会的基础资料建设,除早先建立的八项规章制度外,还建立各项基础性案卷二十卷。这些案卷分类科学、条目清晰、编排合理、简明实用,注意与学校档案工作总体要求衔接,朝着科学化、规范化方向迈进。在肯定工作成绩的同时,南开中学教育基金会也再省自身的不足,再进一步拓宽使用好基金的渠道,探索实现已募基金保值增值的有效途径,建立一整套完备的且行之有效的奖励办法,加强与其他同行的深入交流,不断提高工作人员业务水平等方面做出努力。

(陈桂君)

学校行政工作

德育工作

【简况】 2011年,德育处以《国家中长期教育改革和发展规划纲要》为指导,立足于以人为本的核心,继承南开传统,保持南开特色,根据时代要求改革创新工作方法。利用各种时机充实发展"南开精神"的内涵,按照"允公允能,日新月异"的校训要求开展多层次、多形式的德育工作,按照"容止格言"的要求规范学生外在的行为举止、仪表着装和精神气质,以使学生在日趋激烈的国际竞争中担当起中华崛起的重任。

在常规管理工作中,坚持南开精神和职业奉献精神,认真挑选配备年级组长和班主任队伍。根据工作需要选拔聘用三名青年德育教师,协助招聘一位音乐教师。坚持每周德育处处务会和每4至6周班主任月例会制度,部署工作,强调工作任务,确保所有人员目标明确、责任清晰、步调一致,各项德育工作有要求、有检查、有落实。

一以贯之地坚持对全校学生的每日巡查制度。用"五项评比"统领和维护全校各项基本秩序,"五项评比"成绩每日公布,每周点评,每月表彰,每学期总结,以确保检查、反馈、整改的连贯性。同时坚持每周的晨会讲评制度,通报上一周学校的重要工作,对学生中存在的问题进行提醒,使学生和班主任对学校的整体情况和工作部署心中有数。

经过三年摸索,建立起比较成熟的初始年级班干部和团干部五环节选拔培养机制,进一步完善学生会干部选举程序。坚持社会主义核心价值体系和正确的校园文化发展方向,对学生中的艺术、科技、学术类社团进行监管和引导。学校各类社团达31个,并初步建立起三级管理机制,开展话剧公演、相声大会、电声乐队演出、红学讨论会、漫画交流、书画展、辩论赛、各类讲座等大量活动。经过下半年一个学期的筹备和组织,第一届电影节成功举办,学生参与热情高涨,能力也得到充分的锻炼。初步确立话剧节与电影节双年轮替组织的模式。

认真负责地抓好住校生工作。安排各年级和德育处老师晚自习值班,使住校生的学习氛围有较大提升。学生宿舍组织消防演习、中秋晚会等大量活动,营造安全、温馨、有序的宿舍文化。

积极开展大型教育活动。以温家宝总理回母校视察为契机,把温总理的讲话作为阐释南开精神最为重要的文本和德育素材,对学生广泛进行爱国爱校教育,使全体师生倍感振奋。"以周恩来总理为人生楷模"作为学校传统的教育主线。

系列教育成果丰硕。"三五"表彰大会,"周恩来班"创建活动,与周邓纪念馆进行共建,组织新入学学生学习周总理事迹等均有所完善和提高,特别是《以周恩来为人生楷模教育读本》校本教材正式出版,为把教育活动引向深入提供重要条件。

继续开办南开公能讲坛,2011年累计组织报告13场。作为对学生进行深入生动而实际的德育教育的平台,教育效果明显,深受师生好评。

德育处还组织开展新生入轨教育、成人仪式及初三、高三毕业典礼、青年党校和少年团校,"义工制"及青年志愿者,"两会"精神学习、评三好、安全教育、清明祭扫、学军学农社会实践、红五月校园歌咏大赛、五四表彰大会、民族精神教育月、庆祝教师节、迎校庆新生演讲比赛、家长学校等活动。充分发挥《新敬业》、《崛起报》、"阳光驿站"广播站、学生电视台等校内学生媒体的作用,坚持正确舆论导向、丰富校园文化生活。2011年下半年《崛起报》在中国移动的帮助下实现每周出版手机报,在天津市的中学是一个创举。

此外,德育处开展团体心理辅导、个别心理咨询、心理健康讲座以及心理社团活动等,特别是全面建立高一、初一全体学生的心理档案。同时还进行高三、初三毕业生档案、班主任工作档案和团员档案的整理流转、帮助学生办理社保、协助订购校服、学生奖助学金发放及低保认证、学生科技竞赛的组织等大量服务性工作。

(贺海龙)

【学生校服定制招标】 2011年6月2日,南开中学学生校服定制招标会在范孙楼接待室举行。副校长吕宝桐、德育处主任贺海龙、部分教师和学生代表以及投标商参加招标活动。市教委有关部门负责人到现场指导工作。南开中学作为招标方,严格按照

《天津市教委直属中小学校校服定点采购工作实施意见》的相关规定，组成吕宝桐、贺海龙、张国发、徐锡玲、赵凯为成员的采购洽谈小组，在广泛征求学生及其家长意见的基础上制订招标方案。参加招标会的投标商分别是：天津市柯仕篮工贸有限公司、天津市朗坤制衣中心、天津市汇富达制衣有限公司等三家企业。南开中学本着公开、公平、公正的原则，参照投标商提供的竞标方案择优选择其中一家进行合作。在监督组监督下，经采购洽谈小组研究，综合考虑三家投标商投标方案，学校决定选择天津市柯仕篮工贸有限公司作为学生校服定制合作商家，南开中学与该公司签订2011年采购合同。

（赵　凯）

【南开中学获思想政治教育先进学校称号】 2011年12月，南开中学被评为天津市中小学思想政治教育先进学校。该项荣誉称号的评选活动由天津市教育委员会主办，每三年评选一次，对德育工作突出的中小学校进行表彰。南开中学把思想政治教育作为德育的根基和中学德育工作的重中之重，从深入贯彻落实科学发展观，加强青少年思想道德建设，全面实施素质教育，促进人的全面发展，使中华民族爱国主义精神代代相传的高度，认真实施《加强和改进未成年人思想道德建设的若干意见》，坚持思想政治教育为先，以为国家的崛起培养一大批德才兼备全面发展的具有强烈社会责任感的拔尖创新型人才为己任，努力发挥南开德育教育的优势，逐步实现德育教育的制度化、常规化，取得生动实际的效果。获此殊荣是上级领导机关对南开中学德育工作的肯定。学校以此为契机，努力探索思想政治教育新途径，积极创新思想政治教育方法，培养学生健全人格，促进每一位学生全面发展。

（赵　凯）

【年级工作总结会】 2012年1月5日，2011年度年级工作总结会议在含英楼三楼会议室举行。理事长、校党委书记孙海麟，校长马跃美，副校长吕宝桐，校长助理张娜，德育处主任贺海龙，副主任张国发，校长办公室副主任李德志出席会议。会议由吕宝桐主持。初一年级主管杨晓坤、初二年级主管滑娜、初三年级主管贺伟国、高一年级主管夏慈伟、高二年级主管王平、高三年级主管徐金波分别报告各自年级的工作，通过幻灯片的方式，图文并茂地从德育教育、日常教学、学生活动等多角度，详细阐述各自年级特点，2011年所取得的成绩，以及存在的问题等。马跃美做总结性发言，肯定各年级取得的成绩，对各年级提出有待解决的问题给予答复。孙海麟在讲话中就如何卓有成效地开展年级工作、培养拔尖学生和采取适当方法解决实际问题提出指导性意见。

（赵　凯）

教学工作

【简况】 教学处在校长领导下，负责全校教学工作，协调与分管各学科，管理图书馆、实验室、文印室。具体工作为：高、初中常规教学管理，高考和初、高中学业水平考试、实验考核考点考务，组织学生报名、信息录入、收费、成绩登统，组织学校期中、期末考试，课表编排，订购发放学生和教师教科书，学籍管理，学生综合素质评介管理，初、高中招生，外省招生，安排兄弟学校及有关部门的学访、听课，文印，全校报刊订购。

2011年，教学处围绕学校“拔尖创新型人才培养”战略方案的实施，以六年一贯制实验班为重点研究对象，探讨在基础教育中学阶段进行拔尖创新型人才培养的培养目标、课程建设、教学方式、评价体系等，发展学生的创新意识和实践能力，为把学生培养成拔尖创新型人才奠定基础，实现学校的特色发展。

推进科技新体验实验室建设，为培养学生创新意识和实践能力提供强有力的支持，建成现代工坊、传统工坊、分子生物学和细胞生物学生物实验室、蛋白质结晶和三维肝细胞培养生物实验室、物理语音分析实验室等，并着手编写高初中相关选修课教材。

加强对于高初中毕业班的科学管理，深入研读《考试说明》，准确把握中、高考脉搏，科学制定复习目标和内容，增强最后阶段复习的针对性和准确性。统练时段实行教师进班制，全批全改，定期检查、统计、反馈，加强对学生的指导和管理。抓紧学习困难学生工作，实行责任到人，收到较好效果。2011届高初中毕业年级取得优异成绩，获得南开区教学质量优秀奖。

在日常教学管理方面，教学处2011学年度共进行四次教学反馈、学生作业检查、备课记录检查、教案检查，并将反馈情况登统，及时反馈给教师。重点就高三年级教师对学生各科作业、统练篇子进行批改的情况进行检查，对发现的问题进行沟通并提出整改意见，全体高三教师做到全批全改，成绩登统，教师认真负责的程度有更大提高。对个别反映意见较大的教师进行谈话，并多次听课，商量改进措施，收到较好的效果。

在暑期招生工作中，教学处全体员工不辞辛苦，耐心开展咨询和宣传解释，展现南开中学教师队伍的风采。南开中学择校生分数线又一次全面超过所有兄弟学校的计划生分数线。圆满完成外省招生和六年一贯制实验班招生任务。学校作为2011年高考考点、学业水平考试考点、研究生考试考点，没有出现任何失误，受到市区招办的好评。

（潘印溪）

【副校长马健等拜访复旦大学有关领导】 2011年1月29日至30日，南开中学副校长马健，教学处副主任王莉英，教科研中心副主任崔勇锐拜访复旦大学的有关领导。根据两校签署的创新人才培养合作协议，商谈两校合作的具体事宜。双方就拔尖人才培养方案的构想、自主招生、教师进修、名家讲座等六个方面达成共识。访问对于两校之间深远的务实合作具有积极意义。

（刘　莉）

【学科组长和高三备课组长会】 2011年2月23日下午，教学处在翔宇楼三楼会议室召开新学期学科组长会。副校长马健，教学处副主任王莉英、王文昌、毕伟、刘莉和各学科组长参加会议。会上，马健就该学期的重点教学工作做详细部署。王文昌要求各组上交课件评比和年终论文名单。王莉英介绍教学处的学期重点工作，布置学期内每学科开展四次大教研活动，并提出每学期每位学科组长听课20节的要求。通报教学处第一周的主要工作是，2月21至22日组织九年级学生进行期初检测，2月23至25日高三学生进行第四次月考，周内任课教师完成阅卷工作。2月24日下午，教学处在翔宇楼三楼会议室召开高三年级备课组长和各班班主任会。会上，王莉英介绍该学期高三年级重点工作，对高三年级学生答疑、补课和分层答疑提出具体要求。

（刘　莉）

【高三学生高考复习动员和任课教师会】 2011年3月8日，高三年级学生高考复习动员会在瑞廷礼堂举行。校长杨静武为高三年级学生做高考复习的动员，指出高三学生在校学习已进入倒计时；希望全体高三学生要有集体荣誉感，“做好你自己”——做好自己应该做的每件事，达到自己预期的目标；要求学生抓好统练，认真落实，取得应有的效果；勉励学生“把简单的事情做好，就是不简单，把平凡的事情做好，就是不平凡，愿每位学生都不平凡”。同日，高三年级全体任课教师会在翔宇楼三楼会议室举行。校长杨静武对高三每位教师提出要求：每位任课教师要注重课堂教学的各个环节（备、讲、练、查、导、学），抓好统练环节，提高课堂教学水平；认真研究考纲，出好每次统练试题；统练试题要100%批改，提高统练的质量。与会教师表示一定努力工作，把要求逐一落实到位，同心协力，把高三毕业班工作搞好，取得优异的成绩。

（刘　莉）

【批改作业情况常规检查】 2011年3月31日至4月1日，教学处副主任王文昌和主任助理刘莉检查高一年级有关科目任课教师批改学生作业的情况。该次作业批改情况常规检查，抽查数学、物理、化学三科，共检查高一年级12个班1672份学生日常作业。教学处人员对相关教师批改作业的情况进行认真检查并做记录。检查作业批改情况的前期布置，由高一年级主管王平通知各班并加以落实。

（刘　莉）

【教学常规工作讨论】 2011年4月6日，教学处在含英楼三楼会议室召开学科组长会。副校长马健、教学处主任潘印溪、副主任王莉英、科研信息技术中心主任王文昌、主任助理刘莉、毕伟，12位学科组长参加会议。潘印溪介绍《南开中学教学常规（讨论稿）》，要求每位组长依据学校的教学常规来制定本学科的教学常规。王文昌做《2007级学业水平评价》解读培训，认真细致地讲解巩固率、T分数、标准分、图表等各项数据，以及该评价体系的优势和今后的发展趋势。学科组长就有关问题进行讨论交流。潘印溪针对第十周期中考试命题工作提出要求，进行相关的布置。

（刘　莉）

【高三毕业班誓师大会】 2011年4月13日，2011届高三毕业班誓师大会在含英楼三楼会议室召开。理事长、党总支书记孙海麟，校长杨静武，副校长马健，全体高三年级任课教师参加会议。年级主管夏慈伟老师介绍高三年级学生第五次月考和第一次区模拟的基本情况和数据分析。林秋莎老师讲班主任后期工作规范激励学生的方法。王健老师针对备课组近期如何进行知识层面整理、提升学生的能力、加强考试技巧和应试能力提出建议。教学处副主任王莉英布置冲刺阶段高三毕业班工作。马健副校长提醒教师要做好鼓舞学生士气和心理疏导的工作。杨静武校长就命题、统练、答疑等工作做详细的布置和要求。孙海麟书记讲话，鼓励大家一要不放弃，二要真用心，三要抓重点，把本届高三毕业班工作做好，再创南开辉煌。

（刘　莉）

【教育教学反馈】　2011 年 5 月 25 日，教学处布置在高一、高二、七年级、八年级进行教育教学反馈工作。要求每位学生认真填写教育教学反馈意见，真实反映教学中存在的问题，以利于南开中学教育教学工作的改进和顺利进行。

（刘　莉）

【布置期末工作】　2011 年 5 月 31 日，教学处在翔宇楼三楼会议室召开学科组长会，就期末工作进行细致的部署。通报 6 月 19 日进行高中学业水平考试，6 月 20 日进行物理、生物实验考核，请相关学科做好准备。教学处主任潘印溪就期末试卷的命题工作，对命题的准确性、严密性、难易程度提出具体要求。请各个学科组长对下学期的人事安排做计划。要求把学期的大事记整理好，包括教学成果、论文、课件等、电子版交到教学处。还要求各位学科组长把学科教学常规再进行修改定稿。

（刘　莉）

【高三学生志愿填报与征询】　2011 年 6 月 28 日，高三年级毕业学生志愿填报工作顺利完成。6 月 23 日下午，学生领取高考成绩；下午 6 点召开高三学生家长志愿填报指导说明会，教学处副主任王莉英就高考志愿填报对家长做细致的说明和指导。6 月 24 日至 26 日，高三学生进行口语考试报名和提前批次志愿报名工作。6 月 27 日上午，教学处组织学生进行高三志愿填报信息输机和确认工作。6 月 28 日，将志愿填报所有数据上报南开区考试中心。7 月 15 日，进行高三年级学生一本征询；22 日，进行二本征询；27 日，进行三批本科志愿填报工作；8 月 2 日，进行三本征询工作。

（刘　莉）

【新学期学科组长会】　2011 年 8 月 31 日，教学处召开新学期学科组长会议。教学处主任潘印溪就 2011 - 2012 学年度第一学期教学计划做细致解读。一是，根据拔尖创新人才培养实施方案，逐步落实课程设置，形成南开特色。对理科实验班教育教学工作进行总结，鉴于教育部取消高考保送生等一系列新的变化，研究新举措，保证育人成果质量。二是，协助学校组织成立专家组，加强对教学的研究和指导，对教学进行评估，加强科学管理，不断提高整体教学水平。学科组长学期内听课 20 节，教务主任听课 30 节。在高一年级继续实施“走班”形式的校本选修课。高二年级开设校本选修课，保证人员和课题落实到位。学生可以组成研究小组，保证通过选修课程的学习，每位学生一学期完成一个研究性课题，两年共完成四个课题。三是，对于高三和初三毕业班，各备课组要精心组织好备课，制定一套完整的、循序渐进的、有针对性的教学复习计划。四是，加强教学处为全校教学服务和管理的功能。教学处副主任王莉英在会上提出高三毕业班工作的三个新举措：统练由教师监考，确保统练的严肃性和有效性；高三工作行政历，各项工作按部就班，确保有计划、有效果；第 8 周开始加强分层答疑和分层辅导。信息技术中心主任王文昌宣布，学校决定，为每个学科配置一台打印机以方便教师使用，为每位在岗教师配置一台笔记本电脑以利于教学工作，并说明发放方案和管理办法。副校长马健要求，学期内要做好初三、高三毕业班工作、早期创新人才培养实验班的课程设置、建立创新实验室和形成学校规范的制度体系等四件事。

（刘　莉）

【高三年级备课组长和班主任会议】　2011 年 11 月 2 日，教学处在物理实验室召开高三年级备课组长和班主任会议。教学处副主任王莉英布置高三年级第二次月考的命题要求、交卷时间、考试时间和阅卷安排等相关工作；要求教师在监考时动静结合，对于统练试卷不仅坚持全批全改，更要注重规范完善；统练试卷命题要结合学生实际情况、复习进度和天津命题的特点，不要以成题当做统练试卷。教学处主任助理刘莉为高三班主任做2012年高考报名培训工作，就报名资格审查、填报报名表以及信息录入、摄像等做具体指导。副校长马健要求用最恰当的方式方法做好自主生和保送生的推荐工作。

（刘　莉）

【高一年级教导会】　2011年11月8日，教学处在翔宇楼三楼物理实验室召开高一年级教导会。年级主管夏慈伟老师对高一年级期中考试成绩情况做具体分析。然后每位学科备课组长就期中考试的命题、阅卷做试卷分析和学情分析。教学处主任潘印溪就如何开好家长会、如何指导学生顺利度过初中与高中衔接阶段的学习生活提出工作建议。

（刘　莉）

【高二年级期中考试分析会】　2011年11月8日，高二年级期中考试分析会在翔宇楼阶梯教室召开。高二年级全体任课教师参加会议。年级主管王平老师详细分析期中考试成绩，同时就后阶段教育教学工作进行部署。各备课组长分别汇报各自的工作，特别是针对期中考试的命题思路以及阅卷过程中发现的问题做详细的分析说明，明确下阶段的教学工作重点。副校长马健讲话要求教育为先，科学管理，及时处理好学生期中考试暴露出的问题，努力弥补不足，倡导教师关注教学质量，强调提高教与学的有效性，进而提高教与学两方面的效率，将年级教育教学工作落到实处。

（刘　莉）

【高三年级月考分析会】　2011年12月2日，教学处在含英楼三楼会议室召开2012届高三年级第二次月考分析会。教师姚卫盛介绍该次月考年级的整体情况和各班情况，年级前100名和后100名的学生分布。各位备课组长介绍考试的命题思路和想法，考后的学生试卷和答题情况分析，以及各备课组下一阶段工作的重点难点。四位班主任发言就各自班级现状进行透彻的分析。教学处副主任王莉英要求抓住不足，采取措施，落实到位，备课组的内容要针对高考有所改变，控制各科的作业量。年级组长徐金波老师认为，要把握好节奏，调整好师生的情绪，以班主任工作为核心，与任课教师多沟通。副校长马健就自主招生工作提出具体要求，希望教师对于高考工作要抓基础，重规范，做好学习困难学生的跟踪调查和督促帮助。大家在会上畅所欲言，信心十足。校长马跃美表扬高三年级工作抓得紧，干得好，落得实，希望大家齐心协力，争取高考取得优异成绩。

（刘　莉）

【检查高三年级学生统练试卷】　2011年12月2日，教学处组织对于高三年级学生第5～11周统练试卷进行检查。教学处提前布置，要求高三年级学生分科目按顺序整理本人的第5～11周的统练试卷。尔后副校长马健、教学处副主任王莉英参加，集中人力用三天时间检查12个班级、九个科目共计6000余套统练试卷，以及相关任课教师批改的情况。通过检查，学生比较认真细致地整理自己的统练试卷，为高三毕业复习做充分的准备。针对作业批改情况，高三毕业年级领导小组与部分备课组长和教师交换意见。

（刘　莉）

【高三年级学生体检】　2011年3月26日，高三年级学生体检工作顺利完成。3月25日下午由学校医务室医生王晓燕为高三年级学生做体检前的说明。3月26日在高三年级毕业班领导小组组织下，体育组、教学处、总务处与高三各班班主任的共同配合，对高三年级学生进行身体检查。

（刘　莉）

总务工作

【简况】　2011年，总务处以为教育教学服务、为教科研服务、为师生服务为宗旨，努力落实学校工作计划，强化总务工作的规范管理，面对新的工作要求，以创新的思维完成领导交给的任务。年度内总务处管理范围有职工20人，其中在总务处岗位14人，包括主任王志刚、副主任孙博、魏长童（兼）和会计室、保卫室、文具库、基建资产管理、维修事务、北院事务、南院事务、电工等岗位人员，部分工人在体育组、国际部、校办厂等岗位。总务处还外聘骎骎物业公司、乐高洁物业公司员工负责南北两院公共区范围环境卫生及翔宇楼内保洁、收发、楼内零活维修和物业服务；天津保安公司员工负责南北两院门卫及校园保安。

（王志刚）

【财务管理】 2011年,南开中学财政预算人员经费2696.3万元,公用经费657.6万元,医疗经费153.8万元,学费687万元,其他180万元,合计4374万元。认真执行上级批复的2011财务年度预算,认真着手年终决算工作,进行财务分析和财务报告。在财务工作中,会计室严格遵守财务制度,规范会计操作。在财务管理方面,及时组织应收财源入库;按政策规定上解专户资金,及时申请财政专户资金下拨返还;协调学校各账户会计管理工作;接受对财务工作的审计及接待工作;完成市教委、财政、统计、物价等各期各类财务统计报表。

(王志刚)

【固定资产管理】 2011年,总务处对购入固定资产做到及时进行登记上账,账物相符。此前鉴于工作人员调整原因,固定资产校内调配转移跟踪和进行资产转移登记工作做得不够,10月至12月由副主任魏长童过渡并交接,兼任负责固定资产管理,促使该项工作有序进行。在工作交接过程中,加强和完善薄弱环节,在发放笔记本电脑时印制专用资产登记托管单,详细登记各种货物要素,做到手续详细健全。

(王志刚)

【食堂管理】 2011年,总务处把抓好食品质量保障、食品安全和价格稳定作为学校食堂工作的重点。总务处把天津市教委文件及会议精神及时传达到食堂管理人员,落实到自身实际工作中。加强长效的学校食品卫生安全保障体系建设,提高膳食加工制作质量。认真执行进货索证、上岗前体检、各岗位流程专人负责等各项制度,做到科学、合理地为师生提供优质餐饮服务。保障师生身体健康和就餐安全,包括设立各级食品卫生安全管理责任人,实行食品加工流程规范,对上岗人员进行业务培训和规范教育,坚持配餐质量标准,落实服务宗旨和服务承诺等。贯彻学校领导的批示精神,落实学生关于使用环保餐具的建议,由停止使用一次性餐具,压缩使用一次性餐盒,过渡到2012年暑假时彻底停用。

(王志刚)

【校园环境管理】 南开中学校园环境保洁管理任务主要由物业公司承担。总务处通过加强对物业公司工作的管理和监督检查,实现校园环境的动态管理。总务处管理人员深入物业具体工作岗位,同时每天与物业经理及时沟通,进行检查、监督和评价。为及时维修教学环境的零星故障,调整一名在翔宇楼岗位的物业职工就近接受维修报告,挂置报修箱,增加报修渠道。调整一名物业职工重点保证学生宿舍的维修工作,以实现及时维修,收到积极效果。学生对维修师傅的辛勤工作表示感谢,给总务处人员送来贺卡,感谢及时周到的服务。

(孙　博)

【基础设施保养维修】 2011年逐步建立落实规范的基础设施维护报养制度,改善该项工作重视不够,未能按时检测的情况。重点落实食堂电梯的安全保障工作,北院一部、南院两部电梯,由技术监督局检查指导,经历封停、委保单位检查上报,直至合格,领到准用合格证。2011年还按时进行变电箱站、供配电闸箱、供暖交换成套设备、礼堂中央空调系统、电话交换接线箱设备的安全检查和维护检修,保证工效和安全运行。

(王志刚)

科研和信息工作

【简况】 2011年,科研信息技术中心围绕学校的整体工作,坚持"信息整合、科研服务、技术支持"的工作思路,进一步建立健全工作制度,细化过程管理,提高工作效率,全方位为教育教学服务,促进学校的内涵发展。(1)信息整合。向市教委报送信息90余条,被市教委网站、动态采用10余条。高效率、高质量地对各部门报送的信息进行整合,经过审核备案,及时发布在校园网络平台。每周编发一期《南开中学校园动态》,并配合行政会印发,共出版24期。编辑出版八期《天津南开中学报》,三期学生副刊《紫校风》,共18万余字。丰富内网平台信息,完善相关栏目内容设置。编写提供学校各方面的宣传资料。完成学校布置的相关文字工作。(2)科研服务。积极推广开展小课题研究,第一批校内小课题批准立项24个,并做好中期检查和结题工作。认真开展科研课题研究,做好课题的组织管理。做好各类论文评选的组织和报送工作。向市教研室举办的"第十三届中小学教研教改双成果论文评选"活动报送教师的论文10篇,1人获一等奖,4人获二等奖,3人获三等奖。向天津教育学会"教育创新论文"大赛共报送32篇论文,27篇获奖,其中一等奖

1 篇，二等奖 9 篇，三等奖 17 篇。多渠道宣传优秀的科研成果，进行归档整理，向核心教育期刊推荐发表。做好继续教育工作。(3)技术支持。顺利完成瑞廷礼堂高清视频录制直播建设，使学校重大活动的视频存档、直播录播至校园各个教室得以更好地实现。配合照相、录音、视频制作保存，对于学校举办的每期公能讲坛给予技术支持，全年进行各种教育教学活动录像 100 余小时。对南院初中教学楼升级改造建设多媒体教学系统，并对初、高中多媒体教学系统、教师电子计算机设备软件硬件、学校办公网络等做好长期的及时全面维护。为南开中学一线在岗专职教师换发笔记本电脑教学设备，并为各学科配发打印机设备，提高教师教学效率。

（马　玥）

校长办公室工作

【简况】　2011 年，校长办公室坚持为教育教学工作服务，全面履行职能，圆满完成各项工作任务。年内共接收天津市教委文件 174 份、通知 413 份，南开区教育局文件 41 份、通知 435 份。制作天津市南开中学电话通讯录。规范公章使用制度及档案借阅制度。对重要文档实行电子化处理。接待国内外各界人士、学访团体、各届校友共计 50 批次、3200 余人。参加南开中学公能讲坛以及各种会议与活动的组织和筹备。做好各类会议的会务工作。制作宣传片《今日南开》《南开中学》,《天津市南开中学》中英文宣传折页。设计制作 2012 年宣传台历。协助南开中学年鉴 2011 卷进行组稿和发售工作。认真组织协调、推动联系，做好学校领导交办的具体工作。

（张　楠）

【摄制电视宣传片《今日南开》】　2011 年 4 月，南开中学决定与天津电视台滨海频道合作摄制电视宣传片《今日南开》，具体运作由校长办公室承担。经与曾任大型电视纪录片《百年南开》主创的南开校友研究，议定该片功能为：概要介绍南开中学发展现状和教育教学改革成果；集中展示当代南开学子青春洋溢、创新进取的时代气息；宣传南开中学，促进校内外人士认识和了解南开中学。观众定位于国内外来校参访的领导、各界人士和师生、校友、家长等。风格追求大气，凝练，典雅，时尚。经过紧张摄制，2011 年 8 月《今日南开》制作完成。该片以画面为主，辅以简明的解说和字幕，片长虽然只有 6 分钟，却凝练、生动、相对集中地展示和宣传了今日南开中学的教育教学改革成果、南开学子的精神面貌和青春洋溢的时代气息，实现了预期工作目标。

（李德志）

工会工作

【简况】　2011 年，南开中学工会委员会积极参与学校民主管理，落实校务公开制度，发挥教工代表会作用，促进学校各项工作发展。工会参与学校岗位定编的改革实施意见和师德建设评价研讨，参与学校理事会和基金会工作。改善单身教师生活和工作条件，为部分教师提供借款，解决实际困难。利用学校良好的资源条件开展游泳、羽毛球、网球等文体活动。根据工作需要及时调整工会小组，增强教师之间的了解和沟通。关心女教职工的切身利益，“三八”妇女节组织慰问，并进行专项体检。慰问毕业班教师，为毕业班工作鼓劲加油。关心教师用餐环境，伙委会监管督促食堂供餐，及时反映教职工的意见。利用教师节、国庆节、中秋节及春节期间组织慰问有关教职工，精心组织教师新年慰问品的发放，体现南开大家庭的温暖。认真做好退管会工作，关心职工疾苦，努力为 175 名退休职工和二位离休干部服务，积极帮扶患病住院、孤老户、70 岁以上的老教职工解决困难。不打折扣地落实老干部工作目标责任书要求，设专人管理老干部工作，为老干部订阅报纸杂志，定期到家中看望慰问。为上老年大学的教师定期报销学费，组织全体离退休教师进行全面的身体检查，对于离休干部医疗费全额报销，从不欠账。每月召开退管会研究工作，把老教师的需求反馈给有关领导，把学校领导对于退休人员的关爱送到大家的心里。

（王　伟）

【为退休教职工组织生日贺寿活动】　2011 年 6 月 17 日，南开中学工会为退休教职工组织生日贺寿活动。校党委书记孙海麟、副校长吕宝桐和近 60 余名退休教职工到学校出席贺寿活动。吕宝桐代表学校表达对退休老教职工的亲切慰问与生日祝福，同时向大家介绍学校近一年多在各个方面的巨大变化，诚邀老教职工常回家看看。校工会副主席王伟及部分工会委员精心安排和组织该次活动，取得圆满成功。

（张　旭）

【为全校教职员工检查身体】 为提高教职工健康水平，加强身体保健工作，学校领导研究决定，将过去两年一次的教职工体检改为每年一次。2011年11月23日至25日，安排退休教职工进行体检；12月7日至9日，为在职教职工进行体检。工会领导多次与南开医院体检部门磋商，拟定体检时间、体检场所、体检项目，共进行四大项、20小项的检查。工会委员安排班次，轮流提前到岗，引导教职工到各个体检场所，保证体检有条不紊地顺利进行。

（张　旭）

【慰问离退休老教师】 2012年1月16日春节前夕，理事长、校党委书记孙海麟带领学校领导班子以及工会、校友会代表，慰问终身名誉校长杨志行、资深老教师孙正恕、左景福，老校长王淑玲、纪文郁，老书记赵干、张祥林等。学校领导为老领导、老教师送去新春的问候和在职教师的祝福，介绍了学校教育体制机制改革的进程。老领导、老教师也十分关心学校的发展和进步，表示感谢学校领导的关心，愿意再尽自己的一份力量，促使学校得到新的发展。

（张　旭）

平安校园

安全保卫

【简况】 2011年南开中学校园安全保卫工作上新台阶。强化值班制度，安装平安校园监控系统，视频监控全覆盖收到很好的效果。深化、细化学校安全管理，严格规范专职保安员的履职行为，提高安保素质和安防能力。切实加强校园安全防范，维护学校的平安、和谐、稳定，完善安全检查等安全保卫管理制度，加强校园安全隐患排查与整治，充分发挥安全技防、人防优势，增强防控能力，提升学校整体安全的防范水平。学校保卫部门每年都对学校各个部门特别是重要部门进行安全检查，发现不安全的隐患以后要求立即整改。请有关人员讲解消防知识，让老师和学生了解防火知识。每年对学生进行疏散演练，以提高应对能力。与此同时，对学生进行交通安全教育。

（孙　博　张毓仓）

安全教育

【消防及预防突发事件疏散演练】 2011年3月22日、23日两天，为贯彻教育部关于《切实加强学校安全防火工作的要求》的指示精神，南开中学学生宿舍举行消防及预防突发事件疏散演练活动。住校学生在听到哨音响后，用湿毛巾捂住口鼻，在宿舍管理老师和学生安全员引导下，有序下楼，迅速撤离到楼外安全区域。南、北校区住校学生疏散演练的撤离时间分别只用7分钟和3分钟。通过演练使学生受到一次生动的安全教育，提高安全意识和遇到灾情自救逃生的能力，初步熟悉疏散路线，收到良好的预期效果。

（王　立）

【学生参加交通安全征文活动】 2011年，南开中学学生参加由市教委、市公安局主办，中新药业集团股份有限公司协办的天津市第十一届中小学生交通安全征文活动并获得佳绩。共取得一等奖1名，二等奖3名，纪念奖26名。原高二2班学生康遵禹获一等奖；原高一7班杨宇、原高二12班张哲理、原高二10班胡梦媛获二等奖；张钰鑫等26名学生获纪念奖。

（赵　凯）

【南开中学参加天津市交通问卷有奖答题活动】 2011年9月，南开中学学生参加由天津市交管局和市教委联合举办的“文明出行，从我做起”交通有奖答题活动。共有790名学生获奖，其中优秀奖68名，纪念奖722名。通过参加该项活动，有利于学生及其家长了解基本的交通常识，增强交通安全意识，提高遵守交通规则的觉悟。

（林爱娟）

【交通安全知识讲座】 2012年1月30日，南开中学邀请天津交通大队十六支队张警官到学校给学生做交通安全方面专题讲座，以营造安全、有序、文明的校园周边交通环境，培养学生的文明交通行为，提高自我保护能力。在讲座中，张警官就中学生如何注意交通安全，培养良好的文明的交通行为，言简意赅地从交通信号、隔离设施、人车分流、汽车的眼睛、道路安全通行等五个方面，结合交通违规案例，深入浅出地进行分析。强调学生要丰富交通安全知识，增强防范意识，遵守交通安全法规，做到高高兴兴上学，平平安安回家。讲座对于学生全面深入理解交通法规，懂得尊重生命、珍惜生命，保障个人的交通安全、维护校内外交通安全秩序、创建平安校园具有积极作用。

（赵　凯）

学生宿舍管理

【简况】 2011年，南开中学南北两院共有住校学生455人，住校生总人数是历年来住校学生最多的一年。其中，外省学生（含蓝印）户籍有黑龙江、河南、山西、山东、内蒙古、河北、北京以及深圳等地，计340人；本市学生125人，仅占住校学生人数的三分之一。北院学生宿舍在西楼3～5层，共有房间48间，床位156张；2011年实住学生128人。南院学生宿舍在综合楼B座3～5层，共有房间65间，床位340张；2011年实住学生305人，其中外省市学生166人。宿舍楼内每层配有洗手间和卫生间各两间，24小时有热水，基本满足学生生活需要。每层配有电控柜，符合消防规范。2011年，南北两院共有宿舍管理教师15名，保安教师3名，职责是指导学生生活和保证学生安全，24小时全程服务。

（王　立）

【学校领导检查住校学生晚自习】 2011年2月24日晚，党总支书记孙海麟，校长杨静武，副校长吕宝桐、马健，德育处主任贺海龙和各年级组长一行来到学生宿舍，对住宿生晚自习情况进行检查与指导。学校领导一行首先查看翔宇楼多功能厅、五楼晚自习室的整体环境设施，详细询问师资配备情况，强调安保措施要求。随后到南校区综合楼学生宿舍五个晚自习室，与高一学生亲切交谈，询问学习生活情况，勉励学生珍惜南开校园生活，为中华崛起而发奋读书，做德、智、体、美、劳全面发展的优秀人才，承担起社会的责任与重托。检查结束后，孙海麟对住宿生晚自习的管理工作予以肯定，并提出更高的工作目标和要求。

（王　立）

【学校领导与住校学生欢度中秋】 2011年9月20日，南开中学住宿部举行“南开园内中秋夜，师生共度尽欢颜”联谊活动。该活动是住宿部专门为外省区学生组织的。校长马跃美、副校长吕宝桐、德育处主任贺海龙，以及来自意大利的三位外籍教师参加活动，与住校学生一起欢度中秋。整场晚会节目精彩纷呈。马跃美、吕宝桐一曲《敖包相会》轰动全场，贺海龙带来家乡特色的陕北民歌，外籍教师即兴演奏钢琴小曲，音乐教师张汉超演唱的《你是我的眼》，深情款款，水平专业，博得学生热烈掌声。学生自编自演的小品《507达人秀》、口琴伴唱《大海》、弦乐二重奏《梁祝》、钢琴版的《poopara别》等别开生面。学校领导还为两位当天过生日的学生送上生日蛋糕，全场学生为他们唱生日快乐歌。

（王　立）

教学设施管理

信　息

【校园网络平台实行实名认证】 2011年3月21日开始，凡是通过南开中学校园网络登录内部、外部网络的用户必须经过实名认证。技术中心引入先进的校园网络管理设备，每位教职员工通过设定的账户和密码即可登录网络。实名认证是校园网络发展的趋势，也为教职员工上网带来网速翻倍变快、私人电脑信息安全防护、避免不合法用户对网络的干扰、教职工不必记忆繁琐的网络代码等优势和便利，同时使学校网络管理更加规范化,校园网络安全认证体系更加科学和精简。

(张久清)

【校园内网开通教育阅读网平台】 2011年4月21日,南开中学校园内网平台开通教育阅读网络平台。教师通过校园内网平台的超级链接可登录教育阅读网,学校为师生提供统一用户名和密码,以方便使用。教育阅读网是国内最大的教育类期刊、报纸在线、电子阅读网,该平台的开通,可使学校师生在线阅读数字化的教育类期刊、图书、报纸、资讯品种等2000余种,为学校的教育及教学、管理、教科研提供专业阅读平台。

(张久清)

【电子监控覆盖学校高考考场】 2011年5月,按照天津市教委、天津市招生考试院的统一部署,南开中学完成38个高考考场(两个备用考场)、一个高考试卷保密室、一个总监控室、一个高考考点工作办公室的电子监控安装、测试工作。配合全市电子监控巡查系统工程的建设,使学校内高考考场实现电子监控全覆盖,创造安全有序、公平公正的考试环境。

(魏长童)

【瑞廷礼堂高清晰视频转播系统及演示屏幕改造】 2011年5月,瑞廷礼堂新建立一间视频转播控制室,并引进一套高清晰视频转播系统。该系统可以允许三路高清晰视频信号同时接入,并实时完成录制视频的切换、编辑、特效等工作,能进行现场画面的实时转播,为学校的各项重大活动提供精良的音视频技术支持,同时也极大地提高了学校的电教化水平。同期,瑞廷礼堂舞台两侧大尺寸彩色演示屏幕安装完成。两块演示屏幕均为4.8m×2.7m的尺寸,可以实现整个礼堂图像的全覆盖,观众坐在礼堂的任何地方都可以清晰地看到会场传递的图像和视频信息,使南开中学瑞廷礼堂的转录播水平又上一个新的台阶。

(魏长童)

【初中部教室多媒体设备安装】 2011年8月,南开中学南院综合楼初中部各教室多媒体设备安装工作完工。该项工作包括在教室内配置安装60寸夏普液晶平板电视及音视频的连接转换设备,为教师利用多媒体提高教学效果起到良好的保障和促进作用。该项工作正值暑假期间,技术中心教师牺牲个人休息时间保证工程于开学前顺利完工,并且测试成功。

(张 喆)

【范孙楼、含英楼、平房完成网络升级改造】 2011年8月,技术中心完成对范孙楼、含英楼网络硬件升级改造以及平房的网络接入工作。该项改造对网络中心至范孙楼、含英楼的光纤线路进行整合升级,网络更加通畅、速度更加快捷。同时,借含英楼整体修缮加固工作的机会,对其各个房间的网络节点、交换机的位置重新布置和调整,使网络设备更加规范整齐。技术中心对两排平房分别做网络接入节点,使平房各室得以正常使用网络,方便其办公和校园信息的及时共享。

(张久清)

【为各学科和年级配发打印机】 2011年9月9日,技术中心完成为各个学科、年级采购及配发打印机的工作。为更好保障各学科、年级的教育教学工作,学校研究决定,为十个学科以及初一、初二、初三、高三四个年级分别采购配发打印机,同时,技术中心制定详细的打印机使用管理条例。该项工作不仅提高教职工的工作效率,而且规范纸张及打印机管理工作。

(魏长童)

【无线网络设备升级改造】 2011年9月19日至23日,技术中心完成对国际部教师公寓、翔宇楼各个学科处室以及南院综合楼初中三个年级的无线路由设备的升级改造。重新设置并更换25个无线路由设备,使无线网络基本覆盖南开中学南北两个院区。新无线路由设备改善学校的网络地址环境,精简网络安全认证体系,网络浏览速度提高,为学校的各方面工作提供良好的支持和技术保障。

(张久清)

【教师教学用笔记本电脑更新发放】 2011年10月14日,学校决定对教师的旧笔记本电脑进行回收,同时为一线在岗专职教师配发教学用新笔记本电脑。此前,技术中心对新采购的笔记本电脑型号及配置利用校园网络平台进行公示并征求各学科教师意见,然后进行招投标工作,最终用两周时间完成教师旧电脑回收和新电脑的登记发放工作，支持和保障学校一线在岗专职教师的教育教学工作。

（张久清）

图书馆

【简况】 2011年，南开中学图书馆共接收天津市政府采购中心配送书目1002本，24597.1元。分编、著录馆存旧书1000余本、新到图书1002本。对历年采编错误的图书，重新著录数据并粘贴条码。对借书处流通的残破书籍及时进行修补，完善排架。制作新入校学生借阅证877张，制作教师阅览证32张。在南开中学校园网上发布图书馆信息两次。

（张　楠）

实验室

【高中化学实验学业水平测试】 2011年6月，高一年级化学实验学业水平测试在翔宇楼114、116化学实验室同时进行。考核实验内容为“铵盐的性质实验”，共计12个班级、500余名学生参加该次考核。考核由教学处组织，化学学科监考，实验室教师辅助。参加考核的学生均顺利完成实验。

（王海毅）

【化学实验观摩课演示】 在2011－2012学年第一学期，化学实验室配合化学学科全体教师进行高中化学“同课同构”高效课堂的观摩课演示。化学实验室人员全力配合教师的教学活动，积极改进实验方法，自制教具并反复进行试验，成功地进行“氢氧化铁胶体的电泳”、“钠与水反应”、“焰色反应”、“氯气的制取及性质”、“二氧化硫的制取及性质”、“浓硫酸使蔗糖脱水”、“铜与稀硝酸反应”等项实验，取得良好的实验效果，获得化学教师的一致好评。

（王海毅）

【物理实验室辅助教学活动】 2011年10月，物理实验室辅助物理学科九年级教师张汉泉参加南开区公开课展示，在课上进行“探究液体压强的特点”的演示与分组实验。课前进行实验器材的精心准备，并自制部分新型实验器材。公开课得到南开区各学校同仁的好评。11月，物理实验室辅助高三年级教师李伟以及参加全国奥林匹克物理学科竞赛的学生，进行实验水平技能复习与练习。

（张光辰）

【七年级物理实验特色课程】 2011年秋季，学校正式招收“创新人才早期培养实验班”学生，并首次在七年级开设物理课程，物理实验室辅助该年级的物理课教学，进行常规的八年级、九年级的物理学科演示和分组实验。该项探究与学习不仅使学生感受物理实验的奥秘，体会物理学科的乐趣，同时使学生在物理学科的学习方向和轨迹提前有所规划。

（张光辰）

【高中物理实验学业水平考试】 2011年12月，高二年级物理实验学业水平考试在翔宇楼314（物理实验室1）和316（物理实验室2）分别举行。考核实验题目为“探究加速度与力、质量的关系”，共计12个班级、600余名学生参加考核。该次实验为考核新增项目，物理学科与实验室积极准备，设计、自制“平衡摩擦力”分组实验仪器，在实验中不仅能教好地规范操作方法，减小实验误差，同时也有效地提升实验结果的准确性。考核由教学处组织，物理学科教师监考，实验室教师辅助。参加考核的学生均顺利完成实验。

（张光辰）

【辅助科技人才培养冬令营活动】 2012年1月，物理实验室配合南开中学开展的科技人才培养冬令营活动，进行演示实验部分的准备工作。针对力、热、声、光、电几个门类，分别进行实验仪器的准备和调试工作，以保证冬令营活动顺利进行，得到学生和家长的一致好评。

（张光辰）

场　馆

【简况】 2011年，南开中学对于游泳馆、体育馆、室外足球、篮球、排球、网球场地严格管理，遵循安全第一，管理上水平的原则，认真实行和健全各项规章制度、章程和标准。狠抓管理和服务人员的综合素质，做到科学管理，确保安全、和谐、健康有序地运行。2011年7月1日，室外网球场地举行启用仪式，正式投入教学使用。2011年10月，南开五虎青少年体育俱乐部参加全国先进俱乐部研讨会，并在会上做典型发言。2011年南开中学游泳馆获得天津市先进游泳馆称号。

（王肇敏）

校园媒体

天津南开中学年鉴

【《天津南开中学年鉴 2011》出版问世】 2011 年 8 月 31 日,《天津南开中学年鉴 2011》由天津教育出版社出版。这是南开中学校史上的第一本年鉴,在国内中学同类文化建设中也属先行者。该年鉴由天津市南开中学年鉴编辑委员会编。2010 年南开中学启动办学体制改革以后,学校理事会当即决定创办南开中学年鉴。准备工作由 2010 年 12 月开始,条目编写和全书编辑自 2011 年 2 月下旬至 5 月上旬完成。其间,《天津南开中学年鉴 2011》送审稿问世后,考虑到年鉴编纂工作的全局性、综合性,学校理事会决定调整年鉴编辑委员会,将年鉴编辑机构由原来依托在德育处改为依托在校长办公室。调整后的年鉴编委会由孙海麟担任主任,编委会成员涵盖全校各个部门;聘请校友周鸿飞为主编,校友李群等同志为副主编,开始进一步完善年鉴的努力。4 月 26 日,南开中学年鉴编委会召开会议,成为一次完善送审稿的研讨。会后,编纂工作大力推进,经出版社编审后,于 8 月上旬付梓。《天津南开中学年鉴 2011》设有特载、概况、校园要事、专题文稿、德育、教学教改、体卫教育、学生自主活动、国内外交流、教师队伍、党组织建设、学校管理、校园建设、校友活动、综合统计、新增规章、媒体报道、大事记、索引等 19 个类目,总字数 40 万字,成为一项重要的南开校园文化建设。

(周鸿飞)

【南开中学年鉴编委会扩大会议】 2011 年 9 月 29 日,南开中学年鉴编委会扩大会议在范孙楼 108 教室召开。年鉴编委会全体成员以及部分教师代表参加会议。会议由南开中学理事会理事长、校党委书记、南开中学年鉴编委会主任孙海麟主持。南开中学年鉴编委会副主任兼主编周鸿飞、编委会委员兼副主编李群分别发言,就南开中学年鉴 2011 卷工作进行总结,并详细布置了年鉴 2012 卷的资料搜集和条目编写等工作。校长马跃美在会上讲话,对周鸿飞、李群两位校友的辛勤付出表示感谢,同时对 2012 卷年鉴组织和编写工作提出要求。孙海麟在总结讲话中对 2012 卷年鉴编纂工作提出新的要求和希望。

(赵 凯)

【南开中学年鉴 2012 卷学生特约编辑会议召开】 2011 年 11 月 10 日,南开中学年鉴编辑部在翔宇楼报告厅召开 2012 卷学生特约编辑会议。年鉴主编周鸿飞,副主编李群、德育处主任贺海龙,以及 24 位学生特约编辑参加会议。天津南开中学年鉴 2012 卷特约编辑由天津市南开中学年鉴编辑部聘请并对其负责。主要任务是按照年鉴编辑部要求参与撰稿、组稿等工作,特约编辑不仅会为年鉴出版带来新的理念,还能丰富稿源,进一步提高年鉴的质量。会上,年鉴主编周鸿飞对南开中学年鉴 2011 卷年鉴功能、编写工作做了解说,并对南开中学年鉴 2012 卷编纂工作提出要求,副主编李群对南开中学年鉴 2012 卷组稿、编写工作提出具体要求。这次会议的召开标志着南开中学年鉴 2012 卷编纂工作启动。

(赵 凯)

【南开中学年鉴 2012 卷再聘教职工为特约编辑】 11 月 12 日,继 24 名学生被聘为南开中学年鉴 2012 卷特约编辑之后,18 位教职工再被聘任为南开中学年鉴 2012 卷特约编辑,担负起在本部门为南开中学年鉴撰稿和组稿的使命。他们是党委办公室段胜利、校长办公室张楠、德育处赵凯、教学处刘莉、总务处高荣庭、国际部张庆民、科研信息中心张久清、体卫学科甄伟、政治学科王志辉、数学学科侯卫平、英语学科李惠燕、地理学科李美华、化学学科张洪俊、物理学科叶远、语文学科韩文霜、生物学科王健、历史学科万庆刚、信息技术学科马艳。

(李德志)

南开中学网络平台

【简况】 南开中学网络平台是学校各种信息资源的汇总体系、学校与教师和学生交流的平台。该网络平台将学校的通知、各部门动态、教育教学工作进展、成果汇报与总结等动态信息整合到一起,还链接多个知识库系统,内容涵盖中国基础教育期刊论文总库、学习研究周恩来资源库、教学视频资源库、教案课件参考资源库等，为教师的备课、科研、教学提供大量的有参考价值资料，成为辅助教学的重要网络途径。网络平台具有一系列应用系统，包括教师职称评定系统、学生综合素质评价系统、网络硬盘存储系统等。丰富的网络平台功能，为全校教职员工的教学、办公、科研、管理与协同等提供全面高效的应用体系，对于学校提高管理效率、提升教学水平和教学效果发挥重要的支撑作用。

（魏长童）

南开中学校园动态

【简况】 2011 年，《南开中学校园动态》共编发 24 期。科研信息技术中心秉承 2010 年校园动态的制作经验，将各学科处室信息员报送的信息进行编辑整理，坚持每周一期制作，配合行政会下发并上传校园网络平台，从而快速准确地反映学校各部门工作情况，使之成为学校领导进行决策的依据、师生全面了解学校发展的重要载体。

（马　玥）

【信息员总结与表彰大会】 2011 年 3 月 4 日，南开中学信息员总结与表彰大会在翔宇楼三楼会议室举行。副校长马健、科研信息技术中心主任王文昌、副主任崔勇锐及学校各部门信息员参加会议。马健在会上总结 2010 年学校各部门信息报送及发布情况，宣布各部门所报送的被市级机关刊物采纳的信息，就 2011 年各部门信息员工作提出希望，要求不断提高自身的政治素养，有较强的信息获取能力及对新闻信息的敏感意识，不断提高自身的文字功底。王文昌就信息报送格式和标准与学校年鉴编写的要求如何相匹配做详细说明，并对于信息员的信息采集及报送工作提出高标准、高效率、高数量的要求。大会对 2010 年各部门信息员的工作进行表彰，德育处、教学处分别获得获第一、第二名。

（张久清）

天津南开中学报

【简况】 2011 年，天津南开中学报保持在校园媒体中的主导和领先地位，紧密追踪学校大情小事，丰富展现学校各项生活，面向社会宣传南开风貌，继续成为广大师生的好朋友。2011 年度，校报出版第 27 期至 34 期共 8 期，副刊第 1 期至第 3 期，总计 15 万余字。2011 下半年开创《紫校风》学生副刊，进一步增强与学生之间的联系和沟通，深受学生喜爱。截至 2011 年底，校报总计出版 34 期，学生副刊 3 期。

（马　玥）

【校报记者团讨论创立学生副刊】 2011 年初，在天津南开中学报记者团的新学期例会上，科研信息技术中心教师马玥与第三届记者团成员就校报所取得的成绩和遇到的瓶颈问题展开讨论，决定就创立学生副刊发出调查问卷征求学生意见。3 月 22 日，关于校报及副刊的 700 份调查问卷下发，面向高一、高二和初中三个年级的学生，每班平均约 20 份，经记者团 13 名学生干部下访，共收回 640 份问卷，超过总数的 90% 。根据调查问卷结果，针对校报内容不能满足学生需求、校报篇幅不能涵盖学校活动及记者团需要全校大智慧办报等问题，记者团一致同意，创建校报学生副刊以解决上述问题。随后，经过几次记者团会议讨论，郑重提出副刊的结构设想和栏目设置方案，得到学校领导的重视与支持。

（马　玥）

【第四届校报记者团成立】 2011 年 9 月 7 日，南开中学第四届校报记者团成立大会在翔宇楼 427 教室召开。科研信息技术中心主任王文昌、记者团指导教师马玥和新老记者二十余人参加大会。大会由马玥主持。王文昌就新一届记者团成立和学校副刊共组讲话，对新成员和未来校报发展提出要求，强调校报是一个很好的提升自我与锻炼自我的平台，鼓励大家奋力合作，再创佳绩。会上，为新成员颁发记者证。五位高三老成员到会，表达自己参与记者团工作两年的内心感受和对新一届记者团的期许。2011 年的记者团纳新工作有重大改革。一是选拔方式的改革。在新生入学阶段，记者团老成员分别进入高一、初一各个班级做记者团和校报的宣传工作，通知有意向的学生准备考试。经过自愿报名，9 月 1 日，60 余名初高中学生统一参加笔试，内容涉及撰写新闻和编辑稿件，以考查候选人的新闻实际操作能力。9 月 2 日，24 名进入复试的学生随机分组，进行无领导小组讨论的面试选拔，考查候选人的团队合作意识和创新意识。最终有 14 位新成员加盟，组建该届校报记者团。二是内部组成的变革。第四届记者团招募，首次吸纳初一年级学生进入，并成立初中记者组，设组长一名，主要负责初中部的新闻活动，既是对初中学生能力的培养锻炼和对校报内容的补充,同时由于初中大部分学生是六年一贯制培养,可以把校报的供职期延至2-5年,从而锻造出有经验有能力相对稳定的学生记者队伍。

(马　玥)

【第四届校报记者团成员】 2011年第四届校报记者团组成名单:团长:高二12班杨晓晴。分团长:高二9班赵楚伊,高二11班汪裕。高二团员:2班宁雪、李栋,3班陈梦宇、何奕彤,7班郭鹏,9班毛东屿,10班刘玉钏、李可纯。高一团员:1班朱婧,5班张萱、穆尧,6班石红薇、佟泽坤、宋喆,7班杨宇宏、郑力铭,11班刘明翀。初中组组长:七年3班周容萱,组员:七年1班刘舜扬,七年3班王潇静,七年4班卜玥琳。

(马　玥)

【校报学生副刊《紫校风》】 2011年9月15日,天津南开中学报32期发行的同时,增设5、6版为学生副刊《紫校风》。此前,校报于第31期(6月15日发行)在3、4版试行副刊栏目,以征询学生意见反馈,进一步完善栏目内容。学生副刊报头"紫校风"中"校风"二字,来源于周恩来1915年在南开学校读书期间,曾参与创办的校刊《校风》;"紫"来源于校色青莲紫。将"紫"置于"校风"之前,一是凸显学校特色,与南开学校时期的《校风》区分开来,二是"紫"谐音"子",暗示新的学生副刊是承继、发扬《校风》并不断追求新的发展。校长马跃美为学生副刊题写报头,经科研信息技术教师张久清整理设计,填入校色,确立副刊报头样式。第1期《紫校风》在教师马玥、记者团老成员和第四届新成员的努力下,以8开铜版纸正反彩印的形式印制,发至全体师生手中。副刊以专栏制为主体,区别于正刊的消息制,集中采访学校热点人物事件,并开设书评、影评、漫评、乐评、学生习作等栏目,注重调动学生的热情和积极性。《紫校风》一经出版,就深受学生喜爱,在教师中也反响强烈。截至2011年底,共出版3期,每期两版,字数总计近3万字。该副刊的产生是天津南开中学报的一次重大变革,其栏目的及时更新和深度挖掘,势必带动校园媒体一系列的革新活动。

(马　玥)

【学生成为校报记者团主力】 天津南开中学报是"面向学生、面向教师、面向家长、面向校友"的一个宣传南开中学的平台,学生积极采写和编辑稿件,成为校报记者团主力。2011年9月21日,南开中学第四届校报记者团成立,团长高二12班杨晓晴,分团长高二9班赵楚伊、高二11班汪裕。经过两轮笔试、面试选拔,1名高二学生、9名高一学生、4名初一学生,共计14位新成员加盟本届校报记者团。为完善管理体制,拓宽信息渠道,记者团另设高一、高二两名联络员。2011年9月15日,由天津南开中学校报记者团主办的校报副刊《紫校风》印刷发行,成为校报的一个重大改革。副刊《紫校风》设有"麻辣教师"、"乐光宝盒"、"望文生益"、"紫才包fun"、"碟影重重"、"伏蜀俏评动漫"等栏目,更贴近学生生活,受到师生的一致好评。

(宁　雪)

南开校史研究中心

【南开校史研究中心首届理事会第二次会议】 2011年12月9日,天津南开校史研究中心首届理事会第二次会议(2011年会)举行。南开中学理事会理事长、校党委书记、南开校史研究中心名誉理事长孙海麟出席会议并讲话。南开校史研究中心理事长何荣林主持会议。南开校史研究中心副理事长孟宪刚、吕培天、周鸿飞、吕宝桐和全体理事,以及南开中学部分教师、校友出席会议。

受理事长何荣林的委托,副理事长周鸿飞做工作报告,副理事长吕宝桐做财务报告。周鸿飞总结南开校史研究中心成立一年来的工作,提出未来三年的校史研究工作的安排意见。工作报告谈到,南开校史研究中心是一个肩负使命、要干实事的工作实体,是一个由有志于南开校史研究的人士组成的志愿者团队。南开校史研究中心成立以来,从创办载体、编辑精品等方面进行了有益的尝试。研究中心借助创办载体的平台，在成立的第一年，由编切入，以编带研，编研互动，积累经验。经由南开校史研究中心研究和编辑、天津教育出版社出版的书籍计有《南开校史研究丛书》第一至第四辑，合计76万字；《天津南开中学年鉴2011》，40万字；《以周恩来为人生楷模教育读本》，16万字；《南开公能讲坛录（第一辑）》，20万字。以上总计152万字。其中，《以周恩来为人生楷模教育读本》和《南开公能讲坛录（第一辑）》经中央有关部门审查同意后出版。这些成果，证明南开校史研究中心作为一个以研究南开校史、弘扬南开文化传统为己任的社会组织的成立意义。

工作报告提出了2012年到2014年（南开中学建校110周年）未来三年期间校史研究工作的初步安排意见，强调南开校史研究中心必须有自己的团队精神，这就是以爱国主义为核心的南开精神。在未来的研究工作中，要做到越难越开，谋事必成；精品意识，做事一流；团结协作，上下同欲；壮大队伍，世代相承；坚持核心价值，实现文化强校。南开校史研究的本质是文化。研究中心进行的所有研究，编辑出版的所有文化产品，其目标都是要把社会主义核心价值体系融入教书育人的全过程，坚持用社会主义核心价值引领师生，形成共同理想追求和先进校园文化。与会同志围绕以上内容展开热烈讨论，他们希望广泛发动教师和校友参与到校史研究工作中来，深入搜集、整理第一手资料，特别是对耄耋之年的教师、校友进行抢救性的采访、挖掘；希望吸收年轻的南开校友参与校史研究工作，做好校史研究工作的“传、帮、带”；希望学校加强对校史研究工作的领导，使之服务现实教育事业，成为南开教育的有机组成部分。

出席会议的全体理事和校友一致通过工作报告和财务报告。孙海麟在讲话中强调，南开校史研究中心过去一年的工作非常成功，今后要进一步做好校史研究和史志的编撰；进一步做好周恩来研究工作，要在已有教育读本的基础上，再搞出具有文献价值和南开特色的传世之作；学校要充分利用和挖掘校史研究中心的各种资源，编撰出版更多带有鲜明南开特色的校本教材。

（周鸿飞）

【《南开校史研究丛书》】 《南开校史研究丛书》是由天津南开校史研究中心主持编辑的南开校史系列图书。该丛书立足天津南开中学，面向南开系列学校，组织和汇编校史研究文稿，成为传播南开办学理念的文化载体和交流平台，为关心南开教育和基础教育事业的教育工作者以及各界人士提供了可资思考和借鉴的阅读文本。2011年该丛书陆续编辑了第一至第四辑，均由天津教育出版社出版发行。《南开校史研究丛书》由天津南开中学理事会理事长、校党委书记孙海麟题写书名，设有较为规范的编委会和编辑部，由天津南开校史研究中心名誉理事长、理事长、副理事长分别担任编委会名誉主任、主任、副主任和轮值主编。编辑部由具有新闻出版资质的南开校友和在校教师组成，注重将校史研究与编辑工作有机结合，编辑程序坚持“三审制”职业标准，图书质量坚持精品追求和严格要求。编委会名誉主任孙海麟，主任何荣林，副主任孟宪刚、吕培天、周鸿飞、吕宝桐；编辑部成员周鸿飞、冯笪、王增多、李晖。《南开校史研究丛书》第一辑由周鸿飞担任主编，汇编了校史研究指导思想、严修教育思想、南开精神、南开教师、南开智育等方面的研究文章，2011年3月20日出版；第二辑由孟宪刚担任主编，汇编了张伯苓教育思想、南开学生、南开智育、南开社团、南开话剧等方面的研究文章，2011年7月26日出版；第三辑由吕培天担任主编，汇编了杨坚白教育思想、南开抗战、南开人物、南开教师、南开智育等方面的研究文章，2011年10月16日出版；第四辑由何荣林担任主编，汇编了杨志行教育思想、南开素质教育、南开体育、南开学生、南开智育等方面的研究文章，2011年11月20日出版。以上各辑都还连载了南开史话，撰有编后记。每辑19万字，四辑合计76万字。该丛书出版后，受到南开师生、校友和各界人士的欢迎与好评。2012年该丛书将继续编辑、出版。

（冯　笪）

校园建设

校园基本建设继续推进

2011年南开中学校园基本建设工作继续推进。主要的改造和维修项目包括:1.美化绿化校园景观。随着冬春夏秋季节变化,补种移栽名贵树木四棵,低矮灌木若干种,完成翔宇楼前“我是爱南开的”景观石的采购安放。2.改造提升礼堂功能。改建舞台檐口,更新舞台地毯,修整观众席地面,新装舞台左侧贵宾接待室及卫生间,提升礼堂接待水平。3.完成校内建筑维修。包括范孙楼风貌整修,伯苓楼和含英楼加固建设工程,艺术楼修缮装修工程和食堂接待餐厅装修工程。含英楼外檐经过设计改造,与范孙楼等经典建筑的风格统一,外观更加美观典雅。艺术楼经过修缮装修,设有民乐团、合唱团、交响乐团、电声乐团、话剧团、美术展室等艺术活动场所。在含英楼加固工程实施过程中,进行含英楼至一排之间往返搬迁,以及学校领导办公电话的定号往返迁移工作。4.整修南院校区设施。整修综合楼一至三层楼道及所有房间,保证秋季开学后初中年级全部迁至南院,舒缓教学场地紧张局面;为初中年级安装净化直饮水的饮水台六台,改善学生的生活条件;为综合楼A、B座隔离地段安装安全防火防盗门;将南院食堂吊式电扇全部更换为壁挂式电扇。

(王志刚)

周恩来总理纪念浮雕建成

2011年3月4日,南开中学在周恩来铜像前建成纪念浮雕。周恩来纪念浮雕镌刻在铜像前甬道西侧大理石斜面镶嵌的12块铜板上。纪念浮雕从左至右分别为:(1)南开学生周恩来;(2)周恩来发起组织“敬业乐群会”;(3)新剧《仇大娘》中的周恩来;(4)1917年周恩来给同学的赠言;(5)1914年的周恩来;(6)周恩来毕业评语;(7)周恩来在柏林万赛湖的留影;(8)黄埔军校政治部主任周恩来;(9)外交家周恩来;(10)周恩来与毛泽东在中央人民政府委员会会议上;(11)周恩来和邓颖超在中南海西花厅;(12)周总理永远活在人民心中。新落成的纪念浮雕激励南开师生以周恩来为人生楷模,情系南开,心系祖国。

(高荣庭)

含英楼加固改造工程

2011年6月至9月,含英楼进行加固改造。含英楼(原称新楼)为三层,1963年始建,建筑面积

2809.86 平方米，内部为双廊式砖混结构。由于当年条件所限，其外檐形式较为简单、陈旧，与学校的整体环境不协调。2009 年在“校园安全工程普查”中，该楼被天津房屋勘察鉴定设计院列为需要加固的房屋。2010 年，学校根据整体布局安排对于南院校区进行较大规模的整改，使得校园面貌焕然一新，也凸显含英楼与整体布局不协调。因而在对含英楼进行加固改造中，在对其外檐以及内部进行加固改造的同时，以“范孙楼”为范本，使其与学校长廊以北的其他建筑风格相协调。该工程总投资 597.5 万元，单方造价 2060.5 元/平方米。含英楼加固改造完工后，一楼和二楼为科技新体验示范实验室，三楼用做行政办公。

（高荣庭）

伯苓楼加固改造工程

2011 年 7 月至 9 月，伯苓楼进行加固改造。该楼 1906 年始建，1977 年重建，是南开中学最早的建筑之一，为二层砖木坡屋顶结构，建筑面积 961.92 平方米，内部为单廊式布局，外檐形式古朴典雅。2005 年被天津市列为历史风貌特殊保护建筑。该次改造是在不破坏其外檐表面和内部结构的情况下进行的内部加固。总投资 200.5 万元，单方造价 2079 元/平方米。加固后的伯苓楼作为南开中学校史馆使用。

（高荣庭）

北楼装饰改造

2011 年 7 月至 9 月，北楼进行装饰改造。北楼 1906 年始建，1913 年改建，1991 年按原貌落地重建，是南开中学最早的建筑之一。2005 年被天津市列为历史风貌特殊保护建筑。建筑面积 1204 平方米，二层砖混结构。根据学校整体布局安排，北楼由原来的教学楼改造为“艺术楼”，作为学生课外社团活动的场所，故该次装饰改造只对房间的内部构造按照使用功能加以改建，外檐保持不变。总投资 98.5 万元，单方造价 818 元/平方米。改造完成后的北楼，是集美术、音乐、体操、舞蹈、合唱、乐队等各种社团活动于一体的专用建筑，为有各方面特长的学生提供良好的成长环境和条件。

（孙　博　高荣庭）

滨海生态城学校工程

【简况】 2007 年 11 月 16 日，天津市常务副市长黄兴国在与新加坡方面会谈关于中新天津生态城建设时，明确表示天津市将首先由南开中学、耀华中学等名牌学校在生态城兴建分校。2008 年 3 月，天津市教委与滨海新区管委会签署关于共同推动新区科技教育事业发展的合作协议，明确南开中学建设分校要建在生态城。2008 年 7 月 1 日，生态城管委会与新加坡方面签署商业协议，再次明确将首先由天津市名牌学校在生态城兴建分校。2009 年 7 月 1 日，生态城管委会与南开中学正式签署合作框架协议，市委书记张高丽、市长黄兴国出席签约仪式。2010 年 6 月 4 日，市委副书记、滨海新区区委书记何立峰与市委常委、教育工委书记苟利军召集专题会议确定:南开中学分校落户中新天津生态城;选址于04片区,占地面积约20万平方米,土地行政划拨给南开中学;成立学校项目建设领导小组,孙海麟任组长,成员有滨海新区副区长郭景平、生态城管委会副主任张彦发、滨海新区教育局长荆洪阳。2011年5月22日,苟利军又到南开中学就项目规模、设计要求、建设资金落实等问题做专题协调。南开中学组织力量积极落实市委、市政府决策,滨海生态城学校工程建设项目全面展开。

(杨　弘)

【滨海生态城学校工程建设规划】 南开中学滨海生态城学校工程,规划建设一座绿色、生态、环保、节能,功能完备,设施一流,满足全寄宿制要求,全方位体现南开中学悠久办学历史和现代办学理念的一流学校。学生规模3000人,其中高中生1620人(45人×36班),初中生1080人(45人×24班),国际部300人。规划地上总建筑面积16.32万平方米。本期实施总建筑面积14.1万平方米,其中地上12万平方米,地下2.1万平方米(车库)。其余设计为绿化景观,作为发展用地。学校教学区有教学楼4幢,实验楼2幢,办公楼、科技中心、艺术中心、图书馆、报告厅(2400个座位)等。生活区设有学生宿舍楼、教工宿舍楼、食堂等。活动区设有体育馆、网球馆、400米跑道运动场,篮球场、排球场等。复原南开中学伯苓楼、范孙楼、中楼;新建筑采用红、灰色砖墙,形成对比、融合。校园通过下沉式广场、连廊、院落,空间错落穿插。大部分建筑在18米以下。工程总投资约6亿元。建设工期为2011年10月至2013年年底。

(杨　弘)

【滨海生态城学校项目机构与实施】 2011年3月3日,南开中学决定组建天津市南开中学(滨海生态城学校)建校办公室。杨弘任办公室主任,李峰、高荣庭为成员。办公室随即着手工程项目的前期工作。6月28日,中新天津生态城建设局立项批复滨海生态城学校工程项目(津生建批[2011]86号)。11月22日,中新天津生态城管委会听取并原则通过天津市南开中学(滨海生态城学校)规划设计方案。12月7日,中新天津生态城建设局组织召开滨海生态城学校修建性详细规划联合审查会。12月22日,中新天津生态城建设局正式下达滨海生态城学校修建性详细规划方案审定通知书(编号:2011生态修规通0010)。

(杨　弘)

【滨海生态城学校工程方案设计单位遴选】 2011年6月27日,南开中学举行滨海生态城学校工程规划设计方案征集竞赛,经过报名和资格预审,确定天津市建筑设计院、天津大学建筑设计研究院与意大利波捷特(北京)建筑设计顾问有限公司(联合体)、上海华东发展城建设计(集团)有限公司、西班牙IDOM工程咨询公司、天津建工集团建筑设计有限公司、天友建筑设计股份有限公司等六家设计单位入围参赛。8月19日,专家评审会在天津市人大代表培训学校举行,做出一等奖空缺,天津建院和上海华东并列获二等奖,天友获三等奖,其他设计单位方案合格的竞赛结果建议意见。8月20日,南开中学理事会理事长孙海麟邀请滨海新区、市教委和生态城有关领导,察看各设计单位报送的沙盘、效果图,听取和审查获奖方案汇报和专家评审会的建议意见。8月26日,南开中学组织学校中层和骨干教师听取生态城学校建设汇报,在观看了部分获奖方案视频资料后,进行选优投票。9月5日,南开中学党委召开会议,听取学校中层和骨干教师选优投票的结果汇报,作出同意专家评审会获奖意见的决议,决定由天津市建筑设计院完善和深化方案设计。

(杨　弘)

【滨海生态城学校工程有关项目招投标】 2011年10月25日,滨海生态城学校项目的地质勘查招投标在中新天津生态城管理服务中心开标。天津市华北工程勘察设计有限公司中标。11月3日,滨海生态城学校项目的设计招投标在生态城开标,天津市建筑设计院中标。11月24日,滨海生态城学校项目的监理招投标在生态城开标,天津建设工程监理公司中标。

(杨　弘)

【滨海生态城学校工程奠基】 2011年12月28日,南开中学滨海生态城学校工程奠基。天津市委副书记、滨海新区区委书记何立峰出席。南开中学理事会理事长、校党委书记孙海麟主持工程奠基仪式。滨海新区区委常委、常务副区长刘子利致辞。

滨海新区区委常委、秘书长李伟成、副区长郑伟铭，市、区有关部门以及中新天津生态城有关领导，南开中学教师和校友代表等出席工程奠基仪式。

（杨　弘）

校友活动

校友会理事会

【简况】 2010年3月以来,学校领导的重视和关怀,激发了广大校友对母校的关注和关心。2010年10月,南开中学校友会第六届理事会召开,组成以张元龙为理事长的新一届校友理事会,校友会工作得到加强。2011年,校友活动更加活跃,组织聚会、回校探访和向学校捐赠资料的各届校友明显增多。校友理事会设办公室于西斋2排5室。理事会秘书长乔慕英、理事程新建驻会值班,负责日常接待和有关活动安排。2011年底,《百年校友名录辑录》编辑工作启动。

(程新建)

【南开中学校友会第六届理事会第二次会议】 2011年12月30日,南开中学校友会第六届理事会第二次会议在范孙楼接待室举行。南开中学理事会理事长、校党委书记孙海麟,校友会理事长张元龙,副理事长马跃美、吕宝桐、周鸿飞、龙以明、武佩铃、方嘉珂以及常务理事、理事和各届校友联络员代表共计60余人参加会议。秘书长乔慕英在会议上报告2011年校友会的工作,介绍2012年工作思路与设想。校友会副理事长、校长马跃美在讲话中对众校友"回家"表示欢迎,说6月28日回到母校担任校长后,最深切的感受就是母校的校友资源丰富,校友热爱母校、情系南开、奉献南开的精神令人感动,表示一定努力工作,不辱使命,把母校的教育事业搞好,不辜负学校师生和广大校友的殷切希望。校友会理事长张元龙发表讲话说,孙海麟回母校出任理事长后,做了许多卓有成效的工作,南开中学的社会声誉更加提高。温总理回母校更是给南开人增添骄傲与光荣。希望广大校友多关心学校的发展与建设,继续做出新贡献。孙海麟在讲话中指出,温总理毕业离校51年后首次正式回母校视察,是南开中学发展中的一件大事,要以此为契机,改革创新,与时俱进。同时,希望广大校友关心母校发展和建设,弘扬南开精神,把南开中学的事情办得更好。会后,与会人员参观复建的校史馆、新建的艺术中心和科学新体验示范实验室。

(程新建)

校友聚会

【重庆南开中学在津校友聚会】 2011年5月20日,重庆南开中学在天津的校友30多人在范孙楼接待室举行会议,主题是"纪念张伯苓逝世60周年、喻传鉴逝世45周年——弘扬南开精神、坚持素质教育"。会议开始前,全体起立,向南开中学创建人严修、张伯苓、喻传鉴和已经故去并为南开学校作出贡献的校友鞠躬致敬。会议在校歌声中开始。南开中学理事会理事长孙海麟参加会议并讲话,表示欢迎重庆南开中学在津校友来校聚会,并向校友介绍学校的情况、南开的辉煌历史及南开发展的设想。与会者多是八旬老人,对南开母校充满感情。自从1984年成立重庆南开中学天津校友会,他们多次在这里聚会。会上放映了两个幻灯片。由喻传鉴的外孙女陈平制作的《袅袅喻音——喻传鉴和他的女儿们》在简述喻传鉴的经历后，着重介绍他的教育思想和他的女儿、女婿对教育和科学事业作出的杰出贡献。由重庆南开中学1945届校友、天津大学教授李绍崇制作的《重访重庆南开》，介绍他在夫人陪同下重访重庆南开中学的情况和学校的发展变化，令人触景生情，无限怀念和感慨。该次聚会得到天津南开中学校友会秘书长乔慕英的尽心安排和协助，重庆南开中学校友衷心表示感谢。

（乔慕英）

【天津南开中学1951届校友返校聚会】 2011年9月15日，天津南开中学1951届校友84人回母校聚会纪念毕业六十周年。南开中学理事会理事长、校党委书记孙海麟，校友会副理事长、校长马跃美参加他们的聚会活动。孙海麟讲话欢迎校友回母校，感谢校友传承南开精神，指出周恩来总理的精神品格就是南开精神的体现，嘱咐各位校友保重身体，祝愿大家健康长寿。马跃美校长致辞向大家问好，欢迎校友常回母校看看。校友会秘书长乔慕英为聚会活动做细致周到的安排。到会校友都是80多岁的老人，有的是来自美国、澳大利亚等国家，以及南京、山西、成都、沈阳、北京等外地同学。聚会的组织筹备工作有条不紊，对外地同学要接站、安排酒店住宿，全体校友在指定地点集合，集体乘两辆大轿车来到学校，聚会的成功举行很不容易。到会者无不感慨经历过六十年风风雨雨、人世沧桑，相聚一起机会难得，热情交流，互致安好，感到如同回到母亲怀抱一样温暖。校友方凌当场朗诵自己的作品《毕业六十周年抒怀》。

（乔慕英）

【天津南开中学1956届校友返校聚会】 2011年9月17日，天津南开中学1956届校友110人汇聚母校纪念毕业55周年。南开中学理事会理事长孙海麟、校长马跃美、副校长吕宝桐、校友会秘书长乔慕英参加聚会活动。孙海麟在会上发表热情洋溢的讲话，讲述了南开中学的发展历史、现状和未来，特别是南开的教育特点和老校长的教育思想，讲话加深校友对南开教育的理解和认识，激发对母校的热爱。纪念活动的主题是“怀念、追思、感激、回报”，即怀念在母校青少年时期的美好时光，追思在母校受到的良好教育，感激母校老师的谆谆教诲，回报母校给予的恩惠。纪念会开得隆重热烈、气氛活跃，校友情绪饱满，即兴发言感情充沛，沁人肺腑。当年参加过学校舞蹈队、合唱团的校友还表演精彩节目，载歌载舞，精神不减当年，更增添几分夕阳之美。作为1956届校友纪念活动的一项内容，组织者号召同学们撰写回忆录，并且向母校捐赠上学时的有关资料和自己的作品。纪念活动之前编辑印制《青春年华——1950－1956届校友回忆录》一书，聚会时发给人手一册，并赠送给学校校友会和有关领导。

（乔慕英）

【天津南开中学1957届校友返校聚会】 2011年10月10日，天津南开中学1957届校友回母校在范孙楼会议室举行入学六十周年纪念活动。从1951年入学到1957年高中毕业，校友们在南开中学学习生活六年，那时风华正茂，如今满头白发，年逾古稀，每每听到母校的消息，都兴奋不已。校友深情回忆1957年“五四”青年节周总理的来信，当学校团委书记在瑞廷礼堂宣读来信后，全校师生欢喜雀跃、一片欢腾的情景，至今深深铭刻心中。那是该届学生在母校度过的最后一个青年节，也是最有意义的一个青年节。校友谈到母校的教育教学，深深感到南开中学最核心的一点就是对学生进行德、智、体全面发展的教育，把教书育人贯穿于学习、生活、文体活动等各个方面。校友还谈到老师的培育和关爱，谈到社团活动、图书馆、礼堂、思敏室的音乐教室，谈到宿舍和食堂等。聚会活动进行到下午2点30分，校友才互道珍重，依依惜别，在浓浓的情谊中结束。

（乔慕英）

【天津南开中学1950届校友返校聚会】 2011年10月20日，天津南开中学1950届校友来校聚会。该届校友均是80多岁的老人，每年一聚，2011年也是在10月20日这一天返校聚会的。校友有的从北京赶来，有的在家属陪伴下坐着轮椅来。耄耋之年的校友在聚会时，谈的是如何在建设社会主义文化强国中尽自己的绵薄之力，认为南开的“允公允能，日新月异”精神，爱国爱群，服务社会，与时俱进，是一种可贵的文化，汇流于中华民族的传统文化之中，南开人必将大力弘扬这种精神，这也是校友们义不容辞的责任。与此同时，平平安安、心康体健、追求生活质量，越来越成为大家聚会的话题。聚餐后，校友依依不舍地道别，期盼来年再相会。

（乔慕英）

校友捐赠

【1949届校友周铁捐赠历史资料】 2011年8月31日，天津南开中学1949届校友、天津商学院教授周铁（在校曾用名周家谟）在夫人的陪同下来到学校校友会捐赠历史资料。周铁得知自己患癌症处于晚期阶段，决定在入医院前亲自把珍藏多年的孙养林先生画作《云海》手迹、当年南开学校“南声合唱队”演唱《黄河大合唱》所刻印的歌谱集，以及自己所拍摄的风景照片捐给学校留作纪念。周铁校友已于2011年10月19日逝世。

（乔慕英）

【1956届校友邢啸声捐赠著作和译著】 2011年9月15日，天津南开中学1956届校友、著名美术大师、翻译家邢啸声向母校图书馆捐赠《法国雕刻》《中外艺术交流中的啸声》等本人的译作或著作共计28册。校长马跃美、副校长吕宝桐、校友会秘书长乔慕英参加捐赠仪式。

（乔慕英）

【1960届校友赵启大捐赠专业资料】 2011年10月，1960届校友赵启大向学校捐赠自己撰写的专业资料。赵启大在参观南开中学科技新体验示范实验室后，随即撰写了《激光原理和激光应用知识》资料，共计28页，供学校物理学科在教学和实验中参考。

（乔慕英）

【1948届校友张国贤捐赠历史资料】 2011年12月2日，天津南开中学1948届校友、校友会副秘书长、84岁的张国贤老先生向学校捐赠校史资料等200余件。捐赠物品中包括珍藏的吴同宾、杨坚白书法作品，珍贵的题字、资料、书籍，还将自己长期收集、整理、撰写、打印的关于南开中学的资料一并赠送母校。校长马跃美、副校长吕宝桐、校友会秘书长乔慕英参加捐赠仪式。张国贤先生的善举使得在场的学校领导、教师和校友深受教育和鼓舞。校长马跃美高度赞扬张国贤先生的爱校行为，代表学校向张老颁发捐赠证书。

（乔慕英）

【闫立飞张宜雷捐赠《天津文学史》】 2011年12月30日，天津社会科学院文学研究所所长闫立飞与该所研究员、天津南开中学1968届校友张宜雷向学校捐赠编撰的《天津文学史》（一套两册），该书由天津社会科学院文学研究所编撰，张宜雷参加工作，内有大量关于严范孙的史料记载。

（程新建）

【各届校友踊跃捐赠著作和历史资料】 2011年，各届校友踊跃向学校捐赠著作和历史资料。重庆南开中学1948届校友丛林捐赠图书《中国科学院院士自述》一册，希望学校从中借鉴科学家成才之路。天津南开中学1950届校友吴绍寰（王行）捐赠其所著《人民大会堂三十九级台阶》。1956届校友施光亨捐赠他与王绍新主编的《汉语教与学词典》一册。1956届校友沈德利捐赠他与沈德才合著的《萤火与炬火——沈浮传》一册。1956届校友封毓昌捐赠其所著《辩证逻辑》《人的成长与认识》等书三种5册。1956届校友刘鸿梁捐赠加盖有杨坚白老校长印章的操行评定表，以及保存58年的1952年度初中三年级各班的学生名单，上面标注有每个学生毕业升学的去处等。1965届校友胡广水捐赠其所著《感受美国——我的视觉日记》（摄影集）一册。1967届校友宋永平捐赠著名校友、文学评论家何其芳和南开中学第二任校长杨坚白等人的题词原件。

（程新建）

校友传媒

【《天津南开中学校友通讯》总第3期出刊】 2011年10月,《天津南开中学校友通讯》2011年期(总第3期)印制完成。该期《校友通讯》采用的稿件以1948届校友撰写的文章为主,张国贤校友负责组稿。天津南开中学于1937年抗日战争爆发后被毁,1945年抗战胜利后天津南开中学复校,1948届是复校后的第一届。1948届校友撰写的文章主要反映那个时期的学校情况和社会风貌。张国贤先生一贯热心南开校友工作,已任校友理事会副秘书长20余年。

(程新建)

【1956届校友回忆录《青春年华》问世】 2011年10月,天津南开中学、南开女中1956届校友编印的回忆录《青春年华》问世,并于10月17日校庆日该届校友在母校聚会庆祝毕业55周年之际发送到大家手中。该回忆录自2010年着手征稿、编辑,历时一年完成。回忆录收录了70篇回忆文章,还收录了一些历史性的资料图片,真实地反映了该届校友在新中国建立初期入学时所受的社会主义教育和"允公允能,日新月异"的南开传统教育。作者们说:"回忆录中的文章篇篇感情充沛,句句情真意切。字里行间流露出幸福的语言,庆幸自己考入了历史名校——南开中学,接受了良好的教育,奠定了人生的基础。"

(程新建)

【1954届校友联系与交流园地《我爱南开》第19期出刊】 2011年12月,天津南开中学1954届校友主办的内部联系与交流园地《我爱南开》第19期出刊。《我爱南开》创办于2003年6月,基本保持半年一期,纸质版为主,由该届校友轮流主办、编印。从第2期起为有电脑的校友增添电子版,利用电子邮件方式传递。第19期发刊词写道:"2012年元旦即将来临,壬辰春节也将大踏步走来。""虽说同学们都到了'奔八'的境界,但是'双鬓皤然气浩然','老夫聊发少年狂',咱们不曾服老,咱们依旧'日新月异。'"该期《我爱南开》设有"真意在深知"、"含悲悼恩师"、"东西南北中"、"同窗飞鸿来"等几个版块,多角度地反映了校友们多彩的晚晴生活以及同学之间、师生之间的密切交往与深情厚谊。《我爱南开》图文并茂,制作精美,凸显了南开学子的才华。

(程新建)

联系校友

【孙海麟看望叶笃正院士】 2011年2月19日,南开中学理事会理事长孙海麟赴北京看望南开中学1935届校友叶笃正院士。孙海麟代表全校师生和校友向叶笃正院士祝贺95岁华诞,祝叶老健康长寿。副校长吕宝桐、校长办公室主任乔慕英、校友会副理事长周鸿飞陪同前往。

(宋海涛)

【参加朱光亚同志遗体告别仪式】 2011年3月2日,受南开中学理事会理事长孙海麟委托,南开中学校长、校友会副理事长杨静武,校长办公室主任、校友会秘书长乔慕英,校友会副理事长周鸿飞赴北京参加朱光亚同志遗体告别仪式,向朱光亚的亲属表达悼念和慰问之情,并带去全校师生和校友的亲切问候。朱光亚曾任全国政协副主席,是中国核科学事业的主要开拓者之一、"两弹一星"元勋、中国科学院和中国工程院资深院士,重庆南开中学校友,因病于2011年2月26日10时30分在北京逝世,享年87岁。

(李德志)

【参加吴阶平同志遗体告别仪式】 著名医学科学

家、教育家和社会活动家，九三学社杰出领导人，第八届、第九届全国人民代表大会常务委员会副委员长，中国科学院、中国工程院资深院士，天津南开中学校友吴阶平同志，因病于2011年3月2日21时18分在北京逝世，享年94岁。3月9日，南开中学副校长吕宝桐赴京参加吴阶平同志遗体告别仪式，带去南开中学理事会理事长孙海麟和全校师生的诚挚问候，向吴阶平同志的亲属表达慰问之情。

（赵　凯）

综合统计

学校领导与职能处室负责人

理事会理事长	孙海麟
校党委书记	孙海麟(兼)
校党委副书记	马跃美(兼) 吕宝桐(兼)
校长	马跃美
副校长	吕宝桐 李宝贵 马 健
校长助理	张 娜
理事会办公室副主任	崔勇锐(兼)
校长办公室副主任	李德志
党委办公室主任	段胜利
人事副主任	周 晓
德育处主任	贺海龙 副主任 张国发
教学处主任	潘印溪 副主任 王莉英 王文昌(兼)
总务处主任	王志刚 副主任 孙 博 魏长童(兼)
教科研中心主任	王文昌 副主任 崔勇锐 魏长童
国际部副主任	杨 洋

2011年南开中学教职工名单

理事会	孙海麟
校长室	马跃美 吕宝桐 李宝贵 马 健
理事会办公室	李 峰 崔勇锐 胡圣杰
校长办公室	张 娜 李德志 乔慕英 张 清 惠培强 宋海涛 张 楠
党委办公室	段胜利
人事办公室	周 晓 刘志明
德育处	贺海龙 张国发 刘福林 徐锡玲 王 立 赵 凯 李晓利 穆玉凤 林爱娟
教学处	潘印溪 王莉英 刘 莉 丁树猛 杨延侠 马紫虹 李光明 朱咸权 赵 桓 王海毅 孟 希 董凡瑜 张光辰
总务处	王志刚 孙 博 李淑荣 吴玉平 王 彤 宋世超 赵芙颖 孙富强 李津德 张连起 荆宝瑞 李福元 潘俊杰 李宝光 王进喜 韩志远 张学元 龚万群 申 强 李建国 孙立华 高铁春 马志刚 高荣庭 牛宝钢 陈国华 肖茆娣 张毓仓 王长兴 邢殿富

黄寿成　徐明昆　白尚励
医务室　王晓燕
信息中心　王文昌　魏长童　张　喆　张久清　李　晖　马　玥　王恩荣
国际部　马桂芝　张庆民　杨　洋　张　旭　卢　偰　韩春姬　赵　颖　蔡　娜　闫春雨　焦　鹏
徐建朴　宋　畅
政治学科　王志辉　刘　宁　朱爱武　刘凤立　黄小虎　薛　伟　杨晓坤　陈　玉　潘岱忠　王　劼
张小虎　徐广玉
语文学科　韩文霜　赵　岩　史　红　张　旃　何士龙　程　滨　赵鸣方　杨　倩　李耕漪　李俊晔
白　璐　杨　劼　谢　明　田玉彬　张　扬　高　原　马西超　李　萱　滑　娜　刘敬华
李忠艳　单巨兵　郑玉芬　刘树红　常　虹　孙　超　王　蕊　高宇鹏　吴　鹏
数学学科　侯卫平　王桂玥　邵德彪　刘秋昭　王　彬　周　峰　孙　力　周　毅　曹宝树　林秋莎
张广民　刘四化　康　玥　程　斌　宋振寰　赵书乐　李　游　周贵宾　安大源　毕　伟
明桂芹　杨冠明　刘　涛　潘志宇　沈　凯　张连营　崔家福　刘静波　韦海柱　刘东华
郜晓惠　常永盛　谭　毅　任　倩　张常军
英语学科　李惠燕　林　露　刘　静　周　彤　张　虹　赵淑玉　孙立鑫　姚卫盛　李　健　王雅莹
冯　锴　韩珀培　姬红颖　王紫凝　唐小莉　张　妍　陈平平　裴　爽　张继文　卢秋丰
李　静　杜明环　柴广敏　张建伟　刘　丽　王　瑾　张光玲　邵秀美　史明伟　张继红
物理学科　叶　远　王学森　刘俊贤　王　琳　傅　娟　贾　双　王文惠　李　伟　夏慈伟　于俊生
孙铎声　王向群　朱　楠　王　萍　薛　铮　于德水　马振波　殷　悦　张汉泉　解　英
刘嘉然　李丽丽　杜江龙
化学学科　张洪俊　徐金波　张占萍　何　文　曹　喆　马红艳　王　平　邢亚孟　麻亚宁　伊　颖
谭　旭　汪　斌　王红娜　高志伶　李　娜　王浩安　王大治　陶　颖　谢家明　徐宝华
生物学科　王　健　崔丽筠　乐建峰　吕　成　唐延稚　刘　洋　尤智杰　杨　振　张　慜　邹　扬
吴相琰　薛　宁　纪志娜
地理学科　李美华　张　慧　张文静　周顺心　周英英　贺伟国　邢文娟　梅宏柱　孙国新
历史学科　万庆刚　张　力　马丽坤　张玉彩　于　宁　郭晶莹　牟爱华　杨晓庆
体育学科　王肇敏　王　伟　李　忠　刘　日　王德义　刘洪芬　吴海明　陈立刚　卫　恒　吴梦昀
甄　伟　孙西英
音美学科　宋彦平　张汉超　张　瑛　回向崑　陈海龙
信息技术　马　艳　滕　伟　王　铮　工　勇
校办工厂　王向学　刘雅敏　张连红　姜秋玲　张慧英（集体编制）
（注：以上名单中包括2011年办理退休手续的教职工）

2011－2012学年各年级任课教师

高一年级

政　　治　贺海龙　刘凤立　王志辉　陈　玉
语　　文　孙　超　李俊晔　王　蕊　史　红　高　原　潘印溪　何士龙
数　　学　程　斌　林秋莎　李　游　邵德彪　康　玥　明桂芹　谭　毅
英　　语　李　健　韩珀培　张　妍　段胜利　张　虹　王夏洁　张继红
物　　理　夏慈伟　王向群　李丽丽　朱　楠　刘俊贤　傅　娟
化　　学　邢亚孟　张洪俊　马红艳　麻亚宁　王浩安　谭　旭

历　史　于　宁　郭晶莹　王莉英
地　理　周顺心　刘森甲　周英英
信息技术　滕　伟　马　艳
通用技术　张久清　魏长童　王恩荣
音　乐　宋彦平
美　术　陈海龙
体　育　陈立刚　甄　伟

高二年级

政　治　崔勇锐　黄小虎　刘　宁　李德志
语　文　赵　岩　杨　劼　赵鸣方　田玉彬　白　璐　程　滨
数　学　张广民　王　彬　曹宝树　周贵宾　刘秋昭　宋振寰
英　语　刘　静　唐晓莉　张光玲　陈平平　孙立鑫　姬红颖
物　理　叶　远　王文惠　薛　铮　王　萍　王　琳
化　学　何　文　李　娜　伊　颖　高志伶　王　平　王文昌
生　物　乐建峰　邹　扬　刘　洋　吕　成　纪志娜
历　史　张玉彩　周　晓　马丽坤
地　理　张文静　李美华
音　乐　张汉超
美　术　回向崑
体　育　刘洪芬　王德义

高三年级

政　治　朱爱武
语　文　王学刚　韩文霜　谢　明　张　扬　杨　倩　马西超
数　学　刘四化　安大源　周　峰　孙　力　侯卫平　赵书乐
英　语　姚卫盛　李惠燕　王紫凝　赵淑玉　王雅莹　周　彤
物　理　李　伟　孙铎声　于俊生　贾　双　于德水
化　学　徐金波　汪　斌　曹　喆　王红娜　张占萍
生　物　王　健　崔丽筠　杨　振　唐延稚　尤智杰
历　史　万庆刚
地　理　张　慧
体　育　李　忠　刘　日

七年级

政　治　杨晓坤
语　文　李忠艳　郑玉芬　常　虹
数　学　杨冠明　常永盛　张连营
英　语　卢秋丰　冯　锴　史明伟
物　理　马振波
生　物　刘瑞宁
历　史　杨晓庆
地　理　梅宏柱

信息技术　王　铮
音　　乐　张　瑛
美　　术　陈海龙
体　　育　吴海明　李　忠

八年级

政　　治　薛　伟
语　　文　单巨兵　滑　娜
数　　学　毕　伟　刘　涛
英　　语　焦　鹏　李　静
物　　理　穆永利　杜江龙
化　　学　陶　颖
生　　物　张　懿
历　　史　张　力
地　　理　贺伟国
音　　乐　张　瑛
美　　术　回向崑
体　　育　卫　恒　王德义

九年级

政　　治　潘岱忠
语　　文　李　萱　刘敬华
数　　学　张常军　张国发
英　　语　张继文　裴　爽　王　瑾
物　　理　张汉泉　殷　悦
化　　学　王大治　陶　颖
历　　史　马　越
体　　育　吴海明　卫　恒

2011 - 2012 学年班级设置与班主任

高一年级　主管　夏慈伟　副主管　林秋莎

高一 1 班	李　健	高一 2 班	孙　超	高一 3 班	林秋莎	高一 4 班	王向群
高一 5 班	王　蕊	高一 6 班	李丽丽	高一 7 班	麻亚宁	高一 8 班	朱　楠
高一 9 班	王浩安	高一 10 班	康　玥	高一 11 班	谭　旭	高一 12 班	陈　玉
高一 13 班	谭　毅	高一 14 班	张继红				

高二年级　主管　王　平　副主管　王　琳

高二 1 班	叶　远	高二 2 班	何　文	高二 3 班	黄小虎	高二 4 班	李　娜
高二 5 班	张光玲	高二 6 班	伊　颖	高二 7 班	周贵宾	高二 8 班	孙立鑫
高二 9 班	王　琳	高二 10 班	刘秋昭	高二 11 班	宋振寰	高二 12 班	马立坤

高三年级　主管　徐金波　副主管　姚卫盛

高三1班　姚卫盛　高三2班　李　伟　高三3班　汪　斌　高三4班　韩文霜
高三5班　曹　喆　高三6班　王紫凝　高三7班　尤智杰　高三8班　王雅莹
高三9班　谢　明　高三10班　杨　倩　高三11班　朱爱武　高三12班　张　慧

七年级　主管　杨晓坤
七年1班　李忠艳　七年2班　梅宏柱　七年3班　常永盛
七年4班　冯　锴　七年5班　马振波　七年6班　史明伟

八年级　主管　滑　娜
八年1班　焦　鹏　八年2班　张　懿　八年3班　单巨兵　八年4班　杜江龙

九年级　主管　贺伟国
九年1班　李　萱　九年2班　张汉泉　九年3班　殷　悦

见习班主任　纪志娜

2011年保送学生名单

编号	考生号	姓名	保送学校
1	11120104950009	姜文睿	浙江大学
2	11120104950011	黎静北	清华大学
3	11120104950012	刘　达	北京大学
4	11120104950014	刘栎杉	北京大学
5	11120104950023	王宏达	北京大学
6	11120104950031	于浩成	清华大学
7	11120104950034	钟　楠	中国科学技术大学
8	11120104950036	付晓君	中国科学技术大学
9	11120104950067	徐　越	上海交通大学
10	11120104950069	薛伊冰	南开大学
11	11120104950072	翟宏堃	北京大学
12	11120104950073	张　翱	上海交通大学
13	11120104950079	周睿人	南开大学
14	11120104950088	姚　远	清华大学
15	11120104950145	刘怡郎	南开大学
16	11120104950278	张志齐	上海交通大学
17	11120104950314	刘　通	天津大学
18	11120104950431	李冠儒	上海交通大学
19	11120104950432	钱　桥	清华大学

2011届高中毕业生去向

考号	姓名	学校	专业
11120104910001	常　旭	南开大学	法学
11120104910002	陈永立	南开大学	财政学
11120104910003	郭世涵	天津大学	法学
11120104910004	胡霜辰	南京大学	工商管理类
11120104910005	霍　瑞	宁波诺丁汉大学	国际商务
11120104910006	李明昇	北京科技大学	行政管理
11120104910007	刘一唱	清华大学	社会科学试验班
11120104910008	苏雅昊	天津外国语大学	日语(翻译)
11120104910009	孙琪松	北京大学	历史学类
11120104910010	杨翘楚	南京大学	新闻传播学类
11120104910011	尹德圣	天津师范大学	应用心理学
11120104910012	张铭阳	辽宁大学	汉语言文学
11120104910013	赵　申	山东大学威海分校	行政管理
11120104910014	陈　曦	武汉大学	新闻传播学类
11120104910015	丛　舒	对外经济贸易大学	金融学
11120104910016	范　文	南开大学	经济学
11120104910017	付晨迪	云南大学	经济学
11120104910018	韩　越	北京大学	文科试验班类(元培学院)
11120104910019	郝　逸	南开大学	对外汉语
11120104910020	何佳怿	复旦大学	经济管理试验班
11120104910021	何玥焜	中国人民大学	信用管理
11120104910022	李东哲	南开大学	经济学
11120104910023	李　菲	南开大学	哲学
11120104910024	李晗迪	北京大学	国际政治
11120104910025	李心悦	复旦大学	社会科学试验班
11120104910026	李昕潼	中央司法警官学院	行政管理(警察管理方向)
11120104910027	李艺君	浙江大学	社会科学试验班
11120104910028	刘　纯	南开大学	翻译
11120104910029	马　笑	南开大学	汉语言文学
11120104910030	任　雯	南开大学	金融学
11120104910031	石　眶	南开大学	行政管理
11120104910032	史卓滨	清华大学	经济与金融(国际班)
11120104910033	杨一琳	天津外国语大学	翻译
11120104910034	杨轶乔	天津大学	法学
11120104910035	杨雨晨	香港大学	
11120104910036	杨紫怡	天津师范大学	对外汉语
11120104910037	姚　远	南开大学	翻译
11120104910038	尹　彤	南开大学	金融学

11120104910039	翟点雨	中国人民大学	金融学
11120104910040	赵晨宇	北京大学	国际政治
11120104910041	朱　煜	太原理工大学	英语
11120104910042	马紫宇	南开大学	财政学
11120104910043	侯振凯	西南政法大学	法学
11120104910044	刘永旭	南开大学	金融学
11120104910045	穆峒彤	中国人民大学	劳动与社会保障
11120104910046	王若宇	中南财经政法大学	国际商务
11120104910047	王文涛	中央财经大学	法学
11120104910048	赵天宇	中国地质大学长城学院	土地资源管理
11120104910049	郑亦公	宁波诺丁汉大学	国际事务与国际关系
11120104910050	曹　琦	天津财经大学	金融学
11120104910051	陈可意	中国政法大学	法学
11120104910052	陈玉立	天津财经大学	金融学
11120104910053	褚萌萌	北京师范大学	英语
11120104910054	王　墨	河北金融学院	金融学
11120104910055	杜晓彤	南开大学	法学
11120104910056	李　欢	南开大学	法学
11120104910057	李文佳	东北财经大学	物流管理
11120104910058	李文怡	四川大学	公共管理类
11120104910059	李晓畅	南开大学	工商管理类
11120104910060	李漪平	兰州大学	德语
11120104910061	李　懿	南开大学	工商管理类
11120104910062	刘睿婧	南开大学	德语
11120104910063	刘彧畅	山东大学威海分校	翻译
11120104910064	孟　瑶	中国地质大学	管理科学与工程类
11120104910065	邵若斯	中国人民大学	新闻传播学类
11120104910066	宋韫琦	南京大学	社会学类
11120104910067	孙　梦	浙江大学	社会科学试验班
11120104910068	王　萌	南开大学	旅游管理
11120104910069	王文婧	北京大学	法学
11120104910070	徐丹瑶	中央民族大学	工商管理类
11120104910071	阎伊诺	首都师范大学	世界历史(基地班)
11120104910072	杨冠亚	南开大学	金融学
11120104910073	杨溪川	天津财经大学	金融学
11120104910074	杨紫璇	天津财经大学	审计学
11120104910075	于　虹	南开大学	汉语言文学
11120104910076	张健超	南开大学	编辑出版学
11120104910077	赵迪菲	对外经济贸易大学	日语(经贸方向)
11120104910078	甄　祯	中国人民大学	法语
11120104910080	邹永妍	北京师范大学	英语
11120104930001	李韫婷	天津财经大学	商务英语
11120104930002	郄　意	中央戏剧学院	导演(戏剧影视导演)

11120104930003	张春楠	南开大学	汉语言文学
11120104940001	杜　淼	天津外大滨海外事学院	朝鲜语
11120104950001	安洪伟	南开大学	金融学
11120104950002	安　裕	西安交通大学	自动化
11120104950003	蔡润博	天津大学	船舶与海洋工程
11120104950004	陈东旭	重庆大学	化学工程与工艺
11120104950005	陈　鸣	中央财经大学	公共事业管理
11120104950006	陈少华	天津科技大学	网络工程
11120104950008	付梦昱	复旦大学	经济管理试验班
11120104950009	姜文睿	浙江大学	(保送生)
11120104950010	雷震子	上海对外贸易学院	审计学(注册会计师)
11120104950011	黎静北	清华大学	(保送生)
11120104950012	刘　达	北京大学	(保送生)
11120104950013	刘嘉轩	南京大学	软件工程
11120104950014	刘栎杉	北京大学	(保送生)
11120104950015	刘云恒	南开大学	金融学
11120104950016	刘知洲	中国矿业大学	工商管理类
11120104950017	马逸君	北京航空航天大学	机械工程及自动化
11120104950018	米巨峰	武汉大学	光信息科学与技术
11120104950019	尚文思	南开大学	口腔医学
11120104950020	盛　杰	南开大学	国际经济与贸易
11120104950021	孙建辉	复旦大学	医学试验班
11120104950023	王宏达	北京大学	(保送生)
11120104950024	王新宇	南京航空航天大学	机械工程及自动化
11120104950025	王　旭	合肥工业大学	车辆工程
11120104950026	王　逊	北京大学	经济学类
11120104950027	王则一	南开大学	数学类
11120104950028	杨　牧	北京科技大学	通信工程
11120104950029	姚　锐	南京大学	信息管理与信息系统
11120104950030	尹鹏飞	天津大学	电子科学与技术(光电子)
11120104950031	于浩成	清华大学	(保送生)
11120104950032	张凯文	北京中医药大学	中医学(理科基地班)
11120104950033	张溪洋	沈阳药科大学	生物工程(制药方向)
11120104950034	钟　楠	中国科学技术大学	(保送生)
11120104950035	戴明昊	浙江大学	理科试验班类
11120104950036	付晓君	中国科学技术大学	(保送生)
11120104950037	康青青	南开大学	国际经济与贸易
11120104950038	李思竹	哈尔滨工业大学	数学类(本硕连读)
11120104950039	林翘楚	吉林大学	地质学
11120104950040	刘梦晴	南开大学	金融学
11120104950041	王红玉	南开大学	生物科学
11120104950043	王田媛	北京邮电大学	通信工程
11120104950044	徐　晓	东南大学	土建类(土木)

11120104950045	张宇杰	同济大学	机械电子工程
11120104950046	郑皓珺	南开大学	数学类
11120104950047	朱　丹	南开大学	材料化学
11120104950048	安禹丞	东北大学	信息管理与信息系统
11120104950049	曹　旭	天津大学	船舶与海洋工程
11120104950050	崔云泽	华东理工大学	工商管理类
11120104950051	杜　行	吉林大学	信息与计算科学
11120104950052	范家怿	天津大学	电子信息科学类
11120104950053	范学义	天津医科大学	运动康复与健康
11120104950054	黄　哲	北京大学	化学类
11120104950055	姜文凯	清华大学	制造自动化与测控技术
11120104950056	李翀绰	中国科学技术大学	计算机科学与技术
11120104950058	李晋轩	天津大学	城市规划
11120104950059	李　洋	天津大学	船舶与海洋工程
11120104950061	梁金桥	天津大学	应用化学(工)
11120104950062	马正磊	天津财经大学	会计学(国际会计)
11120104950063	孙　悦	上海交通大学	机械类
11120104950064	佟博翰	北京航空航天大学	计算机科学与技术
11120104950065	王昪日	四川大学	电气信息类
11120104950066	王　牧	中国科学技术大学	电子信息科学类
11120104950067	徐　越	上海交通大学	(保送生)
11120104950068	许易申	南开大学	药学
11120104950069	薛伊冰	南开大学	(保送生)
11120104950070	杨啸宇	华北电力大学	电气工程及其自动化
11120104950071	杨译章	吉林大学	物理学
11120104950072	翟宏堃	北京大学	(保送生)
11120104950073	张　翙	上海交通大学	(保送生)
11120104950074	张天雄	天津大学	土木工程
11120104950075	张学子	南京大学	天文学
11120104950076	张　泽	浙江大学	理科试验班类
11120104950077	张重雄	南开大学	生物科学
11120104950078	郑　岩	南开大学	会计学(国际会计)
11120104950079	周睿人	南开大学	(保送生)
11120104950080	朱鹏儒	哈尔滨工业大学(威海)	电气工程及其自动化
11120104950081	黄玉格	南京大学	物理学类
11120104950082	孙思颖	南开大学	数学类
11120104950083	孙　晔	北京大学	地球与空间科学
11120104950084	田　园	南开大学	软件工程
11120104950085	吴楚格	清华大学	自动化
11120104950086	吴　梦	复旦大学	电子信息科学类
11120104950087	杨　楠	天津大学	测控技术与仪器
11120104950088	姚　远	清华大学	(保送生)
11120104950089	叶亦欣	清华大学	化学工程与工业生物工程

11120104950090	常晏彬	西安建筑科技大学	冶金工程
11120104950091	陈梓衡	北京邮电大学	通信工程
11120104950092	戴　文	华中科技大学	法医学
11120104950093	段浩升	西北工业大学	建筑学
11120104950094	冯丹青	南开大学	工商管理类
11120104950095	兰超然	西南财经大学	行政管理
11120104950096	李兆辰	电子科技大学	电子信息工程
11120104950097	刘大畅	同济大学	软件工程
11120104950098	刘明睿	南京大学	大气科学类
11120104950099	刘兆霏	河海大学	水利水电工程
11120104950100	罗　鑫	中国海洋大学	港口航道与海岸工程
11120104950101	时　一	天津师范大学	生物科学
11120104950102	史达文	南开大学	计算机科学与技术
11120104950104	王正通	天津财经大学	信息管理与信息系统
11120104950105	谢天宇	南开大学	工业工程
11120104950106	杨之洵	上海交通大学医学院	预防医学(五年制)
11120104950107	于　潼	天津大学	测控技术与仪器
11120104950108	袁子豪	中南财经政法大学	金融学
11120104950109	张琦佳	山东大学	软件工程
11120104950110	张炎子	华东理工大学	药学
11120104950111	周安明	北京邮电大学	智能科学与技术
11120104950112	周冠男	中央财经大学	市场营销
11120104950113	陈竹楠	河海大学	数字媒体艺术
11120104950114	成　驰	北京航空航天大学	信息工程(仪器光电)
11120104950115	崔　颖	南开大学	物理学类
11120104950116	郭玥杉	中央财经大学	金融工程
11120104950117	胡　玥	天津师范大学	数学与应用数学
11120104950118	贾　媛	西南交通大学	物流工程
11120104950119	梁圆圆	华东政法大学	金融学
11120104950121	刘一晗	华中科技大学	建筑学
11120104950122	柳兰萱	同济大学	建筑学
11120104950123	马　悦	天津医科大学	临床医学(医学影像学)
11120104950124	孟馨蕊	南开大学	智能科学与技术
11120104950125	司　戈	南开大学	化学
11120104950126	孙　靓	天津财经大学	会计学(会计与信息管理)
11120104950127	孙元君	湖南大学	信息与计算科学
11120104950128	王秋静	天津医科大学	医学影像学
11120104950129	王晓冬	南开大学	生物科学
11120104950130	问　蕾	电子科技大学	应用物理学
11120104950131	杨　帆	南开大学	会计学(国际会计)
11120104950132	杨轶晶	上海中医药大学	中药学
11120104950133	袁　铭	天津财经大学	统计学(精算与风险管理)
11120104950134	张婉若	华东师范大学	计算机科学与技术

11120104950135	张　悦	浙江大学	工科试验班(工学)
11120104950137	赵一然	中山大学	软件工程
11120104950138	周京京	大连海事大学	交通运输(外贸运输方向)
11120104950139	陈　策	南开大学	工商管理类
11120104950140	郭尚杰	南开大学	物理学类
11120104950141	何声远	合肥工业大学	过程装备与控制工程
11120104950142	阚　磊	中国科学技术大学	力学类
11120104950143	李　琪	北京大学	物理学类
11120104950144	连祎宁	北京航空航天大学	质量与可靠性工程
11120104950145	刘怡郎	南开大学	(保送生)
11120104950146	刘雨桐	兰州大学	物理学
11120104950147	马奔滕	中国人民武装警察部队学院	核生化消防
11120104950148	宋　欢	北京邮电大学	自动化
11120104950149	宋　鑫	浙江大学	理科试验班类
11120104950150	王雨轩	上海交通大学	电气信息类
11120104950151	习少飞	华中科技大学	生命科学与技术基地班
11120104950152	杨熙瑞	北京邮电大学	网络工程
11120104950153	于　浩	北京大学	生物科学
11120104950154	袁尊隆	四川大学	电气信息类
11120104950155	张家伟	天津理工大学	软件工程
11120104950156	赵松青	北京航空航天大学	飞行器动力工程
11120104950157	安美潼	中国人民大学	金融学
11120104950158	常　帅	天津外国语大学	英语(国际商务)
11120104950159	陈　趣	香港中文大学	理科基础班
11120104950160	郭　蕴	上海交通大学	电气信息类
11120104950161	贾斯莹	天津大学	金融学
11120104950162	焦　隽	天津师范大学	生物技术
11120104950163	李　青	复旦大学	电子信息科学类
11120104950164	凌菲彤	清华大学	核工程与核技术
11120104950165	刘希芸	南开大学	光电子技术科学
11120104950166	刘琪思婧	南方医科大学	预防医学(卫生检验检疫)
11120104950167	刘英硕	南开大学	材料化学
11120104950168	孟　谈	中山大学	生物医学工程
11120104950169	田正宇	湖南大学	金融学
11120104950170	王　昊	中国药科大学	食品质量与安全
11120104950171	王　雪	哈尔滨工业大学	测控技术与仪器
11120104950172	王亚菲	天津财经大学	信息与计算科学
11120104950173	辛　琪	武汉大学	电子信息科学类
11120104950174	杨晗辉	天津财经大学	会计学(财务会计)
11120104950175	姚楚琦	中山大学	经济学
11120104950176	张　程	上海财经大学	信息与计算科学
11120104950177	张可懿	吉林大学	临床医学
11120104950178	张　力	南开大学	会计学(国际会计)

11120104950179	曹　峰	同济大学	工商管理类
11120104950180	崔广润	北京科技大学	冶金工程
11120104950181	姬　磊	宁波大学	数学类(自然科学类)
11120104950182	李　屹	天津大学	电气信息类
11120104950183	李柱范	西南交通大学	交通工程
11120104950184	李宗浩	华中科技大学	计算机科学与技术
11120104950185	田煜阳	湖北大学	国际经济与贸易
11120104950186	吴　帅	北京航空航天大学	信息工程(仪器光电)
11120104950187	张崇德	厦门大学	临床医学
11120104950188	张　翰	西北大学	信息管理与信息系统
11120104950189	张木泽	天津外国语大学	德语
11120104950190	张文博	东南大学	机械类
11120104950191	郑思凯	哈尔滨工业大学(威海)	车辆工程
11120104950192	周　琨	华东政法大学	国际经济与贸易
11120104950193	曹丰玉	外交学院	金融学
11120104950194	柴伊琳	宁波诺丁汉大学	财务管理(金融财务与管理)
11120104950195	冯　蕾	南开大学	环境工程
11120104950196	高　懿	中央财经大学	保险(精算)
11120104950197	关祎岩	南开大学	工商管理类
11120104950198	胡　博	天津大学	药学
11120104950199	胡玉双	天津科技大学	电子信息工程
11120104950200	康　宁	南开大学	药学
11120104950201	李　瑶	北京交通大学	工商管理类
11120104950202	刘泓宇	北京中医药大学	中医学(理科基地班)
11120104950203	罗　皓	对外经济贸易大学	经济学类
11120104950204	马　坤	天津财经大学	酒店管理
11120104950205	马　平	天津财经大学	会计学(财务会计)
11120104950206	马庆钰	合肥工业大学	微电子学
11120104950207	彭颖璇	厦门大学	电子信息科学类
11120104950208	朴智玄	中国传媒大学	公共管理类
11120104950209	孙　畅	中国科学技术大学	物理学类
11120104950210	孙梦璇	天津财经大学	软件工程
11120104950211	孙乃悦	吉林大学	护理学
11120104950212	王伟男	中山大学	临床医学
11120104950213	王艺陶	北京理工大学	信息工程
11120104950214	吴双美	北京理工大学	计算机科学与技术
11120104950215	杨欣怡	吉林大学	车辆工程
11120104950216	岳　靓	首都经济贸易大学	会计学
11120104950217	张　琪	北京语言大学	英语
11120104950218	张　昭	天津财经大学	信息管理与信息系统
11120104950219	赵雅楠	南京大学	环境科学类
11120104950220	郑　哲	中央财经大学	应用心理学(经济心理学)
11120104950221	诸葛梓月	西南财经大学	金融学

11120104950222	冯　超	西安电子科技大学	通信工程
11120104950223	李海舢	天津理工大学	信息安全
11120104950225	刘凤斌	南开大学	会计学(国际会计)
11120104950226	刘汀洋	徐州空军学院	弹药工程
11120104950228	王明昊	合肥工业大学	电子信息工程
11120104950230	王永晨	南开大学	智能科学与技术
11120104950231	文　芃	华侨大学	建筑学
11120104950232	薛国伟	南京航空航天大学	交通运输
11120104950233	杨　超	天津大学	材料成型及控制工程
11120104950234	张　傲	天津外国语大学	日语(国际商务)
11120104950235	张　博	国防科学技术大学	工程兵指挥
11120104950236	张剑锋	电子科技大学	电子科学与技术
11120104950237	安怡然	南开大学	环境科学
11120104950238	俞鸿旭洋	南开大学	临床医学
11120104950239	陈子君	中国政法大学	工商管理
11120104950240	赵　响	中国农业大学	园林
11120104950241	解　扬	同济大学	能源动力类
11120104950242	李　姗	清华大学	车辆工程
11120104950243	蔺承琳	南开大学	保险
11120104950244	刘　畅	哈尔滨工业大学	建筑学
11120104950245	刘　丹	中南大学	临床医学与医学技术类(五年制)
11120104950246	刘艳秀	华中农业大学	经济学
11120104950247	罗元婧	南京信息工程大学	大气科学
11120104950248	任聪颖	中国农业大学	植物生产类
11120104950249	任　梦	北京工业大学	机械工程及自动化
11120104950250	孙弘莉	南开大学	会展经济与管理
11120104950251	王梦雪	中国药科大学	中药学
11120104950252	王　姝	复旦大学	医学试验班
11120104950253	戴　阳	天津中医药大学	市场营销
11120104950254	杨　萌	北京交通大学	计算机科学与技术
11120104950255	尹婷婷	厦门大学	软件工程
11120104950256	陈　昊	上海理工大学	系统科学与工程
11120104950257	张杨靓	天津财经大学	财政学
11120104950259	赵　婧	中国海洋大学	日语
11120104950260	周柏岑	宁波诺丁汉大学	建筑学
11120104950261	王梓霖	四川大学	化学类
11120104950262	蒋　幸	南开大学	环境科学
11120104950263	曹金轩	西南交通大学	交通运输
11120104950264	陈子峰	天津大学	材料科学与工程
11120104950265	房　铎	中央财经大学	金融工程
11120104950266	黄浩然	武汉大学	印刷工程
11120104950267	黄笑尘	中山大学	预防医学
11120104950268	姜天时	华中科技大学	土木工程

11120104950269	蒋彧智	西南财经大学	保险
11120104950270	李增杰	天津大学	计算机科学与技术
11120104950271	刘朗君	同济大学	工程力学类
11120104950272	刘钰玮	华东理工大学	应用化学
11120104950273	孟令尧	南开大学	电子信息科学与技术
11120104950274	邱奕超	湖南大学	工业工程
11120104950275	田家瑞	中国农业大学	植物生产类
11120104950276	王洪星	北方民族大学	软件工程
11120104950277	张超昱	浙江大学	理科试验班类
11120104950278	张志齐	上海交通大学	(保送生)
11120104950279	赵天任	大连海事大学	电子信息科学与技术
11120104950280	赵虓虎	浙江大学	工科试验班(工学)
11120104950281	赵子昂	中国科学技术大学	管理科学与工程类
11120104950282	陈培培	北京大学	环境科学类(城市与环境学院)
11120104950283	符　婧	天津大学	计算机科学与技术
11120104950284	高　昕	南开大学	化学
11120104950285	郭姝怡	中国海洋大学	生态学
11120104950286	何鸣西	华中科技大学	物理学
11120104950287	侯姗姗	香港理工大学	
11120104950288	侯懿珊	天津大学	应用物理学
11120104950289	李　程	南开大学	工商管理类
11120104950290	李旻华	清华大学	建筑学
11120104950291	李　雪	天津大学	数学与应用数学
11120104950292	刘艾伦	南开大学	软件工程
11120104950293	刘婧媛	南开大学	临床医学
11120104950294	刘梦婕	南开大学	管理科学与工程类
11120104950295	刘晓彤	天津大学	材料科学与工程
11120104950296	马菁阳	上海交通大学医学院	临床医学(五年制)
11120104950297	乜靓楠	西南大学	法学
11120104950298	王璟璇	上海财经大学	财务管理
11120104950299	王　蕾	天津大学	制药工程
11120104950300	王译凡	四川大学	口腔医学
11120104950301	于嘉翌	南开大学	自动化
11120104950302	张铭萱	武汉大学	新闻传播学类
11120104950303	张　萍	武汉大学	空间信息与数字技术
11120104950304	张　思	中国人民武装警察部队学院	火灾勘查
11120104950305	张　媛	天津大学	环境科学类
11120104950306	周　玉	南开大学	数学类
11120104950307	陈凯翔	北京林业大学	园林
11120104950308	杜树楷	天津大学	数学与应用数学
11120104950309	傅艾卿	天津外大滨海外事学院	日语(翻译)
11120104950310	傅　睿	哈尔滨工业大学	工业工程
11120104950312	李　浩	西北工业大学	飞行器设计与工程

11120104950313	李淑义	南京大学	物理学类
11120104950314	刘　通	北京化工大学	应用化学
11120104950315	马龙江	天津大学	机械设计制造及其自动化
11120104950316	穆子杰	东北师范大学	软件工程
11120104950317	孙宝德	天津大学	生物工程
11120104950318	王　鹏	宁波诺丁汉大学	工程力学类
11120104950319	王晓辰	天津财经大学	财务管理
11120104950320	杨文戈	东南大学	临床医学(七年制)
11120104950321	张　鹏	北京林业大学	林学
11120104950322	张　喆	湖南师范大学	物理学
11120104950323	张子萱	国际关系学院	信息管理与信息系统
11120104950324	赵　毅	天津科技大学	计算机科学与技术
11120104950325	周　舢	西安电子科技大学	空间信息与数字技术
11120104950326	巴静雯	南开大学	材料化学
11120104950328	韩敬薇	南京信息工程大学	大气科学
11120104950329	李依然	北京航空航天大学	飞行器动力工程
11120104950330	李　钰	北京科技大学	环境工程
11120104950331	林凌燕	北京科技大学	工商管理类
11120104950332	刘　怡	河海大学	通信工程
11120104950333	刘颖琦	天津商业大学	经济学类
11120104950334	邱子珈	北京语言大学	信息管理与信息系统
11120104950335	汪　锦	南开大学	环境科学
11120104950336	王思思	天津财经大学	法学
11120104950337	王　妍	天津财经大学	会计学(财务会计)
11120104950338	王乙竹	南京理工大学	计算机科学与技术
11120104950339	王　懿	南开大学	环境工程
11120104950340	王咏新	南开大学	资源循环科学与工程
11120104950341	夏　冬	上海理工大学	外国语言文学类
11120104950342	许　璟	兰州大学	化学
11120104950343	叶津炜	浙江大学	社会科学试验班
11120104950344	殷　玥	南开大学	生物技术
11120104950345	由　迪	南开大学	分子科学与工程
11120104950346	翟晓柳	西安交通大学	电子科学与技术
11120104950347	张　婕	中国农业大学	数学与应用数学
11120104950348	张　希	北京林业大学	园艺
11120104950349	张　园	南开大学	生物技术
11120104950350	张左昕	华南农业大学	经济类
11120104950351	赵欣怡	天津大学	电气信息类
11120104950352	程　优	中南大学	医学检验
11120104950353	丁一凡	安徽大学	信息管理与信息系统
11120104950354	段沛宸	中山大学	信息管理与信息系统
11120104950355	高　明	中山大学	工商管理类
11120104950356	顾　超	天津大学	信息工程

11120104950357	黄　湃	华北电力大学(保定)	电气工程及其自动化
11120104950358	康　凯	天津大学	机械设计制造及其自动化
11120104950359	李冀豫	中山大学	生物医学工程
11120104950360	李雨轩	南开大学	计算机科学与技术
11120104950361	刘　强	北京交通大学	电子科学与技术
11120104950362	刘云鹏	华中农业大学	地理信息系统
11120104950363	穆　维	南开大学	自动化
11120104950364	王宏达	合肥工业大学	工业工程
11120104950365	王天照	南开大学	微电子学
11120104950366	夏博睿	天津大学	热能与动力工程
11120104950367	许天桐	东北大学	工业工程
11120104950368	杨　宽	重庆大学	电子信息工程
11120104950369	赵　耀	宁波诺丁汉大学	财务管理
11120104950370	周翰驰	北京化工大学	生物工程类
11120104950371	曹　璐	中央财经大学	劳动与社会保障
11120104950372	迟晓宇	天津财经大学	会计学
11120104950373	董　烨	天津财经大学	公共事业管理
11120104950374	谷业媛	北京林业大学	野生动物与自然保护区管理
11120104950375	郭　梦	北京师范大学	信息科学技术
11120104950376	刘　蕾	天津财经大学	会计学(国际会计)
11120104950377	刘　爽	大连理工大学	软件工程(日语强化)
11120104950378	齐　钰	河海大学	管理科学与工程类
11120104950379	施　文	天津理工大学	电子信息科学类
11120104950380	孙玮濛	首都经济贸易大学	贸易经济
11120104950381	陶昱婷	南京信息工程大学	资源环境与城乡规划管理
11120104950382	王旖君	中国医科大学	临床医学(七年制)
11120104950383	魏　卓	北京中医药大学	工商管理(医药企业)
11120104950384	吴晓萌	天津大学	船舶与海洋工程
11120104950385	杨　潍	南开大学	电子信息科学与技术
11120104950386	于　淼	天津财经大学珠江学院	会计学(国际会计)
11120104950387	张梦迪	天津中医药大学	中医学类
11120104950388	张晓舟	中国石油大学(北京)	石油工程
11120104950389	朱泽西	中国传媒大学	数字游戏设计
11120104950390	邹文思	天津大学	建筑环境与设备工程
11120104950391	白清予	天津医科大学	眼视光学
11120104950393	范若宸	天津财经大学	工商管理
11120104950394	高　凡	中国地质大学(武汉)	网络工程
11120104950395	郭凤哲	天津大学	光电子技术科学
11120104950396	郭正昊	宁波诺丁汉大学	工程力学类
11120104950397	果天承	天津理工大学	能源动力类
11120104950398	何　川	天津商业大学	应用心理学
11120104950399	侯　喆	天津大学	船舶与海洋工程
11120104950400	黄博文	华北电力大学(北京)	新能源材料与器件

11120104950401	刘艺深	重庆邮电大学	电气信息类
11120104950402	刘宇嬴	南开大学	数学类
11120104950403	唐崇熙	河海大学	农业水利工程
11120104950404	息国瑞	北京航空航天大学	软件工程
11120104950405	闫博文	西南交通大学	电子信息科学与技术
11120104950406	杨新宇	北京大学	数学类
11120104950407	杨子祺	南开大学	环境工程
11120104950408	姚李天泷	南开大学	软件工程
11120104950409	殷啸尘	华东政法大学	金融学(金融工程)
11120104950410	赵文韬	天津财经大学	人力资源管理
11120104950411	杜爱伦	北京化工大学	机械工程及自动化
11120104950412	高晓宇	南开大学	保险
11120104950413	郭晓溪	中山大学	信息管理与信息系统
11120104950414	郭　颖	天津医科大学	医学影像学
11120104950415	李　想	天津财经大学	金融学(房地产金融)
11120104950416	李晓彤	南开大学	自动化
11120104950417	刘申昱	天津外国语大学	英语(国际商务)
11120104950418	罗予岑	清华大学	电子信息科学类
11120104950419	任　群	天津大学	电子科学与技术
11120104950420	王　晶	天津财经大学	信息管理与信息系统
11120104950421	王恺悦	厦门大学	财政学
11120104950422	王莹莹	天津理工大学	电气工程及其自动化
11120104950423	武雅琪	南开大学	药学
11120104950424	席舒姗	南开大学	分子科学与工程
11120104950425	杨　阳	天津大学	电气信息类
11120104950426	张海滢	天津财经大学	会计学(财务会计)
11120104950427	张震楠	天津大学	测控技术与仪器
11120104950428	赵　桐	对外经济贸易大学	信息管理与信息系统
11120104950429	钟凯晴	东华大学	机械工程及自动化
11120104950430	朱晓蕊	中山大学	口腔医学
11120104950431	李冠儒	上海交通大学	(保送生)
11120104950432	钱　桥	清华大学	(保送生)

2011届初中毕业生去向

序号	学籍号	姓名	性别	毕业证编号	考入学校
1	080547001	安宇翔	男	1147001	益中学校
2	080547002	陈至尊	男	1147002	南大附中
3	080547003	高　宇	男	1147003	四十二中
4	080547004	关子晏	男	1147004	实验中学
5	080547005	黄启望	男	1147005	南开中学
6	080547006	季秋实	男	1147006	南开中学
7	080547007	孔德夫	男	1147007	第四中学
8	080547008	梁宇韬	男	1147008	实验中学
9	080547010	刘俊玺	男	1147009	耀华中学
10	080547011	石添硕	男	1147010	南开中学
11	080547012	肖　潇	男	1147011	天津中学
12	080547013	许敬轩	男	1147012	五十五中
13	080547014	薛胜杰	男	1147013	南开中学
14	080547015	张海潮	男	1147014	翔宇中学
15	080547016	张　威	男	1147015	南开中学
16	080547017	张　泽	男	1147016	实验中学
17	080547018	郑　皓	男	1147017	耀华中学
18	080547019	周永正	男	1147018	四十二中
19	080547020	陈思雯	女	1147019	南开中学
20	080547021	单诗尧	女	1147020	南开中学
21	080547022	邓晓萌	女	1147021	南开中学
22	080547023	方　璐	女	1147022	新华中学
23	080547025	吉钊仪	女	1147023	南开中学
24	080547026	季蕴慈	女	1147024	南开中学
25	080547027	景　彤	女	1147025	二十一中
26	080547028	梁晓蕊	女	1147026	南开中学
27	080547029	林　婕	女	1147027	南开中学
28	080547030	刘　叶	女	1147028	五十五中
29	080547031	牟梦文	女	1147029	实验中学
30	080547032	祁雪晴	女	1147030	南开中学
31	080547033	綦　越	女	1147031	南开中学
32	080547034	尚允涵	女	1147032	新华中学
33	080547035	孙　彤	女	1147033	天津中学
34	080547036	孙　雯	女	1147034	南开中学
35	080547037	唐　然	女	1147035	南开中学
36	080547038	田曼宁	女	1147036	南开中学
37	080547040	王　玥	女	1147037	耀华中学

38	080547041	向三月	女	1147038	南开中学
39	080547042	徐倚天	女	1147039	第一中学
40	080547043	许博娜	女	1147040	南开中学
41	080547044	杨新源	女	1147041	南开中学
42	080547045	员宇琪	女	1147042	南开中学
43	080547046	张思宁	女	1147043	实验中学
44	080547047	张星歌	女	1147044	翔宇中学
45	080547048	赵益宁	女	1147045	南开中学
46	080547049	陈树萱	男	1147046	南开中学
47	080547050	程英平	男	1147047	耀华中学
48	080547051	郝　人	男	1147048	新华中学
49	080547052	李　博	男	1147049	南大附中
50	080547053	李博文	男	1147050	天津中学
51	080547054	李博懿	男	1147051	四十二中
52	080547055	马玉鑫	男	1147052	二十中学
53	080547056	施　杨	男	1147053	耀华中学
54	080547057	田碧波	男	1147054	南开中学
55	080547058	王　赫	男	1147055	实验中学
56	080547059	王康铭	男	1147056	新华中学
57	080547060	王睿恒	男	1147057	南开中学
58	080547061	武　旭	男	1147058	第九中学
59	080547063	许可为	男	1147059	南开中学
60	080547064	杨振旭	男	1147060	二十中学
61	080547065	姚　远	男	1147061	耀华中学
62	080547066	张士博	男	1147062	二十五中
63	080547067	朱行堃	男	1147063	天津中学
64	080547068	陈　旭	女	1147064	实验中学
65	080547069	陈　旭	女	1147065	第一中学
66	080547071	费丽潼	女	1147066	实验中学
67	080547072	高碧楠	女	1147067	耀华中学
68	080547073	韩雨露	女	1147068	二十中学
69	080547074	黄金玲	女	1147069	双菱中学
70	080547075	姜楚琪	女	1147070	南开中学
71	080547076	孔昱然	女	1147071	第一中学
72	080547077	李奇潼	女	1147072	实验中学
73	080547078	刘　畅	女	1147073	耀华中学
74	080547079	刘文妍	女	1147074	实验中学
75	080547080	邵常薇	女	1147075	天津三中
76	080547081	邵宇翾	女	1147076	南开中学
77	080547082	苏立帆	女	1147077	复兴中学
78	080547083	苏俐闲	女	1147078	崇化中学
79	080547084	孙一勍	女	1147079	耀华中学

80	080547085	汤　桐	女	1147080	第二南开中学
81	080547086	王梦雅	女	1147081	南开中学
82	080547087	肖　丹	女	1147082	南开中学
83	080547088	肖云兮	女	1147083	南开中学
84	080547089	徐　昆	女	1147084	南开中学
85	080547090	徐铭堃	女	1147085	天津中学
86	080547091	徐沛淳	女	1147086	第二南开中学
87	080547092	殷　婕	女	1147087	南开中学
88	080547093	虞颖懿	女	1147088	南开中学
89	080547094	张梦瑶	女	1147089	南开中学
90	080547095	章锦越	女	1147090	实验中学
91	080547096	赵富璎	女	1147091	第四中学
92	080547097	周琬婷	女	1147092	实验中学
93	080547098	白梦逊	男	1147093	第一中学
94	080547099	柴　硕	男	1147094	耀华中学
95	080547101	杜久川	男	1147095	南开中学
96	080547102	高　宇	男	1147096	第一中学
97	080547103	郭振邦	男	1147097	实验中学
98	080547104	刘兴彪	男	1147098	第四中学
99	080547105	穆　尧	男	1147099	南开中学
100	080547106	宁　安	男	1147100	耀华中学
101	080547107	潘天成	男	1147101	耀华中学
102	080547108	田芳林	男	1147102	南开中学
103	080547109	王博文	男	1147103	第一中学
104	080547110	王兆福	男	1147104	实验中学
105	080547111	吴松涛	男	1147105	天津中学
106	080547112	闫树鹏	男	1147106	南开中学
107	080547113	杨贺宇	男	1147107	双菱中学
108	080547114	杨键宇	男	1147108	耀华中学
109	080547115	杨明秋	男	1147109	南开中学
110	080547116	张洪堃	男	1147110	南开中学
111	080547117	张玉成	男	1147111	实验中学
112	080547118	张　振	男	1147112	益中学校
113	080547119	安津川	女	1147113	二十中学
114	080547120	蔡婧怡	女	1147114	益中学校
115	080547121	陈华盾	女	1147115	南开中学
116	080547122	程梦琪	女	1147116	耀华中学
117	080547123	池佼妮	女	1147117	南开中学
118	080547124	戴嘉婧	女	1147118	南开中学
119	080547125	付晓琦	女	1147119	第一中学
120	080547126	高歆蕊	女	1147120	南开中学
121	080547127	贺心怡	女	1147121	第二南开中学

122	080547128	李子譞	女	1147122	天津中学
123	080547129	林安琪	女	1147123	南开中学
124	080547130	刘　安	女	1147124	实验中学
125	080547131	刘晓晗	女	1147125	南开中学
126	080547132	刘品汐	女	1147126	二十一中
127	080547133	卢禹辰	女	1147127	南开中学
128	080547134	鲁　莹	女	1147128	南开中学
129	080547135	律乃琦	女	1147129	实验中学
130	080547136	石静仪	女	1147130	南开中学
131	080547137	时　畅	女	1147131	南开中学
132	080547138	史小玉	女	1147132	第一中学
133	080547139	宋芳菲	女	1147133	实验中学
134	080547140	宋抒播	女	1147134	耀华中学
135	080547141	王嘉莹	女	1147135	天津中学
136	080547143	张弘钦	女	1147136	二十中学
137	080547144	张天怡	女	1147137	第四中学
138	080547145	郑月妍	女	1147138	实验中学
139	080547146	朱璐瑶	女	1147139	南开中学
140	080547147	张　政	女	1147140	第二南开中学

2011 学年高三年级学生名单

（**编者注**：以下六个年级学生名单中，凡在括号内注“国”字系指国际部，注“休”字系指休学，注“转”字系指转出，注“出”字系指出国，注“游”字系指游泳队）

高三 1 班

1	陈志伟	2	崔彦博	3	单君翌	4	董　博	5	高　升
6	何进阳	7	胡　亮	8	姜洪亮	9	李硕森	10	梁禄明
11	刘洪轩	12	刘静远	13	刘思扬	14	刘　天	15	马力天
16	宁运达	17	商士博	18	宋庆辰	19	王性淳	20	伍宇轩
21	邢阡陌	22	邢　阳	23	徐嘉辉	24	薛志鹏	25	杨　卓
26	于博洋	27	袁玮良	28	袁文康	29	张晨翀	30	张子涵
31	种　晟	32	周鼎翕	33	诸兆轩	34	左振斌	35	安　琪
36	常星久	37	贺心蕊	38	雷阓玮	39	黎晓宇	40	刘　超
41	路　絜	42	满文旭	43	沈超洋	44	汤胜男	45	徐　琳
46	杨连昕	47	张嘉懿	48	张　书	49	赵美晗	50	赵悦明

高三 2 班

1	贝　帅	2	陈泽晖	3	程浚峰	4	惠弘韬	5	缴　越

6	康遵禹	7	李　超	8	李立中	9	李　想	10	李　韫
11	梁思寒	12	刘天祚	13	刘运泽	14	刘志昊	15	吕恩申
16	商　邀	17	宋　涛	18	宋旭东	19	孙浩洋	20	孙浩羽
21	孙一芃	22	王颖墨	23	王振宇	24	王子晔	25	吴家笑
26	徐　罡	27	许恩泽	28	杨天泽	29	于鸿升	30	于　潼
31	袁　野	32	张宝昌	33	张秋晨	34	张宇滨	35	周嘉诚
36	韩傲雪	37	韩　皙	38	纪婷婧	39	李辰雨	40	李　垚
41	刘　陈	42	刘梦辰	43	刘韵然	44	孟秋菲菲	45	石川淼
46	宋雨濛	47	孙婧宇	48	席凌云	49	阎嘉阳	50	张可心
51	张　妍	52	周若昕						

高三 3 班

1	常　鹏	2	陈　宇	3	丁　阳	4	高　涵	5	高　兴
6	郭启文	7	郭亦麟	8	寇忠伟	9	刘加易	10	刘　宁
11	吕天一	12	邵　尉	13	石宸泽	14	孙佩琳	15	孙　晔
16	孙雨翔	17	田　锟	18	王程菲	19	王寒晖	20	王　赫
21	吴建国	22	辛博达	23	许广雪	24	杨祎程	25	杨子奇
26	殷睿阳	27	朱小彧	28	曹曦冉	29	戴曼琳	30	韩　阳
31	侯丽薇	32	姜梦然	33	冷亚美	34	李洁然	35	刘杉杉
36	陆　珊	37	邵　芃	38	孙　颖	39	王浩楠	40	王金阳
41	王　潇	42	王雪薇	43	王以申	44	王　珍	45	徐一格
46	杨小玥	47	张　琦	48	张绮帆	49	张　霄	50	赵　悦
51	赵梓彤								

高三 4 班

1	曹　宇	2	高　超	3	哈博文	4	韩博伟	5	胡鹏龙
6	李钏溥	7	刘海涛	8	柳文韬	9	马　明	10	秦子健
11	时　健	12	宋勃宇	13	宋佳澳	14	王聃权	15	王宇晨
16	王宇麒	17	王兆其	18	冼　烨	19	杨钧渌	20	袁　帅
21	张　权	22	张舒楠	23	张文正	24	周君梓	25	董婧懿
26	董宇珊(休)	27	董元杰	28	冯紫薇	29	傅若金	30	高孟烨
31	郭思远	32	侯雅宁	33	黄玉姝	34	李曼溪	35	李　韵
36	彭思佳	37	戎凤仪	38	万　铭	39	徐静怡	40	杨霁萌
41	杨睿乔	42	杨晓蕾	43	尹艺靓	44	俞　畅	45	张春泉
46	赵　雪	47	郑殊頔	48	周清越	49	孙浩植		

高三 5 班

1	艾思宇	2	白冠男	3	陈天朗	4	李泊萱	5	李浩冉
6	李鸿运	7	李佳霖	8	李　晟	9	李　硕	10	李晓川
11	李志强	12	汪俊成	13	王　智	14	吴　泼	15	许湛尧
16	杨　潇	17	张涵易	18	张　浩	19	张　可	20	张启明
21	张腾智	22	赵林林	23	陈　乾	24	郭　旭	25	郝　洁

26	黄　菁	27	菅珮艺	28	李文汭	29	李晓娴	30	李心哲
31	李雪娴	32	李逸凡	33	吕梦恬	34	钱梦莹	35	沈　悦
36	王丹薇	37	王冬东	38	王墨丹	39	吴雯玥	40	吴一荻
41	席艺钊	42	徐慧婷	43	许　纳	44	于泽慧	45	张晨歌
46	张　蕊	47	张婉悠	48	赵　梦				

高三 6 班

1	蔡鸿儒	2	陈泊江	3	冯子杰	4	高德君	5	高　鸿
6	廖克寒	7	刘梦瑀	8	孟泽皓	9	祁　宇	10	齐德胜
11	任世天	12	王瑞腾	13	王晓楠	14	王鑫雨	15	王子博
16	王　梓	17	夏　恺	18	颜祥禹	19	袁思远	20	张宝琦
21	张　强	22	张　权	23	朱　堃	24	陈秋宇	25	程　睿
26	戴雅煦	27	黄家湄	28	李若焓	29	林　芝	30	刘　畅
31	刘　丹	32	刘　茜	33	刘禹含	34	刘予至	35	师　文
36	孙佳钰	37	田青艳	38	王君傲	39	徐　曼	40	阎雨齐
41	杨　菲	42	杨以宁	43	于　行	44	张恩泽	45	张婧妍
46	周　越	47	朱佳君	48	朱　楠	49	安培博	50	刘　玥
51	郑　麒								

高三 7 班

1	陈宏璋	2	杜　瑀	3	冯　旭	4	高志华	5	郎克宁
6	李欣科	7	刘天晟	8	刘泽秋	9	秦楚昂	10	任宇琛
11	田立超	12	王文韬	13	王阳明	14	温思达	15	杨　珖
16	杨　骁	17	伊　超	18	于明哲	19	张呈尧	20	张宏宇
21	张天乐	22	赵东方	23	郑　玥	24	戴碧华	25	侯媛媛
26	李　想	27	李宇静	28	李　峥	29	刘子琪	30	陆子蕊
31	马　列	32	孟凡迪	33	邱　昱	34	任晓彤	35	宋　昊
36	孙艺华	37	谭　欣	38	王雅贤	39	于晓溪	40	张　可
41	张　倩	42	张雅倩	43	赵　特	44	植　率	45	宗婧怡
46	石熙琳(国)								

高三 8 班

1	杜立仁	2	高　彭	3	宫澄琦	4	郭明皓	5	惠　钊
6	姜　昊	7	李　称	8	李　坤	9	李子瞻	10	刘　瑞
11	宋文泽	12	孙　靖	13	索玖鹏	14	王若禹	15	魏建旭
16	徐梓熙	17	杨博进	18	杨丹帅	19	于汉晨	20	张国政
21	张启鹏	22	张　硕	23	赵东方	24	赵向超	25	周振冬
26	柴　爽	27	陈小艺	28	杜　淼	29	葛雅文	30	韩静心
31	黄玉珑	32	靳云轶	33	刘墨涵	34	刘　祎	35	刘迎晨
36	马　擎	37	马　悦	38	穆　頔	39	祁星竹	40	孙　桢
41	王　宇	42	吴夏旸	43	徐　仪	44	杨　夕	45	叶　双
46	张博文	47	冀迎峥(转)						

高三 9 班

1 毕宇辰　2 何宇斌　3 回玉鹏　4 纪亚琨　5 郎伟成
6 刘子赫　7 马　铮　8 钱　兴　9 宋仁龙　10 宋任飞
11 孙歆垚　12 王世缘　13 王宇辰　14 晏超杰　15 杨俊鹏
16 杨沐明　17 杨　智　18 张　驰　19 张路旸　20 张泽宇
21 安金颖　22 程海苏　23 范梦然　24 冯诗阳　25 何　伟
26 李鹤然　27 李雅文　28 李宇晴　29 梁　睿　30 刘玉涵
31 骆芳怡　32 马　雪　33 王乡月　34 王旭晨　35 王乙然
36 吴可婧　37 杨　璐　38 杨璐嘉　39 杨晓春　40 袁　田
41 张　艾　42 张　晗　43 张露予　44 张曼钰　45 张叔怡
46 张善佑(国)　47 贾人恺　48 马泽田

高三 10 班

1 陈博翰　2 崔晓雨　3 邓宗祥　4 韩　冬　5 姜蕴哲
6 孔润泽　7 李　达　8 李　昊　9 李瑛鑫　10 李元贞
11 林　杰　12 刘晋辰　13 刘宇鹏　14 穆　桐　15 邵　帅
16 孙博文　17 田晓玮　18 王汉卿　19 韦鹏辉　20 吴　鹏
21 杨　旭　22 杨　哲　23 姚智龙　24 姚卓阳　25 张　成
26 张丹阳　27 张　鹏　28 张勇涛　29 赵　赫　30 赵逸旻
31 曹　蕊　32 陈　卓　33 崔凤仪　34 范作岑　35 冯小可
36 付润霞　37 高雅洁　38 郭晓萌　39 胡梦媛　40 纪丽轩
41 李慧媛　42 李娅妮　43 刘　馨　44 吕纯祎　45 王　璐
46 徐宝佳　47 杨穹霄　48 于敏行　49 贠婉晴　50 张梅琳
51 李明佺(国)

高三 11 班

1 陈文政　2 郝逸飞　3 贾　明　4 李　辰　5 孙泽华
6 张泽强　7 赵子沐　8 朱跃辰　9 常馨方　10 崔碧竹
11 丁　昊　12 杜宛芝　13 杜晓宇　14 宫欣婷　15 谷　荣
16 黄薏荷　17 刘　畅　18 刘雅欣　19 罗　曼　20 莫谨如
21 石岷艳　22 宋书馨　23 孙雪雁　24 王少菲　25 王亚增
26 文若泓　27 吴可菲　28 徐　微　29 杨凌姝　30 杨雨芃
31 杨　煜　32 俞　岚　33 张心仪　34 赵美莹　35 赵　培
36 朱丽琨　37 祝安琪　38 巫若溪

高三 12 班

1 荆　堃　2 成禹同　3 范宇涛　4 金　睿　5 李宗胤
6 刘敬德　7 王　宇　8 姚　崇　9 张　威　10 赵秋辰
11 安程程　12 常　然　13 谷明明　14 郭逸尘　15 韩伊格
16 和　林　17 康　璐　18 林仲玮　19 刘　璐　20 穆唯雅
21 潘　博　22 任津慧　23 司　维　24 唐荣蕴　25 田米豆

26 王含元 27 王　旭 28 吴晓桐 29 徐宇擎 30 杨晓溪
31 杨　旸 32 张红叶 33 张　晛 34 张瑶琳 35 赵晓昂
36 赵圆圆 37 赵悦含 38 朱　梦 39 祝晗羽 40 孙晓凡(国)

2011 学年初三年级学生名单

九年 1 班

1 程　明 2 冯鑫铭 3 付家琪 4 郭盛楠 5 韩　斌
6 何泽霖 7 李家樑 8 林正堃 9 刘高智 10 孙真昊
11 项伟鑫 12 杨铠远 13 岳　诚 14 郑　欣 15 陈丕楠
16 董行言 17 冯梓萱 18 龚芳仪 19 胡文静 20 华　燚
21 纪欣蕊 22 李爱莲 23 李金芮 24 李美蒨 25 李修文
26 刘一漪 27 孟效合 28 祁晓萌 29 孙　馨 30 温雅妮
31 武小枫 32 姚　彤 33 尹德明 34 赵艺霖

九年 2 班

1 陈垈阁 2 陈敏达(出) 3 陈逸攀 4 郝长兴 5 黄鹏飞
6 李博浩 7 刘乔松 8 孙玮琦 9 王嘉锐 10 王　能
11 王子曦 12 徐乾兴 13 杨博文 14 由镇泽 15 张　镇
16 朱　喆 17 边小宇 18 曹　楠 19 陈思睿 20 陈心怡
21 段宜辰 22 冯昭朦 23 高欣怡 24 黄　旭 25 李玉如
26 梁彧瑄 27 孟木子 28 穆葆润 29 王昕慈 30 王雅欣
31 闫　爽 32 张曼女 33 赵金禹

九年 3 班

1 李浩铭 2 李培洋 3 刘　斌 4 苗泰民 5 齐冠文
6 宋天地 7 万睿喆 8 王　辰 9 王大维 10 王子健(休)
11 闫广赫 12 杨明浩 13 张弘弼 14 赵天元 15 周中天
16 董宏淼 17 房梦飏 18 郭　淳 19 郭芷若 20 胡宇尘
21 回　钰 22 李佳星 23 李　艳 24 李沂凝 25 刘倍嘉
26 刘晓彤 27 马诗佳 28 裴雪君 29 孙　宁 30 孙祎阳
31 王蓉蓉 32 王琬琪 33 薛鑫蕾 34 朱博爱

2011 学年入学高中学生名单

高一 1 班

1 方乐峥 2 冯昊轩 3 顾乃睿 4 黄启望 5 黄思源

6 黄天南　7 康圣博　8 李　赫　9 李再涵　10 刘孟雄
11 刘诗豪　12 刘旭钊　13 裴晓畅　14 齐谦益　15 沈子千
16 苏雁飞　17 孙凯新　18 汤浩然　19 田碧波　20 王楷博
21 王　锴　22 王俞心　23 温葳方　24 薛胜杰　25 闫　谨
26 闫树鹏　27 余　丰　28 张洪堃　29 张艺檬　30 薄　艾
31 孔文婕　32 李皓玉　33 马晓然　34 邱　杉　35 沈晨思
36 王冰蕊　37 王子文　38 许熙尧　39 杨　晔　40 员宇琪
41 袁沛玥　42 张馨予　43 朱　婧　44 朱雪瑞　45 朱宇微

高一2班

1 毕锦程　2 高冠南　3 高　松　4 顾欣玮　5 胡金鑫
6 季秋实　7 贾世翀　8 李晓涛　9 刘　帆　10 刘志昂
11 钱相如　12 石添硕　13 宋子彦　14 孙晓晨　15 孙稚昊
16 田芳林　17 王天也　18 王文曦　19 王子帅　20 肖鹏伟
21 闫　磊　22 姚　远　23 岳宇昆　24 张明睿　25 张　腾
26 钟　海　27 邹事成　28 崔敬怡　29 戴嘉婧　30 韩博文
31 姜思琦　32 林　婕　33 刘旖明　34 刘　颖　35 骆镜伊
36 綦　越　37 孙　雯　38 魏澍晗　39 温　馨　40 邢诗笛
41 徐柯玥　42 于凤洲　43 张亦琛　44 赵　笛

高一3班

1 崔　昊　2 杜久川　3 傅贵发　4 顾　曲　5 郭志鹏
6 洪瑞辰　7 季桥浛　8 贾舒宇　9 李昌临　10 李　杰
11 李宇高　12 刘　畅　13 刘　洋　14 苏　杭　15 唐嘉绅
16 王睿恒　17 王宇轩　18 吴英戈　19 吴禹航　20 武自后
21 徐　轩　22 张九国　23 周子鹏　24 陈华盾　25 单诗尧
26 华婉莹　27 吉钊仪　28 季蕴慈　29 孔欣然　30 李思捷
31 李玥靓　32 林安琪　33 刘云慧　34 穆奕如　35 孙梦纯
36 王凌波　37 肖　莹　38 肖粤萌　39 谢云霏　40 辛笑宇
41 徐　昆　42 徐梦雪　43 杨秋宇　44 杨晓瑩　45 杨　瑜
46 张　帆　47 张　靖　48 张钰忻　49 周　萌　50 朱云笛
51 邹唯嘉

高一4班

1 常鸿博　2 陈树萱　3 金　鑫　4 李　睿　5 李松涛
6 李晓轶　7 刘　浩　8 刘　沛　9 任益佳　10 孙今越
11 王翰林　12 温宏伟　13 谢雪天　14 杨启源　15 姚　宏
16 于晨阳　17 张　博　18 张　扬　19 赵埔兴　20 陈　旭
21 高之皓　22 韩小雪　23 韩　瑜　24 黑晓璇　25 孔维懿
26 黎夕瑶　27 李月轩　28 李泽惠　29 刘天一　30 马金艺
31 石　宇　32 宋　佳　33 孙　齐　34 孙　元　35 孙　玥
36 王安頔　37 王骁潇　38 王彦南　39 王艺霖　40 吴　迪

41	殷　婕	42	张可欣	43	张涵音	44	钟　悦	45	周子璇
46	朱越宸	47	李俊协(国)						

高一5班

1	邓子琛	2	董佳林	3	高博轩	4	郭金峰	5	郭　逸
6	贺庆才	7	胡浩东	8	靳牟天	9	李博琛	10	李明洋
11	李晓琛	12	娄文博	13	卢　毅	14	穆　尧	15	尚大栋
16	王天野	17	王振堃	18	王子潇	19	徐铭浩	20	张冠华
21	冯　雪	22	高春蕾	23	何雪琼	24	李宇辰	25	李玉懿
26	林子钰	27	刘佳佩	28	路　瑶	29	吕悦辰	30	时　畅
31	宋梓涵	32	孙婧萱	33	田曼宁	34	王海帆	35	武锐燚
36	辛　宇	37	杨文更	38	尹清源	39	虞颖懿	40	张皓月
41	张　璐	42	张梦琪	43	张　萱	44	郑璐辰	45	周林潇
46	朱　琳	47	邹　寒	48	具始妍(国)				

高一6班

1	董晓宇	2	高名垚	3	高子豪	4	焦　杨	5	李　运
6	刘　渊	7	宋　朴	8	宋若扬	9	宋　喆	10	田瑞林
11	吴乔宇	12	许笑榕	13	薛子浩	14	杨秉文	15	杨昊霖
16	杨明秋	17	杨子江	18	张奇正	19	张　洋	20	张智超
21	赵博宇	22	柴嘉琪	23	陈昱彤	24	韩　晶	25	贾梦蕊
26	鞠佳铮	27	蓝　菲	28	李经纬	29	李　响	30	刘洪依
31	刘美君	32	刘紫川	33	马晓蕾	34	齐　晨	35	石红薇
36	佟泽坤	37	王晓雪	38	吴俣辰	39	夏青竹	40	徐舒悦
41	杨敬一	42	殷欣阳	43	虞宝萍	44	袁一鸣	45	张艾菁
46	张岳超	47	周明皓	48	冯骏达(国)				

高一7班

1	程小洲	2	韩　博	3	李佳伦	4	李润泽	5	李泽田
6	李宗璞	7	刘博韬	8	刘维祎	9	马铖明	10	牛宇生
11	苏本源	12	孙思宇	13	王晨宇	14	王浩泽	15	肖尊宸
16	张　祎	17	张泽堃	18	郑力铭	19	陈　稳	20	邓晓萌
21	冯博雅	22	高晓雅	23	韩瑗晶	24	季　妍	25	李玉婷
26	刘家茜	27	刘宇梦	28	马铭泽	29	苗露阳	30	苗雨阳
31	穆　祎	32	乔丹蕾	33	宋国钰	34	王一丹	35	许熙淼
36	杨博涵	37	杨　爽	38	杨　雁	39	杨宇宏	40	杨子夏
41	张洪儒	42	张晓蕊	43	张　玥	44	朱璐瑶	45	朴廷珉(国)

高一8班

1	崔文彧	2	范　馗	3	房礼靖	4	季凯潇	5	焦润梓
6	李佩霖	7	李昕泽	8	刘睿鑫	9	刘帅旗	10	刘天野
11	王浩楠	12	王子恒	13	肖逸飞	14	杨观澜	15	杨轶凡

16	于博涛	17	袁　峥	18	张　奕	19	常　纯	20	杜温鑫
21	胡佳欣	22	李妙甜	23	李维杉	24	李星辰	25	刘梦莹
26	马鼎萱	27	孟　婕	28	任玥玫	29	申正宇	30	田雨凡
31	王　珊	32	王鑫妍	33	王又君	34	吴怡欣	35	闫　璐
36	杨　希	37	杨新源	38	于光妍	39	张枫怡	40	张凯婷
41	张曼楠	42	张原欣	43	赵欣煜	44	赵雪涵	45	赵玉晶
46	仲丛蔚	47	朴之贤(国)						

高一9班

1	成司元	2	戴闻生	3	范昊扬	4	郇明赛	5	李嘉平
6	李业成	7	刘昭远	8	孟子健	9	彭鸿哲	10	宋尚达
11	宋欣源	12	苏　斌	13	孙小雨	14	吴玮琛	15	肖　锟
16	徐彬鑫	17	张乐天	18	张宇轩	19	曹宇琦	20	陈弼余
21	姜楚琪	22	李丹阳	23	李萌雪	24	李惟念	25	刘　阳
26	马　悦	27	穆怀卿	28	孙齐浓	29	孙悦瑾	30	汤　阳
31	王晓宇	32	王　颖	33	王钰涵	34	肖　丹	35	肖云兮
36	邢晓萌	37	徐泽宇	38	薛　兰	39	尹小艾	40	张　豫
41	赵冬蔚	42	赵　祁	43	赵　莹	44	郑欣怡	45	左小雨
46	韩姬英(国)								

高一10班

1	白家瑞	2	苍施越	3	杜智宇	4	韩　健	5	吕沛霖
6	马　瑞	7	任永旭	8	王恩博	9	王子龙	10	徐明达
11	阎子承	12	杨　戬	13	袁　帅	14	张　博	15	张　昊
16	周必宏	17	周正轩	18	庄若愚	19	祖宏鹏	20	陈　燕
21	程晓雨	22	董连婕	23	高　妍	24	韩　爽	25	何雨羲
26	黄　哲	27	李名扬	28	李诗雯	29	李思颖	30	刘佳琪
31	刘美辰	32	刘　佟	33	卢禹辰	34	邵宇翾	35	孙华伟
36	唐　然	37	王嘉茜	38	王印恬	39	王雨杉	40	王禹苏
41	于　婧	42	张梦一	43	张　楠	44	赵益宁	45	甄　锐
46	朱　莹	47	崔惠智(国)						

高一11班

1	陈勃羽	2	陈思樾	3	李冠伦	4	刘　昊	5	刘明翀
6	陆　晗	7	马　旺	8	孟凡峥	9	牟俊安	10	钱思卿
11	任松宇	12	孙翔舸	13	谢隽然	14	闫祉诚	15	尤闻博
16	余韫质	17	张金峰	18	张天尧	19	张　潇	20	赵博丛
21	陈　莎	22	单艺彤	23	窦　琳	24	高明媚	25	高玮瑶
26	高歆蕊	27	宫雅迪	28	管清钰	29	郭津津	30	郭晓蓓
31	李可心	32	李姝晓	33	刘帅瑶	34	马欣桐	35	聂欣悦
36	舒　畅	37	王梦頔	38	王雨桐	39	吴佳怡	40	臧　璇
41	张丽娜	42	张巧倩	43	张童彤	44	张潇萌	45	张行健

46	张 妍	47	张 翌	48	李相雨(国)				

高一 12 班

1	包方圆	2	陈佰川	3	范晶亮	4	李炳焜	5	李瀚泽
6	李鹏程	7	李天奕	8	刘启新	9	刘思言	10	刘 易
11	刘 哲	12	穆明昊	13	石鸿毅	14	宋昭宇	15	田泽华
16	尉 泽	17	徐嘉昊	18	杨文远	19	张轶夫	20	赵崇宇
21	陈思雯	22	戴若伟	23	杜 虹	24	杜尚淞	25	顾 悦
26	郭晓宇	27	洪宇桁	28	吉 利	29	姜晓娴	30	梁晓蕊
31	刘诗照	32	刘雨璠	33	苏文心	34	孙嘉瑗	35	孙如玥
36	田家雨	37	王世平	38	王杏妍	39	徐小雨	40	于杨雪
41	岳 洋	42	张嫒曦	43	张午笛	44	张欣怡	45	朱方瑞
46	朱彤昕	47	田川翼(国)						

高一 13 班

1	耿希超	2	韩雨均	3	刘 辰	4	秘 诚	5	孙明赫
6	王明古	7	王悟生	8	许可为	9	闫翔宇	10	杨越超
11	余立诚	12	臧 健	13	张 威	14	张文睿	15	张相熠
16	张笑晨	17	张泽润	18	张志伟	19	郑士博	20	周悦然
21	朱明曦	22	陈汝菲	23	崔晓萌	24	范潇健	25	傅馨靓
26	高靖怡	27	贺雅婷	28	胡嘉殷	29	康文竞	30	李昊谦
31	刘欢枢	32	刘 睿	33	祁雪晴	34	陶舒畅	35	王 遨
36	王琨宇	37	王梦雅	38	吴宥熙	39	谢 冬	40	杨佳琪
41	姚 丽	42	张心钰	43	张宇泽	44	张钰婷	45	郑 果
46	周 毅	47	朴贺璘(国)						

高一 14 班

1	陈奥凡	2	董熠晨	3	段尚泽	4	范鸿钊	5	郭英正
6	纪怀星	7	李天琛	8	刘明辰	9	穆德钊	10	魏传宇
11	吴放勋	12	夏湘钊	13	杨 光	14	张 雷	15	张 朋
16	张晟林	17	张倚天	18	池佼妮	19	崔筱琳	20	范语谈
21	符咏畅	22	顾欣怡	23	韩 菡	24	黄馨仪	25	李雪菡
26	李芝娴	27	刘晓晗	28	鲁 莹	29	任 家	30	石静仪
31	石天雨	32	王馨培	33	向三月	34	项 融	35	徐 可
36	杨叶祺	37	张成君	38	张慧昕	39	张钧婷	40	张梦瑶
41	张天乐	42	张新悦	43	张子垚	44	周佳杉	45	申周焕(国)
46	宋慧修(国)								

2011学年入学初中学生名单

七年1班

1	陈恺铂	2	陈晓轩	3	冯相儒	4	郭佰鑫	5	郝伯熙
6	郝文阳	7	郝敌陶	8	李庚超	9	李佳蓬	10	李予辉
11	林浩崧	12	刘舜扬	13	刘　轩	14	曲培钧	15	谭祉安
16	武天珩	17	叶炜如	18	张博洋	19	张晏铭	20	祝乐乐
21	陈柔君	22	陈紫泉	23	戴宇辰	24	高明晰	25	高轶伦
26	耿玘薇	27	胡一帆	28	黄　丹	29	李　凡	30	李晗玎
31	梁佳悦	32	吕文君	33	穆　杰	34	孙馨雨	35	王乃民
36	王昕钰	37	王泽菲	38	王祉祺	39	徐舒怡	40	杨安吉
41	尹淙卉	42	张雅清	43	邵伟恒(游)	44	邢川(游)	45	闫醒玉(游)

七年2班

1	常瀚文	2	戴若汐	3	董安琪	4	高岳峰	5	郝俊杰
6	姜　丰	7	焦翔昊	8	李石磊	9	林　浩	10	刘　驰
11	刘瀚洋	12	刘牧曦	13	彭伟琪	14	吴　铮	15	杨旭鹏
16	杨　毅	17	尹成志	18	袁懿伦	19	曾　洋	20	张逸清
21	邹逸阳	22	董乃嘉	23	冯婧莉	24	郝　好	25	孔樱瑾
26	李纯珍	27	李昊宣	28	李洪雨	29	李美彤	30	李馨怡
31	李子雯	32	邱晴蕾	33	田博瑶	34	王伯阳	35	王子汐
36	徐梦辰	37	杨心然	38	袁礼慧	39	袁千惠	40	张学梅
41	张浔玉	42	陈宇辉(游)	43	刘心雨(游)	44	齐浩辰(游)		

七年3班

1	安　睿	2	曹毅伟	3	陈修齐	4	傅熙芃	5	高楷钧
6	郭朗坤	7	侯　杰	8	贾玉禧	9	刘广阔	10	芦一凡
11	缪东延	12	任梓沛	13	王超逸	14	王明钊	15	王胜恩
16	王子石	17	杨　俣	18	于洪浩	19	邓雅方	20	董睿哲
21	董子琪	22	付澮哲	23	贾靖仪	24	贾永奕	25	李耀彤
26	刘　骁	27	刘晓航	28	刘晓炀	29	钮思凡	30	谭　笑
31	王瀚菲	32	王潇静	33	王雨薇	34	杨婧仪	35	张斯然
36	周容萱	37	张　右(国)	38	王美纱(国)				

七年4班

1	边庆宣	2	崔冉杰	3	杜宇萌	4	龚承祺	5	胡峻泽
6	李鹏举	7	李展烁	8	林羽喆	9	庞博予	10	盛秋旭
11	宋卓轩	12	唐浩翔	13	陶　今	14	张皓辰	15	张华锴
16	张　硕	17	张毅涵	18	赵伯雄	19	郑忱原	20	卜玥琳
21	杜炆洁	22	李丹莹	23	李昊轩	24	李　萱	25	刘　晨

26	刘梦达	27	苗如玉	28	朴秋怡	29	谭思铭	30	魏如蓝
31	邢雨程	32	张晨阳	33	张莘迪	34	赵梦瑶	35	赵瑞雅
36	郑　爽	37	安怡泉(国)	38	郑　俊(国)				

七年5班

1	冯远昊	2	高　郡	3	高伟航	4	金　融	5	李林宇
6	刘　强	7	刘逸群	8	孟轩宇	9	庞竣文	10	秦政睿
11	任云飞	12	王一博	13	卫芃男	14	殷博伟	15	张钧松
16	张可依	17	赵君行	18	赵配浤	19	赵天龙	20	赵宇轩
21	丁宇宁	22	郝　韫	23	黄　倩	24	蒋林燕	25	李思漫
26	刘珂嘉	27	马翊君	28	任天爱	29	孙慧颖	30	王奂辞
31	王　艺	32	王雨菲	33	杨雁舒	34	殷雅琦	35	袁傑卿
36	张嘉钰	37	张玉洁	38	金民正(国)	39	姜智勋(国)		

七年6班

1	曹博为	2	段朝辰	3	耿　奥	4	侯澍昇	5	胡文旭
6	蒋　昊	7	李乐宜	8	李明远	9	李　澍	10	梁念宁
11	刘梓辰	12	王默言	13	王一燃	14	夏天航	15	邢元鹏
16	张福慧	17	张翔津	18	张峙岳	19	朱泽宇	20	蔡　婧
21	成思玥	22	戴梦喆	23	高天祎	24	郭思涵	25	侯春羽
26	刘馨琪	27	卢诗媛	28	穆秋同	29	秦　煜	30	唐　佩
31	王思博	32	吴　晗	33	徐紫霄	34	杨鸿羽	35	张艺凡
36	赵承湉	37	林星河(国)	38	文静铉(国)				

高二年级文理分班后学生名单

高二1班

1	包文博	2	陈　鹏	3	崔　恺	4	崔越今	5	郭　佳
6	霍　炟	7	姜宗睿	8	蒋经纬	9	金悦祺	10	鞠大伟
11	李　硕	12	李　坦	13	李耀鑫	14	刘华帅	15	刘江彤
16	刘树青	17	陆作雨	18	吕远平	19	孟繁卓	20	苏子旭
21	王浩旭	22	王天恒	23	吴学桐	24	谢弈峥	25	邢　端
26	杨　涵	27	杨　森	28	杨作威	29	张博文	30	张仁谦
31	张　彤	32	钟晓琨	33	褚欣怡	34	董珮瑶	35	范佳琪
36	高　雪	37	郭映雪	38	李梦琳	39	刘若佳	40	马斯娇
41	司　佳	42	宋　欢	43	孙　奕	44	王荟羽	45	王莉晶
46	杨　溢	47	杨宇涵	48	赵　芮	49	朱婉漪	50	韩裕彬(国)

高二2班

1	阿　敏	2	常大忻	3	黄皓沄	4	李　东	5	李　栋

6	林盛超	7	刘　邦	8	苗润芃	9	潘泽洋	10	钱　晋
11	钱仲超	12	田嘉禾	13	汪津超	14	王宏玮	15	王伟戌
16	王心然	17	邢恩然	18	杨　林	19	杨义豪	20	张宇辰
21	张云昊	22	张　喆	23	赵旻晟	24	郑昊昕	25	朱乾宇
26	朱天磊	27	朱维宇	28	朱雅轩	29	白静雅	30	边　洋
31	陈安祺	32	崔　琦	33	高欣然	34	阚　睿	35	李　鑫
36	刘伊典	37	马玉颖	38	宁　雪	39	田　甜	40	王　菁
41	王靖瑶	42	王雅琳	43	向芯瑶	44	杨紫维	45	张月柔
46	周小洲	47	张爱琳(国)	48	王安然(国)				

高二 3 班

1	范世成	2	范羽翯	3	冯裕霖	4	高文宇	5	郭樵风
6	韩昌昊	7	何奕彤	8	纪宇成	9	李东泽	10	李飔清
11	李子超	12	满弘鹏	13	毛云涛	14	石育澄	15	王非凡
16	王　冕	17	王善宇	18	吴　桐	19	吴雪扬	20	邢雅淳
21	杨　阳	22	叶　昊	23	翟俊达	24	张凯文	25	张　铮
26	张之宇	27	张仲霖	28	张祚维	29	安　笑	30	白之珺
31	陈梦宇	32	陈星宇	33	崔梦媛	34	丁健兰	35	段韵竹
36	范祎纯	37	高　幂	38	李明真	39	刘君砚	40	刘小玮
41	马欣然	42	施　为	43	宋文慧	44	王冬月	45	王君妍
46	王天一	47	韦宇辉	48	杨　帆	49	尹　力	50	于晓云
51	张乐祺	52	赵欣琳	53	朱栩姗	54	金和英(国)		

高二 4 班

1	董世豪	2	何　墨	3	黄顺昊	4	李　欣	5	齐浩之
6	商泽华	7	孙　斌	8	孙　洋	9	孙仲熙	10	王　哲
11	王子亦	12	尉迟嘉康	13	夏诗雨	14	肖晶彦	15	闫启鹍
16	张泊宁	17	张嘉祺	18	张历柱	19	张　阳	20	张雨帆
21	赵翰清	22	朱　兵	23	朱世杰	24	祝博文	25	陈凤楠
26	陈玉涵	27	冯时雨	28	冯馨仪	29	付晓昱	30	傅晨菲
31	高慧璇	32	孔蔓歌	33	孔庆鑫	34	李　晗	35	刘冰彦
36	刘明琪	37	刘若琳	38	刘　馨	39	刘昱铄	40	马淑梦
41	申塞鸿	42	陶泓杉	43	陶津丽	44	田　征	45	王　楠
46	王新月	47	杨若璇	48	杨昱琪	49	姚驍玲	50	岳　熠
51	张博茜	52	张晗暄	53	张雅宁	54	张泽艺	55	陆夏宁(国)

高二 5 班

1	陈君燊	2	陈立帆	3	冯雨飞	4	郭炯兵	5	贺鹰成
6	黄伟辰	7	冀　潮	8	李嘉徽	9	李明俊	10	李舒阳
11	刘博文	12	刘桓宇	13	刘天琦	14	刘　峥	15	吕　玮
16	庞嵩林	17	乔一凡	18	商李成	19	沈　鉴	20	孙盛东
21	王家骥	22	王子行	23	武军宇	24	许梦凡	25	阎子翱

26 张 宁　27 张天行　28 赵宇斐　29 周禹珉　30 白 洋
31 陈少维　32 仇 莹　33 丁 宁　34 冯 薇　35 韩剑姿
36 何紫郁　37 贾 佳　38 李博涵　39 李修莹　40 刘靖文
41 马宜鸣　42 裴琳瑛　43 彭传迪　44 田立坤　45 王 粞
46 王 妍　47 王仪铄　48 王瑛琦　49 魏 洁　50 徐翕如
51 许 慧　52 宣一荻　53 姚 漪　54 张 桐　55 周展晨
56 冯骏飞(国)

高二 6 班

1 陈彦杰　2 陈泽华　3 樊 晟　4 韩明昊　5 黄薪钢
6 黄予川　7 刘宏韬　8 刘瑞临　9 孟晓彤　10 师荣盛
11 宋振宇　12 王吉涛　13 王笑辰　14 王永岩　15 吴英乘
16 邢 燚　17 熊慕枫　18 杨天一　19 于 天　20 赵 杰
21 郑浩瀚　22 周明瑞　23 朱飞扬　24 边时伟　25 付明月
26 高 炜　27 葛 岱　28 郭士婕　29 何 洋　30 金 梦
31 冷碧琳　32 李茂莹　33 李斯达　34 李 京　35 刘剑雨
36 刘 莹　37 刘紫瑞　38 孟 曈　39 孟祥钰　40 牛芳琪
41 商秋怡　42 王 芃　43 王 彭　44 王 烁　45 王紫玉
46 吴 仪　47 肖娅萌　48 徐隽雅　49 杨 桐　50 尹 燕
51 张 阔　52 赵羽出　53 周从容　54 周国雯　55 樊懿锋

高二 7 班

1 安 昊　2 蔡一鸣　3 陈洲寒　4 戴强宇　5 董少英
6 董星驰　7 多乾禛　8 郭 鹏　9 李东航　10 李广元
11 李 浩　12 刘 畅　13 彭思阳　14 任大维　15 苏俊成
16 王瀚哲　17 王玥珑　18 王梓涵　19 吴建雄　20 姚敬轩
21 张铃杰　22 朱立铭　23 陈欣怡　24 丁若钎　25 段巧嫒
26 冯晓萌　27 郭海青　28 郭惠莹　29 韩鸣宇　30 胡丹萍
31 胡雨涵　32 康加嘉　33 李雨珊　34 李元玥　35 梁思超
36 刘 桐　37 刘 媛　38 罗 仪　39 宋云潇　40 王曼迪
41 王 宁　42 杨 睿　43 杨颖晖　44 张惠珏　45 张柯欣
46 张晓爽　47 张雪丹　48 张 洋　49 张颖颖　50 郑翔宇
51 朱婧雯　52 朱 悦

高二 8 班

1 白卫华　2 初明钰　3 董兆年　4 段睿潇　5 范江磊
6 范雨桐　7 韩健一　8 黄思文　9 贾兴隆　10 李楷模
11 李响　12 李 雪　13 李赵硕　14 李宗佺　15 刘振宇
16 司贮元　17 王 帅　18 王熠阳　19 王雨润　20 王云翔
21 徐搏飞　22 杨剑宇　23 杨 珺　24 张 天　25 赵 鑫
26 朱泓旭　27 蔡欣锦　28 曹一诺　29 陈婷婷　30 董洁琼
31 高 怡　32 葛语辰　33 何一江　34 何 悦　35 赖诗滢
36 李冬晴　37 李欣瑶　38 李艳艳　39 李 玥　40 刘秋怡

41 刘依琳　42 田津　43 王佳　44 王秋怡　45 王心怡
46 温梓含　47 信维　48 徐晗　49 伊丽颖　50 印炜华
51 张雨萌　52 郑杉　53 周凡煜

高二9班

1 白菊　2 毕晟　3 曹靖旸　4 常麟　5 韩民欣
6 侯世骏　7 孔德鹏　8 赖尚锋　9 李涵　10 刘定坤
11 刘洋　12 楼昊　13 吕星乐　14 毛东屿　15 齐世雄
16 王桉　17 王璐明　18 王若宇　19 王育飙　20 夏博航
21 徐世超　22 严晗　23 张潇一　24 赵天宇　25 赵彦博
26 曹雪　27 柴玥　28 陈宇　29 戴旭文　30 董睿琦
31 贾凡　32 李晓璇　33 李昕滢　34 李洋　35 梁玉冰
36 刘晋鹏　37 刘思遥　38 刘子楹　39 刘梓轩　40 马晓宇
41 倪小玥　42 乔琦　43 秦帆　44 茹梦　45 孙乃彤
46 王路嘉　47 王雪娇　48 王逸之　49 王紫嫣　50 邢子哲
51 许人文　52 张涵煦　53 张玉莹　54 赵楚伊　55 赵文卿
56 周沛然　57 李韩美(国)

高二10班

1 白司宇　2 白羽　3 董钊　4 黄文杰　5 焦健鹏
6 李东阳　7 李宇　8 刘赫　9 刘宇　10 孟阳
11 潘昊宇　12 沙桐　13 石淦　14 宋庆达　15 谢宸宇
16 徐纯如　17 闫晓辉　18 杨祺琛　19 殷润泽　20 张功普
21 张晶雷　22 张乃夫　23 赵玉健　24 朱昱　25 曹戈
26 陈方君　27 单奥依　28 丁卓钰　29 冯春晗　30 高广琳
31 耿小童　32 贾卓尧　33 姜秋宜　34 鞠萌　35 雷丹雯
36 李丹彤　37 李彗　38 李可纯　39 刘玉钏　40 盛周扬
41 司志欣　42 苏畅　43 孙靓文　44 王珂妍　45 王琳晰
46 吴效俭　47 徐露阳　48 张翠微　49 张佳楠　50 张鸣岐
51 张玉涵　52 朱紫璇　53 左连伟　54 朴秀珉(国)

高二11班

1 侯政　2 李睿童　3 马宁远　4 庞泽洲　5 齐浩明
6 齐缰　7 邱治宇　8 唐嘉雨　9 王博轩　10 王震岳
11 王梓　12 张晨　13 张晟泽　14 陈凯仪　15 戴欣然
16 傅京旻　17 郭彦麟　18 郝泽夏　19 何灵南　20 何雨璇
21 李丹荔　22 李景瑶　23 刘祎晴　24 刘悦　25 孟玫
26 申畅　27 苏杭　28 汪裕　29 王冰晶　30 王冰莹
31 王坤阳　32 王梦婷　33 王若溪　34 王印　35 吴婧
36 吴朔　37 杨蔼文　38 杨佰慧　39 杨宇　40 张楚怡
41 张文雪　42 张莹　43 张钰鑫　44 张钟文　45 赵雅璐
46 赵乙潼　47 李裕定(国)　48 朴有娜(国)　49 朴希贤(国)

高二 12 班

1	陈津津	2	陈肖鹏	3	范文甲	4	高宇豪	5	李海福
6	吕思遨	7	王乃偲	8	王伟平	9	徐志卓	10	杨一多
11	陈鑫森	12	范翔羽	13	范羽佳	14	冯舒媛	15	季　洁
16	姜驿泓	17	李　晶	18	李　洋	19	梁田梓	20	刘鑫莹
21	刘雅璇	22	路一帆	23	秦卓环	24	秦紫函	25	石冬雪
26	王　茜	27	王睿佳	28	王啸洋	29	王馨苒	30	王馨雨
31	王钰畅	32	王　越	33	吴依凡	34	杨晓晴	35	张奥淇
36	张天骄	37	张一诺	38	周思琳	39	郑怡然	40	管仲添
41	印廷宰(国)	42	裴珉梯(国)						

初二年级学生名单

八年 1 班

1	窦若鹏	2	樊　烨	3	高　峰	4	高徐牛津	5	雷泽琦
6	李啸宇	7	李　熠	8	林思聪	9	刘沛东	10	刘　旸
11	卢昊禹	12	潘越峰	13	孙向峰	14	王　森	15	吴永健
16	杨添翔	17	张博轩	18	赵知愠	19	周　卓	20	常婉娉
21	陈逍旭	22	樊子晴	23	葛　昕	24	郭佳怡	25	金　羚
26	李冠楠	27	李君卉	28	李旭东	29	李雨濛	30	李　悦
31	刘　念	32	刘淑言	33	刘子健	34	彭心怡	35	齐　欢
36	桑佳雯	37	沙百怡	38	师雅泓	39	石　祺	40	唐雨暄
41	邢琬珮	42	许　可	43	殷梓培	44	张亚欣	45	周　崧

八年 2 班

1	邓仁轩	2	丁　泉	3	高昊山	4	侯嘉成	5	黄御华
6	金戴玘	7	荆浩明	8	寇　帅	9	李嘉宜	10	李森森
11	李尚霖	12	李　铮	13	梁云淞	14	刘昊楠	15	刘宗泽
16	马天顺	17	潘陈恺	18	徐天宇	19	张皓南	20	竹晨博
21	曹锦滟	22	车　畅	23	段照圆	24	胡佩文	25	李君妍
26	李若兰	27	李晓阳	28	刘　澍	29	刘　轩	30	刘彦良
31	刘远扬(转)	32	邱瑞琦	33	宋思远	34	唐靓瑶	35	王人婧
36	王晓松	37	王雪竹	38	王雨昕	39	徐晓祯	40	杨欣森
41	游晓婷	42	张兰婷	43	张子策	44	郑伊然	45	周旻颉
46	祖睿婷								

八年 3 班

1	龚雪萌	2	卜嘉润	3	杜俊锋	4	高昱达	5	高誉籍
6	李华健	7	李沁杭	8	李奕明	9	刘福祜	10	庞崇兴
11	齐思朴	12	孙晟然	13	田韩续	14	童堇鋆	15	王世轩

16	王思依	17	吴奉宪	18	许　鑫	19	杨力宾	20	杨璞兆
21	杨宜霖	22	于大智	23	原维聪	24	张浩蓬	25	张效晨
26	张正涵	27	赵　晗	28	朱天一	29	朱鋆杰	30	陈白露
31	关天琳	32	李婧玙	33	李昀泽	34	刘佩瑶	35	马　赫
36	穆明华	37	饶　煜	38	孙雨萱	39	杨　棻	40	王纵横(国,转)
41	张昊祯(国)	42	蔡宗浩(国)	43	王　越(休)	44	李笑言(休)		

八年 4 班

1	安泰然	2	蔡长伟	3	董圳棋	4	段鹏飞	5	方金洋
6	房鉴植	7	冯葆瑞	8	傅天正	9	高　扬	10	郝森跃
11	季　樵	12	李杰宇	13	李润金	14	李宗锴	15	刘　畅
16	刘　睿	17	刘天宇	18	卢礼威	19	罗毓桐	20	任　漪
21	孙昕宇	22	吴晓亮	23	吴啸尘	24	辛逸飞	25	徐天友
26	徐文喆	27	徐智昊	28	姚俊韬	29	张继芃	30	张卫萱
31	初　蕾	32	季玥岑	33	李宇凡	34	商羽歌	35	石语嫣
36	宋思远	37	王佳宁	38	薛　隽	39	郑舒元	40	李清语(国,转)
41	马彦淳(休)								

国家助学金与社会资助

【2011 年国家助学金】 2011 年,市财政局、市教委、市学生资助管理中心按照天津市普通高中国家助学金分配计划,下达南开中学资助指标总共 183 人,其中一等助学金 61 人,二等助学金 61 人,三等助学金 61 人。资助标准,一等国家助学金每生每年 2000 元,二等国家助学金每生每年 1500 元,三等国家助学金每生每年 1000 元,三个等级的资助面各占资助总人数的三分之一。12 月底,学校德育处根据实际情况进行名额拆分,下达高中各年级,经学生本人申请、班级审核以及学校审核,实际共有 155 人享受到国家助学金。其中,高一年级 49 人(一等 12 人,二等 18 人,三等 19 人),高二年级 51 人(一等 25 人,二等 17 人,三等 9 人),高三年级 55 人(一等 24 人,二等 26 人,三等 5 人)。学校统一给学生办理银行卡,并将助学金发放到每个学生的银行卡里。

(林爱娟)

【减免学生学费】 2011 年,南开中学部分家庭经济困难学生被获准减免学费就学。依据免缴学杂费的规定,具有天津市普通高中正式注册学籍的在校生,每学期在上缴学杂费前向班主任递交减免学杂费的申请,由班主任将本班减免学杂费申请表交到德育处。德育处审批小组根据学生申请和家庭实际情况的相关证明提出意见,由主管校长签批免缴学杂费的学生名单。2011 年上、下两个学期,共审批半免缴学杂费学生 13 人,全免缴学杂费学生 50 人。

(徐锡玲)

【社会资助】 2011 年,南开中学部分家庭经济困难学生得到了社会各界的资助。其中,天津教育基金(香港)有限公司资助南开学生 20 人,每人 500 元;中国民生银行天津分行资助南开学生五人,每人每月 200 元(高一至高三);南开区军休所退休干部陈惠发、尹琳夫妇自 2007 年开始每年资助南开学生二人,每人 2000 元。

(徐锡玲)

【"三星奖学金"颁奖仪式】 2011 年 11 月 25 日,南开中学"三星奖学金"颁奖仪式在范孙楼延宾室举行。该次获奖的学生共有 20 名,其中,高二年级 10 名学生,每人奖金 2000 元;高三年级 10 名学生,每人奖金 2500 元。从 2009 年起,三星(中国)投资有限公司为推动南开中学教育事业发展,加强校企之间的联系,鼓励在校学生勤奋学习,刻苦钻研,全面发展,为南开中学提供奖学金。2009 年提供 20000 元人民币奖学金,2010 年和 2011 年分别提供 45000 元人民币奖学金,三年共计 110000 元人民币。

(林爱娟)

2011 年南开中学获奖和荣誉情况

4 月,南开中学荣获"天津市 2010 年度院校外事工作优秀单位"称号。

5 月,南开中学团委荣获"2011 年南开区五四红旗团委"称号。

6 月,在天津市庆祝中国共产党成立 90 周年大会上,南开中学党总支被天津市委评为天津市先进基层党组织。

6 月,南开中学荣获"希望之星"英语风采大赛天津赛区最佳组织奖。

8 月,南开中学在 2011 年全国和谐德育年会暨第十四届学术研讨会上被评为"先进实验学校"。

11 月,南开五虎青少年体育俱乐部被选拔参加全国先进俱乐部研讨会,并在会上做典型发言。

11 月,南开中学荣获"南开区初中学业考试单科(语文、化学、物理、英语、数学)获奖学校"、"初中义务教育完成率优秀学校"、"中学教学质量卓著学校"、"教育教学质量优秀学校"等称号。

11 月,南开中学荣获"天津市体育传统项目学校"称号。

11 月,南开中学荣获"阳光体育系列活动工作优秀学校"、"体育教学科研工作优秀学校"、"卫生工作优秀学校"、"体育竞训工作优秀学校"等称号。

12 月,南开中学荣获"天津市中小学思想政治教育先进学校"称号。

12 月,南开中学游泳馆荣获"2011 年天津市先进游泳馆"称号。

12 月,"天津市南开中学与意大利马可·福斯卡里尼中学孔子课堂项目"荣获"2011 年天津市教育外事优秀项目"称号。

2011 年,南开中学荣获"天津市学校系统共青团工作先进单位"、"天津市实施《中小学生日常行为规范》示范校"等称号。

新增规章

天津市南开中学理事会章程

第一章　总　则

第一条　为贯彻落实《国家中长期教育改革和发展规划纲要》，适应国家行政体制改革要求，进一步深化学校教育体制机制改革，坚持南开道路、南开品格、南开精神，促进天津市南开中学（以下简称南开中学）创新发展，根据国家有关法律法规，经天津市教育委员会（以下简称市教委）批准，成立天津市南开中学理事会（以下简称理事会）。

第二条　理事会是南开中学的最高权力机构，南开中学实行理事会领导下的校长负责制。

第三条　理事会的工作宗旨是遵循基础教育的办学规律，着眼于世界教育发展趋势，面向现代化、面向世界、面向未来，以学生为本、以育人为本，探索与建立有利于南开中学创新和发展的现代学校管理体制和机制，充分调动社会各方面力量关心和支持学校发展，增强南开中学的办学活力，把南开中学建设成为具有中国特色、世界一流、在国内外有影响的高水平学校，为国家的经济社会发展培养造就更多的德智体美全面发展的优秀人才。

第二章　组　织

第四条　理事会由热心基础教育、关心支持南开中学发展的杰出校友、知名教育家组成。

第五条　理事会设理事长、副理事长、理事。

理事会设理事长1人，主持理事会工作，副理事长1至3人，由理事会推选产生。理事长一般由南开中学党总支书记担任。

首届理事会成员由理事会筹备组推荐产生。

第六条　理事会章程由理事会制定、修改和废止。

第七条　理事会理事每届任期5年，任期届满后可以连选连任。理事任期届满前两个月，由理事长主持理事会进行下届理事的推荐、选举工作。理事因故不能承担理事会工作的，由理事会作出决议予以调整。

第八条　理事会可聘请杰出校友、知名教育家担任理事会荣誉职务和顾问。

第九条　理事会下设办公室，负责理事会交办的日常事务。办公室工作人员可以列席理事会会议。

第十条　南开中学校友会、学习研究周恩来小组、南开中学教育基金会、校史研究会、《校刊》和《年鉴》编辑部在理事会指导下开展工作。

第三章　职　权

第十一条　理事会对南开中学的重大事项享有决策权，行使下列职权：

（一）研究确定南开中学的办学宗旨、发展战略及中长期改革发展规划；

（二）审议批准南开中学年度发展计划、目标任务并指导、监督其实施，对是否达到计划目标进行评估，并在此基础上调整发展方案；

（三）监督国家规定的教育课程方案及推进素质教育的各项任务的有效实施，审查学生在综合素质评价和学业水平考试的表现情况；

（四）研究和确定促进学生的精神、道德、情绪以及个性方面的发展方案，确保学校能为所有学生提供适合的教育；

（五）审议批准学校的重大结构调整、重点机构设置方案和重要规章制度等；

（六）审议批准学校的年度财务预算，监督学校的各项主要开支；

（七）聘任及解聘校长，报市教委批准；

（八）支持、监督和考核校长工作，听取校长年度述职报告，对校长年度履职情况进行评价并实施奖惩；

（九）学校其他重大事项的决策。

第四章　议事规则

第十二条　理事会实行民主集中制，主要通过召开理事会会议，对学校重大事项进行讨论，由理事会集体作出决议，并监督实施。

第十三条　理事会一般每年召开两次会议。理事长认为必要，或者经三分之一以上的理事提议，理事长可以决定提前、推迟或临时召开理事会会议。

理事会会议召开 15 天前应当书面通知各理事会议的内容、时间和地点，并寄送相关文件。

第十四条　理事会应当有三分之二以上的理事出席方可举行。理事会作出决议，须经全体理事半数以上通过方可有效。

理事会进行决议表决，实行理事一人一票制。

第十五条　理事会会议一般由理事长主持。理事因故不能出席会议的，可以书面形式表决或者委托其他理事就审议事项行使表决权。

第十六条　理事会设立理事长办公会议制度。理事长办公会议原则上每季度召开一次，研究决定理事会职责范围内的部分专门事项。根据研究事项，由理事长选择参加会议的理事和其他人员。理事长办公会决定的重要事项，向理事会会议通报。

第十七条　理事会应当对会议所议事项制作会议记录，出席会议的理事应当在会议记录上签名。理事会作出的决议及会议纪要，由理事长签署。

第十八条　理事职务属志愿职务，不领取工资和报酬。但理事履行职责所发生的正常费用由理事会给予报销和一定补助。

第五章　校长职责

第十九条　校长是理事会决策的执行者，对理事会负责。

第二十条　校长负责学校的教育教学和行政管理工作，履行下列职责：

（一）执行理事会的决议；

（二）拟订学校发展战略、中长期改革发展规划、年度发展计划、目标任务并组织实施；

（三）拟订学校机构设置方案、规章制度及教师队伍建设方案，组织教育、教学、科学研究活动，保证教学秩序和教育教学质量；

（四）拟订和执行学校年度财务预算，执行财务制度；

（五）向理事会进行年度工作汇报，或遇有重大事项及时向理事会汇报；

（六）代表学校对外签署协议；

第二十一条　校长任职期限为 5 年，经理事会确定并经市教委批准，可以连任。

第六章　附　则

第二十二条　理事会按照本章程开展活动。

第二十三条　理事会地址：天津市南开区南开四马路 22 号。

第二十四条　本章程自南开中学第一届理事会 2010 年第一次全体会议通过后生效。

天津市南开中学档案管理制度

一、档案保管制度

1. 档案室实行专人管理，管理人员需严格保管档案箱、橱钥匙，不得带至办公室外，非档案管理人员不得随便开启档案箱、橱。

2. 管理人员不得利用工作之便私自摘录、擅自为他人查阅档案，不得向外传播和介绍档案、资料内容及存放位置等情况。

3. 管理人员需科学管理档案，按顺序将档案箱、橱进行统一编号；查阅完毕，随时归还原处；档案按保管期结合年代排列存放，资料按类别排列存放。

4. 维护档案安全，每个箱橱必须保持整洁，并放置防霉去虫剂。

5. 档案人员调动工作时，应在离职前办理交接手续。

二、档案保密制度

1. 档案工作人员必须严格遵守纪律，保守秘密，不得擅自扩大档案利用范围，不得泄露档案内容。

2. 严格档案借阅制度，健全手续，做到万无一失。

3. 不利于保密的地方不得存放机密文件和资料。

4. 不得擅自摘录、复制档案内容，不得私自将机密文件和档案带回家中和公共场所查阅。

5. 不在普通电话、明码电报、通信中涉及档案机密。

三、档案借阅制度

1. 外单位查、借档案，必须持单位介绍信，审明查档案原因，经本单位分管档案领导批准后可准予查阅。

2. 本单位人员查阅涉人本单位机密的有关档案，须经领导批准后方可查阅。

3. 查、借档案者必须认真填写借阅登记簿。

4. 查借档案者要爱护档案，不准在卷内涂改、勾画、撕拆、抽取档案。

5. 查阅档案一律在本单位内查阅，原件一般不得借出，如特殊情况需外借者，须经领导批准，限十天内归还，并办理借阅登记手续。

6. 档案归还时，档案工作人员应清点无误后签收，发现问题要查明原因，报领导处理。

四、档案鉴定制度

1. 按期对档案保管满 15 年的短期档案进行鉴定工作。

2. 鉴定工作要在分管领导下的主持下，由分管领导、业务人员、档案人员组成鉴定小组，逐卷进行鉴定，鉴定后要写出鉴定报告并注明鉴定日期。

3. 对鉴定后继续保存的档案要调整保管期限，并在备考表中注明鉴定时间、意见，由小组负责人签字。

4. 对鉴定后需要销毁的档案，必须办理批准手续，写出书面报告，编制销毁清册，报有关领导批准。

5. 销毁档案时要有两个监销，监销人要在销毁清册上签字盖章，填上日期。

五、档案移交制度

1. 档案室应按有关规定向上级档案馆移交档案。

2. 应移交的档案包括文书档案、教学档案、会议档案等各门类、载体的具有永久、长期保存价值的全部档案。

3. 档案移交时应将目录卡片等检索工具及编制的组织沿革、全宗介绍、文件汇编、参考资料等随同一起移交。

4. 交接双方必须根据移交目录清点核对，并在交接文据上签字盖章。

5. 档案人员调动工作时，也必须办理上述移交手续，并经分管领导认证后方可离开岗位。

六、档案立卷归档制度

1. 本部门在工作活动中形成和使用的各种有保存价值的文件以及其他有关材料、录章录像带、照片、文电等应立卷归档。

2. 必须按本部门立卷归档分类方案，将各种有保存价值的文件材料收集齐全完整，由档案人员和各室分别立卷。

3. 每年将有保存价值的文件材料，按照“年度——机构——问题”和文件形成规律和特点，保持文件之间的有机联系，分类准确，合理组卷。

4. 立卷要做到书面材料规范，排列顺序正确，目录、页码清楚，标量确切简明，保管期限划分准确，案卷装订整齐美观。

5. 文书档案在第二年九月底前立卷归档，其他门类档案按有关规定 按期归档。文书档案应在第二年十月前移交档案室，其他门类档案的移交按有关规定执行。

6. 各处室归档的案卷必须编制移交目录，向档案室移交，交接双方按移交目录清点核对，并履行签字手续。档案室对接账的案卷要进行质量检查，及时登记，编目上架。

7. 档案室对文书档案和其他门类档案的立卷工作进行督促检查与指导帮助。

七、档案统计制度

1. 建立、健全科学的档案统计工作，准确地反映本单位档案数量质量及其管理状况。

2. 建立档案、资料、设备等实物统计工作和登记台账，做到数字准确。

3. 坚持做好档案资料统计的基础工作，做好平时原始数据登记工作，注意积累统计资料。

4. 每年对全部档案资料进行全面检查，并做详细记录。

5. 逐步实现统计工作完整性，统计分类标准化，统计基础工作规范化。

八、档案的开发利用

1. 充分利用档案为教育教学服务。

2. 查阅档案时必须保持案卷整洁，严禁涂改。

3. 对档案的利用要及时登记。

九、检查与考核

1. 档案工作应列入学校和各部门工作计划，并列入有关人员的职责范围及工作标准。

2. 本标准由学校校长室每学年进行一次全面检查，并作为考核有关部门、有关人员的依据。

本管理制度自修订之日起施行，由校长办公室和档案室负责解释。

天津市南开中学档案室
2011 年 10 月 14 日修订

天津市南开中学学校公章使用管理规定

为使学校公章管理规范化、制度化，保证公章的权威性和严肃性，明确公章的使用权限和范围，严格事务审批程序，规范用印行为，提高服务质量和办事效率，根据上级有关规定，结合学校实际，特制定本规定。

一、公章管理

1. 公章管理实行专人负责制。校级公章、法人章由校长办公室专人负责，未经校长或校长办公室主任批准，不得随意交给他人管理和使用。保管人员因公或因私暂时不能履行职责的，应由校长和校长办公室主任指定临时代管人员代管，并做好交接。单位调整公章保管人员时应做好新老保管人员的移交手续。

2. 校级公章存放和使用地点在校长办公室，公章未经校长或校长办公室主任批准，不得带出学校使用。因特殊原因，确需到学校以外其他地点使用，应经校长或校长办公室主任同意，使用者在写明原因和归还时间并签字后方可将公章带出学校。

二、公章使用

1. 公章的使用要严格控制范围、规格。严禁滥用公章发文、发函、出具凭证。

2. 以学校名义发出的各种公文、公函、重要申请及各类证明材料，须填写《南开中学公章使用登记表》，经校长或分管校长签批后，方可盖章。

3. 涉及学校重大利益的有关合同、协议书和与学校保送生、自主招生、艺术特长生、体育特长生有关的各类表格，须经校长或分管校长签批后，方可盖章。

4. 属常规性工作，如成批办理的证书、证件及各种人事及财务报表，需要加盖公章的，应由主管部门主任或副主任确定专人负责办理。

5. 学生如需出具在读证明、毕业证明等有关证明时，须由学生所属班级班主任填写《南开中学公章使用登记表》，经相关部门主任或副主任审核签字后，由班主任代学生办理盖章事宜。

6. 教师需学校出具收入证明、计划生育等相关证明时，须填写《南开中学公章使用登记表》，经人事办公室等相关部门审核签字后，方可盖章；教师因公外出需要开具介绍信的，应书面说明其原因，待主管部门主任或副主任审核签字后，方可开具介绍信。涉及教师因私出国或其他重大事项，须由校长签批后方可盖章。

7. 除上述情况外的其他文件、报表、材料等，申请盖章前均须填写《南开中学公章使用登记表》并交主管部门主任或副主任审核签字后，方可盖章。

三、公章保管人职责

1. 公章管理人员应严格按规定谨慎用印，不得滥用、私用公章。

2. 学校法人章除校长授权或会签的文件外，临时用印须征得其本人同意。

3. 使用公章，应严格履行登记手续，公章加盖完毕后，应由经办人按要求填写《公章使用登记册》，盖章人确认所填信息无误后签字。

本规定自修订颁发之日起施行，由校长办公室负责解释。

天津市南开中学校长办公室
2011 年 12 月修订

媒体报道

天津南开中学首招六年制实验班

天津网　2011 年 4 月 23 日

从今年秋季新学期开始，南开中学将首招“六年一贯制创新人才早期培养实验班”（以下简称“早期实验班”），也就是说，三年初中学习完毕后，不需参加中考可直接升入南开中学高中“拔尖创新型人才培养实验班”继续学习。即日起，南开中学面向市内六区招收 140 名具有高素质发展潜能和独特发展个性条件的小学应届毕业生。

为国家教改试点项目

采用六年一贯制模式

《国家中长期教育改革和发展规划纲要（2010－2020 年）》颁布后，“国家教育体制改革领导小组”批准了天津六个“国家教育体制改革试点项目”立项，天津市南开中学“探索建立拔尖创新人才培养基地”试点项目，是天津唯一一所由中学承担的教育部试点项目。本着“大胆创新、勇于突破”的精神，今年南开中学推出“六年一贯制创新人才早期培养实验班”。

南开中学“早期实验班”采用六年一贯制的培养模式，其中义务教育阶段三年、高中阶段教育三年，义务教育阶段结束后，如不适应实验班的继续学习，可以申请转出高中阶段实验。

即日起招生 140 人

报名截至 5 月 6 日

南开中学面向市内六区招收有天津市正式户口的小学六年级在籍学生 140 名，凡 2011 年小学毕业生中德智体美诸方面全面发展、学有特长，身体健康，具有较大的发展潜能的学生均可报名。

报名截止时间为 5 月 6 日。南开中学将组织专人对学生报名材料进行认真审查，从中遴选综合素质较高、学有特长的学生参加学校组织的综合能力测试，择优录取。未被录取的学生，仍在原区升学。5 月 11 日南开中学将在南开中学网站公布通过初审的学生名单和复试办法等。5 月 14 日，具备测试资格的学生到南开中学参加综合能力测试。5 月 17 日下午 5:00，在南开中学网站和南开中学北院校门口公布录取名单。咨询电话为:27380127

对话

早期开发培养创新

问:“早期实验班”是否更有利于人才培养?

答:拔尖创新人才培养不是一蹴而就的，创新的意识和能力应该是从小培养的。我们将通过拓宽基础、群体熏陶、个性培养、挖掘潜能等科学方法实施早期开发，形成初、高中培养拔尖创新人才联动培养机制。

不培养偏才和怪才

问:“早期实验班”的选拔和人才培养标准是什么?

答:我们希望培养出来的学生，将来即使在普通的岗位上也能做出突出成绩和贡献，在各个领域都具有创新能力。因此入学时我们并不要求学生非要在理科方面有很高水平，而应是全面发展并学有所长。

在初中阶段开设多学科校本选修课程、激发引导学生潜能的特色课程等。在高质量完成国家规定的课程之外，将重点进行智力潜能开发、研究能力培养、动手实验技能训练等。我们的目标是为学生的“工科见长、理科见长、国学特长和国际化特长”等方向的发展奠定基础。

南开中学与哈工大开展人才培养实验

人民网·天津视窗　2011 年 5 月 27 日

昨天，天津南开中学与哈尔滨工业大学签署人才培养合作协议书，共同开展创新人才的培养实验。这也是南开中学继同复旦大学、浙江大学、南京大学签署合作协议后再次同国内知名高校“牵手”，是该校在积极“探索高中、高等学校拔尖学生培养模式”方面的又一重大举措。

根据协议，南开中学与哈工大将开展创新人才培养实验，前者将选拔优秀学生组建实验班，在哈工大指导下组织开展教育教学活动，并定期邀请哈工大教授为师生开展学术报告、并组织学生到高校开展夏令营等学访活动。对进入哈尔滨工业大学就读的南开学子，南开中学继续对其成长进行跟踪，学生大学毕业后，双方共同对学生发展进行跟踪，并及时总结和分析学生成长情况，不断探索完善拔尖创新人才培养模式。在哈尔滨工业大学的协助下，南开中学与重点著名高校加强联系，共同推进大学和中学之间的深层合作。

定向培养 南开中学“牵手”哈工大

每日新报　2011 年 5 月 27 日

昨天下午，南开中学和哈尔滨工业大学签订了人才培养协议书，共同探索拔尖创新人才培养模式，南开中学将组建实验班接受哈尔滨工业大学的指导，这也是南开中学第四次和国内著名学府“联姻”。

根据南开中学和哈尔滨工业大学的协议，双方将加强合作与交流，共同开展创新人才的培养模式，由专人负责日常工作沟通。南开中学将选拔优秀学生组建实验班，该班在哈尔滨工业大学指导下组织开展教育教学活动，按照哈尔滨工业大学的要求进行人才培养，哈尔滨工业大学优先选拔。对进入哈尔滨工业大学就读的南开学子，南开中学继续对其成长进行跟踪，以探求更有利于人才成长的教育方式，学生大学毕业后，双方共同对学生发展进行跟踪，并及时总结和分析学生成长情况，不断探索完善拔尖创新人才培养模式。双方师资培养、学生管理等方面互相借鉴经验，定期组织师生互访，南开中学定期邀请哈尔滨工业大学教授为师生开展学术报告，并组织学生赴哈尔滨工业大学开展夏令营等学访活动。在哈尔滨工业大学的协助下，南开中学将与重点著名高校加强联系，共同推进大学和中学之间的深层合作，推动创新人才的培养。

哈工大校长：提早介入学生培养

昨天下午，哈尔滨工业大学的王树国校长亲临南开中学的“公能讲坛”，为南开学子带来了精彩的报告，王校长说：“在我的心目中，无论中学还是大学都没有大小校之分，南开中学曾培养了很多出类拔萃的人才，也为哈尔滨工业大学输送了大量的优秀毕业生。虽然教育工作者一直在努力创新，但还是存在对现阶段教育模式的批评声音，比如在培养学生的过程中，很多大学和中学的衔接脱节严重，两个阶段的学校在教学理念和选材目标上都不一致，就会影响学生的发展。所以我们此次和南开中学合作，从中学阶段就开始‘注意’学生的发展，并提早介入学生的培养，希望能甄选出一批适应国家需要，服务国家建设的高端人才。”

南开中学：有望牵手北大清华

去年 12 月，南开中学曾和复旦大学签订了合作协议，今年该校又先后和浙江大学、南京大学达成了合作，此次也是南开中学第四次和国内著名学府

“联姻”，据悉，南开中学也正在和北京大学与清华大学沟通，洽谈共同培养人才意向，如此频繁的接触国内著名高校也是南开中学积极探索高中、高校拔尖学生培养模式的重要举措之一。南开中学有关负责人表示：“中学培养学生第一步要为大学服务，所以培养学生不能闭门造车，要针对大学的需要，根据大学的选人标准进行教学和日常活动安排。之所以选择国内最著名的几所高校进行合作，也是希望能借鉴这些学校的育人经验，并在选拔人才和教学模式上达成一致，另外，加强中学、高校的合作与交流，也能使南开中学的学生开阔眼界，增长知识。”

南开中学学生获罗格珍贵回信

每日新报　2011 年 6 月 22 日

明天是第 64 个国际奥林匹克日，跟奥运有着百年渊源的南开中学，在奥林匹克日到来之际意外地收到一封珍贵的回信，这封信的作者正是现任国际奥委会主席罗格。

缘起

“南开公能讲坛”启发学生写信

说起罗格主席的回信，还要先从南开中学日前举行的一次“南开公能讲坛”谈起。当时的演讲嘉宾是国际奥委会副主席、国家体育总局副局长于再清，他主讲的内容为奥运历史和奥运精神。于再清副主席激情的演讲使南开中学学生会的同学们萌生了给罗格主席写信的想法。没想到，这个在学生们看来似乎难以实现的做法立即得到了于再清的认可，他当即把学生们的信带了回去，并转交给罗格。

昨天，记者在南开校园里见到了校学生会主席梁思寒同学，他正是负责起草信件的学生之一。谈到写信的初衷，小梁同学告诉记者：“作为百年老校，南开中学一直跟奥运有着不解之缘。1908 年，我们的第一任校长张伯苓先生在中国最早倡议发展奥林匹克事业和举办奥运会，并提出了著名的‘奥运三问’。我校理事长孙海麟主编的《中国奥运先驱张伯苓》一书也收到罗格主席热情洋溢的贺词，这对我校全体师生都是一种鞭策和鼓励。另外，北京奥运会的成功召开也离不开罗格主席的支持和帮助，我们也想用信件表达对他的感谢和敬意。”

学生去信

讲述南开中学和奥运的缘分

在南开中学保存的去信复印件中记者看到，南开中学和奥运的缘分都被写入其中，除此之外同学们还写道：“我校自 1904 年建校以来就十分重视学生的体育锻炼，至今仍保持着良好的体育传统。学校为学生开设了游泳、足球、篮球、棒垒球等多门选修课。在南开中学中，每个人都会感受到浓厚的体育文化氛围，我们愿意高举奥林匹克旗帜，继承先辈对奥林匹克的激情和信念，坚持‘更快、更高、更强’，从我做起，从身边的小事做起，为奥林匹克事业的发扬光大做出我们的绵薄贡献。”

罗格回信

奥运价值将引领你们前进

在罗格主席的英文回信中，左上角为奥林匹克的彩色五环标志，另外，还特别把“天津南开中学”放在信件的右上角，罗格在这封发自瑞士洛桑市(Lausanne)的信件中写道：“亲爱的同学们，非常感谢你们热情洋溢的来信，我为你们对奥林匹克运动的大力支持表示祝贺。我相信奥运价值将会在未来的人生中引领着你们前进。”最后罗格主席用“你们真诚的朋友，罗格”作为回信的结尾并亲笔签名。

南开中学学生必须选择一门第二外语

每日新报 2011 年 7 月 7 日

记者从昨天召开的天津市教育体制改革试点工作推动会上获悉,去年教育部部署了全国教育改革试点项目,本市确定了六项国家级教育体制改革项目,并确定了 112 项市级教育体制改革项目,其中涵盖了促进学前教育发展、促进城乡一体化、减轻中小学负担、提高高中教育多样化、培养拔尖创新人才等多项教改内容,让人眼前一亮。为此本市还成立了教育体制改革领导小组,目前本市的教改工作已经全面展开。

南开中学在 2010 年向国家教育体制改革领导小组申报了“创新管理体制,培养拔尖创新型人才”项目,并通过了审查,南开中学也制订了《天津市南开中学拔尖创新人才培养实施方案》。

按照该方案,培养拔尖创新人才应该确立“全周期”培养质量观,即注重三个质量:一是注意招生的生源质量,二是学生在学期间的培养质量,三是学生毕业之后的发展质量。南开中学在今年设立的早期创新人才培养实验班,面向市内六区招收 140 名具有发展潜能的小学优秀毕业生,进行六年一贯制培养,针对实验班学生,从基础性课程、拓展性课程、研究性课程三个层次进行课程设置。学生进入高中阶段,将进一步参加研究性课程的学习,学校将与高校合作共建科技创新实验室、实验基地,联合高校开设研究性课程,聘请高校专家作为导师,与高校联合培养拔尖创新人才。

南开中学将强化实验班的英语教学,加强第一外语——英语的教学,整合资源,进行英语教材的二次开发,使其校本化。同时要求学生必须选择一门第二外语。本学期该校开设了德语、法语为第二外语,下学期还将开设韩语、日语、俄语等第二外语供学生选择。

十年来近 900 名津门学子考进清华 南开中学最多

北方网 2011 年 8 月 15 日

昨日,记者从清华新生与天津校友座谈会上获悉,自 2000 年以来本市共有近 900 名优秀学子考入著名高等学府清华大学。

昨天下午,清华大学天津校友会和清华天津招生组在耀华中学举行座谈会,邀请在津清华校友与今年考入清华的天津新生及部分中学教师畅谈清华优良传统,总结今年招生工作。据清华天津招生组负责人范宝龙教授介绍,清华在本市的年度招生计划一直是三四十人,但因为广大学子报考踊跃,近年来清华每年在津实际录取总数都在七八十人以上,最多的一年达到 90 人。从新世纪(2000 年)算起,本市共有 890 多名优秀学子进入清华学习。由于生源优秀,清华大学已连续八年位居在津招生各高校的理科调档线最高,自 2008 年招收文科生以来,清华也一直保持在津招生各高校的文科调档线最高。

根据清华大学的统计数据,近十余年来(2000 年以来),本市中学考入清华人数最多的“前三甲”是南开、耀华和一中,分别是 204 人、159 人和 125 人。考入清华人数位居前十名的中学还有:新华中学(44 人)、实验中学(44 人)、静海一中(35 人)、宝坻一中(34 人)、杨村一中(26 人)、塘沽一中(24 人)、外国语大学附中(20 人)。范宝龙教授表示,由于天津教育事业的均衡发展,近年来除了传统的“市五所”重点校外,郊区县和市区其他一些优质中学考入清华的人数逐渐增多。比如今年,静海一中、宝坻一中各有 7 名考生进入清华,位于滨海新区的开发区一中已连续三年有毕业生被清华录取,校址设在河北涉县的天津铁厂第二中学近两年也有三位学子进入清华读书,过去从未有学生考入清华的二十五中、一百零二中和微山路中学,今年首次有了清华学子。

近四五年,来津的清华学生达200余人,既有不少天津籍学子回家乡贡献力量,也有一些从外地考入清华的年轻人选择来津发展,其中不少是硕士、博士,比如近两年到本市新闻单位工作的清华年轻校友就有近10人。

老“师哥”吴敬琏做客天津南开中学聊经济

人民网·天津视窗　2011年9月19日

问:我了解到热钱会向收益高的地方流入,这是否会造成通货膨胀?

吴敬琏:热钱是指从境外流入的钱,很多都是国外富余的钱,到国内挣一票就走。他们往往看好人民币近年来的升值,于是把资金投入国内坐等升值再换为外币撤出。要阻止热钱流入,因为它必然造成通胀压力,热钱跟房价的上涨会有一定的关系。

讲坛上是81岁高龄的当代中国著名经济学家,讲坛下是一群十六七岁的普通中学生,他们之间会有何交际,又能擦出什么火花?15日下午,经济学界泰斗级人物吴敬琏亲临南开中学的“公能讲坛”,和同学们谈谈当前最热点的“通货膨胀”问题。

“1941年我曾在重庆南开中学就读过两年,对你们来说我也算老师哥了。”头发花白,双眸睿智的吴敬琏的开场白立刻引来了南开中学师生们的热烈掌声。吴敬琏告诉同学们,为了选择一个适合给中学生们作报告的题目他想了很久,现在热点的经济话题很多,但最后他还是选择了近几个月最热门的、跟所有人休戚相关的“通货膨胀”问题。

吴敬琏认为,通货膨胀是一个货币现象,宏观平衡建立的基本条件是:总供给 = 总需求,消费 + 储蓄 + 财政收入 + 进口 = 消费 + 投资 + 财政支出 + 出口,如果货币超发,流动性泛滥的后续效应开始显现,资产价格居高不下,通胀压力也就加大了。在2008年我国的高通胀刚刚冒头,但很快遇上了全球金融危机,人们立即捂住了钱袋子什么都不买,出口也随之下降了。而后随着大量的投资和大量的贷款,货币的发行量增大,通货膨胀又开始显现。

吴敬琏说,从去年开始,物价开始爬坡,到今年(2011年)1月和2月份,物价处于高增长边缘,3月份就处于中度膨胀线上,直到8月份,虽稍有下降但也并不明朗。吴敬琏认为:“通货膨胀的最根本原因就是票子发得太多,人们手里的钱多了就有了购买的欲望,但大家的思维都是买涨不买跌,钱越多越买。当所有人都去购买了,物价就真涨了。”

为了抑制通货膨胀的趋势,我国从去年第四季度就开始紧缩货币,2009年货币增长率为27.7%,2010年是25%,今年的CPI稍有下降,但趋势仍不明显。为此吴敬琏认为必须采取标本兼治的“两手对策”:一是采取稳健灵活的短期政策(财政和货币政策),维持宏观经济的稳定。二是把主要注意力放到解决长期发展的问题,即实现经济发展方式的转型上。我国“十二五”的主线应是从过分依赖投资和出口的粗放增长方式转变到依靠技术进步和效率提高的集约增长方式。

南开中学建校107年:校史纪念馆还原温总理宿舍

每日新报 2011年10月18日

曾培养了两代总理的南开中学在10月17日迎来107周年建校纪念日。为此,昨天南开中学举行了校史纪念馆的开馆典礼。校史馆里不仅布置了张伯苓校长办公室、周恩来总理教室,而且南开中学还特别还原了温家宝总理曾经住过的宿舍,并展示了温总理初中、高中的毕业证书。

为纪念南开中学建校107周年,该校用短短八个月的时间搜集资料并新建了学校的校史纪念馆。纪念馆共两层,一楼正对入口处摆设的是张伯苓校长的半身像及生平介绍——严修、张伯苓先后创立私立南开中学、南开大学、南开女中、南开小学和南渝中学,继之接办四川自贡蜀光中学,创办的南开系列学校在中外教育史上实属罕见。纪念馆一层的另一个亮点是张伯苓校长的办公室,一桌一椅、一整排深色书柜显示了张伯苓校长治学之严谨,生活之质朴。

校舍二楼不仅陈列了来自世界各地校友捐献的珍贵的校史资料,还展示了不同时期优秀校友的成就,以及学校获得的各种荣誉,另外还特别安排一间房间还原了周恩来总理求学时期的教室,并在中间第一个位置摆放着周恩来总理曾经用过的书桌,座位上是按照周总理年轻时容貌制作的等身塑像。教室内还悬挂着当年周恩来所在班获得的国文优胜奖状——校董严修先生"含英咀华"、"习学优胜"奖状和"野跑优胜"奖旗。

南开中学的另一个镇校之宝就是温家宝总理曾经住过的宿舍,也就是著名的西斋(四斋)平房。1959年9月至1960年7月,上高三的温家宝曾在六人一室的二排4室住宿,其铺位在进门右手中间。如今按原貌还原的温家宝宿舍仍保留了当时的铺位布置。在宿舍右侧墙上不仅悬挂着温家宝少年时期的单人照片以及身穿篮球服合照,还悬挂着温家宝在南开中学求学期间的初中、高中毕业证,两个证书的左下角都粘贴着温总理少年时期的单人照。

据介绍,1914年10月始建西斋平房宿舍,共四排带走廊,每排十间教室。当年,周恩来总理的宿舍先后在四排2室及二排9室,万家宝(曹禺)的宿舍也在四排(1996年校园规划时拆除了三排、四排、五排),温家宝高中时宿舍在二排4室。上世纪30年代,四斋专供高三学生住宿。90年代对一排、二排进行大规模修葺,室内增加现代化生活设备,一度成为外国留学生与单身教师公寓。

北大校长对话南开中学学子 支持"撑腰体"

北方网 2011年10月24日

继著名经济学家、诺贝尔奖获得者、中国科学院院长等贵宾先后亲临南开中学后,21日下午,北大校长周其凤也来到了南开中学公能讲坛,和南开学子进行了面对面的互动提问。

周其凤校长一上台就告诉同学们:"在我的心目中,一直就很想来南开中学,这是一所很了不起的学校,和北大有很多相似的地方。"周校长的一番话立即赢来了南开中学学生们的掌声。周校长说,北大其实跟南开很相近,人文社科专业都很有特色,另外新闻、传媒、艺术也很突出。根据最近几年的一些权威排名,北大都在全世界的前50名左右,北大培养的学生没有书呆子,在北大,学生们除了学习都能找到自己的兴趣,北大的学生也都有承担社会责任的勇气。

精彩对答

学生问:怎么消除地区差异造成的教育不公平?

周其凤:中国所有大学不管怎么努力都不可能是一个水平,但我们还是要不断努力。作为北大,我们也只能尽可能地照顾全国范围的中学,很难面面俱到。我们也希望国内优秀的教育资源越来越丰富,使学生的需求和兴趣得到满足。

学生问:网上有一个"撑腰体":你是北大人,看到老人摔倒了你就去扶。他要是讹你,北大法律系给你提供法律援助,要是败诉了,北大替你赔偿!我很想问您怎么看待这个现象?

周其凤:这是北大常务副校长吴志攀说的,他本身是一个法学专家,能提供法律帮助。我觉得他说得很好,我很支持他的话。我相信我们的学生看到这种情况一定会进行救助的。

学生问:您怎么理解北大的兼容并包和南开的允公允能?

周其凤:允公允能是对学生的期待,对社会有责任感,对社会有担当,这对南开很重要,也是北大需要学习的。北大的兼容并包代表了学校办学的一种气度。电影《建党伟业》有一个镜头是蔡元培在北大当校长时,教授辜鸿铭拖着长辫子,被接受先进思想的学生嘲笑,但他说了一句话,我的辫子在头上,而笑我的诸公,你们的辫子在心头。看一个人不能看表面,要看到长处。

体育锤炼人生:探访南开中学

新华每日电讯 2011 年 11 月 19 日

新华社天津 11 月 17 日电 周恩来、梅贻琦、曹禺……他们都毕业于同一所中学。在 107 年的历史中,天津南开中学培养了成千上万名毕业生,其中走出了两位新中国的总理、三任清华大学的校长、57 位享誉中外的科学家以及一大批文化教育界知名人士。

如今,南开中学 100% 的高中毕业生升入大学,一本上线率达 99%。南开中学继续创造着辉煌。

"天津南开中学与高质量中等教育的研究",这是一个国家级科研课题的名称。探寻南开教育成功的奥秘,一直是专家学者和社会关心的话题。

初冬时节,记者到南开中学采访,被校史馆里一张老照片所吸引:1940 年抗战时期的周恩来,做火棒操锻炼身体,他的神情坚毅而乐观。火棒操,至今仍是南开中学体育课学习的内容之一。

"三育并重,特重体育",这是中国奥运先驱张伯苓确定的南开中学的教育方针。100 多年过去了,"允公允能,日新月异"的南开中学,校园体育依然被放在首位。

责 任

自 9 月新学期开始,南开中学初一年级实施每天一节体育课的教学计划。这比国家标准多出近一倍。

猛然听到这个新计划,记者有些吃惊:南开中学每天上午有 45 分钟的体育活动"大课间",下午有 20 分钟的"小课间",并按国家开展阳光体育的规定,下午课后组织学生一小时体育锻炼。为何还要新增体育课,挤占其他学科课时?

"这是被'逼'的,"南开中学体育教研组副主管李忠这样解释。李忠从天津体育学院毕业到南开中学执教已经 20 年,"现在新入学孩子的体质一年比一年差,这种状况再不改变,太危险了。"当快人快语的李忠看到新生有的连跳绳都不会、大部分人跑不下 400 米、仰卧起坐测试不及标准一半时,心急如焚。强烈的社会责任感促使南开中学采取行动。

入学两个多月来,新生们在体育老师带领下,从走跑交替开始练体能,"已经有不少学生能跑下三圈 1200 米了。"李忠高兴地说。

"崇尚科学,追求卓越,服务社会,为国家培养栋梁之才,这是南开中学的责任。"南开中学副校长吕宝桐说,离开这个责任,就不能理解南开中学为何如此重视校园体育。

教 案

奥运冠军、前中国女排和天津女排主力"不死鸟”张娜，退役后被聘为南开中学校长助理。新学期伊始，当她以体育老师的身份出现在学生们面前时，不仅带着惯有的开朗，也带着详细的教案。教案不仅包括教学目标、教学的重难点、安全注意事项，还包括各种排球动作示例图。

科学、严谨、周密，这是南开中学对教案的要求。记者看到一份李忠为初二年级女生准备的“跨越式跳高”教案，指导思想是“共同感受体育运动所带来的快乐”。李忠说，并不是每一个学生都喜爱体育课，增强体育课的趣味性就很重要。

在音乐伴奏下，“跳皮筋”热身；将少数民族舞蹈“竹竿舞”引入教学。体育、音乐、舞蹈融为一体……为增强趣味性，李忠想了不少办法。

成　长

“我努力学习知识，坚持锻炼身体，刻苦自励，从学习和生活的点点滴滴入手，努力把自己造就成为一个对国家和人民有用的人。”这是温家宝总理10月25日重返母校，与南开中学师生谈心时说的话。高二10班学生李可纯记忆犹新。那一天，她代表南开中学师生为温家宝戴上了校徽。

南开中学保留着半个多世纪前，温家宝在校学习时作为篮球队员合影的照片，也无言地教育着学生们。李可纯说，“爱好读书，爱好体育，树立远大的理想，这是我们从南开继承到的最宝贵的精神财富。”

在南开中学采访，记者深深感受到这种昂扬的青春力量。11月14日中午，记者来到体育场，“三六杯”女子排球赛和男子足球赛拉开帷幕。

学生们告诉记者，南开中学羽毛球联赛刚刚结束，每年春夏之际还举行“五虎杯”篮球赛。每个联赛有几百场比赛，持续数月。此外，每学年有两次全校综合运动会，一次以竞技为主，一次以趣味为主。

“所有的比赛都由我们自己组织。”学生体协主席、高二9班学生毛东屿说。每项比赛从申请预算、定场地、准备器材到组织动员、编排比赛、裁判服务，都由学生承担。

激发学生自主能力，这是南开教育的又一特色。数学老师林秋莎说，南开中学不允许开设任何形式的辅导班，所有教学内容必须在课堂上完成，不搞题海战术。这从根本上解决了学生负担过重的问题。但对教师而言，就必须精心备课，突出重点，让学生好懂易学；对学生来说，必须学会控制情绪，该学的时候学，该玩的时候玩。

“如果把体育作为一种生活方式，你就会精力充沛，”获全国物理竞赛二等奖的单君翌同学，他喜欢打羽毛球，他说，“当你生活在一个充满活力和创造力的集体里，会受到感染，就有无穷的向上动力。”

（记者　刘　刚　张建新）

南开中学举行《以周恩来为人生楷模教育读本》首发式

人民网·天津视窗　2011年1月28日

25日上午，南开中学举办了《以周恩来为人生楷模教育读本》首发式暨新闻发布会，这本由南开中学编写组完成的教育读本是目前为止第一本系统介绍周恩来中学时代的书籍，将作为学习周恩来精神的珍贵教科书。《以周恩来为人生楷模教育读本》共分三章，第一章写周恩来人生起步，即他出生的时代和身世等基本元素；第三章写周恩来人生格局，即他成为伟大的马克思主义者和无产阶级革命家的终极境界。而最重要的第二章，就是写他在南开中学的成长，这也是他生命中的成长期。

天津市南开中学成立艺术团并举办首届电影节

人民网·天津视窗 2011 年 12 月 17 日

按照天津市推动文化大发展大繁荣的部署要求和教育系统加强校园文化建设的实施意见，南开中学 16 日在学校瑞廷礼堂举行艺术团成立大会暨首届电影节颁奖活动，进一步丰富校园文化生活，全面推进素质教育。市委常委、市委教育工委书记荀利军出席并为艺术团授旗。老同志、南开中学理事会理事长孙海麟主持大会。

南开中学艺术团由合唱团、交响乐团、民乐团、舞蹈团、话剧社、京剧相声社、电声乐队等 11 个艺术社团组成，聘请了姜宝林、李起厚、刘颖、易娟子、孟超美、董俊杰等艺术界大师和专家作为艺术总监。首届电影节从搜集脚本到拍摄制作、成果展示，历时两个多月，完全由学生自编自导自演。通过举办电影节，使学生们开阔了视野，提高了审美情趣，学生们也在互相配合过程中体验着成长的快乐。

（记者　蒋　娟）

南开中学滨海生态城学校开建　将复原伯苓楼

渤海早报　2011 年 12 月 29 日

昨日，天津南开中学滨海生态城学校举行开工奠基仪式。预计 2013 年投入使用后，将招收 3000 名学生。

据了解，南开中学滨海生态城学校规划地上总建筑面积 16.32 万平方米，将建成一座绿色、生态、环保、节能，功能完备、设施一流、满足全寄宿制要求，全方位体现南开中学悠久办学历史和现代办学理念的一流学校。学生规模 3000 人，其中，高中生 1620 人、初中生 1080 人、国际部 300 人。

按照规划，学校教学区将建设教学楼 4 幢，实验楼 2 幢，办公楼、科技中心、艺术中心、图书馆、报告厅(2400 座)等；生活区设有学生宿舍楼、教工宿舍楼、食堂等；活动区设有体育馆、网球馆、400 米跑道运动场，篮球场、排球场等。此外，学校将复原老校伯苓楼、范孙楼、中楼。校园大部分建筑在 18 米以下，并通过下沉式广场、连廊、院落，实现空间错落穿插。

天津市南开中学师生课余在校举办新年演唱会

北方网　2011 年 12 月 29 日

近日，天津南开中学电声乐队在校园举办了“新年演唱会”。作为电声每年的传统汇报演出，今年乐队的五位成员：主唱兼贝斯傅晨菲、吉他手范羽佳、边时伟、鼓手冯骏飞、键盘手印炜华，在指导教师刘东华老师带领下用音乐为大家送去新年祝福。在期末繁重的学业之余大大丰富了同学们的课余生活。

南开中学"联姻"天津外国语大学

天津网　2012 年 1 月 6 日

1 月 4 日下午，南开中学和天津外国语大学签订了国际化人才培养合作协议，这也是南开中学继和复旦大学、浙江大学、哈尔滨工业大学、中国科技大学、南京大学、北京航空航天大学、上海交通大学、西安交通大学签订合作协议后，第九次和高校"联姻"。

按照两校的合作协议，双方同意加强合作与交流，充分发挥各自的办学特色和优势，加强大学与中学的衔接，共同探讨国际化人才培养模式，共同开展教育教学课题研究。具体包括天津外国语大学支持南开中学进行国际化人才培养及国际理解教育的开展，协助南开中学聘请小语种兼职外籍教师，南开中学定期邀请天津外国语大学教授对外语教师进行专业培训，并每年选派一名外语教师到该校进修等。

天津市南开中学学生到觉悟社纪念馆缅怀先辈

人民网·天津视窗　2012 年 1 月 11 日

为纪念敬爱的周恩来总理逝世 36 周年，天津市南开中学学生前天来到觉悟社纪念馆，与觉悟社纪念馆工作人员共同回顾周总理学生时代的革命历程，表达对周总理的敬仰与热爱。同学们表示要加强责任感与使命感，要用自己的智慧和激情回报祖国。

鹤童"孝、笑、效"年味浓

人民网　2012 年 1 月 18 日

窗花红火，歌声动人。1 月 13 日 南开中学高一 7 班苗雨阳、苗露阳、朴廷珉、邓晓萌、张玮玥、刘博韬、杨爽、张洪儒、宋国钰、徐铭堃、刘宇梦、穆祎等同学来到南开区德利得鹤童（川府）老人院，同学们带着自己花钱购买的节日礼品到这里慰问老人们，给老人的房间贴上了大红福字、挂上了精雕细刻的吊钱、和老人一起画图画、陪老人聊天，最后，苗雨阳、苗露阳这对双胞胎还为老人们演唱了《外婆的澎湖湾》，美妙的歌声给老人送来了温馨和祝福。

他们是带来快乐和温暖的义工

渤海早报　2012 年 1 月 22 日

这几天，南开中学高一 2 班的同学纷纷来到兴南街源德里社区，义务开展助学助困活动。他们为困难老人送去吊钱和福字，陪空巢老人聊天，清理社区小花园……他们放弃了自己的休息和娱乐时间，为身边的人带来温暖和快乐。在这个过程中，他们也理解了什么是责任和奉献，更体会了“赠人玫瑰、留手余香”的含义。

早在放寒假之前，南开中学高一 2 班的同学就纷纷联系义工基地，最终确定了与兴南街源德里社区开展助学助困活动。刘颖、石添硕、邹事成三名同学在居委会负责人的带领下，来到了住在源德里 2 号楼 3 门的退休老干部蒿大爷家中。同学们看到 85 岁的蒿大爷精神依然非常好，大家都很开心地和他聊天，三名同学还为老人打扫卫生，擦灶具，拖地，十分卖力气。刘帆等另一组同学带着吊钱、春联，向社区贫困老人送去了新年祝福。8 号楼 2 门的孙爷爷和 4 门的赵奶奶等老人收到同学们的祝福后都喜笑颜开，同学们还帮老人贴上了吊钱，春联，年味浓浓。崔敬怡等同学还为社区里的小学生们辅导起了功课，他们耐心地为小学生讲解作业中的问题，交流学习经验。

林婕等 9 名同学来到源德里 7 号楼和康寿里 4 号楼的花坛帮忙清理垃圾，连地上的小纸片都认真地拾起来，分类收集。同学们还帮居民摆好自行车和三轮车，清理了花园树枝上的杂物，又拔了一些杂草，不一会儿杂乱的小花园就被整理成干净的小天堂。路过的居民也纷纷竖起了大拇指。顾欣玮、刘旖明等同学在居委会负责人员带领下，戴上了红袖标，在小区里进行巡逻。突然“砰！”的一声，原来是几个小朋友正在扔小炮玩儿。同学们耐心地对这些小朋友进行教育，防范了危险的发生。随后同学们又转遍了整个社区，检查了许多公共设施，才回到居委会。刘旖明同学说：“通过这次义工，我们深感居委会阿姨们的辛苦，他们为社区的和谐日复一日的辛苦工作着，能够参与其中，我们很荣幸。今后我们希望能做出更多的贡献。”

（记者　李　晶　实习生　史　怡）

大事记

2011 年天津南开中学大事记

1 月

29、30 日 南开中学副校长马健一行拜访复旦大学有关领导。根据两校签署的创新人才培养合作协议，商谈两校合作的具体事宜。双方就拔尖人才培养方案的构想、自主招生、教师进修、名家讲座等六个方面达成共识。

2 月

月初 天津市副市长张俊芳听取南开中学“关于建立拔尖创新人才培育基地”工作方案的汇报。对南开中学承担的该项国家教育体制改革试点项目工作表示满意，要求学校作为重大工作下大精力来做，发扬、继承和提炼南开中学的教育特色和教育模式，不仅说得出，而且叫得响。

16 日 原国务委员唐家璇在中南海东花厅办公室接见南开中学理事长孙海麟一行，对于南开中学的办学历史和成就给予高度评价，欣然接受到学校指导工作的邀请。

28 日 天津市加强外国专家岗前培训研讨会在南开中学举行。会议由天津市外国专家局局长袁鹰主持，原国家外专局培训司副司长高鹏飞、天津外专局副局长王宝林等出席。

3 月

4 日 为纪念杰出校友周恩来诞辰 113 周年，南开中学举行周恩来纪念浮雕揭幕仪式。高二 1 班学生刘超代表“周恩来班”发言，表示要始终以周恩来为人生楷模，切实履行“周恩来班”的职责，为全体师生树立榜样。

5 日 南开中学纪念周恩来总理诞辰暨表彰先进大会隆重举行。100 多名学生和若干集体受到表彰。高二 1 班被授予“周恩来班”光荣称号；学生杨啸宇等 12 人获得“公”字奖章，李冠儒等 4 人获得“能”字奖章。

7 日 在 2011 年天津市学校系统共青团工作会议上，南开中学被团市委授予“2010 年天津市学校系统共青团工作先进单位”荣誉称号。

11 日至 3 月 24 日 与南开中学有着十多年友谊的传统友好学校加拿大 BC 省契力瓦科学区萨迪斯中学师生代表团到学校进行交流访问。

14 日 浙江大学校长、中国科学院院士杨卫一行访问南开中学，两校签署人才培养合作协议。市委常委、市委教育工委书记苟利军参加签字仪式，代表市委、市政府对协议签署表示祝贺。全国人大常委会委员程津培院士、天津市教委主任靳润成等出席签字仪式。签字仪式结束后，杨卫为南开中学师生作报告，是该学期第一位做客公能讲坛的著名学者。

20 日 《南开校史研究丛书第一辑》由天津教育出版社出版。

21、22 日 南开中学领导干部一行到北京十一学校、北京四中、人大附中等三所优质中学参观访问。学习以该三所学校为代表的北京市教改先进校所取得的成果。市教委中学处副处长张弘参加访问。

23 日 英国惠灵顿中学天津国际学校校长大卫·库克访问南开中学。

24 日 南开中学领导干部一行到天津耀华中

学、天津一中参观访问,交流探讨教学教改问题。市教委副主任黄永刚、中学处处长黄炎参加访问。

28 日　南开中学代表队从在意大利威尼斯举行的第七届国际中学生科学大会载誉而归。该代表队由化学教师王浩安带领 6 名高中学生组成。

30 日　南开中学首届理事会第二次会议举行。会议听取学校行政领导班子述职报告,审议《天津市南开中学中长期教育改革和发展规划(2010—2020)》(征求意见稿),理事长孙海麟作 2010 年度理事会工作报告。

全国人大常委会委员、中国科学院院士程津培到南开中学公能讲坛作"也谈全球气候变化及其对人类的影响"的报告。

4 月

1 日　南开中学高一年级和初一年级全体学生赴周恩来邓颖超纪念馆进行清明祭扫活动,深切缅怀敬爱的周恩来和邓颖超。

8 日　天津波音复合材料有限公司总经理 Gary Baker 先生及夫人 Christine Baker 女士到南开中学参观访问。

26 日　南开中学教育基金会首届理事会第二次会议举行。到会理事听取基金会秘书长武佩铃关于 2010 年工作情况和 2011 年工作要点的报告,对工作报告和工作要点以及已募得基金的运作情况、2010 年度奖励基金额度使用方案等进行审议和讨论,一致表示同意。基金会理事长孙海麟作会议总结。

南开中学年鉴编辑委员会全体会议讨论《天津南开中学年鉴 2011》送审稿,决定推进和完善编纂工作。

28 日　南开中学 1937 届校友、中国科学院院士、火箭专家梁思礼回到母校参观访问。

5 月

2 日　国际奥委会副主席、国家体育总局副局长于再清应邀到南开中学公能讲坛作"国际体育为政治斗争和外交服务"的报告。

6 日　南开中学团委、德育处在瑞廷礼堂隆重举行"纪念五四运动 92 周年表彰先进大会暨合唱节决赛"。

13 日　国际奥委会主席雅克·罗格致信南开中学学生,感谢全校学生对奥林匹克运动的巨大支持,相信奥林匹克精神将指引大家的未来生活。

19 日　北京大学哲学系教授王博应邀到南开中学公能讲坛作报告。报告的主题是"中国式心灵:爱与宽容"。

22 日　台湾教育研究院院长吴清山率代表团一行 7 人在市教委国际交流处副处长陈腾波陪同下到南开中学参观访问。

26 日　哈尔滨工业大学校长王树国访问南开中学,两校签署人才培养合作协议。签字仪式后,王树国校长应邀在南开中学公能讲坛作报告。

28 日至 6 月 8 日　南开中学理事会理事长孙海麟率教育代表团应邀赴法国、俄罗斯访问。访问期间,南开中学与法国德萨伊中学、俄罗斯 548 教育中心、莫斯科市立实验中学签订友好合作协议。

6 月

2 日　南开中学学生参加由周恩来邓颖超纪念馆举办的"庆祝中国共产党建党 90 周年、迎接党的十八大党史知识竞赛"活动并夺得冠军。

9 日　中央第五地方巡视组在副组长李明波一行在市委常委、市委组织部长史莲喜陪同下到南开中学参观。

10 日　中共天津市南开区教育局委员会决定:南开中学党总支改建为党委。

10 日至 14 日　第一批党员和教师赴延安、西安开展主题教育活动。

28 日　天津市教委决定马跃美任南开中学校长,原校长杨静武另有任用。马跃美,女,1962 年 10 月出生,南开中学 1980 届校友,此前任天津医科大学继续教育学院院长、党总支书记,教授职称。

30 日　南开中学党组织在天津市庆祝中国共产党成立 90 周年大会上获得"天津市先进基层党组织"称号。

7 月

3 日至 7 日　第二批党员和教师赴延安、西安开展主题教育活动。在延安圆满完成考察学习后,5 日上午前往西安途中,部分教师乘坐的前一辆客车在包茂高速公路铜川段,由于陕西友谊汽车公司司机谢某驾驶失误,发生客车侧翻事故,造成10余名教师负伤。后一辆客车上的教师投入紧急救援。负伤教师经当地和回津妥善安排治疗,没有发生残疾等情况。

9日　副校长马健带领南开中学山东招生组在山东省济南市和潍坊市招收38名学生。

10日　奥运女排冠军获得者之一、原中国女排和天津女排成员张娜到南开中学工作,任校长助理。

11日至16日　南开中学举办暑期教师培训活动。

同日　教学处副主任王莉英带领南开中学河南招生组在河南省郑州市招收29名学生。

18日　天津市副市长张俊芳到南开中学检查工作,陪同检查的有天津市教委、市财政局、市国土资源局等部门的负责同志。

南开中学理事会理事长、校党委书记孙海麟、校长马跃美一行四人赴中国科学技术大学访问。与中国科学技术大学校长、中国科学院院士侯建国座谈,并签署两校人才培养合作协议。

22日　副校长马健带领南开中学内蒙古招生组在内蒙古呼伦贝尔市招收12名学生。

26日　《南开校史研究丛书第二辑》由天津教育出版社出版。

30日　副校长马健带领南开中学内蒙古招生组在内蒙古巴彦淖尔市招收19名学生。

8月

8日　南开中学党委发布《关于改进和加强学校党的工作的意见》。强调完善制度,着力加强领导班子和干部队伍建设;建立机制,着力激发全校各个党支部和全体共产党员努力创先争优;搭建平台,着力改进和加强思想政治工作,发挥思想政治工作优势;加强领导,着力指导好工会、退管会、离退休支部、共青团、民盟等搞好自身建设,在学校整体工作中发挥积极作用。

23日至26日　南开中学对入校新生进行别具特色的南开入轨教育,以使学生适应学校环境,继承和弘扬南开精神。

24日　南开中学首届(1908年)毕业生卞藩昌之子、南开中学1931届校友、99岁高龄的卞慧新先生在子孙的陪同下回到母校,将卞藩昌先生的首届毕业生毕业证书捐赠给学校。

27日　南开中学2011学年开学典礼在瑞廷礼堂举行。上午为高一新生开学典礼,下午为初一新生开学典礼。校党委书记孙海麟、校长马跃美、副校长吕宝桐、李宝贵、马健等出席。

29日至31日　南开中学代表参加天津市第十三届学生联合会代表大会。南开中学学生会当选第十三届委员会委员。校学生会主席梁思寒作为第十二届主席团成员参加大会。

31日至9月9日　南开中学的友好学校意大利威尼斯马可·福斯卡里尼中学师生代表团来校参加汉语夏令营。

9月

1日　《天津南开中学年鉴2011》由天津教育出版社出版。

南开中学高二3班学生于晓云、高二11班学生申畅联名向学校领导送交环保建议书,呼吁学校食堂减少使用一次性餐具,提醒同学们养成环保习惯。当天,校党委书记孙海麟作出批示,肯定她们的主人翁意识和环保意识,责成有关部门认真调查改进。校长马跃美也做批示。

2日　原国务委员唐家璇应邀到南开中学公能讲坛作题为“周恩来的外交思想”的报告,并现场回答学生提问和校报记者采访。他还参观周恩来曾经上课的教室、宿舍,接受学生代表给他佩戴校徽。

8日　为庆祝教师节,南开中学举行特级教师座谈会。校长马跃美主持座谈会。19位特级教师出席座谈会。

天津医科大学眼科中心医务工作者来南开中学,举行眼科义诊、教师节慰问教师活动,受到教师的欢迎。

9日　台湾复兴中学校长李珀一行到南开中学回访。

同日　南开中学举行庆祝第二十七届教师节暨表彰优秀大会。校长马跃美首次向全校教师讲话。

12日　南开中学举行住校学生中秋联欢晚会。校长马跃美、副校长吕宝桐与住校学生共庆中秋佳节。

13日　2011年南开中学海外研修教师总结汇报会举行。

14日　2011年南开中学学生会成立大会举行。大会选举产生2011年南开中学学生会9名主要干部，任期一年。高二 10 班学生李可纯当选为学生会主席，高二 8 班学生王雨润当选为学生会副主席。

15 日　著名经济学家吴敬琏应邀到南开中学访问，在南开公能讲坛为师生作以“和同学谈谈通货膨胀”为主题的经济学讲座，并现场回答学生的提问。吴敬琏先生为学校题词：“遵循公能校训，服务人类社会”。

16 日　南开中学 1956 届校友捐书仪式举行。

17 日　最高人民检察院第 26 期全国高级检察官研修班 170 名学员到南开中学参观。

19 日至 20 日　南开中学理事会理事长孙海麟、副校长马健一行四人赴西安交通大学访问。拜访西安交大校长郑南宁，并就两校合作培养人才等事宜与西安交大有关部门进行协商。

21 日　诺贝尔奖得主、美国物理学家乔治・斯穆特教授应邀到南开中学公能讲坛以“宇宙的诞生与演变”为主题演讲，并解答学生的提问，现场气氛热烈。

23 日，澳大利亚墨尔本地区校长代表团一行 19 人到南开中学参观访问。

南开中学初中部学生会成立大会举行。

27 日　曾在多部影视剧饰演周恩来的著名特型演员刘劲到南开中学参观。

27 日至 30 日　南开中学高二年级和初二年级 700 名学生到天津市西青区中小学社会实践基地参加学农活动。

29 日　南开中学年鉴编委会举行扩大会议。编委会主任孙海麟主持会议并作总结。校长马跃美对 2012 年南开中学年鉴编纂工作提出要求。年鉴主编周鸿飞、副主编李群总结 2011 年年鉴编纂工作，布置 2012 年年鉴编纂工作。

南开中学退休老教师欢度重阳节、迎国庆、迎校庆大会举行。

10 月

1 日　南开中学学生会宣传部高一年级新成员第一次在天津市规划展览馆承担义务讲解员工作，同时接受天津电视台采访，并于次日《都市报道 60 分》中播出。

11 日　中国科学院院长白春礼院士应邀到南开中学公能讲坛作报告，阐述科学技术发展概观和 21 世纪中国科学发展的前沿问题，现场解答学生的提问。白春礼院士为学校题词：“继承传统，再铸辉煌”。

同日　“永远的曹禺——2011 天津戏剧周”校园戏剧展演活动在天津曹禺剧场举行。南开中学话剧社演出经典剧目《一元钱》。

14 日　迎校庆演讲比赛在瑞廷礼堂举行。该比赛是南开中学师生为庆祝建校 107 周年组织的系列活动之一，由德育处主办，学生会学习部承办。活动主题为，坚持走南开道路，坚持发扬南开品格，坚持光大南开精神。

南开中学七年级少先队建队仪式举行，七年级少先队大队正式成立。

15 日　南开中学秋季田径运动会举行。

16 日　《南开校史研究丛书第三辑》由天津教育出版社出版。

在联合国粮农组织举行的 2011 年全国部分省区市中小学生“爱粮节粮”征文活动中，南开中学学生李可纯的作文《我们都一样》获二等奖。

17 日　南开中学校史馆举行开馆仪式。坐落在伯苓楼、经过修缮和重新布展的校史馆共有九个展室，设有张伯苓校长办公室、周恩来教室展室等，以大量珍贵的照片和实物真实反映南开中学百余年发展历程。南开中学理事会理事长孙海麟、校长马跃美和高一 1 班、高一 2 班学生参加开馆仪式。

20 日　南开中学含英楼“科技新体验示范实验室”落成并投入使用。该实验室建设以展示科技内容、传递科学思维为手段，以使学生掌握科学方法、培养科学精神，促成学生更加全面的发展为主旨。其中，由西安交通大学原创的工程坊，分设传统工坊和现代工坊。由天津国际生物医药联合研究院原创、饶子和院士总体设计的生物实验室，分设分子生物学和细胞生物学实验室、蛋白质结晶和三维干细胞培养实验室。

21 日　北京大学校长、中国科学院院士周其凤应邀到南开中学公能讲坛作报告。

22 日　法中教育交流协会主席 Jean Pierre 先生和法国德萨伊中学师生代表团一行 16 人到南开中学参观访问。这是自 2010 年南开中学和德萨伊中学成为友好学校之后，该校师生第一次来访。

25 日　中共中央政治局常委、国务院总理温家宝到南开中学视察并与母校师生交流。市委书记张高丽、市长黄兴国等陪同活动。温家宝参观校史馆，在周恩来铜像前敬献鲜花，到含英楼“科技新体验示范实验室”观看学生操作，亲切看望学校老校长、教师和校友代表并合影留念。温家宝在瑞廷礼堂发表讲话，结合在南开中学学习和成长的经历，要求南开中学弘扬南开精神，坚持南开风格，走南开道路，与时俱进，改革创新，希望同学们努力成为一个对国家和人民有用的人，并现场回答学生的提问。

28 日　中央电视台国际频道新闻主播徐俐应邀到南开中学公能讲坛作报告。

同月　南开中学教师姚卫盛当选第十届天津市“十佳青年教师”。南开中学“周恩来班”（高三 1 班）学生刘超被评为第十二届天津市“十佳中学生”。

11 月

1 日　中国民主同盟南开中学支部换届大会举行。会议选举产生新一届民盟南开中学支部委员会，李惠燕当选为支部主任。

3 日　新疆和田地区党委副书记、和田二中校长傅世周一行四人到南开中学参观访问。

9 日　南开中学理事会理事长孙海麟、副校长马健一行六人到北京大学参观化学实验室。

10 日　天津女子排球队全体教练员和运动员在天津市体育局副局长黄维勉带领下莅临南开中学参观访问。

13 日　南开中学教师张久清设计制作的多媒体教学软件《设计中的人机关系》在第十五届全国多媒体教育软件大奖赛中获一等奖。

16 日　南开中学理事会理事长孙海麟、校长马跃美一行四人拜访上海交通大学，并与上海交大签署人才培养合作协议。同时，参观访问上海中学、格致中学。

20 日　《南开校史研究丛书第四辑》由天津教育出版社出版。

21 日　南开中学理事会理事长孙海麟、校长马跃美一行四人赴北京拜访清华大学校长、中国科学院院士顾秉林，并在清华大学参观学习。

22 日　清华大学经济管理学院教授廖理应邀做客南开中学公能讲坛，作题为“教育发展与创业人生”的报告。

25 日　《以周恩来为人生楷模教育读本》首发式暨新闻发布会在南开中学隆重举行。全国政协常委、外事委员会主任赵启正发来贺信。市委常委、市委宣传部长成其圣出席并讲话。该教育读本由南开中学编写组编著、天津教育出版社出版，既是南开中学学习研究周恩来小组成立以后的最新研究成果，也是介绍周恩来求学南开中学经历的最新权威文本。2010 年暑期起，先后有六位教师和八位校友参加编写组担当撰稿。该教育读本的出版，标志着南开中学学习周恩来的活动实现教材化、课程化。

辽宁省抚顺市望花高级中学校长宋靖宇一行 60 余人到南开中学参观学习。

29 日　南开中学高中男子篮球队获得中国高中男子篮球联赛天津赛区冠军，将代表天津市于 2012 年 3 月参加在沈阳举行的北方分区赛。高三 6 班学生王瑞腾获得天津赛区最有价值球员，并将代表天津市参加南北区全明星赛。

30 日　山东省济南一中校长尹守峰一行八人到南开中学参观交流。

著名相声表演艺术家姜宝林莅临南开中学与学校乐群相声社同台表演，进行指导和交流。

12 月

1 日　孙海麟主持会议，研究安排总结南开中学教育教学经验的工作。

2 日　南开中学 1948 届校友张国贤向学校校友会捐赠自己珍藏的 200 余件关于南开中学的题字、资料、书籍等。校长马跃美、副校长吕宝桐、校友会秘书长乔慕英及部分教师、校友参加捐赠仪式。

5 日　天津市教委副主任黄永刚在南开中学领导班子会议上宣布市教委党组决定：马跃美任中共天津市南开中学委员会副书记（兼）。

市教委直属中学互访交流组莅临南开中学指导工作。天津市教委组织开展的直属中学互访交流活动，由市教委副主任黄永刚带队、市教委中学处处长黄炎、天津一中校长李新、耀华中学校长任奕奕、实验中学校长张红、新华中学校长于异、天津外国语大学附属外国语学校校长刁雅俊、天津中学校长国赫孚、复兴中学校长刘浩、瑞景中学校长杨建华参加。南开中学作为该互访交流活动的第一站。校党委书记孙海麟、校长马跃美、副校长吕宝桐、李宝贵、马健等相关人员参与互访交流活动。

8 日　马跃美当选中共天津市南开区第十届委员会候补委员。

湖南省长沙市明德中学校长范秋明一行 24 人

到南开中学参观交流。副校长李宝贵等与来宾进行座谈，范秋明希望有更多机会与南开中学交流互动，促进两校共同发展。

9日　南开校史研究中心首届理事会第二次会议举行。研究中心名誉理事长孙海麟出席会议并讲话。理事长何荣林，副理事长孟宪刚、吕培天、周鸿飞、吕宝桐，以及全体理事、部分热心校史研究工作的教师、校友到会。会议总结研究中心成立一年来的工作，讨论安排下一步校史研究工作。

美国马萨诸塞州波士顿市美中合作发展委员会执行主席李建生博士、美国新英格兰六州高等教育委员会主任托马斯博士等一行五人到南开中学参观访问。校长马跃美同来访客人就合作办学、相互交流等问题进行磋商。

12日　清华大学副校长袁驷应邀做客南开中学公能讲坛作报告。

13日　南开中学理事会理事长孙海麟、副校长马健一行四人到北京航空航天大学参观访问，并与该校签署人才培养合作协议。

教学处组织进行2011年南开中学教师换角色考试。初、高中任课教师共182人参加考试。通过考试促使教师夯实教学基本功，并以此作为一次教师专业技能培训，使教师的教育教学更加规范。

16日　南开中学艺术团成立大会暨首届电影节闭幕式举行。市委常委、市委教育工委书记苟利军出席活动并为南开中学艺术团授旗。同日剪彩的南开中学艺术中心，由作为历史保护建筑的北楼改建而成，成为南开中学学生文化艺术活动的重要阵地。南开中学艺术中心名牌由著名书法家邵华泽题写。

江苏省南京一中党委书记张苏皖带领该校中层以上领导班子一行18人来南开中学访问学习。校长马跃美、副校长吕宝桐等与来宾进行了亲切会谈。双方有关部门主管分别进行了深入的探讨和交流。

22日　南开大学教授、中国科学院院士龙以明应邀光临南开中学公能讲坛作报告。

27日　国防大学教授、战略研究所所长金一南将军应邀光临南开中学公能讲坛作题为“苦难辉煌”报告。

《南开公能讲坛录(第一辑)》由天津教育出版社出版。

28日　南开中学(滨海生态城学校)工程奠基仪式举行。市委副书记、市委滨海新区区委书记何立峰出席仪式并宣布工程开工。

29日　南开中学学习研究周恩来小组召开2011年度工作会议。组长孙海麟，副组长吕宝桐，秘书长李群、贺海龙以及部分教师和学生成员代表参加会议。会议总结学习研究周恩来小组2011年工作，安排2012年工作。

30日　南开中学校友会第六届理事会第二次会议举行。南开中学理事会理事长孙海麟出席会议并讲话，校友会理事长张元龙，副理事长马跃美、吕宝桐、周鸿飞、龙以明、武佩钤、方嘉珂，秘书长乔慕英和理事50余人到会。会议总结2011年校友会工作，提出2012年工作设想。

31日　南开区区长张丽丽率新一届区政府领导成员参观访问南开中学。

同月　南开中学被评为“天津市中小学思想政治教育先进学校”。该项评选活动由市教委每三年组织评选一次，对其间德育工作突出的学校进行表彰。

（天津市南开中学年鉴编辑部整理）

附　录

天津市南开中学简介

一、学校概况

天津南开中学系1904年由著名爱国教育家严修、张伯苓创办，1978年被教育部确定为全国重点中学，现为天津市教委直属中学，学校为完全中学，全额拨款事业单位。2010年开始，在天津市委、市政府、市教委领导下，南开中学进行教育管理体制机制改革，建立南开中学理事会，孙海麟任南开中学理事会理事长、校党委书记，实行理事会领导下的校长负责制。

建校以后，张伯苓任校长46年。新中国成立后，杨坚白、杨志行、王淑玲、纪文郁、康岫岩、杨静武先后担任校长。现任校长马跃美。

学校坐落在天津市南开区南开四马路，目前占地面积115亩，建筑面积60 289平方米，绿化面积18 000平方米，校园古朴典雅，设施齐全，新老建筑交相辉映，景观独特。2010年，学校设高中部、初中部、国际部，共有学生2000余人。其中高中部36个教学班，1600余人；初中部10个教学班，近400人；国际部6个教学班，外籍学生80余人。全校教职员工275人。

二、南开校训

南开中学校训为“允公允能，日新月异”。南开校训是经南开中学校董严修（字范孙）和校长张伯苓共同探索和酝酿，于1934正式制定的。按照严修、张伯苓的教育思想，创办新学校的宗旨不同于办旧学。他们认为办新教育的宗旨是要培养人才，为国家谋富强，为公众谋福利。校训就是由此出发而制定的南开系列学校的教育方针。

“允”字是承诺的意思，对受教育者来说可以理解为“要求”。“公”字指的是国家、人民及与之相联系的事业。张伯苓在1944年总结他办学四十年的回顾文章中写道：“苓追随严范孙先生，倡导教育救国。创办南开学校，其消极目的在矫正民族五病（五病指愚、弱、贫、散、私——编者注）；其积极目的，为培养建国人才，以雪国耻，以图自强。”因此，“允公”可理解为国家谋富强，为人民谋福利，大公无私。

张伯苓曾指出：“办学之目的，在信学以致用，学以医愚，学以救国、救世界。”故“能”字可以理解为理论联系实际，学以致用，救国自强的能力。因此，“允能”是要求受教育者必须掌握服务于国家、服务于人民的实际本领。

“日新月异”则要求受教育者有强烈的进取精神，适应时代的潮流不断改革、不断前进、自强不息、永攀高峰，面向祖国，面向世界，面向未来，奋勇走在世界发展大潮的前沿，为中华民族的伟大复兴而努力奋进。

三、南开校风

严修、张伯苓都十分注重校风建设。张伯苓认为：“个人应具有固有之人格，学校亦当有独立之校风。”梁启超曾经称赞南开中学“校风之佳，不仅国内周知。即外人来参观者，亦莫不称许”。

提及南开中学校风，应该提到南开中学师生引以为傲的“容止格言”和理容镜。“容止格言”是严修亲自制定并书写的，悬挂于南开中学伯苓楼（东楼）一楼走廊的理容镜上方，内容是：“面必净，发必理，衣必整，钮必结。头容正，肩容平，胸容宽，背容直。气象：勿傲，勿暴，勿怠。颜色：宜和、宜静、宜庄。”

南开中学的“容止格言”是中国优秀传统文化的精髓与学校教育实际相结合的产物。学校要求每一位学生必须时刻牢记这四十个字，用于约束自己的仪表和言行。20世纪30年代,美国哈佛大学校长伊里奥来校参观,见到南开中学学生有一种不同于其他学校学生的独特气质,为此询问张伯苓。张伯苓陪他走到理容镜前,逐句诠释“容止格言”的内容,令伊里奥颇为震惊。后来,美国罗氏基金会特意派人来南开中学拍照“容止格言”,寄回美国,刊诸报端,加以传扬。

四、校歌、校徽、校色

南开中学校歌早在五四运动前夕就被创制出来。编校歌的动议,是1917年5月16日在东京南开同学会欢迎当时赴日本参加远东运动会的张伯苓校长和南开运动员茶话会上,由留日南开学生张蓬仙提出的。

1918年末,张伯苓从美国哥伦比亚大学留学回校后,即请音乐教员孙润生审定校歌,为“于聚会之时,千人合唱,以期神会而铸就南开真精神”,歌词由南开教师魏云庄撰写,曲谱采自德国民间的圣诞之歌 *Oh Christmas Tree*。

这首校歌后来成为南开系列学校共同的校歌,歌词为:“渤海之滨,白河之津,巍巍我南开精神。汲汲骎骎,月异日新,发煌我前途无垠。美哉大仁,智勇真纯,以铸以陶,文质彬彬。渤海之滨,白河之津,巍巍我南开精神。”重庆南开中学和自贡蜀光中学根据本校的地理位置,校歌的最后一句分别为“大江之滨,嘉陵之津,巍巍我南开精神”,“沱江之滨,釜溪之津,巍巍我蜀光精神”。

南开中学校色为青莲紫,寓意南开学子能够像莲藕一样出淤泥而不染。

南开中学校徽呈八角形,寓意南开学子来自四面八方。

五、南开中学的办学理念

当代南开中学与时俱进,坚持南开道路,发扬南开品格,光大南开精神,形成具有现代南开特色的办学理念和实践体系。早在20世纪80年代初期,南开中学就在办学基本要求、培养目标、各项工作的主要指标上做了明确规定,形成新中国南开中学的办学思路,包括:“两全三高”:全面贯彻教育方针,面向全体学生;高标准,高效率,高质量;“一主三自”:发挥教师的主导作用;培养学生自觉、自学、自治;“三个建设”:抓好学校领导班子的建设、教师队伍的建设、物质设备的建设;“四个培养”:培养良好的校风、领导作风、教风、学风;“一个形成”:形成学校的优良传统和办学特色。南开中学的育人目标是,使南开中学的学生具有强烈的社会责任感,具有健全的身躯及心理品质,科学素养、人文素养兼备,创新思维、实践能力两翼齐飞,为祖国的繁荣、世界的和平与发展培养创新型、拔尖型后备人才。南开中学以把学校努力建设成具有中国教育特色的国际著名一流学校作为奋斗目标。

六、南开中学办学特色和成果

南开中学有优良的德育传统,同时又依据时代特点不断发展和创新,形成南开特色的德育实施网络。在大德育观与主动发展观的指导下,使学校成为训练、陶冶学生思想品德的熔炉。学生有法纪,有道德,有理想。使学生具有“以周恩来为人生楷模”的人生观与价值观。

教学工作从改革教与学的观念入手,树立以终身学习为内涵的大教育观。以课程改革为核心,以提高课堂教学效益为重点,训练、积淀科学素养、人文素养,建设数字校园,提高信息技术水平,以培养学生的思维品质、实验动手能力、双语双文能力、信息技术能力、自主学习能力、创新潜能为目标。学校除必修课程外,还开有校本课程供学生选择。引入“高中学年学分制”,构建与新课程计划相匹配的教学管理模式。重视研究性学习课程,培养学生的探究学习能力,形成了“勤学、好问、理解、会用、创见”的学风。

在整体高素养教育办学理念下,大批学生成为理科特长生、文学特长生、体育特长生、艺术特长生。1997年以来,学校获四块国际奥林匹克竞赛物理、化学金牌,一块信息技术银牌;在科技创新大赛上获全国科技发明展金牌、国际发明展银牌;获第十八届全国青少年科技创新大赛上生物科技小组一等奖;获“宋庆龄”少年儿童发明奖金牌,等等。

2011年高考南开中学继续取得佳绩。本届高中毕业生有18人保送全国重点大学。475名学生参加高考,平均分全市第一。600分以上277人,占全部考生58.3%。理科生399人,裸分平均分603.4分,一本上线率96.74%。文科生76人,裸分平均分594分,一本上线率96.05%。

南开中学也是全国体育工作先进学校、艺术特色学校、全国现代教育技术实验学校、中央教科所科研基地,各类社团课外活动丰富多彩,学校男子篮球队、民乐队、合唱团在中学界十分活跃,具有较高的专业水平。

学校的国际交往日益活跃,已与五大洲的20个国家的学校建立友好交流关系，努力使学校成为中外基础教育交流借鉴的桥梁。

七、知名校友

一百多年来，南开中学桃李满天下。从南开中学校园走出了以共和国两位总理为代表的一大批党和国家的领导者，以马骏、吴祖贻等为代表的革命英烈，以获得国家最高科学技术奖的叶笃正、刘东生为代表的60余位院士，以梅贻琦、金邦正、王大中三位清华大学校长为代表的教育家，以曹禺、周汝昌、端木蕻良、黄宗江、沈湘等为代表的文化艺术巨匠，以无数普通劳动者为代表的合格公民。所有这些南开校友，都在用富有“允公允能，日新月异”特征的行为，践行南开教育理念，为南开母校添加光彩。

（天津市南开中学年鉴编辑部整理）

《天津南开中学年鉴2011》编纂始末

周鸿飞　李　群

2011年9月2日，南开中学瑞廷礼堂，新学年第一次公能讲坛现场。

这一次公能讲坛的主讲人，是原国务委员唐家璇同志。当唐家璇同志的报告结束时，南开中学向他赠送展现南开校史的文化礼品，其中有一本还散发着油墨余香的新书——《天津南开中学年鉴2011》。

刚刚问世的第一本《天津南开中学年鉴2011》，就赠送给尊贵的客人，让南开人感到自豪。而在百余年南开中学校史上，第一次编纂、出版南开中学年鉴，更让南开人感到欣慰。

那么，《天津南开中学年鉴2011》经历了怎样的编纂过程呢？

决　策

决策编纂南开中学年鉴在南开中学百余年的校史上是一件具有里程碑意义的大事，也是一个提升南开中学文化软实力的标志性举措。

为什么编纂南开中学年鉴？南开中学年鉴担当着什么使命？这是许多南开中学师生都曾关心的话题，因为在一所中学酝酿编纂年鉴，确实鲜见。编纂年鉴先要了解年鉴，年鉴就是以全面、系统、准确地记述上年度事物运动、发展状况为主要内容的资料性工具书，是汇辑一年内的重要时事、文献和统计资料，按年度连续出版的工具书。它博采众长，具有资料权威、反应及时、连续出版、功能齐全等特点。

如果说以上的表述专业性稍强的话，换一种通俗的理解，年鉴就是一面历史的镜子。南开中学年鉴折射的是百余年校史的最近一年的横断面。人们知道，从20世纪初叶爱国教育家严修、张伯苓先生创办南开中学之初，就践行了办学与建设校园文化的一体化，并逐渐形成为南开中学的优良传统。2010年3月，南开中学启动办学体制改革，曾任天津市领导职务的南开校友孙海麟受命主持南开中学工作，组建了南开中学理事会。

理事会成立伊始，当即决策编纂南开中学年鉴，其目的就是传承南开中学的优良文化传统，让南开中学教育理念和实践更加完整，让百年名校的文化软实力更加适应时代趋势。决策的信息传出，有的师生持观望心态，更多的同志感到兴奋，觉得南开中学有悠久校史，有名人效应，有教育特色，有办学业绩，有校园文化，应该有条件也有能力编纂出高水准的年鉴。

起　步

2010年12月初，南开中学年鉴编纂工作起步，由多年从事史志和年鉴编辑工作、谦称“准年鉴工作者”的南开校友李群牵头组织。

当时，年鉴编纂工作依托学校德育处进行。李群和德育处主任贺海龙组织赵凯、李晖等教师学习借鉴社会上有关年鉴资料，初步提出突出南开特色的年鉴类目、分目和整体构想；与此同时，在师生中征询对于年鉴框架和条目编写的意见，进而确定年鉴框架和基本类目、分目。

2011年元旦过后，李群聘请和组织有关师生参加条目编写，并且进行初步培训。在此基础上，由副校长吕宝桐和贺海龙组织布置，将计划中的所有类目、分目内容的编写任务落实到人。为使编写工作不走或少走弯路，李群动笔做了从初稿到完成稿的条目编辑示例。

此后，由赵凯、李晖两位教师（编辑）分工，分别负责部分类目的组稿和一编，并在春节前组织完成条目编写。他们联系作者，催收稿件；对于有价值但尚欠完善的稿件，随时提出意见，退回修改；并将修改的条目或类目随时送给李群，由李群随即进行二编。同时，约请有关同志整理、完善学校2010年大事记等重点稿件；组织选择照片、构思彩页、设计年鉴装帧。

2011年2月，在南开中学年鉴的条目撰稿、编辑分别完成后，由李群担当总纂工作。他在两位教师（编辑）配合下，按照规范的编辑工作要求，推进整体“三审”程序，完成年鉴送审稿的三编。其中，编辑说明、大事记、目录和索引等一并完成。3月下旬，他们将编纂完成的年鉴送审稿装订成册，送南开中学理事会理事长孙海麟和学校负责同志审阅。

研　讨

面对这本经过师生员工的努力而问世的《天津南开中学年鉴2011》初稿，孙海麟和学校负责同志极为重视。他们在认真审阅书稿的同时，考虑到年鉴编纂工作的全局性、综合性的性质，决定调整南开中学年鉴编辑委员会，将年鉴编辑机构由原来依托在德育处改为依托在校长办公室。

调整后的年鉴编委会由孙海麟担任主任，编委会成员涵盖全校各个部门。编委会充分肯定了前一阶段年鉴编辑班子开拓性的工作成果，提出新的工作目标和要求。编委会决定加强年鉴编辑机构，聘请从事新闻出版业多年的南开校友周鸿飞为主编，李群等同志为副主编，开始进一步完善年鉴的努力。

2011年4月26日，在孙海麟主持召开的年鉴编委会会议上，到会同志畅所欲言，成为一次完善送审稿的研讨。大家一致认为，《天津南开中学年鉴2011》送审稿具有开创意义，是一项重要的南开校园文化建设，总体感觉送审稿基础不错，但仍有改进的余地。改进的原则是，遵循年鉴功能和编纂规律，先定整体框架，然后精雕细刻。

比如，调整类目。收缩“特载”外延，主要刊印中央领导讲话和重要文件。从南开中学实际出发，将“重要事项和活动”、“专文”由分目升格为类目，“重要事项和活动”改为“校园要事”。此外，“校友活动”是南开系列学校的一大传统特色，也应由分目升格为类目。

又如，补充内容。突出表现在“专文”类目中，“专文”应该是“校园要事”的延伸和细化。现有内容收录偏少，有行政化色彩，应该按照时间排序，有些文稿应该收进“专文”。再有，送审稿既然收录了高中入学学生名单，还应收录初中入学学生、毕业生、各班学生名单，完整地反映出该时段在校师生状况。

此外，在完善细节、润色文字、纠正失误等方面，也都有修订的空间。

孙海麟积极评价大家的发言，认为集体的智慧提升了年鉴编纂工作，要求这次会后在周鸿飞、李群等同志的共同努力下，让《天津南开中学年鉴2011》书稿的质量更上一层楼，坚定不移地实现制作文化精品的目标。

完　善

4月26日编委会会议讨论后，由周鸿飞、李群主持，开始《天津南开中学年鉴2011》新一轮的修订、统稿，编纂状态更入佳境。标志之一是南开特色愈加凸显，标志之二是年鉴功能引起各部门的重视，出现关心用稿、积极供稿的可喜现象。此间，学校在校园网上发布了《关于做好〈天津南开中学年鉴〉编修工作的通知》，进一步创造了推进年鉴编纂的良好氛围。

通过新一轮修订、统稿，主要做了三个方面的工作：

一、调整类目。收缩“特载”外延，升格并增补“校园要事”类目，由原稿14篇增补为26篇，所补内容均从各分目中提炼出来，目的是以南开人的角度记录、品评过去一年发生的体现南开中学底蕴、品位和价值的事件。比如，外交部长杨洁篪访问南开中学、教育部长袁贵仁听取南开中学汇报、学校理事长拜访复旦大学校长杨玉良商谈合作事宜、南开中学与复旦大学签署人才培养战略合作协议、程津培听取南开中学中长期改革和发展规划等，都是体现南开中学发展的当年要事。

升格并增补“专题文稿”，由原稿6篇增补为21篇，部分文稿由讲话文体改编为文章文体，增补后也是体现了南开中学的底蕴、品位和价值。

升格并增补“校友活动”，凸显校友会换届工作，增补学校领导看望梁思礼、吴敬琏、王静康和申泮文、杨志行等内容，丰富了校友活动内容。

升格"媒体报道"，选编媒体对南开中学工作的13篇报道，凸显新闻眼对南开中学工作的聚焦点，有助于全校师生员工存史资政，鉴往知来。

补写南开中学校史概述，既让读者看到学校的近况，又让读者浅知南开的历史，把现实与历史衔接起来，践行了创始卷应当承载的使命。

设立"索引"类目，整理了索引词，使创始卷符合年鉴编纂标准，起点规范。

最终类目由14个增为19个，基本涵盖了2010年南开中学的各个方面。

二、凸显分目。在调整类目的基础上，努力让分目和副分目变得更加清晰，不仅让读者查阅方便，更让读者从目录上就对南开中学2010年工作状态一目了然。

把"德育"类目中的学习研究周恩来小组从原来的第二个分目提到第一位，凸显了"以周恩来为人生楷模"的教育主线的地位。

在"教学教改"类目中，将各个学科作为副分目逐一展现。

在"体卫教育"和"学生自主活动"类目中，让各个运动队和学生社团也都作为副分目出现，展示了南开中学重视体育的传统和社团活跃的特色。

在"学校管理"类目中，将"学校行政工作"中的各个副分目也都列出。

在"校园建设"类目中，将2010年校内几项工程作为分目列出。

在"新增规章"类目中，将各个文件的标题作为分目逐一列出。

在"媒体报道"类目中，将各媒体报道标题作为分目逐一列出。

三、完善文字。主要是解决体例、差错和前后协调等技术性问题。

四、装帧思路。初选照片100余幅，拟作插页8页16面，在正文的前面集中展现。用16开本，硬面精装，以南开校色为封面的底色。

5月9日，孙海麟和学校负责同志再次听取《天津南开中学年鉴2011》修订工作的汇报，肯定了新一轮修订所做的各项努力，同意启动联系天津教育出版社的出版程序。这标志着《天津南开中学年鉴2011》的校内编纂工作完成。

成　果

2011年8月，在天津教育出版社的责任编辑强华同志的精心编辑和努力下，《天津南开中学年鉴2011》通过出版社的"三审制"审查，进入印制程序。

8月底，《天津南开中学年鉴2011》以优质的品相问世。从此，在南开中学的文化资源中，增加了新的内容和品种。9月上旬开始，《天津南开中学年鉴2011》陆续与校内师生见面，并走向了社会。南开中学年鉴编纂工作坚持年鉴的政治性、真实性、科学性和追求高标准的做法得到业内人士的赞赏。天津市地方志办公室负责同志对于这本中学年鉴给予很高的评价。

校内师生阅读《天津南开中学年鉴2011》后，对南开中学校史上的第一本年鉴有了初步认知。大家觉得，作为工具书的这本年鉴，至少肩负了四项使命：

一是成为说明和观察南开中学的窗口，做到一本南开中学年鉴在手，过去一年南开中学的发展尽收眼底；

二是成为展示和交流工作的平台，做到校园多少事，尽在不言中，阅览一本年鉴，公道自在人心；

三是成为每年断代史的史籍，做到在校的师生员工和离校的校友各得其所，都有收藏在南开中学成长足迹的愿望；

四是成为南开中学新的文化载体，做到填充校园文化载体空白，拓展传播南开精神渠道。

将以上四项使命归结到一起，南开中学年鉴凸显的是南开中学的鲜活生命，见证的是南开校训的丰富实践，积累的是南开精神的宝贵财富。日后，将每年的年鉴排列起来，将每年的年鉴与南开校史成果连接起来，将成为荟萃百余年南开教育精华、自立于中国和世界名校之林的一道独特的文化风景线。

2011年9月29日，南开中学年鉴编委会扩大会议举行。编委会主任孙海麟主持会议，南开中学年鉴主编周鸿飞、副主编李群、南开中学校长马跃美相继发言，总结了2011卷南开中学年鉴编纂工作，部署了2012卷编纂工作。

到会同志体会，2012卷南开中学年鉴面临着新的挑战。有利条件是，有了范本，好操作了；不利条件是，旧矛盾解决了，新矛盾又出现了，如何让南开中学年鉴质量保持高水准，更上一层楼，是个突出的课题。但是，事在人为，只要大家弘扬南开精神，扬长避短，乘胜前进，就有可能登上新的台阶。

人们有理由对《天津南开中学年鉴2012》寄予期待。

（周鸿飞系天津南开中学年鉴主编、南开中学1966届校友；李群系天津南开中学年鉴副主编、南开中学1967届校友）

南开中学校史馆修缮重张记事

张德林　杨乃东

2011年2月11日，南开中学理事会理事长孙海麟召开会议，安排对位于伯苓楼的校史馆进行修缮重张。约请南开中学1966届校友张德林、杨乃东牵头承担校史馆重建工作，并明确校史馆建设的任务和布展原则。要求在反映南开百年历史的同时，展示南开教育的特色与创新；要从长远建设考虑，努力办成博物馆式的校史展览馆；要抓紧时间，倒排工期，力争在2011年底重新开馆。南开中学校史馆工作小组即告成立，张德林为组长，杨乃东为副组长。孙海麟的秘书李峰、校长办公室主任乔慕英参加会议。

当天，查阅资料、制订方案等工作随即启动。工作小组将理事会的建馆要求和老校长杨志行关于南开校史研究的论述作为校史馆建设的指导思想，并注意吸纳借鉴了原校史展览中的相关史料和有益经验。《南开中学校史馆规划设计方案（第一稿）》提出校史展览的总体构想、表现形式、布展原则和内容框架。3月1日，理事会原则同意该方案，并就严修和张伯苓历史评价的定位、南开中学与南开系列学校的关系、新中国成立前后南开办学特色的凝练等问题提出指导意见。4月中下旬，工作小组先后赴天津周恩来邓颖超纪念馆和耀华中学、重庆南开中学、北京四中、人大附中、清华大学、重庆大学等六所学校的校史馆学习考察。4月至5月间，先后吸纳1967届校友林宏、1997届校友刘佳为工作小组成员。

6月份，校史资料的搜集研究工作持续深入。6月22日，工作小组完成《南开中学校史馆规划设计方案（第九稿）》，并获理事会批准，文案撰写、展厅设计和史料、图片、实物搜集补充等项工作全面推进。

6月26日，校党政领导召开专题会议，审议通过《南开中学校史馆展厅设计施工方案》。理事长、党委书记孙海麟在总结发言中，就校史馆建设提出重要指导意见：一是展览的形式要为内容服务，设计基调要以庄重为主，保持南开庄重、朴实的风格；二是展览的内容要新旧古今兼顾，新中国成立前的南开教育是很成功的，新中国成立后南开的教育是有继承、有发展、有新成就的；三是对于严范孙、张伯苓教育思想，展览中要有精粹的表述，对建国后在南开办学的杨坚白、杨志行校长的教育思想和办学实践要有客观展现；四是在展示南开英才时，要注意到南开培养出的人才大部分是普通公民、合格公民，是党的教育方针培养出来的，不要以官阶、职称和成败论英雄；五是展馆的容量有限，内容展示要精，重要内容保持不变，有些内容可以根据需要替换展出；六是要做好各个工作环节的紧密衔接，特别要注意搞好安全、消防措施和相关的设施配置。

8月初至9月底，《南开中学校史馆展览文案》经六易其稿，陆续完成，获校领导审查通过。校史馆建设进入展板设计、修改、制作、布展的最后冲刺阶段。7月7日至8月17日，校史馆建筑维修加固完成。馆内装修随即启动。工作小组承担其中的装修设计和施工监理任务。与此同时，为迎接原国务委员唐家璇来校参观，工作小组根据工程进度，采取跟进布展的措施，于8月底完成了第一部分“序厅”、第二部分“私立南开中学”中“基业初奠”、“岁月磨砺”两个单元展览内容的设计、制作和布展，并复原了周恩来求学时期的东四教室实景。9月1日，由1966届校友、蜡像艺术家尔宝瑞设计的周恩来学生时代蜡像完成，安放于东四教室。

9月2日，原国务委员唐家璇参观校史馆。9月

5日，校史馆被列为学校正式业务部门。学校发出文件，任命张德林为馆长，杨乃东为副馆长，校办副主任李德志兼任副馆长。10月9日，馆内装修工程收尾，展板和展品陆续到位，布展工作全面展开。10月16日，整体布展和清场工作如期完成。

2011年10月17日，南开中学107周年校庆日，校史馆举行开馆仪式。

重张的校史展览，以爱国主义和南开精神为主线，内容包括序厅、私立南开学校、新中国的南开中学、春华秋实人才辈出、结束语五部分，展示私立南开中学的创立背景和发展历程、南开中学的办学特色和业绩，以及2010年南开中学启动办学体制机制改革后取得的阶段性成效。

校史馆使用面积约800平方米，展览陈列大纲4.5万字，展出展板136块，图片600余幅。展品中陈列部分珍贵文物，其中有南开中学1908年首届毕业生卞蕃昌的毕业文凭、1917届毕业生周恩来的毕业证存根、1960届毕业生温家宝的初中毕业证和高中毕业证，以及20世纪初南开中学的教学仪器。展览还包括周恩来在南开中学求学时期的东四教室原貌和学生时代周恩来的蜡像。

2011年10月17日至年底，校史馆累计接待近20批次观众，包括国家领导，市委和市政府领导，国内外专家学者，教育界、科技界、体育界、文艺界、新闻界著名人士和集体，南开校友等各界人士200余人。

2011年10月25日下午，中共中央政治局常委、国务院总理温家宝回母校南开中学视察，并参观校史馆。参观过程中，温家宝总理不住地颔首赞许，在自己熟悉的内容和展品前与陪同参观的师生驻足交谈，分享着对南开母校的记忆，并在留言簿上签名留念。

在校史馆修缮重张过程中，得到学校各位领导的高度重视和校长办公室、图书馆、科研信息技术中心、德育处、实验室、各学科以及后勤处等部门的热情支持，更得到众多南开校友的鼎力相助。99岁高龄的1931届校友卞慧新捐赠其父卞蕃昌（南开中学首届毕业生）1908年的毕业文凭；1962届校友王占永捐赠在学期间的珍贵照片和资料；校友周鸿飞帮助为展览文案内容审核把关，提出中肯的修改建议；校友冯笪为校史馆进言献策，提出诸多关键性意见；校友王增多、程新健、李群、武佩铃等为展览提供重要资料和展品。校友始终如一的支持，充分展现南开学子深切的爱校情怀和绵延不绝的南开精神。

（张德林系天津南开中学校史馆馆长、南开中学1966届校友，杨乃东系天津南开中学校史馆副馆长、南开中学1966届校友）

索　　引

2012 年天津南开中学年鉴索引词

B

C

D

F

G

K

L

M

R

S

T

Z